El mensaje del tercer ángel

A.T. Jones

Book Division

Published by:
CFI Book Division
P.O. Box 159
Gordonsville, Tennessee 38563

ISBN: 979-8-9868765-1-1

Contenidos

El mensaje del tercer ángel (nº 1)
A.T. Jones

Al iniciar nuestro estudio creo que será bueno dedicar esta hora a considerar el motivo por el que nos hemos reunido y la manera en que podemos resultar beneficiados. Supongo que la expectativa general es oír cosas en las que nunca antes se había pensado, y no sólo oírlas, sino aprenderlas. Es relativamente fácil oír cosas en las que nunca antes se había pensado, pero no siempre es fácil aprender de lo que oímos. De hecho, lo que realmente esperamos es que el Señor nos dé nuevas revelaciones de sí mismo, de su palabra y de sus caminos. Eso es lo que yo espero.

Este texto contiene un buen consejo para todos nosotros:

> De cierto os digo que el que no reciba el reino de Dios como un niño, no entrará en él (Mar 10:15)

Así es como venimos a aprender acerca del reino de Dios, a recibir las cosas de ese reino, cosas nuevas y antiguas, cosas antiguas en una nueva luz, y cosas nuevas en una nueva luz. Quien no las reciba como un niño no entrará en ese reino, no las podrá obtener. Así, nuestra actitud al venir aquí es la de sentarnos a los pies de Cristo, verlo como a nuestro instructor y esperar recibir de él lo que tiene que decirnos, con la actitud de un niñito. El texto citado no es el único que nos habla acerca de los que recibirán el reino de Dios; en Mateo está expresado de forma que cubra todo el tiempo desde que recibimos por vez primera el reino de Dios.

> En aquel tiempo los discípulos se acercaron a Jesús y le preguntaron: ¿Quién es el mayor en el reino de los cielos? Llamando Jesús a un niño, lo puso en medio de ellos y dijo: De cierto os digo que si no os volvéis y os hacéis como niños, no entraréis en el reino de los cielos (Mat 18:1-3)

Si alguien cree que el primer texto se aplica a cualquiera que recibe el reino de Dios por vez primera y admite que sólo puede recibir la verdad tal como lo hace un niño, confesando que no conoce nada por él mismo y que no puede por sí mismo llegar a ese conocimiento, el segundo versículo le demostrará que el asunto va más allá que eso: que sigue siendo cierto incluso después que hemos recibido el reino de Dios. A fin de convertirnos, hemos de hacernos como niñitos y recibir el reino de Dios como tales, confesando que no conocemos nada por nosotros mismos ni hay sabiduría en nosotros. No es nuestra propia sabiduría la que nos lo puede aclarar ni abrir el camino por el que lleguemos a comprenderlo tal cual es. Debemos abandonar toda nuestra sabiduría a fin de obtener ese conocimiento, y al convertirnos hemos de llegar a ser como niñitos. "Si no os volvéis y os hacéis como niños, no entraréis en el reino de los cielos". ¿Cuál es el tipo de niño que se menciona? -Un niño pequeño. Los niños menores no suelen sentirse orgullosos de sus propias opiniones. Los más mayores no tienen tanta facilidad para aprender. La ilustración provee un modelo y ejemplo de cómo debemos abordar la palabra de Dios a fin de aprender.

Hay otro versículo que nos enseña lo mismo, pero quizá con mayor fuerza si cabe:

> Si alguno se imagina que sabe algo, aún no sabe nada como debería saberlo (1 Cor 8:2)

¿A cuántos se aplica? -A cada "alguno"; a todos los que estamos aquí. ¿Es posible que se esté refiriendo a todos y cada uno de los aquí reunidos? -Así es. ¿Cuánto es necesario que alguien imagine saber, para que se le pueda aplicar? —Es suficiente con "algo". ¿Se aplica, por lo tanto, a cualquier grado y categoría de conocimiento? -Ciertamente. Veis que el texto se aplica a todos, y a todo lo que sea posible saber. Si alguno de nosotros piensa que sabe algo, ¿cuánto sabe? -No sabe nada, de la forma en que debiera saberlo.

¿Estáis dispuestos a admitir que es así? Haced vuestro el pensamiento. Si vinisteis aquí pensando que sabíais algo, pensad que no lo sabéis de la forma en que debéis saberlo. ¿Vendremos al estudio con esa mentalidad? ¿Acudiremos todos mañana, pasado mañana y cada día que vengamos, con el convencimiento de que no sabemos nada de la forma en que debiéramos saberlo? En nada cambia si se trata del pastor más veterano entre nosotros; debe venir aceptando que no sabe nada de la forma en que debería saberlo. Entonces podrá decir: "Enséñame". Así es como aprenderemos. Todo el que venga a esta casa con esa actitud, aprenderá algo en cada reunión; y esto también incluye al pastor más veterano entre nosotros: él aprenderá aún más que el resto de nosotros, si se sienta con esa mentalidad. Ahora, ¿por cuánto tiempo se aplica el texto?, ¿por cuánto tiempo seguirá siendo verdad lo que afirma?, ¿superaremos en estas reuniones ministeriales el período de vigencia del texto? -De ninguna manera. Queda establecido para todas las asambleas, por si hubiéramos pensado que sabíamos algo.

Hay ciertas cosas que creíamos saber bastante bien. Si tal fuera el caso, olvidadlo: no sabemos nada. Aprendemos más a partir de aquellos textos que conocemos mejor, los que nos son más familiares. No olvidéis eso. ¿Comprendéis que cuando alguien toma un texto o un pensamiento y tras haberlo estudiado por largo tiempo llega al convencimiento de que ha captado todo lo que contiene, se cierra en sí mismo? Cuando dice: 'Ahora lo comprendo', se priva de aprender lo que realmente hay en el texto.

El hermano Porter nos ha hablado en el estudio precedente del propósito de Dios de hacernos conocer esas cosas. ¿Qué tipo de propósito fue ese? Un "propósito eterno". Y la Escritura es la expresión del pensamiento de Dios para nosotros, según ese propósito eterno. Es el medio por el que lleva a cabo, establece y da a conocer su propósito. ¿Qué tipo de propósito es? -Eterno. ¿Cuán profundos son sus pensamientos? ¿Cuál es el alcance de ese propósito? -Eterno. ¿Cuán profundos son entonces los pensamientos expresados en las Escrituras? -Eternos. ¿En cuántas expresiones de las Escrituras tiene el pensamiento una profundidad eterna?, ¿en cuántos pasajes? -En todos y cada uno de ellos. En consecuencia, ¿es necesaria la totalidad de las Escrituras para que el Señor nos pueda expresar lo que quiere decirnos acerca de su propósito eterno? -Así es. ¿Qué profundidad tiene el pensamiento en cada pasaje de las Escrituras y en las palabras empleadas para expresarlo? -Eterna. Por lo tanto, tan pronto como alguien capta alguno de esos pensamientos y cree que ya comprendió el texto, ¿cuán lejos está de ello?, ¿cuán lejos está de alcanzar el pensamiento que está realmente allí, en aquel pasaje? (Voz: tan lejos como su mente está de la mente de Dios). Cuando dice: 'tengo la verdad, he captado la idea', está cerrando su mente a la sabiduría y al conocimiento de Dios; se está poniendo a sí mismo y a su propia mente en el lugar de Dios y de los pensamientos divinos. El que hace así no puede continuar aprendiendo nada más. ¿No veis que en ese instante se está privando de aprender en lo sucesivo? El que sigue ese curso queda impedido de aprender nada, más allá de sí mismo, y desde luego no alcanzará jamás el conocimiento de Dios.

Los pensamientos expresados en las afirmaciones de las Escrituras tienen una profundidad eterna, por lo tanto, ¿qué límite podemos marcarnos al estudiarlos? -Ningún límite. ¿No nos presenta eso el espléndido panorama y el grandioso prospecto de que la mente eterna de Dios resulta desplegada ante nosotros a fin de que la estudiemos? Conviene que no olvidemos que ese es el campo de estudio en el que vamos a entrar.

Hemos estado aquí por un tiempo. Seamos cuidadosos, no vayamos a creer que sabemos algo. Asegurémonos de no habernos confinado a la idea de que sabemos algo de la forma en que debiéramos saberlo. Establezcamos de una vez -y según la Palabra de Dios- que no conocemos nada en absoluto. Cada línea de pensamiento contiene algo que está dispuesto para que lo comprendamos. Hasta no haber pasado todas las profundidades de la eternidad, no alcanzaremos nunca el lugar en el que tengamos derecho a pensar que conocemos aquello y que hemos agotado lo que contiene, ¿no os parece? Me alegra saber que hay temas como esos a nuestra disposición para que los estudiemos, y un período de tiempo como ese (la eternidad) para estudiarlos. Como primera cosa, alegrémonos porque sea así. El texto citado permanecerá con nosotros, al menos, por tanto tiempo como estemos en este mundo; y no a va a perder vigencia después; seguirá en pie. La Biblia, la palabra de Dios expresada en este formato, dejará de ser. Las Biblias serán quemadas, como cualquier otro libro de papel y piel. Pero la Palabra de Dios no será quemada. El texto en esta forma (impreso), perdurará por tanto tiempo como dure el mundo, pero posteriormente seguirá existiendo en el cuerpo. Por lo tanto, ese texto seguirá todo el tiempo con nosotros, nos acompañará por la eternidad. "Si alguno se imagina que sabe algo, aún no sabe nada como debería saberlo". No lo sabe; nadie lo sabe. ¿No os alegra, hermanos, que sea así?

Pero no vamos a pasar demasiado tiempo con ninguno de esos textos, ya que hay otros varios que querríamos traer aquí esta noche. Retomando el pensamiento al que nos hemos referido al principio, hemos venido aquí esperando aprender muchas cosas que son nuevas, y muchas nuevas cosas a propósito de lo que ya sabíamos con anterioridad. No obstante, no hemos venido a aprender nada que no sea la verdad. Es la verdad lo que queremos. Lo único que tiene poder, bendición y fuerza para santificar, es la verdad. Y sólo puede ser la verdad tal como es en Jesús; no existe otro camino a la verdad. Por lo tanto, viniendo con ese propósito, para conocer sólo la verdad, eso es lo único que hemos de estudiar, lo único que nos debe interesar. No corresponde a vosotros ni a mí el decidir si se debe tratar de algo antiguo o nuevo, decidir quién lo presente en esta reunión ministerial, si lo hemos de estudiar a no, o cualquier otra consideración. La pregunta que debemos hacernos, es: ¿es verdad? Si es la verdad, tomemos la palabra del Señor tal como él nos la da, al margen de la persona a través de quién venga, de la forma en que nos llegue y aunque viniera por el camino exactamente opuesto al que habíamos esperado. Y hay las mayores posibilidades de que ese sea el caso, puesto que "'mis pensamientos no son vuestros pensamientos ni vuestros caminos mis caminos', dice Jehová". Por lo tanto, si es que hemos determinado la forma en que haya de venir, existe toda posibilidad de que venga de otra manera.

El Señor no permitirá que nadie dicte o trace sus planes. Podemos apropiarnos este texto del Señor: "Verdaderamente tú eres Dios que te ocultas; Dios de Israel, que salvas". Dios se va a ocultar; no siempre podremos saber los caminos que va a escoger para obrar. Mantengámonos siempre en la actitud que le permita elegir su propia forma de hacer las cosas. Así estaremos perfectamente seguros. Entonces podremos estar libres de toda ansiedad y no sentiremos que corresponde a nosotros manejar los asuntos de la forma que sea. Su sabiduría no tiene fin; para él no hay limitaciones, y nosotros simplemente nos mantenemos todo el tiempo alerta para observar cómo actúa. No tenemos otra tarea, excepto la de gozarnos viendo cómo obra. He sido muy bendecido en el estudio de la Biblia y en la observación de cómo obra el Señor. El estudio más oscuro y misterioso es también el mejor de los estudios, ya que permite que nos pongamos a un lado y veamos cómo es él quien actúa. Si pudiéramos predecir siempre lo que va a venir, resultaría menos interesante. Al llegar a lo más oscuro, tenemos la mejor oportunidad para observar con mayor interés y determinación cómo lo resuelve el Señor.

Es sólo la verdad lo que hemos de aprender, sin importar quién la pronuncie -por supuesto, será realmente el Señor quien lo haga-, sin importar a través de quién, o de qué forma llegue. Si antes no la conocíamos, demos gracias a Dios por conocerla ahora. La única pregunta debe ser: ¿es verdad? Todos conocéis el texto de 2 Tesalonicenses 2:9-10:

> El advenimiento de este impío, que es obra de Satanás, irá acompañado de hechos poderosos, señales y falsos milagros, y con todo engaño de iniquidad para los que se pierden, por cuanto no recibieron el amor de la verdad para ser salvos

¿Qué le permite lograr todo eso? -Que no recibieron el amor de la verdad. Satanás no tendrá posibilidad alguna de entrampar con hechos poderosos, señales, falsos milagros y con todo engaño de iniquidad al que ame la verdad y reciba el amor de la verdad, ya que Jesús ha dicho (Juan 8:32):

> Conoceréis la verdad y la verdad os hará libres

Así, todo aquel que reciba el amor de la verdad, vendrá a ser libre. ¿Es libre aquel a quien entrampa Satanás con hechos poderosos, señales, falsos milagros y con todo engaño de iniquidad? -No. Es un terrible esclavo. En la medida en que hayamos determinado que lo único que vamos a buscar o esperar es la verdad, y que vamos a amarla y a tomarla porque es la verdad, no necesitamos estar preocupados por si Satanás va a engañarnos o no.

Observad la segunda parte del versículo: el efecto de la verdad es hacernos libres. La primera mitad es la mejor promesa de la Biblia, si es que se pudieran medir las promesas. Realmente se puede, pues cada una es igual de importante que las demás. Todas son el pensamiento de Dios, y su pensamiento es eterno. En todo caso, esta es una excelente promesa: "Conoceréis la verdad". A mí me parece maravillosa. "Conoceréis la verdad". ¿Creéis conocerla? ¿Os preguntáis si la conocéis? ¿Os preguntáis si tal y tal cosa es verdad? -"Conoceréis la verdad". Esa es la promesa de Jesús a vosotros y a mí: que cuando confiamos en él y lo seguimos, conoceremos la verdad. Y tan ciertamente como nos entregamos a él y le seguimos, se encargará de que conozcamos la verdad. Confiamos en que él lo va a hacer.

> Dijo entonces Jesús a los judíos que habían creído en él: -Si vosotros permanecéis en mi palabra, seréis verdaderamente mis discípulos; y conoceréis la verdad y la verdad os hará libres (Juan 8:31)

¿Cómo hemos de conocer la verdad? Permaneced en su palabra, sed verdaderamente discípulos suyos, y conoceréis la verdad. De ahí se deduce que la suya es palabra de verdad. "Conoceréis la verdad". Queremos aferrarnos a esa promesa. Me parece que si esa fuera la única promesa en la Biblia, sería todo cuanto necesitamos. "Conoceréis la verdad". Puesto que Cristo lo ha prometido, es una promesa para vosotros y para mí, cuando lo seguimos y nos entregamos a él. Teniendo la promesa: "conoceréis la verdad", creo que hay razones para que seamos el pueblo más feliz en la tierra.

Con toda seguridad ha habido, desde las primeras presentaciones, abundante oportunidad para que alguien se pregunte: '¿Es realmente así?' Quizá alguien ha tenido ya la oportunidad de decir: 'Bien; sobre eso, no sé'. Antes de que terminen estas seis semanas que el Señor nos ha concedido para que estudiemos su palabra y sus caminos, sin duda

habrá innumerables ocasiones en las que vamos a decirnos: '¿es así realmente?' ¿Cuál es la promesa? "Conoceréis la verdad". El Señor no quiere que creamos las cosas porque alguien las dice. Cuando alguien dice alguna cosa, Dios no quiere que concluyamos: 'Es así, porque ese alguien lo dice'. No ha de ser así. Hemos de saber que es verdad porque lo dice Dios. Y tenemos la promesa: "Conoceréis la verdad". Habrá oportunidad de que aparezca alguna pregunta, ¿no os parece? Se presentará la pregunta, pero junto a ella estará la promesa. No lo olvidéis. Cristo os ha prometido, cada vez que aparezca una pregunta, "conoceréis la verdad". Así, cuando algún pensamiento en el estudio suscite una cuestión, ¿cuál es la respuesta para vosotros y para mí?, ¿qué es lo que debemos considerar?, ¿cuál debe ser entonces nuestra posición? Algún día cierto hermano hablará, y leyendo algún pasaje -o varios de ellos- hará una declaración quizá, expondrá una idea, que resulta nueva para mí; empleará una expresión que es nueva para mí. Se suscitará la pregunta: '¿es eso así?' ¿Cuál es la respuesta para mí? -"Conoceréis la verdad". Por lo tanto, ¿qué debo hacer con esa nueva idea, con esa cuestión?, ¿no habré de tomar en consideración esa cuestión, esa nueva idea, eso que para mí es luz nueva?, ¿no deberé presentarla ante Cristo, pidiéndole que me haga conocer la verdad? ¿Os parece preferible acudir a algunos de los hermanos y preguntarles: 'Qué pensáis sobre esto?' 'El hermano dice tal cosa, ¿qué piensas sobre eso? Es nuevo para mí, y tengo ciertas dudas al respecto'. 'También yo tengo dudas', responde el hermano al que consultáis. 'Bien: entonces no puede ser así'. Eso lo sentencia: 'No es así'. A nadie corresponde pensar por los demás.

Recuerdo que cierto día, en un encuentro campestre, un hermano leyó literalmente ciertas escrituras; eso fue todo lo que hizo: fue una lectura bíblica. Pero las ideas contenidas en aquel relato bíblico eran nuevas para muchos en la audiencia. Unos seis hermanos se juntaron para venir a hablar conmigo y me preguntaron: 'Hermano Jones, ¿qué piensa sobre eso?' Les respondí: 'No os corresponde preguntarme lo que pienso al respecto. ¿Qué es lo que pensáis vosotros?' 'Es que no sabemos qué pensar al respecto', replicaron. A eso, respondí: 'Investigad'. Suponed que les hubiera respondido que no lo creía. Entonces habrían dicho: 'No creemos en eso, porque el hermano Jones ha dicho que no lo cree'. Suponed que les hubiera dicho que era tal como el hermano había leído. Entonces habrían dicho: 'Es así, porque el hermano Jones dice que es así'. Por lo tanto, me propongo no deciros nada acerca de lo que pienso. Nada tenéis que hacer con ello: sabed por vosotros mismos cuál es la verdad. Esa es la posición que me propongo adoptar en este encuentro ministerial. Espero que surjan algunas cosas que resulten nuevas. Aún no he asistido jamás a un encuentro en el que estudiáramos la Biblia, donde el Señor no nos diera algo nuevo, maravilloso, grandioso y glorioso. El lugar que pienso ocupar es el que señala la promesa: "Conoceréis la verdad".

Pero he conocido a personas, como sin duda será también vuestro caso, que albergan la idea de que la única forma segura de conocer la verdad es suscitar todas las objeciones de las que sean capaces, y esperar a que se les dé respuesta. Ahora, una vez que he presentado todas las objeciones que se me ocurren respecto a algo, y se les ha dado respuesta, ¿podré estar seguro de cuál es la verdad? -No, porque habrá objeciones en las que nunca había pensado. ¿Comprendéis? Según esa mentalidad, ¿podré alguna vez llegar a estar seguro de que es la verdad, antes de haber dado respuesta a toda objeción que se pueda presentar en su contra, por parte de toda mente en el universo? ¿Podrá la respuesta a las objeciones darme la seguridad de que era verdad? Si tal fuera el caso, ¿podré vivir todo el tiempo necesario para escuchar una respuesta a toda posible objeción? ¿Podremos llegar a conocer la verdad de esa forma? ¿Hay alguna posibilidad de conocer la verdad a base de suscitar objeciones y esperar a que se les dé respuesta? -Ninguna. ¿Qué sentido tiene tomar un camino por el que nunca llegarás al destino, un camino, por supuesto, equivocado? Mucho mejor evitarlo.

Otra cuestión: ¿puede haber alguna objeción contra la verdad? Pensad detenidamente en ello. Cuando se presente alguna cosa, ¿es correcto que digamos: 'tengo una objeción a eso'? ¿Debe ser esa nuestra posición? -No; lo que debemos preguntar es si es la verdad, y en caso de serlo, no hay objeción ni puede haberla. ¿Os dais cuenta de que nuestra objeción es un fraude? Lo que nos hemos de preguntar es: '¿se trata de la verdad?'

Otro abordaje típico en algunos es escuchar las dos exposiciones [contrapuestas] de la verdad. Ya conocéis eso. 'Esto representa un lado', dicen, 'pero antes de decidir quiero escuchar el otro lado de la cuestión'. ¿En qué consiste 'un lado' de la verdad? Aquí hay un lado, y allí el otro; entonces, ¿dónde está la verdad? Te interesas por el otro lado de la verdad, que es error. ¡He oído un lado, y quiero oír el otro! ¿Cómo podré entonces saber cuál es la verdad? Suponed que acabo de oír la genuina verdad (y hay gran necesidad de ella), pero no quedo satisfecho hasta no haber oído el otro lado de ella. ¿Cuál será el otro lado? Si este lado era la verdad, ¿qué será el otro lado? -Error. Así, la mejor forma de dilucidar cuál es la verdad es escuchar una sarta de mentiras… ¿Os parece que será así? Alguno dirá: 'He escuchado tu lado del asunto y me parece que es la verdad, ¡pero quiero escuchar el otro lado!' La verdad es la Palabra de Dios. Entonces se propone esperar a oír el otro lado, a fin de saber lo que es verdad y lo que no lo es, a base de compararlo con una serie de mentiras, de forma que el criterio para decidir la verdad ha venido a ser esa serie de mentiras.

No queremos oír el otro lado. La verdad es todo cuanto queremos. 'Aquí está un lado de la verdad y allí el otro'… El que escucha ambos lados siguiendo su propio plan, ¿cómo está buscando la verdad? -A su propia manera. Ha oído esto y lo otro. ¿Dónde está ahora la verdad? Tiene que decidirlo de alguna manera. ¿Acaso no es comparando un lado con el otro, contrapesando el uno con el otro, poniéndolos en la balanza y decidiendo, juzgando, dónde está la verdad? Bien; una vez que ha hecho eso, ¿puede saber que tiene la verdad? ¿Estará seguro de haber llegado a la verdad? ¿Es mi mente, mi juicio, mi habilidad para pesar los argumentos y tomar una decisión, la prueba infalible de la verdad? ¿Es el juicio humano, son las facultades del hombre la prueba de la verdad? Cuando queremos probar la verdad para estar seguros de que es la verdad, necesitamos un test infalible, ¿no os parece? Ha de ser una prueba que no falle jamás. A fin de discernir y declarar la verdad, ha de tratarse de un test que resista bajo cualquier circunstancia, y en medio de diez mil argumentos y errores. Ha de tratarse de un test que señale y detecte la verdad entre diez millones de opiniones diversas, descartándolas una tras otra sea cual sea la objeción que los hombres puedan plantear, ¿no creéis? Sabemos que la mente humana no cualifica para ese test. Lo único que es capaz de determinar la mente humana, es su propia idea particular sobre la verdad, pero "mis pensamientos no son vuestros pensamientos ni vuestros caminos mis caminos, dice Jehová".

Hermanos, en el tiempo en que ahora estamos hay dos razones por las que ese procedimiento no podría funcionar, incluso si fuera correcto. Una de ellas es que la verdad de Dios se está desarrollando tan rápidamente, que no tenemos tiempo para ir a la caza de todas las objeciones posibles y oír los argumentos de los dos lados, ya que quedaríamos eternamente rezagados mientras oyéramos las miríadas de argumentaciones y objeciones. Pero no queremos encontrarnos en esa situación cuando se cierre el tiempo de gracia. El tiempo es demasiado corto para proceder así; para cuando llegásemos a una conclusión, habríamos quedado fuera. Pero permanece la promesa: "Conoceréis la verdad".

Volvamos la atención a Juan 14:16-17:

> Y yo rogaré al Padre y os dará otro Consolador, para que esté con vosotros para siempre: el Espíritu de verdad, al cual el mundo no puede recibir, porque no lo ve ni lo conoce; pero vosotros lo conocéis, porque vive con vosotros y estará en vosotros

Es el Espíritu, ¿de qué?: -De verdad. Agradezcamos a Dios por la promesa: "Y yo rogaré al Padre". ¿Qué está haciendo Cristo por nosotros esta noche, mientras estamos reunidos aquí? -Orando al Padre. ¿Nos enviará al Consolador? -Sí: al Espíritu de verdad. ¿Cuál ha de ser nuestra actitud antes de asistir a cada reunión diariamente? -La de participar de esa oración a fin de recibir el Espíritu de verdad, ¿no os parece?

Puesto que Jesús está orando, ¿acaso no estaremos en buena compañía al orar también nosotros? Dediquémosle una buena porción de tiempo durante este encuentro. Pasemos un buen tiempo en su compañía, ¿estáis de acuerdo? (audiencia: -"Amén"). "Yo rogaré al Padre y os dará". No dice 'oraré al Padre a fin de que os pueda dar', como si eso tuviera que decidirse después de su oración, sino "Yo rogaré al Padre y os dará". No hay duda de que su oración va a ser oída, ya que está intercediendo por nosotros. Él presenta nuestras oraciones de acuerdo con la voluntad de Dios. Oró, y oramos para que nos pueda dar al Consolador, y lo cumple. Cuando pedimos, sabemos que recibimos, pues él lo ha dicho. Si pedimos alguna cosa conforme a su voluntad, ¿qué sucede? -Que nos oye. Esa es la confianza que tenemos en él esta noche. "Esta es la confianza que tenemos en él, que si pedimos alguna cosa conforme a su voluntad, él nos oye". Si tenemos una confianza como esa en el Señor, vamos a tener un encuentro fructífero. Pedidle cualquier cosa de acuerdo con su voluntad, y os oye. Es su voluntad que tengamos el Espíritu Santo; en consecuencia, podemos acudir a él cada día y cada hora del día pidiéndole ese Espíritu de verdad, sabiendo que lo recibiremos, que él nos oye; y si sabemos que nos oye, sabemos que tenemos las peticiones que le hemos presentado.

Reunid ahora lo dicho: le pedimos conforme a su voluntad, y nos oye. Cada vez que le pedimos, nos oye. ¿Qué sucede después que nos ha oído?, ¿sabemos que podemos tenerlo?, ¿sabemos que lo tendremos? -¡Lo tenemos! ¿Qué debemos, pues, hacer? Cuando le pedimos de acuerdo con su voluntad, sabemos que nos oye, y tenemos lo que le hemos pedido. ¿Qué es lo siguiente que hemos de hacer? -Darle las gracias. Así, antes de venir a las reuniones ministeriales cada mañana, pidamos al Señor el Espíritu Santo conforme a su voluntad; una vez que se lo hemos pedido, sometámonos completamente al Señor y démosle gracias por respondernos; vengamos confiados en que nos va a enseñar, que va a enseñar al que enseña, y a través de él a nosotros.

"Os dará otro Consolador, para que esté con vosotros…" ¿Por cuánto tiempo? –"Para siempre". El Espíritu Santo es en todo momento capaz de tomar la verdad y darla a conocer, aún en medio de las mil y una facetas del error. ¿Por cuánto tiempo? –"Para siempre". ¿No es eso bueno? ¿No es una buena promesa, el que nos vaya a dar el Espíritu de verdad y que lo vayamos a tener para siempre? "El Espíritu de verdad, al cual el mundo no puede recibir, porque no lo ve ni lo conoce; pero vosotros lo conocéis, porque vive con vosotros y estará en vosotros".

"Cuando venga el Espíritu de verdad, él os guiará". ¿Qué va a hacer? -Os guiará. Lo va a hacer. No hay ahí cavilación. Cuando venga os guiará. ¿Podemos confiar en él? Reunamos las tres cosas: "Conoceréis la verdad"; "Oraré al Padre"; y "Os guiará". Por lo tanto, ¿podemos confiar en él?, ¿podemos someterlo todo a él inmediatamente sin la menor vacilación? "Conoceréis la verdad". El "Padre… os dará… el Espíritu de verdad". "El Espíritu de verdad… os guiará". ¿No lo someteremos todo a él, confiaremos en él y esperaremos que nos guíe en todos los estudios que vamos a tener aquí?

Cuando venga el Espíritu de verdad, él os guiará a toda la verdad, porque no hablará por su propia cuenta, sino que hablará todo lo que oiga y os hará saber las cosas que habrán de venir (Juan 16:13)

¿Lo hará? Nos va a mostrar cosas que han de venir. ¿No os parece que es la voluntad del Señor que sepamos cosas que han de venir, antes de que nos sobrecojan? ¿Acaso no nos ha dicho el Señor que el pueblo que ahora comprenda lo que está por sobrevenirnos -a través de lo que está sucediendo ante nuestros ojos- dejará de confiar en la inventiva humana y en lugar de eso sentirá que debemos reconocer y recibir al Espíritu Santo? ¿Cómo vamos a comprender lo que está por sobrecogernos? -Al considerar lo que está sucediendo ante nosotros. Jesús nos va a mostrar cosas que están por suceder. No quiere que ninguna de esas cosas nos tome por sorpresa. Quiere que sepamos de antemano lo que va a suceder, a fin de que estemos plenamente preparados y no resultemos sorprendidos y confundidos.

"Él me glorificará, porque tomará de lo mío y os lo hará saber". ¿Quién es "él"? –"El Espíritu de verdad". Toma de lo que es suyo y nos lo hace saber. Por lo tanto, si el Espíritu de verdad toma solamente lo que es del Señor, eso es todo lo que nos va a hacer saber, puesto que no actuará independientemente haciendo cosas por sí mismo, de igual forma en que Jesús tampoco lo hizo, sino que todo lo sometió para que el Padre pudiera manifestarse y obrar en él. Así, el Espíritu Santo, en lugar de Jesús, hace exactamente tal como él hizo. No se revela a sí mismo, sino que toma de lo que Dios [Padre] dijo a Jesús, y nos lo dice a vosotros y a mí. Por lo tanto, nos da la verdad de Dios tal cual es en Jesús. ¿No se trata del Dios de verdad? "Todo lo que tiene el Padre es mío; por eso dije que tomará de lo mío y os lo hará saber". Como está escrito: "Cosas que ojo no vio ni oído oyó ni han subido al corazón del hombre, son las que Dios ha preparado para los que lo aman". Ahí tenemos las profundidades del propósito eterno. Esa ha de ser nuestra actitud: pedir, participar cada día en esa oración del Señor a fin de que podamos tener al Espíritu de verdad aquí, en nuestros estudios y en toda nuestra obra, guiándonos a la verdad.

Observad lo siguiente en *El Camino a Cristo*, p. 91 {hacia el final del capítulo 10}:

Nunca se deben estudiar las Sagradas Escrituras sin oración. Antes de abrir sus páginas debemos pedir la iluminación del Espíritu Santo, y esta nos será dada. Cuando Natanael fue al Señor Jesús, el Salvador exclamó: 'He aquí verdaderamente un israelita, en quien no hay engaño'. Dícele Natanael: '¿De dónde me conoces?' Y Jesús respondió: 'Antes que Felipe te llamara, cuando estabas bajo la higuera, te vi'. Así también nos verá el Señor Jesús en los lugares secretos de oración, si le buscamos para que nos dé luz y nos permita saber lo que es la verdad. Los ángeles del mundo de luz acompañarán a los que busquen con humildad de corazón la voluntad divina.

El Espíritu Santo exalta y glorifica al Salvador. Está encargado de presentar a Cristo, la pureza de su justicia y la gran salvación que obtenemos por él. El Señor Jesús dijo: El Espíritu 'tomará de lo mío, y os lo anunciará'. El Espíritu de verdad es el único maestro eficaz de la verdad divina. ¡Cuánto no estimará Dios a la raza humana, siendo que dio a su Hijo para que muriese por ella, y manda su Espíritu para que sea de continuo el maestro y guía del hombre!

Y en las páginas 109-110:

Él quiere que aun en esta vida las verdades de su Palabra se vayan revelando de continuo a su pueblo. Y hay solamente un modo por el cual se obtiene este conocimiento. No podemos llegar a entender la Palabra de Dios sino por la iluminación del Espíritu por el cual fue dada. 'Las cosas del Señor nadie las conoce, sino el Espíritu de Dios'. 'Porque el Espíritu escudriña todas las cosas, y aun las cosas profundas de Dios'. Y la promesa del Salvador a sus discípulos fue: 'Mas cuando viniere aquel, el Espíritu de verdad, él os guiará al conocimiento de toda la verdad; … porque tomará de lo mío, y os lo anunciará'.

Dios desea que el hombre haga uso de su facultad de razonar, y el estudio de la Sagrada Escritura fortalece y eleva la mente como ningún otro estudio puede hacerlo. Con todo, debemos cuidarnos de no deificar la razón, que está sujeta a las debilidades y flaquezas de la humanidad. Si no queremos que las Sagradas Escrituras estén veladas para nuestro entendimiento de modo que no podamos comprender ni las verdades más simples, debemos tener la sencillez y la fe de un niño, estar dispuestos a aprender e implorar la ayuda del Espíritu Santo. El conocimiento del poder y la sabiduría de Dios y la conciencia de nuestra incapacidad para comprender su grandeza, deben inspirarnos humildad, y hemos de abrir su Palabra con santo temor, como si compareciéramos ante él. Cuando nos acercamos a la Escritura nuestra razón debe reconocer una autoridad superior a ella misma, y el corazón y la inteligencia deben postrarse ante el gran YO SOY

Desde ahora, y por tanto tiempo como vivamos, cuando leamos su Palabra exactamente tal como es, jamás levantemos un "sí" condicional contra ella. ¿Hay algún "pero" que alegar? -No puede haberlo. Es precisamente aquello que dice. Agradezcamos a Dios que sea así y permitamos que sea él quien nos revele su significado.

Leo ahora de 'Gospel Workers' {edición de 1892}, p. 126:

Dios quiere que recibamos la verdad por sus propios méritos: porque es verdad. No se debe interpretar la Biblia adaptándola a las ideas humanas, por más tiempo que se hayan estado albergando esas ideas como siendo verdad

Eso significa que no debo interpretar la Biblia adaptándola a este hombre (señalándose a sí mismo), ni tampoco a vosotros. "El espíritu con el que nos dispongamos a investigar las Escrituras determinará el carácter del asistente que nos va a acompañar" (Id., p. 127).

Hay un asunto importante. Estamos acudiendo aquí cada día para investigar las Escrituras. Tenemos la palabra:

"El espíritu con el que nos dispongamos a investigar las Escrituras determinará el carácter del asistente que nos va a acompañar"

"Ángeles del mundo de la luz acompañarán a quienes busquen la dirección divina con humildad de corazón. Pero si se abre la Biblia con irreverencia, con un sentimiento de suficiencia propia, si el corazón está lleno de prejuicio, Satanás está a vuestro lado y colocará las declaraciones claras de la Palabra de Dios en una luz pervertida"

No sea Satanás nuestro asistente. Asegurémonos de unirnos a Jesús en esa oración antes de acudir, y permanezcamos en ella todo el tiempo que pasamos aquí. "Debemos estudiar la verdad por nosotros mismos. No debe confiarse en nadie para que piense por nosotros". Eso no significa que no hayamos de ser dirigidos por hombres -si es que Dios los está dirigiendo a ellos-, o incluso por una mujer -si Dios la está dirigiendo a ella-. Sabéis que en una ocasión cierto hombre habría hecho bien en permitir que un asno lo guiara, pero en lugar de eso, sólo consentiría que fuera el propio Señor quien lo hiciera y no iba a aceptar que lo dirigiera ningún otro, exponiéndose así a un grave daño. No escojamos quién nos va a dirigir, excepto que sea el Señor quien nos guíe en eso.

Cierto día alguien estaba hablando contra el Espíritu de profecía, y comentaba cuán fácilmente se dejaban seducir los adventistas del séptimo día, cuán engañados estaban; que sus maestros les decían ciertas cosas y ellos se las tragaban enteras. Yo me decía a mí mismo cómo me gustaría que hiciera el intento él mismo, que intentara imponer las cosas de esa manera. Es un hecho que los adventistas del séptimo día son difíciles de dirigir. En cierto sentido me alegra que sea así. Quisiera que cada adventista del séptimo día fuera tan difícil de conducir, como para impedir que nadie en el universo lo dirija, fuera de Jesucristo. Hermanos, no le pongamos difícil a él dirigirnos, pero me alegro de que sea difícil que nos dirija cualquiera distinto de Jesucristo. Alcancemos tan pronto como sea posible esa situación en la que el Cordero de Dios nos pueda dirigir como a corderos.

No debemos ser obstinados en nuestras ideas, y pensar que nadie debe interferir nuestras opiniones. Cuando un punto de doctrina que no entendáis llegue a vuestra consideración, id a Dios sobre vuestras rodillas, para que podáis comprender cuál es la verdad y no ser hallados luchando contra Dios, como lo fueron los judíos… Es imposible que una mente, cualquiera que sea, comprenda toda la riqueza y grandeza de una sola promesa de Dios. Una capta la gloria desde un punto de vista; otra la hermosura y la gracia desde otro punto de vista, y el alma se llena de la luz del cielo. Si viéramos toda la gloria, el espíritu desmayaría. Pero podemos tener revelaciones de las abundantes promesas de Dios mucho mayores que aquellas de las que ahora gozamos. Me entristece pensar cómo perdemos de vista la plenitud de la bendición destinada a nosotros. Nos contentamos con fulgores momentáneos de iluminación espiritual, cuando podríamos andar día tras día a la luz de la presencia divina… Aquel cuya misión es recordarle al pueblo de Dios todas las cosas, y guiarlo a toda verdad, esté con nosotros en la investigación de su santa Palabra (Id., 129-131)

¡Qué gran promesa es la de que conoceremos la verdad! Él nos da el Espíritu de verdad para guiarnos a la verdad. Y el Espíritu es un guía tan perfecto, tan infalible, que silenciará toda otra voz que no sea la que proviene del que es verdad y vida. Por lo tanto, hermanos, vengamos al estudio con ese espíritu, permanezcamos en él, y Dios nos instruirá. Y como dijo alguien en los días de Job, y está escrito en el libro que lleva su nombre: "¿Qué maestro es semejante a él?"

El mensaje del tercer ángel (nº 2)
A.T. Jones

Esta noche voy a tomar un texto con el que seguiremos al menos una semana. Creo que todos estáis familiarizados con él:

"El pueblo que comprenda ahora lo que está por sobrevenirnos -mediante lo que está sucediendo ante nuestros ojos- dejará de confiar en la inventiva humana y sentirá que el Espíritu Santo debe ser reconocido, recibido y presentado ante el pueblo" {HM 1 noviembre, 1893, Art. A, par. 1}

Esta noche, a fin de poner el fundamento de lo que seguirá, fijaremos la atención en la situación actual en el gobierno de los Estados Unidos, y a tal efecto relataré los hechos relativos a la audiencia que últimamente ha tenido lugar en Washington. Comenzaré exponiendo simplemente los hechos tal como han sucedido ante nosotros, y posteriormente podremos analizar su significado.

Cuando el Congreso de los Estados Unidos hizo el primer movimiento encaminado a legislar en materia de religión, recordaréis cómo hicimos circular una petición que en realidad era una protesta contra cualquier proceder de ese tipo. Estaba redactado en estos términos:

"Al honorable Senado de los Estados Unidos:

Nosotros, los abajo firmantes, adultos residentes en los Estados Unidos, de veintiún o más años de edad, mediante la presente pedimos con respeto pero con firmeza a su honorable corporación, que no admita ningún proyecto de ley relativo al Sabbath o al día del Señor, así como a ninguna otra institución o rito religioso o eclesiástico, o a favorecer de la forma que fuere la adopción de resolución alguna para la enmienda de la Constitución nacional que pudiera tender de algún modo, directa o indirectamente, a dar preferencia a los principios de cualquier religión o cuerpo religioso por encima de otros, o que de la forma que fuere apruebe la práctica de legislar en materia de religión, sino que mantenga por siempre—tal como nuestros padres la establecieron—la separación total entre religión y Estado que asegura la Constitución tal como existe ahora".

Y cuando surgió el asunto del cierre dominical de la Feria Mundial, presentamos igualmente ente el Congreso esta protesta:

"Nosotros, los abajo firmantes, ciudadanos de los Estados Unidos, por la presente, de forma respetuosa pero decidida, protestamos en contra de que el Congreso de los Estados Unidos disponga que el Gobierno de los Estados Unidos lleve a cabo una unión entre la religión y el Estado mediante la aprobación de cualquier proyecto de ley o resolución para cerrar la Exposición Mundial Colombina, o bien encomiende de cualquier otra forma al Gobierno la práctica de legislación religiosa".

Protestamos de forma similar el proyecto de ley Breckinridge; también el proyecto de ley para poner fin a la entrega de hielo los domingos, el pasado año en el Congreso. Por consiguiente, nuestra protesta ha ido en contra de que el Congreso aborde ese tema {de la legislación religiosa} de la forma que sea. Eso es lo que efectivamente ha hecho {el Congreso} tal como temíamos y preveíamos que pasaría.

Mientras hacíamos circular esas peticiones, la gente no creía que el asunto fuera tan importante como para poner su nombre y firmarlas, incluso reconociendo que en ellas mismas las peticiones eran correctas. Las personas admitían que las peticiones estaban bien planteadas. Decían: "Creo todo eso; pero no tiene la importancia suficiente como prestarle mayor atención; no quiero tomarme el tiempo para firmarlas, si bien estoy a favor de todo lo que están diciendo. Eso nunca va a ocurrir". Y debido a que había tantos que pensaban que nunca pasaría, acabó pasando. Y al comprobar que había sucedido, intentaron que se derogara. Empezaron a despertar y a ver que se habían equivocado. Al darse cuenta de que había acabado por suceder, intentaron revertirlo pidiendo que la Feria Mundial se reabriera los domingos. Pero las razones que aducían para que se reabriera la Feria eran precisamente las mismas que se habían presentado para cerrarla.

Ese movimiento en favor de la reapertura se inició en Chicago. Lo puso en marcha el Herald de Chicago y el ayuntamiento lo asumió, redactando un sumario para el Congreso, que el ayuntamiento —encabezado por su alcalde como representante de la ciudad de Chicago— remitió a Washington, presentándolo el primero de los cuatro días de la audiencia. Leeré algunas de las razones presentadas para solicitar que la Feria se abriera los domingos:

"El deseo del ayuntamiento es:

—Que no se cierren en domingo las puertas de la Exposición Mundial Colombina.

—Que se detengan todas las máquinas y se elimine el ruido en ese día a fin de que prevalezca la quietud, como corresponde al Sabbath."

Lo anterior reconoce al domingo como siendo el Sabbath, y por supuesto hay cierta quietud que corresponde al Sabbath. Su pretensión es que se reabra la feria, pero con la maquinaria parada "a fin de que prevalezca la quietud". Ahora bien, esa fue precisamente la razón por la que los otros quisieron cerrarla en domingo. Realmente querían lo mismo.

"Que se provean los alojamientos adecuados en los terrenos de la Exposición a fin de tener los servicios religiosos en el Sabbath, con el objeto de que todas las denominaciones puedan adorar según sus diferentes costumbres sin obstáculo o impedimento"

Esa es también la misma razón por la que los otros la quisieron cerrar: a fin de poder tener servicios religiosos en sus iglesias.

"Reconocemos y nos alegramos por el hecho de que nuestro país sea, y siempre lo haya sido, una nación cristiana …"

La razón principal por la que cerraron la Feria [los domingos], fue que "esta es una nación cristiana".

"En nuestra opinión se va a conseguir un mayor bien permitiendo que esa gente y todos los que lo deseen puedan visitar el interior de los recintos, del que se conseguiría impidiéndoles la entrada … Creemos que los Estados Unidos, como país cristiano que es, debiera abrir las puertas los domingos como reconocimiento del hecho de que en ninguna rama del interés o pensamiento humano se ha dado un progreso mayor en los últimos cuatrocientos años, que en la Iglesia cristiana"

Esa fue exactamente la razón que dieron los otros para cerrarla: que los Estados Unidos, como nación cristiana, debiera cerrar la Feria los domingos como reconocimiento de los avances conseguidos por las ideas cristianas.

"¿No sería bueno introducir la adoración religiosa santificante en el gran templo {la feria} dedicado a lo útil y a lo bello?"

Y la razón que se dio para cerrar la Feria {los domingos} fue que sería bueno introducir en ella la santidad de la religión.

Podéis pues ver que las razones aducidas para abrir la Feria son precisamente las que se dieron para cerrarla. *El Tribune de Chicago*, al mencionar la carta que el cardenal Gibbons escribió al propósito, escribió esto en su número del 3 de diciembre de 1892:

"Hay un fuerte y creciente sentimiento en ciertos círculos religiosos, en favor de rechazar el cierre dominical de la Feria Mundial. Cada vez parecen más próximas las manifestaciones religiosas en el Parque. Con los dirigentes religiosos e instructores morales de Europa y América liderando servicios religiosos cada domingo, y con la música sacra por parte de coros que impliquen quizá a miles de voces cultivadas, el domingo será en la Feria Mundial uno de los mayores reconocimientos del Sabbath conocidos en la historia moderna"

Los primeros habían dicho que al cerrar la Feria en domingo, permitiendo que fuera respetada la solemnidad del Sabbath, y si esta nación establecía el gran ejemplo del reconocimiento del Sabbath, eso significará "una de las mayores exhibiciones del Sabbath que haya conocido la moderna historia".

Los que procuran la reapertura de la Feria evocan los intereses de la iglesia, precisamente de igual forma en que lo hicieron quienes lograron cerrarla. Tan pronto como apareció publicada esa información, escribí una carta al hermano A. Moon enviándole esos párrafos, y le dije:

"Puede ver fácilmente que las razones que están dando para abrir la Feria son precisamente las que se dieron para cerrarla. Siendo así, el que nos juntáramos con ellos significaría reconocer la legitimidad de la legislación y las razones que la sustentan, siendo que cada una de esas razones va frontalmente en contra de todo aquello por lo que hemos estado luchando estos años en el Congreso. Eso indica claramente que no podemos poner ni una sola de nuestras peticiones juntamente con las de ellos. No podemos dar ni un solo paso con ellos; no podemos en modo alguno trabajar con ellos o conectarnos de la forma que sea con ellos, debido a la forma en que están manejando las razones que dan para abrir la Feria. Habremos de mantener la posición de que esa legislación no es justa, ni lo ha sido nunca. Por consiguiente, lo único que podemos hacer es mantener que la decisión se debiera revocar. La única posición que podemos tomar es que la parte del domingo de esa legislación debe ser derogada incondicionalmente"

El hermano Moon respondió inmediatamente que había visto esas declaraciones y había tomado la posición de la que le hablé en mi carta. Recordaréis que por aquel mismo tiempo escribí un artículo que apareció en Sentinel, exponiendo los mismos hechos y tomando la misma posición; diciendo que no nos preocupaba demasiado si la Feria se abría o no en domingo, pero nos importaba más de lo que pueden expresar las palabras que ese asunto se decidiera en el Congreso. El hermano Moon dijo entonces al presidente del Comité, y al encargado de ese aspecto del tema en Washington, que ni nosotros ni nuestras peticiones debían en modo alguno suponerse conectadas con aquel movimiento. El presidente del comité preguntó entonces al hermano Moon cuál era nuestra posición. Este respondió al comité cuál era, y cuántas peticiones presentábamos. Por supuesto, todas las firmas que pudimos reunir para aquella primera petición, cerca de cuatrocientas mil, son hoy tan buenas como lo eran entonces, sea como sea que el diputado las quiera llamar y presentar. Están radicalmente en contra de todo el asunto. Entonces, el presidente, una vez que el hermano Moon le hizo saber cuál era nuestra posición y las razones que la sustentaban, le dijo:

"Escriba su posición referente a esa legislación, y la elevaré a la Cámara como un proyecto de ley, a fin de proveerle una base sobre la que pueda presentar sus peticiones, y que se pueda dar audiencia a sus argumentos"

En aquella misma habitación, el hermano Moon dictó al Sr. Thompson de Chicago lo que deseaba, y el presidente Durborow la escribió poniendo su propio nombre en ella. Esta es la propuesta de ley:

Quincuagésimo segundo Congreso, segunda sesión. H. Res. 177

Cámara de representantes, 20 diciembre, 1892. Remitido al Comité de Selección, sobre la Exposición Colombina, dispuesto para su impresión.

El Sr. Durborow presentó la siguiente resolución conjunta:

Resolución conjunta para derogar la legislación religiosa respecto a la Exposición Mundial Colombina.

Dado que la Constitución de los Estados Unidos declara específicamente que "el Congreso no hará leyes respecto a un establecimiento de religión, o prohibiendo el libre ejercicio de ella", por consiguiente,

Resuélvase por parte del Senado y de la Cámara de Representantes de los Estados Unidos de América reunidos en Congreso, que el acta del Congreso aprobada el cinco de agosto de mil ochocientos noventa y dos, asignando dos millones y medio de dólares colombinos a celebrar el cuarto centenario del descubrimiento de América por Cristóbal Colón mediante una Exposición internacional de arte, industria, manufactura, productos del suelo, minería y productos marinos en la ciudad de Chicago, Estado de Illinois, bajo la condición de que dicha exposición no se abra al público el primer día de la semana, comúnmente llamado domingo; y también que la sección cuatro de "la ley para ayudar a desarrollar el acta del Congreso aprobada el veinticinco de abril de mil ochocientos noventa, que lleva por título: 'Una ley provista para la celebración del cuarto centenario del descubrimiento de América por parte de Cristóbal Colón, mediante una Exposición internacional de arte, industria, manufactura, productos del suelo, minería y productos marinos en la ciudad de Chicago, Estado de Illinois', sea, y así lo es mediante la presente, enmendada al efecto de dejar el asunto de la observancia del domingo enteramente en manos de las autoridades constituidas regularmente en la Exposición Mundial Colombina"

Entonces, en la comprensión de que eso se preparó con el propósito expreso de allanar el camino para que presentáramos nuestras peticiones y se nos oyera acerca de la cuestión, comenzamos a trabajar sobre esa idea. Se dispuso la audiencia. Me dijo el hermano Moon que estaría perfectamente satisfecho de que se nos diera audiencia si esta se hubiera podido tener antes de Navidad, pero no se programó sino hasta después de las fiestas, durante las cuales el Congreso se tomó un receso. Pero cuando se volvió a convocar el Congreso, resultó que el presidente de aquel Comité parecía una persona distinta. Se me informó de que entre tanto {el presidente} había almorzado con Elliott F. Shepard. Ignoro si eso tuvo algún efecto en su digestión o en alguna otra parte de su estructura. En cualquier caso, eso, o alguna otra circunstancia le hizo repudiar todo lo que había hecho, y rechazó el principio que había incorporado a aquella resolución que escribió a fin de que se nos diera audiencia.

El Dr. Lewis, bautista del séptimo día, acudió al Congreso para que se le diera audiencia. Me contó que fue al Sr. Durborow, presidente del comité, a pedir que se le diera un tiempo para hablar. Este le preguntó a quién representaba y cuál iba a ser su argumentación. El Sr. Lewis le respondió que se referiría a la inconstitucionalidad de la legislación que ya había asumido el Congreso. El Sr. Durborow le dijo que el Comité había decidido no atender a argumentación alguna referida al principio de la legislación, sino sólo a la política de su aplicación; habían decidido no considerar ninguna cuestión relativa a si era o no constitucional, dado que el Congreso la había aprobado y se daba por supuesto que lo hizo conforme a derecho. Se descartaría enteramente cualquier cuestionamiento a la legalidad de la legislación, considerándose ahora únicamente si sería preferible para el país abrir o cerrar la Feria los domingos, tal como había adoptado el Congreso.

Siendo así, el Dr. Lewis no tenía absolutamente nada que decir, y no se dispuso a decir nada. Pero al acercarse el final del tercer día el Dr. Durborow le llamó para que hablara, concediéndole cinco minutos. El Dr. Lewis le respondió que no tenía nada que decir, que no había traído sus documentos y que no tenía la intención de hablar en aquellas circunstancias. Pero el Sr. Durborow insistió en que debía hacerlo y que disponía de cinco minutos para ello, de forma que finalmente accedió, hablando de forma más bien superficial.

Samuel P. Putnam estaba allí con el mismo propósito, trayendo en su bolsillo varios miles de peticiones. Es el presidente de Free Thought Federation of América {federación de librepensadores de América}. Fue a solicitar una audiencia al Sr. Durborow, y recibió la misma información: que no se tomaría en consideración ninguna argumentación relativa a la constitucionalidad de la cuestión o al principio implicado, sino sólo a la aplicación de dicha legislación. Ante eso, el Sr. Putnam retiró su solicitud. Pero también lo llamó a él para que hablara, dándole unos pocos minutos, en los que se expresó lo mejor que pudo.

Yo no llegué allí con la antelación necesaria para conocer todo lo que acabo de explicar. El hermano Moon lo sabía, pero no tuve la ocasión de hablar con él. Mi tren venía con retraso. Dándome prisa llegué a tiempo para dirigirme al despacho del comité cuando justo empezaba a exponerse la argumentación. Así, no tuve ocasión de conocer nada sobre la situación. Después de la {primera} audiencia, el Sr. Thomson, de Chicago, vino a preguntarme si quería tomar a cargo el tiempo restante aquel día, la última media hora. Había escrito al hermano Moon diciéndole que sea cual fuere el arreglo al que llegasen, me adaptaría a él una vez estuviera allí. Supuse que el arreglo consistía en eso {que me estaban proponiendo}. Dije al Sr. Thomson que si a él le parecía bien hablaría aquel día; no obstante, mi preferencia era hacerlo después que American Sabbath Union se hubiera expresado. Pero si él lo prefería de la otra forma, no tenía inconveniente en hablar aquel mismo día. Así, cuando comencé, lo hice en base a lo que sabía. Mi argumentación consistía en cuestionar la legislación, pero eso era precisamente lo que habían decidido que no se iba a discutir. Percibí inmediatamente su inquietud. El presidente se mostraba muy incómodo, pero yo ignoraba el porqué.

Ahora voy a exponer la cuestión. Es cierto que en la charla inaugural el presidente hizo una declaración que ahora comprendo, pero que no comprendí entonces. Dijo:

"La sesión de hoy tiene por objeto dar audiencia a quienes favorecen la legislación que se ha presentado a este Comité. Creo apropiado comunicar al Comité que el procedimiento en esta ocasión es en cierta forma diferente del que se presentó hace un año, ya que la propuesta ante el Comité consiste en modificar la ley existente, y no en crear una ley, tal como fue el caso el pasado año. Por consiguiente, en esta ocasión se espera que las deliberaciones en el Comité se mantengan muy estrictamente dentro de los cauces de la modificación de la resolución presentada ante el Comité, de la que se pueden encontrar copias disponibles en la mesa del escritorio. En ella se abordan las modificaciones al cierre de las puertas de la Exposición Colombina en domingo, en el sentido de permitir que se abran bajo las restricciones que se especifican en esas resoluciones"

La expresión: "no en crear una ley", fue lo que no entendí entonces, aunque sí ahora.

En cierto sentido fue afortunado que hablara en aquella última media hora, ya que posteriormente no habría podido disponer de un tiempo como aquel. La audiencia más larga, después de la mía, fue de unos veinticinco minutos, y la mayor parte de los cincuenta y siete oradores dispusieron solo de diez minutos cada uno en promedio.

Si bien el presidente excluyó la argumentación que estaba presentando respecto a la constitucionalidad, otros miembros del Comité hicieron preguntas hasta que se agotó la media hora de tiempo, y cada una de ellas fue presentada de tal forma que al responder a las cuestiones me vi compelido a referirme a la Constitución y a la inconstitucionalidad de lo que habían hecho. De esa forma, el argumento que procuraban excluir se presentó muy a pesar de los esfuerzos del presidente por impedirlo. Y aquellas cosas precisamente que

rehusaba oír de nuestra parte, fueron presentadas por otros en términos mucho más enérgicos de lo que nosotros debíamos o podíamos hacer. Esta fue mi argumentación ante el Comité:

Sr. Durborow: Sr. Jones, tiene exactamente treinta minutos.

Sr. Jones: Sr. presidente, me propongo hablar en favor de esta legislación que está ahora ante el Comité por más razones de las que pueden enumerarse en la media hora de la que dispongo, pero quisiera referirme a las razones a las que no se ha prestado particular atención hasta aquí. Comenzaré por una que ha considerado en cierta extensión el alcalde Washburne, pero que cabe tratar en mayor profundidad, y a partir de ella pasaré a considerar otros puntos.

Mi primera cuestión es que este tema de si se deben o no abrir las puertas de la Feria Mundial en domingo es un asunto en el que el gobierno nacional no tiene absolutamente nada que ver. Está enteramente fuera de su jurisdicción en cualquier aspecto que se contemple. Hay tres consideraciones distintas.

Sr. Robinson: ¿A qué iglesia pertenece?

Sr. Jones: No veo qué relación tiene eso con la cuestión.

Sr. Durborow: El caballero tiene ciertamente derecho a preguntárselo.

Sr. Jones: ¿Es miembro del Comité?

Sr. Durborow: Así es, señor.

Sr. Jones: Muy bien; ruego me perdone; no sabía que el caballero fuese miembro del Comité. Estoy perfectamente dispuesto a responder a su pregunta, aun sin ver qué importancia tiene en la discusión. Soy miembro de la Iglesia Adventista del Séptimo Día. Pero hoy hablo aquí como ciudadano de los Estados Unidos y bajo los principios del gobierno de los Estados Unidos. Y diré además que, teniendo en cuenta la forma en que el Congreso ha abordado esta cuestión, probablemente me exprese como adventista del séptimo día. Puesto que el Congreso ha entrado ya en el terreno de la religión, tenemos derecho a seguir en él si la necesidad lo requiere.

Lo que iba a decir es que hay tres diferentes consideraciones en la Constitución de los Estados

Unidos que prohíben al Congreso tocar esta cuestión. La primera de ellas la ha definido bien George Bancroft en una carta que escribió al Dr. Philip Schaff el 30 de agosto de 1887, en la que se lee:

"Muy querido Sr. Schaff: Tengo su carta del día 12. Según la Constitución, el Congreso no tiene ningún poder, con excepción de aquel que le ha sido delegado. Por consiguiente, el Congreso carecía desde el principio del poder para hacer una ley respecto al establecimiento de una religión, tanto como sigue careciendo de él ahora tras haberse aprobado una Enmienda. No se le delegó ese poder, por lo tanto carecía de él, ya que el Congreso no tiene más poderes que aquellos que se le han otorgado. {en relación con la Constitución} Se extendió un sentimiento creciente de que debiera haberse hecho una Declaración de Derechos, y en consecuencia, a fin de dar satisfacción a ese deseo, se redactaron una serie de artículos en la línea de una Declaración de Derechos; no porque fuera necesaria tal declaración, sino porque la gente deseaba ver ciertos principios claramente destacados, como parte de la Constitución. La primera Enmienda, en lo que tiene que ver con el establecimiento de una religión, se propuso sin apasionamiento, fue aceptada en diversos Estados sin apasionamiento, y de esa forma encontró su lugar en el preámbulo de las enmiendas de la forma más sosegada posible. …

George Bancroft"

Así lo muestra la Décima Enmienda de la Constitución, que dice "los poderes no delegados a los Estados Unidos por la Constitución, ni prohibidos por ella a los Estados, quedan reservados a los respectivos Estados, o al pueblo". Dado que al Congreso no se le ha delegado poder alguno en materia de religión, el mismo queda reservado a los Estados o al pueblo. Ahí es donde reclamamos que se debe dejar: exactamente donde lo deja la Constitución. Es un asunto reservado a los Estados. Sólo al Estado de Illinois corresponde, hasta donde un Estado pueda tener algo que ver con el tema, decidir si la Feria debe estar abierta o cerrada en domingo. Si el Estado de Illinois no quisiera pronunciarse al respecto, correspondería al pueblo decidirlo. Es privilegio del pueblo en su propia capacidad como tal, decidir como mejor le parezca en el asunto, libre de cualquier dictado o interferencia del Congreso.

Eso no es sólo así por esa razón: aunque la Constitución no hubiera puntualizado nada respecto a la religión, tampoco habría tenido el Congreso potestad alguna para tocar esa cuestión. Pero el pueblo ha hablado; la Constitución ha hablado, negando el derecho del gobierno de los Estados Unidos para abordar esa cuestión, reservándolo a los Estados o al pueblo. No sólo eso, sino que {la Constitución} ha ido más allá, prohibiendo al gobierno de los Estados Unidos tocar esa cuestión. Esa carencia de potestad habría sido completa y total, incluso sin la prohibición {enmienda}, puesto que las potestades que no se han delegado quedan reservadas. Pero {la Constitución} fue incluso más lejos, no sólo reservando, sino prohibiendo expresamente al Congreso que las ejerciera. Es flagrantemente inconstitucional que el Congreso aborde esa cuestión. Fue así al principio del gobierno, y es por ello que insisto en que esa legislación se debe derogar, dejándola allí donde la sitúa la Constitución: en los Estados o en el pueblo.

Sr. Houk: El lenguaje de la Constitución, según creo, es que el Congreso no hará leyes respecto al establecimiento de religión.

Sr. Jones: Abordaré esa cuestión un poco más adelante al destacar esa enmienda. La enmienda no dice, tal como se suele citar erróneamente: 'el Congreso no hará leyes respecto al establecimiento de religión', sino "el Congreso no hará leyes respecto a un establecimiento de religión, o prohibiendo el libre ejercicio de ella". Hay dos significados en esta cláusula. Cuando se escribió la Constitución, todo lo que decía al respecto es que "nunca se requerirá un test religioso como calificación para un cargo o puesto de confianza en los Estados Unidos". Por aquel tiempo, en algunos de los Estados había {varias} religiones arraigadas; creo que en todos excepto Virginia. Virginia se había mantenido al margen en una campaña que tocaba expresamente esa cuestión. La primera parte de la cláusula tenía por fin prohibir al Congreso que legislara respecto a cualquiera de esas religiones que ya estaban arraigadas en los Estados, y la segunda parte de la cláusula prohíbe al Congreso abordar él mismo el asunto de la religión en la forma que sea. En el Estado de Virginia, desde el 1776—con excepción de un intervalo en el que la guerra estuvo en su punto álgido—hasta el 26 de diciembre de 1787, hubo una campaña dedicada al mismo tema que está hoy implicado en esta legislación.

La Iglesia de Inglaterra era la iglesia establecida en Virginia, y los presbiterianos, cuáqueros y bautistas enviaron un memorándum a la Asamblea General de Virginia pidiéndole que, puesto que las Colonias se habían autoproclamado libres e independientes del gobierno de Inglaterra en materia civil, en consecuencia debían también dejar de estar comprometidos en el sostenimiento de una religión en la que no creían, tanto como en el de una religión en la que creyeran. En respuesta, la Iglesia de Inglaterra fue separada del Estado. Por entonces surgió un movimiento para establecer la "religión cristiana" y para legislar en favor de la "religión cristiana" mediante un proyecto de ley que establecía una asignación para instructores en dicha religión. Madison y Jefferson se opusieron a ese proyecto de ley y la derrotaron mediante esfuerzos vigorosos, asegurando en su lugar la aprobación de una ley que "establecía la libertad religiosa en Virginia", que es el modelo para todas las Constituciones estatales desde aquellos días hasta los nuestros en el tema de religión y Estado.

Así, aquella campaña que tuvo lugar en Virginia contra el establecimiento de una religión cristiana afectaba al mismo principio que esta legislación ahora ante nosotros, y de igual forma en que en aquel caso se rechazó totalmente {la legislación religiosa o anti-religiosa}, pido que lo sea igualmente ahora, y que el Congreso y el gobierno se retiren al lugar en que antes estuvieron, que es el que les corresponde. Inmediatamente después de esa campaña, Madison acudió a la convención donde se fraguó la Constitución de los Estados Unidos, llevando con él a dicha convención los principios que había defendido en la campaña e incorporándolos en la Constitución de los Estados Unidos; y la intención en ello fue—y es—que el Congreso no tenga absolutamente nada que ver con el tema de las prácticas religiosas.

En 1797 Washington hizo un tratado con Trípoli que declaraba explícitamente que "el gobierno de los Estados Unidos no está fundado de modo alguno en la religión cristiana". Y cuando el Congreso ha legislado sobre esta cuestión en referencia explícita a la religión cristiana, lo ha hecho yendo directamente en contra de la intención expresa de quienes redactaron la Constitución y establecieron la ley suprema tal como está escrita en sus propias palabras. Por esa razón pedimos que se derogue, y el Congreso ponga al gobierno allí donde previamente estaba antes de establecer esta legislación, dejando la cuestión en el lugar que le corresponde.

Sr. Durborow: ¿Son solamente constitucionales, sus objeciones?

Sr. Jones: Hay algunas otras, pero el fundamento de todo es su inconstitucionalidad. Los que trajeron aquí las peticiones y los que defendieron ese movimiento en este Capitolio sabían que era inconstitucional cuando lo urgieron. Uno de los que ha dedicado seis meses en este Capitolio a promover esa legislación, ha argumentado por más de veinticinco años—por escrito y mediante la voz- que toda legislación dominical por parte del Congreso—o legislación en favor del Sabbath cristiano—sería necesariamente inconstitucional. Y no obstante, ha trabajado aquí seis meses para lograr que el Congreso hiciera eso mismo sin que haya habido cambio alguno en la Constitución. Por veinticinco años, él y la Asociación a la que pertenece han estado trabajando para promover una enmienda a la Constitución que reconozca la religión cristiana y que haga de la nuestra una "nación cristiana", de forma que exista una base constitucional para la legislación dominical. Pero ahora, sin importar esos veinticinco años de historia y labor, y en contra de sus propios argumentos, han ido por la vía directa y han conseguido que el Congreso lo apruebe, aun sabiendo que es inconstitucional.

Otra razón por la que pedimos su derogación es que se basó en argumentos falsos. Los argumentos que presentaron al Congreso a fin de asegurar esta legislación fueron todos ellos falsos. Pretendieron hacer creer al Congreso que la mayoría del pueblo de los Estados Unidos estaban a favor de su causa, lo que se ha demostrado vez tras vez que es falso. Lo ha sido de la forma más innegable en la ciudad de Chicago hace menos de un mes. Allí tuvo una convención American Sabbath Union; una convención nacional. Hicieron cuatro mítines populares la primera noche, al inicio de la convención. Asistí personalmente a uno de ellos. Los registros de Chicago informan del hecho, como demuestran las copias que he traído. Leeré el informe de Chicago, para que sea evidente que no hay influencia alguna de mis sentimientos. *El Tribune de Chicago*, del 14 de diciembre de 1892 contenía este informe:

"FUE RECHAZADO

American Sabbath Union sufrió anoche una derrota en uno de sus mítines, que sorprendió sobremanera a los líderes presentes. El incidente causó realmente sensación. Fue un golpe inesperado, y especialmente doloroso al haber sido propinado por una de las denominaciones más sabatistas entre todas las denominaciones cristianas"

Sr. Jones: Esa no fue la primera vez, tal como algunos de los aquí presentes recordarán.

Reverendo W. F. Crafts: Eso es un buen chiste.

"La Unión inauguró una convención nacional aquí ayer por la tarde, e hizo preparativos para cuatro mítines populares anoche en la ciudad, en favor del movimiento. Uno de esos mítines tuvo lugar en la Iglesia M. E., avenida South Park y en la calle 33d. Fue un mitin popular con discreta asistencia, aunque todo iba bien por un tiempo, tal como 'American Sabbath' esperaba. El Dr. H. H. George, un líder del movimiento, el Sr. Locke y otros, abogaban por el cierre de la Feria Mundial en domingo y denunciaban enérgicamente los esfuerzos de los directores, así como del alcalde y del ayuntamiento para que el Congreso derogara el acta de cierre. Esos discursos fueron recibidos con entusiasmo y aprobación masivos, si es que no unánimes, mediante continuos amenes y aplausos. Nadie manifestaba oposición, de forma

que un un ánimo enfático y confiado se dispuso la siguiente resolución:

Considerando que la prensa de Chicago nos informa de que nuestro ayuntamiento, dirigido por el alcalde Washburne ha dispuesto un comité entre sus miembros para acudir a Washington con el propósito de influir en el Congreso para que derogue su acción respecto al cierre de la Feria Mundial en domingo; y

Considerando que los directores de Chicago han abierto oficinas en Washington con el mismo propósito, a pesar de haber aceptado una asignación de dos millones y medio de dólares bajo la condición expresa de que las puertas no se abrieran al público los domingos; y

Considerando que hay siete mil salas de juego que abren cada domingo contrariamente a la ley del Estado, en consecuencia,

Resolvemos, primeramente, que nos implicamos en una enérgica protesta contra una acción oficial como la presente por parte del alcalde y el ayuntamiento al adoptar tales medidas opuestas a la acción del Congreso, y al gastar el dinero del pueblo en procurar revertir las condiciones mismas bajo las que recibió la asignación del Congreso.

Resolvemos que deploramos y condenamos la acción de los directores, quienes recibieron el dinero de parte del Congreso a condición de que la Feria no se abriera en domingo (según contrato bona fide), y están ahora ejerciendo toda presión posible para influenciar al Congreso a que ponga a un lado dicha condición.

Resolvemos que a nuestro juicio sería más apropiado para el alcalde y el ayuntamiento que cerrara los salones de juego en domingo, de acuerdo con la ley del Estado, que esforzarse por influir en el Congreso para que abra la Exposición los domingos contrariamente a la ley.

Al final hubo aplausos. Entonces el presidente del mitin, el reverendo H. H. Axrel, sometió a voto la resolución. Para sorpresa propia y ajena, los 'síes' y 'noes' parecían estar igualados, con un cierto predominio de los últimos. Entonces el presidente dijo que lo adecuado sería votar poniéndose en pie, y solicitó que se levantaran los que estuvieran a favor. El secretario contó treinta personas de pie.

'Ahora levántense los que se oponen'.

El resto de la audiencia, a excepción de cuatro que parecían no tener opinión al respecto, se puso en pie, y el secretario, estupefacto ante la evidente mayoría, renunció a contar cabezas y declaró que había al menos treinta y cinco en contra de la resolución, y lo que parecía extraño es que en su mayoría se trataba de mujeres.

Superado el desconcierto, el presidente dijo que le gustaría escuchar alguna explicación de parte de la mayoría {del no}"

Sr. Jones: Yo estaba allí y expuse la razón por la que nos oponíamos a las resoluciones. El día siguiente surgió el tema en su convención, y fue tratado en cierta profundidad. Así, voy a leer el informe del *Times de Chicago* del día siguiente:

"El mitin de American Sabbath Union de la mañana de ayer estuvo caracterizado por el pesimismo. El revés inesperado sufrido en la iglesia metodista de South Park del sur la tarde anterior frenó el ímpetu de los delegados, y cuando el oficial que presidía, el Dr. H. H. George, de Beaver Falls, Pensilvania, inició el programa, sólo una docena de personas ocupaba las sillas en la audiencia. La causa de aquella atmósfera depresiva era el desenlace del mitin la noche anterior. Hubo cuatro mítines populares la noche del martes. En los tres primeros se adoptaron resoluciones a favor del cierre dominical de la Feria Mundial. En el último fue derrotada, estando compuesta la audiencia, según dicen ahora, principalmente por adventistas. Esa fue la razón de la frustración que impregnaba ayer el sentir en la iglesia de South Park.

El comité encargado de enviar un telegrama al Congreso informó de lo siguiente:

'La convención nacional de American Sabbath Union, reunida en esta ciudad, pide respetuosamente a nuestro Congreso, en especial al Comité para la Feria Mundial, que no se emprendan acciones para derogar la ley de cierre dominical. Anoche se celebraron cuatro mítines populares en diversas zonas de la ciudad, en protesta contra tal derogación, por ser un acto deshonroso hacia el Congreso y la nación'.

El Dr. Mandeville se puso de pie al instante:

'No se debe escribir cuatro mítines populares, dado que uno de ellos se opuso a la resolución', alegó. 'Debiera decir tres mítines populares'.

'Sí', replicó el responsable del comité, 'pero nuestra resolución tiene eso en cuenta. Dice que hubo cuatro mítines de protesta, pero sin especificar lo que decidieron'.

Pero el Dr. Mandeville no se dejó engañar por un doble lenguaje como aquel, y se cambió la resolución para que dijera que tuvieron lugar tres mítines populares que protestaron enérgicamente contra la derogación de la ley de cierre dominical"

El secretario de American Sabbath Union del Estado de Illinois escribió una rectificación al periódico *Chicago Evening Post*, en la que denunciaba a quienes votaron en contra de sus resoluciones como siendo "intrusos impostados", por haber "concentrado sus fuerzas para frustrar el propósito de este mitin popular". Eso me abrió el camino para replicar de la forma en que os voy a leer ahora, como parte de mi argumentación, y que explicaba este punto algo más ante aquel Comité:

"Chicago, 17 diciembre. *Editor de Evening Post*: No es mi intención añadir penas innecesarias a American Sabbath Union, pero en justicia hacia aquellos que denuncia el reverendo Sr. Mc Lean en su carta del jueves a Evening Post, así como para situar esa carta dentro de la frontera de los hechos, la rectificación enviada por el Sr. Mc Lean necesita una rectificación. Es comprensible que él no tenga una visión clara de lo sucedido en aquel mitin popular la noche del martes en la iglesia de South Park, dado que no estuvo allí. Yo sí estuve, motivo por el que ruego este pequeño espacio para rectificar su rectificación. Afirma que los adventistas del séptimo día, 'evidentemente suponiendo que sería un fino golpe político, a fin de frustrar el propósito del mitin, concentraron sus fuerzas' en la región cercana, 'con el resultado que se ha publicado'. Es un juicio enteramente erróneo. No hubo ni una partícula de política en ello; no hubo ninguna intención previa de frustrar el propósito del mitin, y nuestras fuerzas no se concentraron. Esto último resultará evidente para todos ante el hecho de que, si bien hay ciento noventa y cuatro adventistas en ese barrio de la ciudad, sólo había unos cuarenta en el mitin popular. Y habiendo más de trescientos adventistas del séptimo día en los restantes tres cuartos de la ciudad—en la parte oeste, en la parte norte y en Englewood—ni uno solo de ellos asistió a los mítines populares de Sunday Union en esos tres cuartos de la ciudad. Si hubiéramos procedido tal como se nos acusa, al menos tres, en lugar de uno sólo de sus mítines populares, habrían visto rechazada la resolución propuesta. El Sr. Mc Lean debiera estar agradecido porque no seamos tal como nos ha descrito, pudiendo así escapar a un resultado aún peor.

¿Por qué ese interés en denunciarnos? ¿Acaso no se— * (ver más adelante)

El presidente (Sr. Durborow): No quiero nada más de ese tipo. No veo qué relevancia tiene en este asunto. Por favor, limítese a líneas apropiadas de argumentación.

Sr. Jones: Lo referido demuestra esto: que su pretensión de contar con el apoyo de cuarenta millones de personas—la masa del país—no es cierta. Si cuarenta personas acudiendo a un mitin pueden frustrar el voto que se esperaba, eso significa que las masas no están con ellos.

Sr. Durborow: Estamos aquí a fin de modificar cierta legislación. Creo que bien podríamos dejar ese tema. Sin duda los responsables del Congreso sabían lo que estaban haciendo cuando aprobaron ese proyecto de ley.

Sr. Jones: En este momento no estoy haciendo ninguna reflexión en relación con el Congreso. No estoy diciendo que el Congreso supiera que era falsa la pretensión que le fue presentada. ¿Es imposible que se haya engañado a los responsables del Congreso, y que reconsideren con seriedad las pretensiones que se han demostrado falsas?

Sr. Durborow: No me parece que su argumentación sea muy respetuosa con el Congreso de los Estados Unidos.

Veis que impidió continuar con la demostración de que aquellas pretensiones eran falsas, y dijo: "No quiero nada más de ese tipo". Pero lo tuvo: el reverendo H. W. Cross, un pastor presbiteriano de Ohio, acudió a Washington para hablar cinco minutos, y el tercer día de la audiencia presentó este asunto con mayor fuerza de lo que yo habría podido hacer. Creo que será bueno que reproduzca aquí su discurso. Es este:

DISCURSO DEL REVERENDO H. W. CROSS ANTE EL COMITÉ:

Sr. Durborow: El reverendo H. W. Cross, de Ohio, hablará durante cinco minutos.

---

* Esto es lo que iba a continuar leyendo:

¿Acaso no se anunció y se condujo como un mitin popular? ¿No teníamos perfecto derecho a asistir a él? ¿Y no teníamos perfecto derecho a votar en contra de cualquier resolución presentada? Habiendo acudido al mitin, tal como se esperaba que hicieran las masas, ¿teníamos que inhibirnos al llegar el momento del voto? ¿Debíamos permanecer inmóviles cuando el que presentaba las resoluciones nos llamó directamente a votar y cuando el presidente pidió que explicáramos nuestro voto? A la vista de esos hechos, ¿es justo que nos denuncien por ser "ateos", "anarquistas religiosos", "intrusos impostados", etc, tal como han hecho? ¿Qué tipo de mitin popular es el que buscaban? Y aún más: ¿qué tipo de mitin popular es aquel en el que una fuerza "concentrada" de cuarenta personas es capaz de revertir el voto que se pretendía aprobar en el mitin? En todos sus mítines no perdieron la oportunidad de pregonar vez tras vez que cuarenta millones de americanos les apoyan en el asunto del domingo. En la reunión de aquella noche el Dr. George afirmaba con vehemencia que estaban detrás de ellos cuarenta millones de americanos, mientras que sólo había unos veinticinco mil adventistas del séptimo día en los Estados Unidos. 'Cuarenta millones de nosotros', voceaba, 'y no estamos atemorizados.

Cuarenta millones de nosotros y tenemos al gobierno de nuestro lado, y no tememos nada de lo que puedan hacer los adventistas'. Si la gente estaba tan abrumadoramente a favor de la obra de American Sabbath Union, ¿cómo es posible que unos pocos—en una proporción de uno por cada mil seiscientos—pudieran malograrles un mitin o frustrar sus resoluciones? Si sus propios representantes hubieran tenido razón, habrían llenado el recinto, y las galerías estarían atestadas de gente en favor de la obra de Sunday Union, siendo literalmente imposible para cualquier oponente el "concentrarse" hasta el punto de derrotar el propósito de aquel mitin. Pero cuando los hechos demostraron que sus mítines populares contaban con una asistencia tan exigua como para que cuarenta personas pudieran revertir el voto por un amplio margen, anulando sus resoluciones y de esa forma "frustrar el propósito del mitin", eso demuestra por sí mismo que su pretensión de mayoría abrumadora favorable al cierre dominical de la Feria Mundial es un completo fraude. Eso es lo que les hiere. Estarán felices por tanto tiempo como puedan seguir sin que nadie les moleste ni contradiga su tergiversación de los hechos, pero cuando tiene lugar un incidente que expone el fraude de sus pretensiones, eso les solivianta.

H. W. Cross: Sr. presidente y miembros del comité: el auténtico motivo por el que estoy aquí hablando, es por una cuestión de honestidad intelectual de parte de las iglesias ortodoxas. Soy pastor de una iglesia ortodoxa. En mi territorio observo que las peticiones de esta iglesia son extremadamente engañosas respecto al número de los firmantes, o de quienes votan a favor.

Por ejemplo: en cierta ocasión los presbiterianos aprobaron en nuestro Estado una resolución diciendo representar a muchísimos, y cuantificando una cierta afiliación; luego, la Christian Endeavor Society, compuesta por muchos de los mismos miembros de iglesia a los que hacía alusión aquella iglesia presbiteriana, aprobó una resolución similar, afirmando que era en representación de cincuenta, setenta o cien miembros. A continuación fue llevada a la escuela dominical, y muchos de los que se habían contado como votantes en favor de las resoluciones, lo fueron en realidad tres, cuatro o cinco veces; y eso suele ocurrir bajo el principio de votar con premura y en repetidas ocasiones: eso que está tan perseguido en la política secular. Soy testigo del hecho. Hubo una petición que afirmaba representar a ochenta miembros de iglesia firmantes de la petición al Congreso, pero no estaban para nada presentes. Ocurrió en una escuela dominical, y fue el supervisor de la escuela quien tomó el voto. Había niños que votaron en favor de la resolución, que no tenían la edad suficiente para saber si la expresión "Feria Mundial" significa la Exposición Colombina en Chicago o las niñas simpáticas del banco de atrás.

He creído que era mi deber informar a este Comité acerca de esos hechos. La intención real de tales peticiones es religiosa, pero es imposible discernirlo a partir de la redacción del texto de las peticiones; es el espíritu que hay tras ellas el que lo revela. Las columnas de la prensa religiosa, las exhortaciones de los responsables de las clases y supervisores en las escuelas dominicales, lo que estos decían a los pocos que votaban, es lo que revela el significado de esas peticiones. Considero que nuestros legisladores son enteramente competentes intelectual y moralmente para decidir esta cuestión, al margen de cualquier dictado impositivo por parte de ninguna secta o asociación de sectas sobre si la apertura de esta gran exposición educativa es consistente con el Sabbath civil. Observo una tendencia en los documentos de mi propia iglesia y en los de otras iglesias ortodoxas a jactarse por el hecho de que "nosotros (este grupo de denominaciones que sostiene esa idea común) hemos tenido por nosotros mismos la fuerza para llegar al Congreso; hemos indispuesto el Congreso contra los adventistas del séptimo día, contra los bautistas del séptimo día y contra ciudadanos católico-romanos, así como contra otros varios ciudadanos nuestros". Dedicarse a esa práctica en este país me parece ahora menos que deseable y más que cuestionable.

No les puedo hablar, caballeros del Comité, en los términos y en la extensión en que había previsto hacerlo, debido a tener asignados solamente cinco o seis minutos; en consecuencia, he presentado simplemente estos dos puntos: que esas peticiones son extremadamente engañosas por lo que respecta al número de sus firmantes, teniendo en cuenta que exactamente los mismos han hablado muchas veces, y en una gran variedad de acontecimientos, sea en convenciones como en conciertos vocales, escuelas dominicales, como miembros de Society of Christian Endeavor, etc, han votado una y otra vez las mismas personas. Y cuando uno lo descubre en su enorme conjunto, resulta una práctica extremadamente tendenciosa, y si el interés del Sabbath civil —

Sr. Durborow: Sr. Cross, se ha terminado su tiempo.

Sr. Cross: De acuerdo; dejaré mi frase inconclusa.

Otro discurso más poderoso que el que el Comité rehusó escuchar de mi parte, es el del Sr. Thomas J. Morgan, un obrero de Chicago. Traía su discurso escrito para leerlo, pero tras oír a algunos de los representantes de las iglesias, se sintió tan indignado por las tergiversaciones de estos, que al llegarle el turno para hablar olvidó totalmente su discurso escrito, el transcurso del tiempo y todo lo demás, hasta que el presidente le hizo saber que habían expirado los veinticinco minutos de que disponía. También reproduciré aquí su discurso.

DISCURSO DEL SR. THOMAS J. MORGAN

Tras declarar a quién representaba, y afirmar que había recibido su mandato de "375 asociaciones laborales en cada pueblo y ciudad de los Estados Unidos con la suficiente industria como para que se promueva o fomente la creación de un sindicato de trabajadores", incluyendo hasta la fecha a "treinta y tres Estados de la Unión", dijo:

Ahora, Sr. presidente, tras notificar la autoridad que se me ha conferido, quisiera decir que comparezco ante este Comité sintiéndome en una posición muy embarazosa. Hasta dos horas antes de tomar el tren no sabía que podría asistir a este Comité. Llegué ayer a las once de la noche, y estando en un lugar nuevo para mí y en una situación desacostumbrada, se me fue el sueño. Además, vengo del banco de trabajo, como se puede apreciar por los callos y cicatrices en mis manos: lo propio de un obrero manual. Comparezco carente de la formación necesaria para hacer frente a las argumentaciones que aquí se presentan, o para defender mi caso con la fuerza y la fluidez con que lo hacen en la oposición, por haberme visto obligado a trabajar manualmente toda mi vida desde los nueve años de edad sin saber lo que son las vacaciones, y sin oportunidad alguna para educarme, excepto por las horas arrebatadas al sueño.

Me abruma también el hecho de encontrarme por vez primera en mi vida entre tantos compañeros sindicalistas de cuya existencia nunca antes supe, y estoy absolutamente asombrado y desconcertado por sus declaraciones. No sólo pretenden hablar en nombre del sindicato, tal como lo tenemos aquí en los Estados Unidos, sino que—quién lo diría—hablan con la voz de la autoridad de mis compañeros de trabajo en Gran Bretaña, país del que provengo. No sólo eso, sino que toman el nombre de alguien a quien yo honro posiblemente más que ningún otro de quienes lo evocan como fuente de autoridad ante este Comité. Se trata de Karl Marx. Hablan también en nombre de la socialdemocracia alemana; y yo, siendo un socialdemócrata, siendo inglés, estando tan íntimamente asociado con el movimiento de reforma de ese país y tras vivir en Estados Unidos por veintitrés años como reformador sindical activo … pueden imaginar mi asombro y emoción al encontrarme en presencia de esos abogados y amigos de Karl Marx, de los socialdemócratas de Inglaterra y de los compañeros del sindicato reformado aquí en los Estados unidos [volviéndose hacia los clérigos]. Lamento en lo profundo no poder estrechar sus manos en amistad fraternal. Lamento tener que decir: ¡Seamos salvos de nuestros amigos! Me incomoda sentirme en la obligación de decir que comparezco aquí con la autoridad necesaria para repudiarlos absolutamente, y acusarlos de falsear los hechos.

Al escuchar las declaraciones que han hecho, he pensado en abordar el asunto con amabilidad y gentileza. Me he dicho: voy a ser capaz de tratar esta cuestión en el mismo espíritu; pero temo haber traspasado ya los límites. El asunto me concierne tan de cerca, que la debida compostura se viene abajo al percibir cómo se nos ataca, cómo se tergiversan nuestras intenciones, cómo se distorsionan nuestros deseos y necesidades, por parte de esos hombres que pretenden hablar con autoridad.

[dirigiéndose al clérigo] Ustedes evocan nombres de personalidades de Inglaterra que absolutamente nadie conoce. ¿A qué viene nombrar a Joseph Arch, a Tom Mann o a Ben Tillott? ¿Pueden hablar en nombre de ellos? -No; están ustedes trayendo aquí a desconocidos con la intención de dar una apariencia de credibilidad a su tergiversación. Ustedes no han sido nunca amigos de los sindicatos de trabajadores, y ahora no tienen derecho alguno a hablar así.

Al escuchar aquí esos nombres, mi mente ha retrocedido a tiempos pasados en la Inglaterra de Joseph Arch, un miembro laico de iglesia cuyo celo por la religión cristiana era demasiado grande como para quedar oculto. Enseñó al pueblo básico las verdades morales que Cristo enunció, y sus esfuerzos tuvieron por efecto elevar esa clase, lo que hizo que el conjunto del clero de Gran Bretaña se indispusiera contra él, de la misma forma en que vemos cómo todo el conjunto del clero en los Estados Unidos, con excepción de la Iglesia católica, se pone en contra nuestra.

[voces del clero expresando disconformidad]

Quizá la afirmación que acabo de hacer de que todo el clero está en contra de nosotros no sea estrictamente cierta. Quiero evitar cualquier declaración que no esté basada estrictamente en los hechos. Posiblemente sea correcto afirmar que las iglesias evangélicas de los Estados Unidos, tal como están aquí representadas, están en total oposición a nosotros y a nuestros intereses. Quizá debiera exceptuar a la Iglesia católica. Quizá deba admitir eso. Les repito que me siento abrumado; quizá puedan hacerme alguna consideración respecto a ese punto. Quiero deshacer lo que ustedes han estado haciendo aquí, y lo voy a procurar según mi mejor capacidad.

Joseph Arch, a quien antes me he referido—vive aún—y a quién no han dado voz, partiendo de las clases populares llegó hasta la sede del Parlamento; fue puesto allí por el pueblo, a quien prometió la posibilidad de vivir dignamente y con respetabilidad. Tras haberlo conseguido, el clero de Gran Bretaña lo convocó a un gran encuentro en Exeter Hall, en el que estaban presentes doscientos clérigos. Le pidieron que explicara los propósitos de su organización, cosa que hizo. Consistía en elevar a la gente desde su absoluta ignorancia hasta las comodidades y la dignidad del hombre; consistía en matar los salones de juego y vaciar las prisiones a fin de dar la oportunidad de vivir como seres humanos dignos a los que estaban en un entorno agrícola. Había logrado mucho al respecto, y dijo a los pastores: "No sólo lo logramos sin su ayuda, sino contra su decidido esfuerzo antagonista". Y añadió: "¡Nos llaman a informar tras haberlo conseguido! Les traemos los resultados de nuestro esfuerzo. Lo realizamos sin su ayuda. Seguiremos de ese modo. Todo cuanto les pedimos es que, si son incapaces de ver cómo pueden ayudarnos, al menos nos dejen trabajar en paz". Esa es también mi respuesta a esto que han traído de Inglaterra.

Se han referido ustedes a los socialdemócratas de Alemania. ¿Con qué derecho? Carecen absolutamente de autoridad para ello. Toman de Karl Marx esta pequeña cosa aquí y allá, de los socialdemócratas y de las conclusiones de su convención, y lo presentan aquí como si poseyera autoridad. Yo soy un socialdemócrata. Pertenezco a esa organización, y desde mi humilde capacidad he hecho todo cuanto estuvo en mi mano para ganar las mentes de los obreros de los Estados Unidos a los principios de esa organización. Les quiero decir, clérigos, que los principios sostenidos por los socialdemócratas alemanes son los que Jesucristo enunció: los mismos que ustedes no entienden.

[voces: "¡Bien dicho!"]

Sr. presidente, no sólo hablo con esa autoridad a la que me he referido, sino que quiero llamar la atención a la posición que sostenemos sobre el asunto de esta Feria Mundial, en contraste con la que sostiene este cuerpo clerical organizado como una máquina [girándose hacia los pastores]: quiero llamar a cada uno de ustedes a que hagan su parte en la obra.

Sr. Durborow: Sr. Morgan, el Comité está en esta parte de la mesa.

Sr. Morgan: Espero que se me excuse por a mi falta de preparación para estos menesteres, tal como dije al principio. Si los amigos de la iglesia hubiesen sido considerados conmigo en la infancia, si me hubieran enseñado a leer y escribir, probablemente ahora sería capaz de ajustarme a todos los protocolos al uso en la sociedad educada. Gracias a ellos quizá cometa alguna torpeza, por la que pido que se me excuse.

Iba a decir, Sr. presidente, que además de la autoridad aludida, nosotros, los obreros de Chicago, de una forma especial y particular reclamamos el derecho a ser oídos con mayor consideración que nuestros oponentes. Tan pronto como se habló de hacer una exposición mundial, las organizaciones sindicales en todas partes de los Estados Unidos respondieron con entusiasmo a la propuesta; y al decidirse que la Feria mundial tendría lugar en algún lugar de Estados Unidos, los obreros de Chicago presentaron su demanda para que se estableciera en Chicago como localización geográfica más apropiada para la Exposición mundial. Respaldaron su solicitud de que tuviera lugar en Chicago con peticiones de organizaciones sindicales en todo Estados Unidos; hasta tal punto, que el diputado Hawley pudo ponerse en pie en el Congreso de los Estados Unidos y decir: "Tengo en mi mano peticiones de sindicatos laborales de todos los Estados de la Unión, con excepción de Nueva York, para que la Feria se localice en Chicago". Y se localizó allí. Pero incluso antes de que eso ocurriera, el Congreso pidió a Chicago que demostrara su solvencia para organizar el evento mediante el aporte de diez millones de sus fondos. Los obreros rebuscaron en sus bolsillos, y a base de monedas de diez y cincuenta centavos, así como de billetes, suplieron medio millón de sus fondos.

¿Qué hizo la iglesia? ¿Solicitó que hubiera una exposición de los productos mundiales y del ingenio humano? Si es que lo hizo, fue de forma silenciosa. Los obreros respondieron consistentemente, y desde entonces han construido la Feria y la han consagrado con su sangre. Centenares de obreros han perdido la vida o se han lesionado en la construcción de esa gran obra. Creo que, debido a ello, lo que nosotros hemos de decir conlleva un peso adicional.

No sólo eso: con el debido crédito a las mentes que diseñaron y planearon esa maravillosa Exposición, los productos allí exhibidos vienen de manos como estas [exhibiendo sus palmas callosas]. Y tras haber edificado la Feria, sacrificando nuestras vidas en ello, tras haber contribuido con nuestro ingenio y labor para exponer allí esos productos, estos hombres que no han tenido parte en el asunto, sea en su diseño, construcción o en cualquier otro aspecto relacionado, vienen aquí, le cierran la puerta y nos acerrojan a nosotros, los obreros. ¡Y acuden con la miserable pretensión de poseer la instrucción que los justifica para hablar en nombre de los obreros! ¡La insolencia de tal pretensión es absolutamente increíble! No puedo entender cómo hacen esas declaraciones en las que arriesgan su reputación de sinceridad, honestidad y veracidad—y esos son los valores que constituyen el capital de un clérigo: si los pierden, no queda nada. Uno de ellos ha venido aquí esta mañana y ha dicho: "Traigo una petición de una unión sindical de la ciudad de Nueva York". ¿Qué unión sindical?

Reverendo Sr. W. F. Crafts: Los ingenieros de los Estados Unidos.

Sr. Morgan: ¿Quiénes?

Sr. Crafts: La Hermandad de los Ingenieros Ferroviarios.

Sr. Morgan: ¡No! Vean aquí: su declaración de no duplicar las cosas es maliciosa y vilmente falsa. Duplican. Traen una simple petición de uno de los sindicatos locales del Estado de Nueva York y hacen creer que han conseguido la adherencia de otra organización.

Sr. Crafts: No es así.

Sr. Morgan: Desde luego, mis facultades no alcanzan a comprender la manera en que ustedes manejan estas cosas. Otra declaración que han hecho consiste en que, 'puesto que han hablado los ingenieros de los Estados Unidos, eso zanja la cuestión: son los más inteligentes de todos los obreros en Estados Unidos'. Repudio totalmente esa declaración.

[En este punto el Sr. Morgan dedicó unas palabras a asuntos más bien personales entre la organización que él representaba y la de los ingenieros, tema en que preferimos no tomar parte imprimiéndolo y difundiéndolo con la amplitud en que lo va a hacer este documento—LOS PUBLICADORES]

Se ha dicho que abrir la Feria requeriría un trabajo extra de parte de los ingenieros. Permitan que les llame la atención a este hecho: si la Feria Mundial cierra los domingos, se estará impidiendo a la gente que goce de sus privilegios en ese día, que entonces quedará dedicado a viajar. La gente saldrá el domingo, llegarán a Chicago la noche del domingo o bien el lunes. Pasarán la semana en la feria y tomarán el tren de regreso la tarde del sábado, o pronto el domingo.

Sr. Durborow: Sr. Morgan, ha estado hablando veinticinco minutos, agotando así el tiempo que tenía asignado. Entiendo que desea que el Sr. Askew lo siga; si no le pasa el turno a él, por supuesto puede tomar el tiempo de este.

Sr. Morgan: Mis disculpas, Sr. presidente; no pensaba haber hablado tanto rato, pero quisiera realmente disponer de algo más de tiempo. He traído un documento que quisiera presentar.

Sr. Durborow: No hay problema, si tiene el consentimiento del resto de ponentes.

Dr. W. H. Thomas: Le cedo mi tiempo.

Sr. Durborow: Presente un resumen del documento si le es posible, y hágalo en la mayor brevedad que pueda.

Sr. Morgan: Lo leeré tan rápidamente como me sea posible, y estará a disposición para su posterior lectura.

(Leyendo): En relación con el aspecto religioso de este asunto quisiera decir que los obreros atribuyen el acta de cierre dominical de la Feria Mundial por parte del Congreso a la actividad e influencia de la iglesia protestante evangélica, y que en el cumplimiento de su propósito los representantes de esas iglesias se autoproclaman los guardianes de los intereses económicos y morales de los trabajadores, y en nombre de estos y para su beneficio urgen al Congreso a que cierre las puertas de la Feria Mundial en domingo.

Estamos aquí debidamente autorizados como el único movimiento organizado y oficial de trabajadores en relación con el cierre de la Feria en domingo, para negar rotundamente el derecho de esas iglesias o de sus representantes a que hablen o actúen en nuestro nombre en este asunto y para probarles mediante la evidencia documental que todas esas representaciones hechas ante el Congreso por parte de esas iglesias fueron fraudulentas, sea de forma voluntaria, o por ignorancia.

Al respecto queremos llamar la atención de los diputados que puedan haber resultado influenciados por la acción de esas iglesias y que están sinceramente interesados en el aspecto religioso de la cuestión, el hecho de que la indiferencia e incluso el antagonismo beligerante de las clases trabajadoras hacia la iglesia es actualmente—y ha venido siendo por años—un tema de seria consideración para el clero. Afirmamos respetuosamente que una de las principales causas de esa hostilidad -latente o activa- hacia la iglesia es que sus representantes están tan alejados económica y socialmente de las clases obreras asalariadas como para fracasar totalmente en comprender sus necesidades, deseos y aspiraciones, y en consecuencia, cuando hablan en nuestro nombre nos representan falsamente, tal como ha ocurrido en este caso. Eso ha venido siendo un hecho tan frecuente y universal, que el respeto y reverencia que las clases trabajadoras tuvieron hacia la iglesia en años pasados han quedado destruidos hasta el extremo de despertar la alarma en la propia iglesia. Con pocas excepciones, y excepto en raras ocasiones, la sugerencia de que un clérigo inaugure o participe en nuestras convenciones o mítines populares es recibida con desprecio y ridículo. Miles y miles de asalariados que como yo han vivido desde la infancia a la madurez en la iglesia, y que al verse forzados a salir de ella han retenido un amor ferviente por los principios morales que enseñó el Carpintero de Nazaret, perciben, no sólo la maldad contenida en las acciones del clero al echar a los obreros de la Feria, sino que comprenden también el efecto que va a tener para ahondar aún más la sima entre las clases trabajadoras y la iglesia, hacia quien se va a ver intensificada su hostilidad.

Hablando tal como lo hacemos, desde ese conocimiento íntimo y personal, urgimos respetuosa pero enérgicamente a los diputados que hayan sido influenciados por consideraciones religiosas, a que abroguen ese malintencionado e injurioso acto de la iglesia.

El reverendo Sr. Martyn, abogando por el cierre dominical de la Feria, declaró que ni la literatura ni el arte tienen efecto alguno en el estado moral de la gente. Nuestra respuesta es que tal afirmación es una difamación de la literatura y el arte, y un insulto monstruoso a todos los intelectuales y artistas, así como una negación de las ventajas de la educación secular. Insistimos en que todo avance en el conocimiento general significa un avance en la moral pública, y que el conocimiento de los individuos, y por ende su estado moral, resulta afectado en gran medida por su entorno.

Permítase que el trabajador traspase la puerta de la Feria Mundial, póngaselo en contacto con los prodigios de la naturaleza tal como están allí expuestos, y con las maravillas de la manufactura humana recopiladas de todo el mundo; en actitud de admiración se elevará entonces por encima de su yo ordinario, quedarán subyugados sus hábitos e instintos más bajos, y en lo profundo de su mente y corazón surgirá como nunca antes una comprensión de los múltiples recursos de la naturaleza y del ingenio y poder ilimitado de la mente humana. Eso quedará a partir de entonces como fuente provechosa de reflexión y tema de conversación, tan útil para el propio obrero como para sus asociados; hará de él un hombre mejor, más habilidoso y por consiguiente un obrero de mayor valor y un ciudadano más útil.

No he llegado a esas conclusiones mediante un razonamiento abstracto, sino por la experiencia personal práctica, y si yo fuera un clérigo o un miembro activo de la iglesia y tuviera en mi corazón el bienestar moral de la gente, tendría como un deber imperativo, no sólo abrir las puertas de la Feria en domingo, sino implementar medios especiales para promocionar en ese día el contacto de las multitudes con la influencia intelectual y moral de ella.

Al considerar el aspecto moral he afirmado que visitar la Feria Mundial tendrá el efecto de potenciar la habilidad del trabajador incrementando así su valor. Para el gran ejército de los inventores anónimos, un día en la Feria Mundial significará inspiración de inestimable valor, no sólo para ellos, sino para sus naciones y para la raza humana. Una vez más, hablo desde la experiencia real, habiendo resultado personalmente beneficiado por las visitas a exposiciones conceptualmente similares a esta Feria Mundial, si bien comparativamente insignificantes en tamaño y alcance.

Quienes velan por los intereses industriales y comerciales de Gran Bretaña y Francia sostienen idéntico punto de vista. En Birmingham, Inglaterra, lugar del que procedo—una de las ciudades con mayor producción en el mundo—las exposiciones son instituciones permanentes similares {a la Feria} a pequeña escala. Se han enviado de forma regular delegaciones especiales de obreros a las Exposiciones mundiales de Londres y París, y mediante una conversación personal con uno de los obreros franceses he podido comprobar que ellos están igualmente concienciados de la importancia de este asunto.

Sé también por uno de mis asociados activamente interesado en promocionar la apertura de las puertas de la Feria Mundial en domingo, que en Alemania, en las ciudades industriales situadas en los márgenes del Rin, las asociaciones de obreros enviaban con regularidad delegaciones tanto a Londres como a París, a fin de informar sobre los productos expuestos en relación con sus oficios respectivos, y que por razones económicas dichas visitas estaban programadas de tal forma que los delegados llegaban a Viena o a París la noche del sábado o la mañana del domingo, visitaban la exposición durante el domingo y regresaban a casa la noche del domingo o la mañana del lunes.

Comparativamente, pocos entre los trabajadores de Estados Unidos se han beneficiado de esos estímulos al ingenio y el invento, y tampoco los departamentos de producción y comercio han valorado adecuadamente su importancia. Es por ello que presento esta perspectiva del tema en la esperanza de que pueda contribuir a la reapertura dominical de las puertas de la Feria Mundial a los cientos de miles de obreros de Chicago y de las ciudades cercanas, y a animar mediante este privilegio las visitas de tantos obreros asalariados procedentes de toda la nación como hayan podido, mediante meses de privación y sacrificio, ahorrar lo necesario para visitar la Feria mundial, visita que estará necesariamente limitada a unos pocos días.

Regreso ahora a mi propia presentación, que había interrumpido el presidente del comité.

Sr. Jones: Muy bien. Asumiré que el Congreso sabía lo que estaba haciendo. Aquí está su contenido en el Senado; es allí donde se inició esta parte de la legislación, ya que en la Cámara [de representantes] dicha legislación se refería sólo al cierre gubernamental de la exposición, y es eso lo que se aprobó, sin referencia alguna al cierre de la Feria en domingo. Fue al llegar al Senado donde tuvo su origen esta parte de la legislación. Leeré del Registro del Congreso del 10, 12 y 13 de julio.

Sr. Durborow: Bien, no es necesario leerlo aquí. Estamos más familiarizados con él que usted mismo. El asunto objeto de discusión son las modificaciones de la ley existente.

Sr. Jones: Ciertamente.

Sr. Durborow: Si puede referir sus argumentos al asunto de la modificación de la ley, a las ventajas que justificarían el cambio o modificación de dicha ley de acuerdo con las resoluciones presentadas ante este Comité; ese es el motivo por el que el Comité ha concedido estas audiencias.

Sr. Jones: Efectivamente; eso es lo que estoy haciendo. He demostrado que la Constitución prohíbe esta legislación; siendo así, ¿no se debiera derogar?

Sr. Durborow: Este no es el lugar para dilucidar esa cuestión.

Sr. Little: Pienso que quizá no ha comprendido bien la legislación aprobada. Estoy de acuerdo con usted en lo de la Constitución. Esta legislación hace una asignación {de dinero}, y acompaña dicha asignación con la condición de que la Feria cierre en domingo. Por ejemplo: uno no tiene derecho a decir a un transeúnte: 'No entre al salón de juego'. Pero puede darle cinco dólares y entonces tiene el derecho a asociar la condición de que no los gaste en el salón. *

---

* Eso es inadmisible. No tenemos derecho a sobornar a nadie, ni siquiera con el objeto de que se abstenga de beber. Si es que el Congreso aprobó la ley bajo ese principio, tal como se sugiere, entonces añadió a otras maldades de esta legislación la del soborno. De hecho, esa es precisamente la posición que American Sabbath Union ha sostenido al respecto. Su presidente ha publicado que esta acta del Congreso "otorga un premio de 2.500.000 $ a condición de obrar bien. Demuestra de una forma tangible que 'gran ganancia es la piedad'". Repudiamos enteramente esa idea, junto con el resto de ese asunto malvado.

Sr. Jones: Entiendo su observación. Se presentó la argumentación, y se hizo cuando la legislación estaba ante el Senado, mientras el Congreso estaba en proceso de asignar el dinero; entonces tenía el derecho a establecer las restricciones que considerara oportuno en el uso del dinero.

Sr. Little: Pero no se les forzó a aceptar el dinero.

Sr. Jones: No, ciertamente. Pero repudio esa proposición. El Congreso tenía derecho a imponer cualquier restricción civil que quisiera en relación al uso del dinero. Pero no tiene en absoluto derecho, bajo la Constitución, a imponer ninguna restricción religiosa al uso del dinero.

Sr. Little: ¿Es una restricción religiosa?

Sr. Jones: Así es. Es una legislación enteramente religiosa.

Sr. Houk: ¿Consideraría correcto que el Congreso estableciera que la Feria cerrara un día de cada siete?

Sr. Jones: No. No sería apropiado, dado que todo descansa en un fundamento religioso, y es el único fundamento sobre el que la observancia del domingo o el reconocimiento del domingo descansa. La pretensión de que esa legislación tiene por fin los intereses de los trabajadores no concuerda con el proceder del Senado. El senador Hawley afirmó con rotundidad: "Todos saben en qué fundamento descansa: está fundado en una creencia religiosa". El senador Peffer dijo: "Hoy estamos implicados en una discusión teológica relativa a la observancia del primer día de la semana". Así pues, lo consideraron un asunto religioso, y solamente religioso. Repito que según la Constitución, {el Congreso} no tiene derecho para establecer ninguna restricción religiosa. Cuando pusieron ahí esa restricción y dijeron que los directores tenían que firmar un acuerdo para cerrar la Feria Mundial en domingo: el "Sabbath cristiano"—tal como el Congreso afirmó que es el domingo—, como condición para recibir el dinero, tenían el mismo derecho a decir que la dirección de la Feria Mundial tenía que firmar un acuerdo para que se sometieran al bautismo cristiano como condición para recibir la asignación.

Voz: O pregunten al Dr. Briggs.

Sr. Jones: Sí. Cuando el Congreso asoció esa asignación a la condición de que la dirección firmara un acuerdo para cerrar la Feria en "el día del Señor", tal como definió el Congreso el domingo—sin el cual no recibiría el dinero—el Congreso habría podido requerir que el Comité de la Feria Mundial observara la Cena del Señor como condición para recibir los fondos. Si el Congreso puede definir en qué consiste el Sabbath cristiano, puede igualmente requerir cualquier otra cosa en la religión cristiana.

Voz: Así es.

Voz: ¿No es esta una nación cristiana?

Sr. Jones: No, por supuesto que no.

Sr Jones: Si van más allá de la Constitución en materia religiosa, pueden igualmente excederse en cualquier otro aspecto. Lo que ha hecho el Congreso al respecto en favor del domingo, despeja el camino a cualquier otra demanda que puedan hacer los que se han asegurado eso. Y habrá demandas, pues el Christian Statesman, cuyo editor está en la sala, ha declarado que "la gran mayoría cristianan ha aprendido, en respuesta a su gran petición y a su aluvión de cartas en referencia a la Feria Mundial, que puede conseguir del gobierno de los estados y de la nación cualquier legislación en contra de la inmoralidad que pida con unidad y energía". Y un predicador en Pittsburg, tan pronto como el proyecto de ley tuvo la aprobación del Congreso, afirmó en un sermón: "Que la iglesia tiene un peso en los grandes cuerpos de política o gobierno, ha quedado demostrado de la forma más fehaciente en el último acontecimiento de la Feria Mundial, cuando el Senado de los Estados Unidos, el organismo de rango más elevado en el país, dio oído a la voz de la religión y pasó a la Feria Mundial la asignación aprobada de dos y medio millones de dólares con la condición—de la institución eclesiástica—de que las puertas de la Exposición no se debían abrir en domingo. Ese hecho magno y bueno sugiere a la mente cristiana que, si se ha podido lograr eso, lo mismo ha de ser cierto con otras medidas igualmente necesarias. La iglesia está ganando poder continuamente, y su voz se va a hacer oír en el futuro mucho más asiduamente que en el pasado".

Voz: Es la opinión de un individuo.

Sr. Jones: No; no es sólo una declaración personal. Es representativa, puesto que quienes aseguraron esa legislación, quienes presentaron la petición, lo hicieron como una gran confederación: no como individuos, sino como una corporación. National Reform Association, American Sabbath Union y toda la confederación aunaron esfuerzos por motivos religiosos; basaron su demanda exclusivamente en un fundamento religioso, y lo hicieron como religiosos. El cuarto mandamiento se presentó como base para la demanda, y el senador Quay hizo llegar su Biblia al secretario del Senado para que se lo leyera allí. Así lo refleja el Registro. ¿Alguien negará que el cuarto mandamiento es religioso? ¿Quién va a negar que el cuarto mandamiento, tal cual está en la Biblia, es religioso, y que la propia Biblia es religiosa? Apelo a este Comité: ¿Tiene el Congreso de los Estados Unidos derecho a introducir la Biblia en su legislación, y a hacer de eso la base de la legislación de este gobierno?—No, en modo alguno. La CONSTITUCIÓN es la base sobre la que el Congreso puede legislar; no la Biblia. Y la Constitución ha excluido toda cuestión religiosa de la consideración del Congreso, por consiguiente, ha excluido la Biblia de la legislación del Congreso. Sin embargo, ese día se implementó la Biblia y así lo demuestra el registro:

"*Sr. Quay*: En la página 122, línea 13, tras la palabra 'acta', procedo a insertar:

'Y la autoridad competente ha hecho esta provisión para el cierre de la Exposición en el día de Sabbath'.

Enviaré a la oficina las razones para la enmienda, a fin de que se les dé lectura. El secretario tendrá la amabilidad de leer del Libro de la Ley que envío a la oficina, la parte contenida entre corchetes.

Vicepresidente: Se leerá la parte indicada.

El secretario lee lo siguiente:

'Acuérdate del día de Sabbath para santificarlo'"

Sr. Jones: Ustedes conocen el cuarto mandamiento. No es necesario que se lo lea.

Voz: Léalo completo.

Sr. Jones: "Seis días trabajarás y harás toda tu obra, pero el séptimo día es Sabbath para Jehová, tu Dios; no hagas en él obra alguna, tú, ni tu hijo, ni tu hija, ni tu siervo, ni tu criada, ni tu bestia, ni el extranjero que está dentro de tus puertas, porque en seis días hizo Jehová los cielos y la tierra, el mar y todas las cosas que en ellos hay, y reposó en el séptimo día; por tanto, Jehová bendijo el día de Sabbath y lo santificó".

Voz: ¿Es el séptimo día, o el primer día?

Sr. Jones: El mandamiento dice el séptimo día; pero teniendo delante esta declaración inconfundible de que el séptimo día es el Sabbath del Señor, el Senado ha colocado su particular interpretación sobre el mandamiento, y ha establecido que la afirmación "el séptimo día es Sabbath", significa "el primer día de la semana, llamado comúnmente domingo". Por lo tanto, el Congreso de los Estados Unidos ha tomado el cuarto mandamiento de la Biblia y lo ha incluido en su legislación, añadiendo además su particular interpretación sobre ese estatuto. Si el Congreso tiene la competencia para interpretar la Biblia en un punto, puede interpretarla igualmente en cualquier otro punto. Así pues, cuando en este país se excedió yendo más allá de la Constitución en ese punto, se ha puesto a sí mismo y al gobierno en la misma línea que todos los gobiernos del tipo iglesia-estado que jamás haya habido, y ha asumido la prerrogativa de interpretar la Biblia para todo el pueblo en el país, y para todos los que vengan a esta tierra. Eso es lo que se ha hecho.

Sr. Houk: ¿Consiste su argumentación en que la cita del cuarto mandamiento hecha por el senador Quay, y su inserción, incorpora el cuarto mandamiento y toda la Biblia en la legislación de este país?

Sr. Jones: Lo hace en principio (risas). ¿Por qué no? ¿Quién va a impedirlo? Cuando pueden incorporar una parte de la Biblia en esta ocasión, ¿qué podrá impedir que incorporen cualquier otra parte de ella cuando les convenga? Por lo tanto, es cierto que la incorporación aquí de esta parte de la Biblia significa incorporarla toda ella en principio.

Sr. Houk: Eso significa incorporar a Dios de una forma general en la Constitución.

Sr. Jones: Exactamente. Y esa es la razón por la

que se alegran tanto los que han estado todos estos años intentando poner a Dios en la Constitución. Esa es la razón por la que ahora dicen: "Podemos conseguir todos nuestros deseos, cuando los pedimos unidos". Y tienen razón. Ese proceder les da todo lo que quieren, ya que, si el Congreso puede actuar así en un punto, ¿quién va a impedirle que haga lo mismo en cualquier otro particular? Una vez establecido el principio, se ha conseguido todo. Entiéndase bien que ha puesto allí el cuarto mandamiento aportando las razones por las que la Feria debiera cerrar en domingo, como base para esa legislación.

Sr. Durborow: ¿Fue la lectura de ese mandamiento un acto orgánico del Senado, del Congreso, al proceder de esa manera?

Sr. Jones: Fue un acto orgánico del Congreso, puesto que fue una parte inseparable de la propia legislación: fue aportado como base para la legislación, por contener las razones para la misma.

Sr. Houk: Según eso, todo lo que diga un miembro, ¿queda incorporado en el acta?

Sr. Jones: Por supuesto que no. No necesariamente. Pero consideremos cómo se manejó el asunto. El senador Quay propuso una enmienda. La Cámara había aprobado un proyecto de ley para cerrar la exposición gubernamental, dejando la Feria aparte. Al llegar al Senado, el senador Quay introdujo una enmienda para cerrar toda la Feria. Su enmienda consistía en que "la autoridad competente haga provisión para cerrar la Exposición en el día de Sabbath". Ese fue el primer paso dado en el Congreso sobre el asunto de cerrar la Feria: no la exposición gubernamental, sino la Feria. El Senado dio ese paso, y al darlo, el que había propuesto la enmienda citó el cuarto mandamiento. El Senado aceptó eso como la base y razón para la enmienda. Cuando él aportó ese mandamiento y cuando el secretario lo leyó subsecuentemente como fundamento para esa enmienda, por contener las razones para la legislación en la que consistía la enmienda, cuando el Senado adoptó esa enmienda trasladándola al primer día de la semana al que llamó domingo, dado que entonces la Cámara confirmó esa decisión,

resulta evidente que el cuarto mandamiento se ha traído e incorporado a la legislación del país por una acción definida del Congreso.

[el reloj marcó entonces las 12, expirando el tiempo]

El Sr. Durborow anunció que había terminado el tiempo, y anunció: "Eso pone fin a la discusión por hoy".

La audiencia terminó por aquel día. El presidente había rechazado la argumentación constitucional rehusando que el Comité la tomara en cuanta, pero las preguntas que se hicieron dieron pie a que se tratara todo eso hasta agotarse el tiempo. American Sabbath Union supo que su causa estaba asegurada: se limitaron a salir de la sala y convocaron una reunión en el vestíbulo, en la que aprobaron un voto de agradecimiento al Señor por haber preservado el Sabbath americano. Habiéndose descartado el argumento constitucional, sabían que tenían todo lo que querían.

El día siguiente Elliot F. Shepard tuvo a su cargo la charla inaugural. Observad cómo la comenzó:

> Lo único que establece a un diputado es la Constitución de los Estados Unidos. No tiene autoridad alguna en este mundo, excepto la que le da la Constitución, y no tiene derecho a prestar oído a argumentación alguna que la Constitución no apruebe.

Pero desecharon eso, y véase a qué prestaron el oído en la primera audiencia que hubo a continuación:

OBSERVACIONES PRELIMINARES DE COL. E. F. SHEPARD

"Abordo este tema con gran reverencia. Al tratar asuntos celestiales, debiéramos dejar de lado los terrenales, y debiéramos hacer tal como solían hacer los judíos en el templo de Jerusalem: antes de presentar sus ofrendas, antes de iniciar ese servicio, se preparaban mediante abluciones y oraciones para el desempeño adecuado de sus deberes. Cuando venimos ahora a considerar el Sabbath, que descansa sobre la ley de Dios, la cual es una revelación a la raza humana en la que nadie hubiera podido pensar, y que debemos enteramente a nuestro Padre celestial, debiéramos aproximarnos con el mismo espíritu reverente…

Hemos resuelto no pronunciar una sola palabra relativa a la constitucionalidad o inconstitucionalidad de esta ley presentada ante este Comité, ya que pretender aquí que es inconstitucional sería poner en entredicho al Comité, a ambas Cámaras del Congreso y al presidente de los Estados Unidos que aprobó esta ley. Y usted mismo [presidente Durborow] muy sabiamente descartó por completo este último argumento de la consideración del Comité, al declarar que este no era el lugar para argumentar al respecto. En consecuencia lo desechamos sin añadir palabra"

En su charla, el Sr. T. A. Fernley dijo al Comité que no existía autoridad para reconsiderar la cuestión, dado que no se había presentado nueva evidencia; afirmó que no había ni una sola razón nueva en favor de abrir la Feria en domingo. Y dijo que el único terreno posible sobre el que se pudiera reconsiderar el asunto es su inconstitucionalidad. Confirmó con ello la posición de no prestarnos oído, y así, todo cuanto pudieron objetar a nuestra argumentación lo fue a partir de lo que otros habían decidido. Continuaron así, ciertamente no con argumentaciones celestiales, pero proponiéndose abordar temas celestiales, y emplazaron al Comité ante la muerte y el juicio al afirmar que cuando murieran sería de gran consuelo constatar que habían procedido rectamente al preservar el Sabbath.

Otros evocaron y amenazaron con la ira de Dios sobre la nación, en el caso de no mantener el Sabbath. Había allí un hombre de Asia menor, que defendía el cierre dominical de la Feria Mundial como un estímulo para las misiones: abrirla en domingo significaría el mayor revés a la causa misionera que jamás le hubiera acontecido. De esa forma evocaron la muerte y el juicio ante el Comité, amenazando con la ira y los juicios de Dios si no se procedía de una determinada manera. En un artículo editorial reciente en la REVIEW había una cita referida a eso, a que esos hombres irían al Congreso, hablarían en nombre de Dios y proferirían amenazas si el Congreso no se aviniera a sus dictados (ver REVIEW, 25 octubre 1892).

Esta es la argumentación de un jurista: el juez S. B. Davis, de Terre Haute, Ind., que se envió allí y se distribuyó por centenares mediante grandes pilas de papeles puestos sobre la mesa del Comité. Decía así:

"La Corte Suprema de los Estados Unidos dice: 'Esta es una nación cristiana'"

Y continúa argumentando en favor del reconocimiento nacional y estatal del domingo. "Sí: esta es una nación cristiana" es su argumento concluyente. 'Esta es una nación cristiana; la Corte Suprema de los Estados Unidos lo ha dicho. Si hay alguno de los hermanos aquí que dudara que la decisión de la Corte Suprema signifique algo, me gustaría que hubiera estado y visto lo que significó allí'.

¿Cuál es ahora la situación, tal como está la legislación esta noche? ¿Similar a la de entonces? ¿Cómo ha evolucionado posteriormente? Tengo aquí un artículo de Herald de Chicago del 14 de enero de 1893 que expone la situación, así que lo voy a leer:

"La perspectiva que tienen ante ellos los defensores de la apertura dominical de la Feria Mundial es cualquier cosa menos alentadora … Las audiencias de los últimos cuatro días han dejado maltrecha la causa de la apertura dominical. No es debido a que los defensores del cierre hayan presentado las mejores argumentaciones; tal no ha sido el caso. Pero la publicidad dada al asunto a través de todo el país mediante esa agitación, ha llevado ante el Congreso una avalancha de protestas y llamados por parte de gente religiosa y organizaciones eclesiásticas en todo el país.

Las iglesias y los pastores se han puesto de nuevo a la labor con tanta intensidad como hace un año, y con igual efectividad …

El General Cogswell, con quien contaban hasta ahora, últimamente está dudando. La Iglesia metodista episcopal ha procurado influirle de una forma en que él encuentra difícil resistirse … El problema es que una gran cantidad de miembros defensores de la apertura dominical por principio y como una cuestión de derechos, son demasiado tímidos como para votar por su posición cuando se encuentran ante la oposición organizada de iglesias y pastores. Estos estadistas argumentan que los que son favorables a abrir la Feria en domingo son gente razonable, que no va a permitir que su juicio o su voto resulten influenciados por una perspectiva de derrota del objetivo buscado. En contraste, los de la iglesia que abogan por el cierre dominical, si ven malogrados sus propósitos, se radicalizan y en la siguiente elección causan problemas a quienes votan en su contra.

Ese tipo de cobardía o precaución, sumada al hecho de que los pastores que están convirtiendo el cierre dominical en una especie de marca de la casa no dudan en apabullar a sus representantes en el Congreso, o a cualquiera sobre el que puedan ejercer presión, ofrece una explicación al cambio de tendencia sobre esta cuestión"

Leo ahora la declaración de clausura del reverendo Joseph Cook en su discurso ante el Comité:

"El domingo es el mayor de todos los ángeles buenos al que se está dando la bienvenida en tierras extranjeras. ¿Vamos a permitir en nuestro país que Chicago le clave un cuchillo por la espalda? ¿Llamaremos a la diosa de la libertad para que asista a ese asesinato? Dios no lo permita"

¿En manos de quién está el gobierno de los Estados Unidos?—En manos de las iglesias. ¿Quién tiene el control del Congreso?—Las iglesias. ¿Quién lo está tripulando? Como dijo el representante por Ohio: "Mediante nuestra fuerza hemos sido capaces de manejar el Congreso a nuestra voluntad".—Las iglesias: esos son los hechos.

Estas son algunas de las cosas que están sucediendo ante nuestros ojos. El estudio versará ahora en lo que está por sobrevenirnos. Al ver eso, tal como el testimonio ha dicho, reconoceremos la necesidad de recibir y acoger al Espíritu Santo, y de presentarlo ante la gente. Hermanos, es ahí donde estamos, tal como ha dicho el hermano Prescott. La única cuestión es: ¿buscaremos a Dios en procura del poder de su Espíritu Santo? El país está vendido a manos de la jerarquía religiosa, y dicha jerarquía está vendida en las manos del diablo.

El mensaje del tercer ángel (nº 3)
A. T. Jones

Voy a retomar el tema donde lo dejamos anoche, leyendo simplemente dos declaraciones de parte de aquellos a quienes tuvimos *in mente* al final de la presentación. Esta es una de ellas:

"Sr. presidente y señorías del Comité, así como defensores y opositores a esta medida: Permítaseme llamar la atención a un hecho en el que todos estamos de acuerdo: ninguno de nosotros va a estar aquí en 1993. Para ese tiempo todos compartiremos una misma opinión respecto a la importancia y santidad del día del Señor, puesto que habrá salido la palabra: 'Ordena tu casa'.

'¡Qué pronto partieron los que conocimos!
Como hojas en cansada rama otoñal,
que el soplo matinal esparce'.

Pero aunque los hombres mueren, la nación vive. Que el Dios de las naciones nos guíe a nosotros y a nuestra posteridad, de tal forma que se pueda cantar 'América' hasta el final del tiempo" (Del discurso de C. B. Botsford ante la Cámara de representantes de la Exposición Mundial).

Otra más:

"Sr. presidente y señores del Comité: hay justamente una razón de orden general por la que esta Feria debiera estar cerrada el Sabat {se refiere al domingo}. Si las puertas se abrieran en ese día, sería peligroso para nosotros como nación, sería peligroso para Chicago y para los intereses de la Feria. Hay algo que debemos recordar: Dios reina todavía. Está sentado en su trono. No ha abdicado, y ha declarado que la nación o país que no le sirva perecerá. Y todavía más: hemos de recordar que los diez mandamientos son la base misma de las leyes nacionales y estatales que permiten nuestras libertades y derechos. Consideren el quinto mandamiento; consideren el sexto que condena el asesinato y protege la vida. La protección a las personas está basada en ese sexto mandamiento. Consideren el séptimo: todas nuestras leyes —nacionales o estatales—que tratan de la pureza en la sociedad, del vínculo matrimonial y de la poligamia, están basadas en ese mandamiento. El cuarto mandamiento está en el centro mismo de la ley, y nunca ha sido objeto de repudio más que lo haya sido el quinto, sexto, séptimo u octavo.

Por lo tanto, hemos de recordar que si tocamos ese mandamiento de Dios que está en el corazón mismo de los diez, tocamos el honor de Dios y tocamos la ley de Dios, ya que Cristo enfatizó el cuarto mandamiento. Dijo: 'El Sabat fue hecho por causa del hombre'. ¿Qué quería decir con eso? Quería decir que no fue hecho solamente para los judíos, sino para el hombre en todo lugar, en todo tiempo y condición. Dijo que el Sabat había sido hecho para el hombre; en cualquier época y edad. Dijo que el Sabat había sido hecho para el hombre, para el supremo bien del hombre en cualquier período de la historia del mundo, para su bien moral y físico.

Por consiguiente, queridos amigos, si tocamos ese cuarto mandamiento que está en la raíz misma de todos los demás, estamos tocando el honor de Dios y los mandamientos de Dios. Nunca ha sido abrogado, y *si lo tocamos, Dios traerá una maldición sobre nosotros como nación*, ya que él declaró específicamente a su pueblo en lo antiguo que los castigaría por la profanación de su día de Sabat. Por consiguiente, amigos, como nación no podemos permitirnos tocar este mandamiento. Lo que en consecuencia nos corresponde es sentar un buen ejemplo del Sabat americano ante las naciones del mundo; darles un ejemplo del Sabat cristiano, del Sabat tal como Dios lo ha ordenado.

Un príncipe pagano visitó en cierta ocasión a la reina Victoria, pretendiendo que este le revelara el secreto de la grandeza del gobierno. La reina Victoria pidió que le trajeran un Biblia, y entregándosela al príncipe le dijo: 'Aquí está el secreto de la grandeza de una nación'. El secreto de nuestra grandeza como nación es la Biblia, que está entronizada en todas las leyes en la línea del Sabat. Ese es el fundamento de nuestras leyes". (*Del discurso del reverendo F. A. McCarrel ante la Cámara de representantes a propósito de la Feria Mundial,* 11 enero, 1893).

Os he leído lo anterior a modo de ejemplo de las argumentaciones presentadas al Comité con el propósito de persuadir al Congreso a que permaneciera firme en la posición adoptada por el gobierno.

Recordaréis, hermanos, que anoche cité un texto que tenía que servirnos para una semana. Hoy quisiera leer otro pasaje en la misma línea. Es este:

Hermanos y hermanas, ojalá pudiera decir algo que os despertara a la importancia del momento, al significado de los acontecimientos que están sucediendo ante nosotros. Os señalo los agresivos movimientos actuales encaminados a restringir la libertad religiosa (*GCDB 28 enero*, 1893; {*6 T* 18}).

Eso es lo que queremos hoy estudiar. Y a medida que—con la ayuda del Señor—vaya presentando ante vuestras mentes las cosas que están *sucediendo*, quisiera que tuvierais un deseo tan grande por recibirlas como el que tiene el Señor de que las recibamos, a fin de poder ver y comprender cuál es su mente al respecto.

Sin duda hay aquí algunos que estuvieron hace unos tres años, cuando se me encomendó un tema que si recuerdo bien se titulaba "La crisis actual". Quienes asistieron recordarán que en relación con nuestra obra para aquel tiempo, que consistía en hacer llegar peticiones al Congreso y protestar contra toda esta legislación, llamé la atención al hecho de que aquella era nuestra labor *por entonces*. Se trataba de hacer circular aquellas peticiones por todo el país, a fin de poder despertar de ese modo las mentes de los habitantes de Estados Unidos en contra de ese asunto, haciendo llegar sus peticiones al Congreso en una cuantía tan numerosa, que permitiera al Congreso ver en qué consistía el principio, y ver si podíamos quizá demorar esa legislación. La idea consistía en proceder de manera que la gente conociera la verdad. Y recordaréis que llamé la atención a este pensamiento: que esa obra continuaría hasta el momento en que se hubiera adoptado el domingo, hasta que se hubiera aprobado alguna ley dominical; al llegar a ese punto, todas nuestras peticiones vendrían a ser asunto del pasado: a ese respecto nuestra obra habría terminado, ya que carecería de sentido protestar a fin de que el Congreso hiciera algo que en realidad había hecho ya.

Pues bien: ahí es donde estamos ahora. Es el momento del que hablé aquella noche, hace unos tres años. A partir de las evidencias proporcionadas anoche se puede ver claramente que el gobierno de los Estados Unidos está ahora en las manos de una jerarquía, en lugar de estar en las manos de los representantes del pueblo. Ha desaparecido el gobierno tal como lo establecieron nuestros antepasados; ha desaparecido de forma irreversible. Se acabó el gobierno del pueblo, por el pueblo y para el pueblo. Pertenecen al pasado la autoridad del gobierno emanada del pueblo—tal como prescribe la Constitución—y un gobierno regulado por la Constitución. Se ha pisoteado la Constitución, y ahora se la ignora. El Comité la ignoró al otro día; de hecho, la dejó enteramente de lado para prestar oído en su lugar a una jerarquía, adoptando posiciones jerárquicas y atendiendo solamente a argumentaciones jerárquicas. Cuando eso sucede, cuando hasta la propia Constitución es denigrada y excluida de las deliberaciones de un comité del Congreso cuya única autoridad emana de la Constitución, para recibir a cambio esa otra cosa, entonces, ¿dónde ha llegado el gobierno?, ¿a qué punto ha llegado?, ¿en manos de quién está?

[algunos en la audiencia: "En las manos de las iglesias"]

A partir de los extractos leídos ayer resulta evidente que el Congreso no va a tener valentía para proceder según su criterio, siguiendo sus propios principios, los principios que profesa, por temor a lo que puedan hacer las iglesias; y que no va a actuar de la forma en que los de mente recta e imparcial esperarían que lo hiciera, por miedo a que las iglesias puedan crear más conflictos y daño que si actúan de la otra forma. Esa es precisamente la razón que dio el juez Hammond para justificar su decisión, en un artículo que se imprimió posteriormente en el mismo periódico que publicó su conclusión consistente en que, cuando las iglesias demandan una legislación como esa, es una buena práctica estadista que se les conceda, ya que los protestantes son gente luchadora, y si no se les concede lo que piden, causarían un revuelo tal en la nación, que haría sucumbir al Estado. Así es como piensan. ¿Acaso no es eso indicativo de que las iglesias protestantes de Estados Unidos se han identificado de principio a fin con los principios papales? La razón que desde el inicio han aducido para sustentar esa legislación es estrictamente papal. La resolución que las iglesias han enviado al Congreso en demanda de esa legislación, es la que sigue:

Se toma la resolución de que, mediante la presente nos comprometemos todos y mutuamente ante cada uno, a que a partir de este día y en lo sucesivo nos negaremos a dar nuestro voto o apoyo a cualquier funcionario o puesto de confianza, a cualquier miembro del Congreso—sea senador o representante—que vote favorablemente a proporcionar más ayuda del tipo que sea a la Feria Mundial, excepto bajo las condiciones especificadas en estas resoluciones.

Richard W. Thompson, de Indiana, quien fue secretario de Marina en la administración del presidente Hayes, ha afirmado acertadamente: "Permitir a una iglesia que dicte de antemano qué leyes deben o no ser aprobadas, significa privar al pueblo de la autoridad gubernamental que este le otorgó, transfiriéndola así a esa iglesia". Es cierto. Ha ocurrido eso, y a partir de las palabras que han pronunciado, así como de las declaraciones que leímos anoche, permanece ante el mundo como un hecho cierto que el gobierno de los Estados Unidos ha dejado de ser "el gobierno del pueblo, por el pueblo y para el pueblo" tal como dispusieron nuestros padres, para pasar a ser el *sometimiento* del pueblo mediante las iglesias y para las iglesias. La iglesia manda al gobierno; lo tiene en sus manos, lo tiene sujeto y se propone seguir teniéndolo.

Habiendo sucedido tal cosa, lo que es perfectamente apropiado para nosotros o para cualquier otro—de hecho, para todos—es que exijamos que eso revierta. Incluso habiéndose hecho por las razones aducidas, el Congreso lo habría podido derogar, habría podido abrir los ojos y haber retrocedido hasta el punto en el que antes estaba. El Congreso habría podido deshacer ese asunto dejándolo allí donde siempre debió mantenerse, en cuyo caso las iglesias habrían hecho un nuevo esfuerzo por obtener el control del gobierno. Pero en lugar de dar oído a esa demanda fundamentada en la única base sobre la que pueden considerar la cuestión que sea—la base de la Constitución—, lo que ha hecho es expulsar a la Constitución y a toda argumentación relativa a la misma; ha rehusado abiertamente oír al respecto y se ha puesto en las manos de las iglesias que ya habían asegurado su particular

interés, plasmando así de forma indeleble aquel proceder en la legislación del país.

Ese es virtualmente el segundo paso. Tras haber dado el primer paso, se pudo haber desandado, lo que habría significado su anulación. Pero en lugar de ello, simplemente se confirmó lo hecho anteriormente, de forma que ahora ya no tiene marcha atrás.

¿Qué más tenemos que decir en Washington? ¿De qué serviría ahora hacer llegar más peticiones o procurar audiencias en las que protestar contra la legislación religiosa? Nuestra misión en Washington terminó. No hay allí más lugar para nuestras peticiones. Tal es la situación en la actualidad.

Algunos han preguntado: "Supongamos que se aprueba nueva legislación. ¿No podemos protestar en contra de ella solicitando una audiencia a ese respecto?" ¿Cuál sería la base de nuestra argumentación? ¿Que se trata de algo inconstitucional? La Constitución ya se ha violado en la legislación actual, por lo tanto se nos replicaría que ya se ha efectuado, y que es constitucional. Eso ha sucedido. Y una vez que se lo considera constitucional sigue todo lo demás. Cuando presenté la idea de que pudieron estar confundidos por las pruebas que les fueron presentadas se me hizo la réplica: "Su argumentación no es respetuosa con el Congreso".

Pastor Fifield: Supongamos que se suscita otra ley dominical nacional ante otro comité. ¿No podría dicho comité dar oído a una argumentación constitucional?

Pastor Jones: Bien; supongamos que la atendiera. ¿Qué fuerza tendría? La Constitución ha sido ya violada. El asunto actual es anticonstitucional. Toda la legislación dominical lo es. Pero ha sido aprobada. ¿Cuál sería la fuerza de cualquier argumentación contra otro proyecto de ley dominical en el terreno de su constitucionalidad? ¿Tendría alguna fuerza?—Ninguna en absoluto.

Ese tiempo ha pasado, hermanos. Eso es lo que quiero que aceptéis: que pertenece al pasado. Se nos ha quitado el fundamento, el único fundamento sobre el que jamás pudimos basarnos: la Constitución. Teníamos el derecho a recurrir a ese fundamento, ya que la Constitución recoge la idea de Dios sobre el gobierno. El principio que rige en el gobierno de Estados Unidos refleja la idea de Dios para todos los gobiernos. Cuando evocábamos la Constitución y la exaltábamos por reflejar la idea de Dios—la idea correcta—tal como hicimos todo el tiempo, estábamos cumpliendo con nuestro deber. Dios la había dado como un ejemplo para todo el mundo, como las ideas correctas para gobernar, y teníamos derecho a apelar a ella.

El otro día pretendían que argumentáramos en contra del cierre dominical de la Feria. Veis que no podíamos hacer tal cosa. Incluso más: no podemos argumentar en contra del cierre dominical por la razón de que el domingo no es el sábado del cuarto mandamiento, aceptando que si hubieran reconocido el *día* del cuarto mandamiento—en lugar del domingo—, no tendríamos ningún reparo que poner. Obrar de tal modo significaría claudicar, admitiendo la legitimidad del Congreso para incorporar el cuarto mandamiento en la legislación. Tenemos todos los reparos del mundo en contra de ese proceder. Lo contrario habría significado una completa claudicación. En consecuencia, no podíamos abandonar nuestra posición sobre la Constitución. Echándonos fuera echan fuera la Constitución. Siempre digo que estamos en espléndida compañía, ya que cuando aquel comité nos excluyó de toda argumentación constitucional, gozamos de la espléndida compañía de la Constitución de los Estados Unidos. A fin de poder deshacerse de nosotros se han de deshacer de la Constitución. Esa es la compañía a la que pertenecemos.

El resumen es que en consecuencia no tenemos más encargo para Washington, de la forma en que anteriormente lo tuvimos. Por supuesto, siempre que se susciten cuestiones como la precedente será una buena ocasión para exponer ante los diputados nuestros principios tal como hacemos al presentar la verdad ante cualquiera. Pero no tenemos ninguna otra tarea que desempeñar allí con más peticiones o protestas en contra de la legislación religiosa. Eso pasó ya. ¿Contra qué estuvimos luchando en eso que ya pasó? ¿Contra algo que ya se había *hecho*, o contra algo que se estaba *haciendo*?—Contra algo que se estaba haciendo. ¿Por qué protestamos contra lo que se hacía? ¿En qué dijimos que iba a resultar?—En la unión de la iglesia y el Estado: en la formación de la imagen de la bestia.

Puesto que eso *ha sucedido* ya, ha terminado nuestra protesta relativa al *hecho*. Ahora bien: ¿ha terminado nuestra labor?, ¿tenemos algo más que hacer en el mundo?—Mucho, ciertamente. Nuestra labor *no* ha cesado. Tenemos una tarea por delante, pero no se puede ya desarrollar de la forma en que anteriormente lo hicimos. ¿En qué consiste ahora nuestra obra?—En advertir en contra de lo que ya es un hecho: la formación de la imagen de la bestia. ¿No nos emplaza eso ante el mensaje del tercer ángel en su literalidad? ¿No nos lleva y nos mantiene en él? En vista de lo que se ha hecho no queda otro camino que no sea presentar el mensaje del tercer ángel tal como está escrito. Así dice el mensaje del tercer ángel: "Si alguno adora a la bestia y a su imagen y recibe la marca en su frente o en su mano". ¿No resulta evidente que la imagen está ahí, y que la marca está a punto de ser implementada?

Repito que no podemos ya protestar en contra de lo que se ha hecho, puesto que hecho está. No podemos acudir al Congreso y presentar argumentos constitucionales en contra de la legislación religiosa; no podemos protestar a fin de prevenir que se forme la imagen de la bestia. No podemos protestar en contra de que el gobierno reconozca un falso Sabat. Eso ha sucedido ya: se ha puesto un falso sábado en lugar del sábado del cuarto mandamiento mediante una acción decidida del propio Congreso, poniendo así el gobierno de los Estados Unidos en las manos de las iglesias. Ha establecido la marca de la bestia como Sabat de la nación y para todo el mundo, colocándolo en términos inequívocos en la legislación en lugar del Sabat del cuarto mandamiento.

¿En qué consistió el papado? No fue simplemente la unión de religión y Estado: eso existía ya en el paganismo. El papado es la iglesia dictando al Estado, es la iglesia que posee al Estado y a los poderes del Estado, usándolos para imponer decretos eclesiásticos. Es un hecho literal que el gobierno de los Estados Unidos está en manos de las profesas iglesias protestantes, y que lo están usando a fin de imponer un decreto eclesiástico por encima de cualquier otro decreto. Ese era el fin que buscaban, y es lo que ahora tienen. ¿Es eso similar al papado? ¿Se parece al papado?— Ciertamente. Por lo tanto nos ceñimos al mensaje del tercer ángel. Los hechos están ante nosotros, y nos llevan únicamente a ese tema.

Si es que nos hemos de implicar en lo más mínimo en los asuntos públicos, lo habremos de hacer de una forma diferente a como lo hemos hecho hasta ahora, y la única forma en que podemos estar relacionados con ellos es simplemente advirtiéndoles en contra de lo que ha tenido lugar, en contra de asentir o admitir que se trate de algo legítimo.

Estamos abocados a eso, y no hay otro camino. Desde este día, todo el que profese apoyar el mensaje del tercer ángel no podrá presentarlo o darlo de otra forma que no sea en los términos en que el propio mensaje se expresa: "Si alguno adora a la bestia y a su imagen".

Pero nunca, anteriormente a 1892, teníamos derecho a proclamar eso y a advertir a la gente contra la adoración de la imagen, puesto que todavía no se había formado dicha imagen. Hemos estado advirtiendo a propósito de que se iba a formar, y de que al suceder ciertas cosas vendría a constituirse la imagen. La advertencia era: 'No la adoréis'. Tal ha venido siendo nuestro mensaje, pero ya no lo es más. Ahora no podemos decirles eso. No podemos protestar en contra de que se forme la imagen. No más. Ahora la imagen se ha formado ya, y sólo hay un camino ante nosotros. Permitidme que lo repita: todo cuanto debemos hacer es predicar el mensaje del tercer ángel tal como está escrito: "Si alguno adora a la bestia y a su imagen". Ahora bien, hay algo que lo precede: "Un tercer ángel los siguió, diciendo a gran voz". ¿De qué puede tratarse, si no es del fuerte pregón del mensaje del tercer ángel que está ahora mismo viniendo? ¿No nos muestra eso que al llegar el momento de tener que dar el mensaje directamente, en las mismas palabras en que está expresado, se trata del fuerte pregón que viene en este tiempo? En las

cosas que hemos visto anteriormente disponemos de la suficiente evidencia para saber que es así, pero ¿acaso no muestran las propias palabras del mensaje, que cuando se da al mundo tal como está expresado se trata del fuerte pregón? Así es como avanza: con un fuerte pregón.

Otro pensamiento: aparte de la nuestra, ¿cuántas naciones ha habido en la tierra hasta este tiempo, en las que no estuvieran unidas la religión y es Estado?—Ninguna. ¿Cuántas naciones hay ahora en las que no exista tal unión?—Ninguna. Pero una unión de religión y Estado, de iglesia y Estado, representa el curso de acción de Satanás; en eso consistió el papado. Tanto el paganismo como el papado representan el modo de operar de Satanás. ¿Qué tenemos ahora en nuestra propia nación?—La imagen del papado.

¿Cuál fue el instrumento mediante el cual Satanás guerreó contra la iglesia de Dios cuando Cristo nació?—El paganismo. ¿Cuál fue el instrumento mediante el cual guerreó contra la iglesia en el desierto?—El papado. ¿Cuál es el instrumento mediante el que guerrea contra el remanente?—La imagen del papado. Ved Apocalipsis 12. La imagen no se había formado hasta ahora, pero ahora se ha formado. Hasta ahora el gobierno de los Estados Unidos no había estado en manos {de la iglesia} para pelear contra la verdad de Dios. Ahora sí. ¿Cuánto del poder del mundo tiene ahora Satanás en sus manos para pelear contra la iglesia y contra el sábado de Dios? —Lo tiene todo, ¿no os parece?

Años de profesión nos comprometen a defender el sábado del Señor. Pero ahora, bajo el mando de Satanás, está en contra cada partícula de poder que esta tierra conoce. ¿Acaso no significa eso que tan ciertamente como nos mantengamos fieles al sábado del Señor, lo habremos de hacer enfrentándonos a todo el poder que este mundo conoce? ¿Y no indica lo anterior que a fin de prevalecer habremos de echar mano de un poder mayor que el poder que esta tierra conoce? ¿Puede alguien enfrentarse exitosamente a todo el poder de la tierra por sí mismo?—No puede. Así pues, ¿no es claro que en nosotros tendrá que obrar un poder mayor que todo el poder concitado de esta tierra? ¿No es, pues, el tiempo de que descienda ese "ángel del cielo con gran poder"? (Apoc 18:1).

Ese ángel que desciende del cielo añadiendo su voz al precedente representa el fuerte pregón. Por lo tanto, estamos precisamente ahora en el momento en el que dicho ángel ha descendido del cielo con gran poder, y no necesitamos temer. Aunque todo el poder de la tierra esté dispuesto contra el sábado del Señor y contra nosotros por atenernos a él, se concede el poder de Dios a todo aquel que le sea fiel.

¿No es acaso el mensaje que el Salvador dio a sus discípulos precisamente el mismo que nos ha encargado a nosotros? Se esperaba que sus discípulos fueran a todo el mundo y predicaran el evangelio a toda criatura. Aquí está nuestro mensaje: "El evangelio eterno para predicarlo a los habitantes de la tierra, a toda nación, tribu, lengua y pueblo" (Apoc 14:6). Se trata de lo mismo. Jesús les dijo: "Toda potestad me es dada en el cielo y en la tierra". Jesucristo nos habla aquí de su poder en la tierra, que es mayor que todos los poderes que esta tierra acumula. Por lo tanto, incluso si Cristo viviese solamente en esta tierra tal como hizo en su día, dispondría de todas maneras de mayor poder que el que pueda reunir toda la tierra. "Toda potestad me es dada en el cielo y en la tierra. Por tanto, id". ¿Por qué razón? —Porque él tiene el poder.

"Por tanto, id, y enseñad a todas las gentes estas cosas; y he aquí, yo estoy con vosotros". ¿Está con nosotros, hermanos? Dejemos de decir que estará con nosotros. No es eso lo que dice. Decir que estará no es una declaración de fe. Solemos afirmar que él dijo: 'Estaré con vosotros'. Entonces le pedimos que esté, para preguntarnos a continuación si está realmente o no. Pero lo que él dice es: "Id. Yo estoy con vosotros". ¿Es así? Dadle gracias porque así sea. Si os encontráis en dificultades, permitidle que os ayude. El oficio de Satanás es encargarse de que haya dificultades, obstaculizar el camino; pero sean dadas gracias al Señor: cuando él está con nosotros, Satanás no puede cerrar el camino. Puede colocar un Mar Rojo ante nosotros, pero lo cruzaremos, ya que Dios puede apartar las aguas. El Señor está con nosotros, y ciertamente queremos algo más personal que un simple 'estará con nosotros'. Queremos tener ese poder en nosotros a cada instante, obrando en nosotros y en favor nuestro, y queremos estar seguros de que realmente lo tenemos. ¿Por qué podemos estar seguros de ello?—Porque él lo ha dicho. Por lo tanto, digámoslo también nosotros.

Hay dos puntos que hemos destacado hasta aquí: uno es que estamos comprometidos en dar el mensaje del tercer ángel tal como está escrito; el otro es que de igual forma que al permanecer en nuestra fidelidad a los mandamientos de Dios, tenemos que dar ese mensaje del tercer ángel en contra de todo el poder que esta tierra conoce—comandado por Satanás—. Eso hace imprescindible que a fin de resistir, aunque sea sólo por un instante, necesitemos un poder que sea superior a la suma de todo el poder de este mundo. Y la gran bendición consiste en que Cristo se tiene en pie y declara: "Estoy con vosotros". Gracias sean dadas al Señor.

Veamos ahora un último punto que junto a los dos anteriores creo que agotará nuestro tiempo asignado para hoy. El Congreso ha incorporado el cuarto mandamiento, poniéndolo como base y razón para una legislación dominical. Pero ha ido más lejos: no ha respetado el mandamiento tal cual es. No lo ha dejado como Dios lo dio, tal cual está en la Biblia y tal como figuraba en el Registro. No lo ha presentado de forma que la dirección de la Feria Mundial pueda interpretarlo, de forma que cada uno sepa por sí mismo lo que significa. El Congreso ha ido más allá, interpretando el cuarto mandamiento de forma que signifique concretamente "el primer día de la semana, comúnmente llamado domingo", pretendiendo que ese es el "Sabat cristiano", el "Sabat de la nación": el que debiera observar y honrar esta nación y el mundo, cerrando la Feria los domingos. Pregunto entonces: ¿no se trata de un acto concreto y definido del gobierno de los Estados Unidos, que pone el domingo en lugar del sábado del cuarto mandamiento?

Veamos algo del pasado: el misterio de iniquidad estaba obrando en los días de Pablo; comenzaba la apostasía, que después progresó. La iglesia adoptó el domingo. ¿Podía por entonces obligar a alguien a observarlo?—No. ¿Podía imponer restricciones, ejercer fuerza sobre quienes guardaban el sábado del Señor, obligándolos a incorporar el domingo en lugar del sábado del Señor por tanto tiempo como la iglesia estuviera separada del estado?—No podía, *pero quería* imponer la observancia del domingo en lugar de la del sábado del Señor. Aquella iglesia apóstata pretendía que la gente reconociera y guardara el domingo en lugar del sábado, aunque sola no podía conseguirlo.

¿Qué hizo para lograr su objetivo?—Echó mano del poder terrenal. Se aprovechó del poder del Estado. ¿Cuánto poder ostentaba por entonces aquel gobierno en el mundo? El Imperio romano era entonces el gran poder mundial, por lo tanto la iglesia se aseguró de disponer de todo el poder del mundo, y de esa forma impuso la observancia del domingo en lugar del sábado del Señor. ¿No fue mediante esa acción como logró el éxito definitivo al instituir el domingo en lugar del sábado del Señor? ¿Acaso no fue eso invalidar la ley de Dios? Tomó el sello de la ley de Dios, el corazón de ella, lo que lo identifica a él: el sello que demuestra que él es quien es; lo quitó por la fuerza y en su lugar puso su propia marca. ¿No fue eso acaso suplantar a Dios en las mentes de los pobladores del mundo? Fue mediante ese proceder como cumplió su propósito de invalidar la ley de Dios. Se trataba de la "bestia". Aquello constituyó la bestia. Todos estos años hemos predicado que el papado ha invalidado la ley de Dios. Y es así.

Regresemos ahora a nuestro tiempo y al asunto que nos ocupa. ¿No han venido guardando el domingo por largos años las iglesias protestantes? ¿No se han venido oponiendo durante todo ese tiempo al sábado del Señor?—Sí, pero no podían obligar a nadie a guardar el domingo en lugar del sábado del cuarto mandamiento. Es verdad que en cierto sentido podían imponer la observancia del domingo en los Estados. Pero sabemos, y así lo han reconocido todos, que cualquier esfuerzo hecho en ese sentido mediante leyes estatales ha sido virtualmente anulado debido a que el gobierno nacional se oponía a ellas, y todos sabemos bien

que una de las grandes razones por las que se han esforzado hasta la extenuación a fin de que el gobierno nacional se comprometa con el domingo, es para conseguir que esas leyes estatales resulten efectivas. Por lo tanto, a fin de lograr su propósito de exaltar el domingo en contra del sábado del Señor, esas iglesias que hacen profesión de protestantismo tenían que apoderarse del gobierno de los Estados Unidos, del poder del gobierno, de igual forma en que la primera apostasía se apoderó del poder del gobierno romano. Y lo han logrado. En el acto definido que ha marcado su logro, han apuntado al sábado del cuarto mandamiento y se han deshecho de él, instituyendo en su lugar el domingo. ¿No ha sido ese acto una invalidación de la ley de Dios en toda regla? Cuando se procedió de ese modo en lo antiguo desembocó en la formación de la bestia. ¿Qué se ha formado ahora?—La imagen de la bestia. ¿No ha llegado, por lo tanto, el tiempo de dar el mensaje del tercer ángel al pie de la letra? "Si alguno adora a la bestia y a su imagen y recibe la marca en su frente o en su mano".

El Señor nos hace llegar esta palabra precisamente ahora: "Tiempo es de actuar, Jehová". ¿Por qué? "Porque han invalidado tu ley" (Sal 119:126). ¿No es acaso esa palabra la oración que el Señor ha puesto en nuestros labios en este tiempo? ¿La estáis pronunciando? ¿Estáis viviendo día tras día y hora tras hora en la conciencia de ese hecho terrible de que es tiempo de que el propio Dios actúe, si es que su integridad ha de quedar preservada ante todo el mundo? Es un hecho terrible, solemne. Nos lleva al punto de una consagración tal como la que ningún alma entre nosotros soñó jamás anteriormente; nos llama a una norma de consagración, a una devoción tal, que permita que estemos ante la presencia de Dios con ese pensamiento sobrecogedor de que "tiempo es de actuar, Jehová, porque han invalidado tu ley".

Lo anterior nos lleva a esta pertinente confesión: 'Señor, ¿qué podemos hacer? Todo el poder de la tierra está dispuesto contra nosotros. ¿Qué podemos hacer frente a esa gran compañía?' Sea nuestra oración como la de Josafat: "¡Dios nuestro!, ¿no los juzgarás tú? Pues nosotros no tenemos fuerza con que enfrentar a la multitud tan grande que viene contra nosotros; no sabemos qué hacer y a ti volvemos nuestros ojos", y estaban todos "en pie delante de Jehová, con sus niños, sus mujeres y sus hijos".

¿Qué nos dice ahora Joel que debemos hacer?

¡Tocad trompeta en Sión, proclamad ayuno, convocad asamblea, reunid al pueblo, santificad la reunión, juntad a los ancianos, congregad a los niños, aun a los que maman, y salga de su alcoba el novio y de su lecho nupcial la novia! Entre la entrada y el altar lloren los sacerdotes ministros de Jehová, y digan: "Perdona, Jehová, a tu pueblo, y no entregues al oprobio tu heredad para que no la dominen las naciones. ¿Por qué han de decir entre los pueblos: 'Dónde está su Dios'?

Estamos comprometidos ante el Señor y ante el mundo. Dependemos de Dios, quien ama a su pueblo, quien se manifiesta en favor de aquellos cuyos corazones se vuelven hacia él. Hermanos, a ese mismo respecto tenemos también la palabra sobrecogedora que nos viene de Australia. Es el testimonio titulado: "La crisis inminente". ¿Qué es lo que dice?

Ha de tener lugar algo grande y decisivo, y ha de suceder pronto. Si se produce una demora quedará comprometido el carácter de Dios y de su trono {Sp TA01b 38.3}.

Hermanos, nuestro descuido o actitud indiferente pone en entredicho el trono de Dios. ¿Por qué no puede obrar? Él está dispuesto, pero ¿están dispuestos sus obreros en esta tierra? "Si se produce una demora quedará comprometido el carácter de Dios y de su trono". ¿Sería posible que estuviéramos poniendo en riesgo el honor del trono de Dios? Hermanos, por el amor de Cristo y por el honor de su trono, dejemos de interponernos en el camino. Y la única forma de despejar a Dios el camino es huir hacia él. Es la única manera de dejarle vía libre, y es a eso a lo que ahora nos está llamando.

Estamos en este punto. El Señor nos ha dado esa oración. Y habiéndonosla dado, ¡con cuánto entusiasmo y confianza podemos ofrecérsela, y ofrecernos a él junto con ella! Nos ha dado la oración, nos ha dado la palabra: "Tiempo es de actuar, Jehová, porque han invalidado tu ley".

Aún una cosa más: si es que necesitáramos algo más para estar seguros de que todo lo comentado es así, tenemos aquí esa palabra que se leyó el pasado sábado, y que es parte de lo último que nos ha llegado de Australia:

Hermanos y hermanas, ojalá pudiera decir algo que os despertara a la importancia del momento, al significado de los acontecimientos que están sucediendo ante nosotros. Os señalo los agresivos movimientos actuales encaminados a restringir la libertad religiosa. *Se ha derribado* el monumento recordativo de Dios, y en su lugar *se ha destacado ante el mundo un falso sábado* {6 T 18}.

No dice que vaya a ser derribado, sino que lo "ha sido" ya. El testimonio que nos llegó el pasado invierno—ahora hace un año—decía que iba a haber un gran movimiento para "exaltar el falso sábado". ¿Qué dice ahora? "Se ha derribado el monumento recordativo de Dios ha sido derribado, y en su lugar se ha destacado ante el mundo un falso sábado".

¡Con cuánta rapidez se está cumpliendo la palabra de Dios en estos días! Un correo nos trajo el testimonio de que iban a suceder tales y tales cosas; el siguiente constata que ya han sucedido. Un correo nos trae palabra del Señor al efecto de que se están haciendo esfuerzos para hacer tales y tales cosas; el siguiente correo nos trae palabra del Señor confirmando que ya es un hecho.

Hermanos, ¿no debiéramos estar prestos a la acción en todo momento, preparados para responder inmediatamente a la palabra de Señor? En este tiempo es inadmisible cualquier demora. Busquemos a Dios de todo corazón. Los testimonios que ha leído el hermano Prescott en la hora anterior, que llevan directamente a ese pensamiento de pedirle a Dios su Espíritu Santo, ¿no constituyen la evidencia misma de la obra, del mensaje y de todo lo que está ante nosotros? Por lo tanto, ¿no os parece que se aplica el texto que citamos anoche?:

El pueblo que comprenda ahora lo que está por sobrevenirnos —mediante lo que está sucediendo ante nuestros ojos— dejará de confiar en la inventiva humana y sentirá que el Espíritu Santo debe ser reconocido, recibido y presentado ante el pueblo {HM 1 noviembre, 1893, Art. A, par. 1}.

Leeré ahora el párrafo completo:

Se ha derribado el monumento recordativo de Dios, y en su lugar se ha destacado ante el mundo un falso sábado. Mientras las potestades de las tinieblas están agitando los elementos de lo bajo, el Señor del cielo envía poder de lo alto para hacer frente a la emergencia, animando a sus agentes vivientes para que exalten la ley del cielo. Ahora, justo ahora, es el momento de trabajar en los países extranjeros, mientras que América, el país de la libertad religiosa, *se una con el papado* para forzar la conciencia de los hombres a fin de que *honren el falso sábado.*

No se unen precisamente ahora para establecer el falso sábado, sino para honrar el falso sábado que se ha establecido ya, y que ha sido presentado ante el mundo.

Con fecha de 30 de agosto de 1882 nos llegó lo que sigue. Tras citar de Apocalipsis 3, dice:

"Recuerda, por tanto, de dónde has caído, arrepiéntete y haz las primeras obras, pues si no te arrepientes, pronto vendré a ti y quitaré tu candelabro de su lugar" (Apoc 2:5). El pueblo escogido de Dios ha perdido su primer amor. Sin él, toda su profesión de fe no salvará ni a una sola alma de la muerte. Imaginad que se dejara de prestar atención a toda diferencia de opinión y oyéramos el consejo del Testigo fiel. Cuando el pueblo de Dios humille sus almas ante él y *busque individualmente al Espíritu Santo* de todo corazón, de los labios humanos se escucharán testimonios como este registrado en las Escrituras: "Después de esto vi a otro ángel descender del cielo con gran poder; y la tierra fue alumbrada con su gloria" (Apoc 18:1). Entonces se verán rostros radiantes con el amor de Dios, y habrá labios tocados por el fuego santo que dirán: "La sangre de Jesucristo nos limpia de todo pecado" (1 Juan 1:7) {*GCDB 31 enero 1893*, Art. B, par. 1}.

Hermanos, sean esas las palabras que pronuncie todo labio en esta casa, en este instituto, en esta iglesia, antes que termine esta reunión ministerial y asamblea. ¿Acaso no ha trazado Dios claramente el camino? ¿No lo ha puesto de manifiesto mediante los eventos que están sucediendo ante nosotros, ante los que no podemos cerrar los ojos? Por lo tanto, abramos los ojos y los corazones, y permitamos que venga el Señor y tome plena posesión, empleándolos como mejor disponga.

El mensaje del tercer ángel (nº 4)
A.T. Jones

Se ha planteado la siguiente pregunta: ¿Pueden los Estados negarse a acatar la decisión del Tribunal Supremo relativa a la Constitución nacional en lo referente a su implicación religiosa?

—No pueden, paro realmente no tienen necesidad alguna de hacerlo, dado que el propio Tribunal Supremo se ha alineado con los Estados. Ese ha sido el camino recorrido, y ahí está la perversidad del asunto.

Hoy comenzamos leyendo Apocalipsis 14:9:

Un tercer ángel los siguió, diciendo a gran voz: "Si alguno adora a la bestia y a su imagen y recibe la marca en su frente o en su mano…"

No es preciso añadir hoy mayor evidencia de que estamos viviendo en el tiempo del cumplimiento de ese versículo; al propósito, basta simplemente recordar los puntos que presentamos anoche. Tres evidencias que analizamos ayer nos llevan ineludiblemente a esa conclusión. Esa es ahora la advertencia que debemos dar al mundo. Y nadie puede dar el mensaje del tercer ángel a menos que lo presente precisamente tal como está redactado. ¿Cuál es la consecuencia de desoír el mensaje de ese versículo?—La ira de Dios sin mezcla de misericordia. Por lo tanto, ¿qué es lo próximo que viene al respecto? (me refiero a lo siguiente en la secuencia de eventos que cumplirán esa profecía) [audiencia: "La ira de Dios"].—Así es.

Hemos llegado al fuerte pregón, ¿no es así? Estamos en esa parte de la profecía: en la imagen de la bestia. Hasta ahí se ha cumplido la profecía. Por supuesto, en el asunto de la imagen de la bestia quedan aún muchas cosas por venir en su cumplimiento pleno, pero todo lo que resta —persecuciones, milagros seductores, etc— no es más que la consecuencia de lo que se ha materializado ya: es simplemente el hablar y el obrar de esa imagen que ya se ha constituido. No tenemos ahora que esperar ningún acontecimiento espectacular legislativo o gubernamental que cumpla esa parte de la profecía, puesto que la imagen ha sido ya establecida. Eso es asunto cumplido. Lo que venga en el futuro, en la legislación y en conflictos, luchas, revueltas y disturbios, junto a todo el mal que los acompaña, no es sino el resultado y consecuencia inevitable de lo anterior. ¿Qué es lo siguiente en la línea del cumplimiento de la profecía que está ante nosotros? Apocalipsis 14:9-10 [audiencia: "La ira de Dios"].—Efectivamente.

Intentaré plantear la cuestión de otra manera a fin de que se la comprenda mejor. ¿Hay algún tipo de legislación, alguna acción especial de este gobierno, que debamos esperar como siendo el previsto cumplimiento de la profecía respecto a la formación de la imagen de la bestia? ¿Qué es lo que hemos estado esperando todo este tiempo? Hemos estado esperando alguna legislación, algún movimiento o alguna acción del gobierno que signifique la imagen de la bestia. En eso hemos venido fijando nuestra atención todo el tiempo. ¿Continuamos ahora esperando eso mismo? [audiencia: "Ya no más"].—Cierto. Bien; tras haberse cumplido ya, ¿acaso no está incluido en ello todo lo que pertenece a la imagen de la bestia? Todo lo que ha de seguir después respecto a la imagen de la bestia y a su obra, ¿qué es, sino la consecuencia de lo que tenemos ya ante nosotros? ¿No están incluidas desde el principio en la propia imagen las acciones que va a emprender dicha imagen? Por lo tanto, estando contenido en la propia imagen todo lo que ha de realizar en lo sucesivo, ¿cuál es el siguiente punto según el mensaje? [audiencia: "Las siete últimas plagas"].—Exacto. Según la profecía, lo que sigue a la obra de la imagen de la bestia son las siete últimas plagas.

Reunamos ahora las tres cosas: estuvimos esperando que se formara la imagen de la bestia, posteriormente caerán las siete últimas plagas, y después la venida del Señor. La imagen de la bestia ya se ha formado, ¿no es cierto? La venida del Señor está en el futuro, pero las siete últimas plagas están entre ambas cosas. Por lo tanto, ¿cuál es el siguiente gran acontecimiento en la historia de este mundo, de la humanidad y de la salvación? Las siete últimas plagas. Siendo así, se impone que recapacitemos seriamente acerca del tiempo en el que estamos viviendo, ¿no os parece? Y ciertamente en cómo estamos viviendo.

Alguien en la audiencia: ¿Es necesario enmendar la Constitución?

Pastor Jones: ¡Para nada! No tenemos ya Constitución. Ha sido puesta a un lado. Se la ha apartado del camino. No podemos ahora recurrir a ella. ¿Qué podría conseguir una enmienda, en vista de lo sucedido? ¿No ve que se ha ignorado la Constitución? ¿Qué podría lograr una enmienda de la misma?

El pensamiento que quisiera ahora presentar ante vosotros es este: que el próximo gran evento en la historia de este mundo y en la obra de la salvación es lo que expone claramente el texto. Es inconfundible. Veámoslo de nuevo. Se espera que demos esta advertencia al mundo:

Si alguno adora a la bestia y a su imagen y recibe la marca en su frente o en su mano…

Esa es la advertencia que hemos de dar. ¿En razón de qué se da la advertencia? [audiencia: "del vino de la ira de Dios"]. ¿Qué es el vino de la ira de Dios? [audiencia: "Las siete últimas plagas"] Apocalipsis 15:1. ¿No resulta claro que las siete últimas plagas es lo siguiente tras la advertencia, y que dicha advertencia terminará en las siete últimas plagas? Ahora nos encontramos en el punto en el que comienza la advertencia con un fuerte pregón según las palabras del texto. Por lo tanto, ¿acaso no va a terminar en las siete últimas plagas lo que ahora ha comenzado y está ante nosotros? [audiencia: "Sí"]. Cuando haya concluido la obra de advertencia, ¿dónde nos encontraremos? [audiencia: "En el derramamiento de las plagas"].

¿Os satisface que sea así? ¿Os alegra saber que las siete últimas plagas sean lo siguiente en venir, tras haber dado al mundo la advertencia? [audiencia: "Sí"]. Al ir a dar la última advertencia, ¿no os parece que debiéramos hacerlo teniendo presentes las plagas que están a punto de caer sobre aquellos a quienes hablamos? ¿No debiéramos nosotros mismos ser fieles a ese mensaje que estamos dando, si es que esperamos ser resguardados cuando caigan las plagas a las que hace referencia dicho mensaje? ¿Quién va a gozar entonces de la protección? —Los que lleven sobre sí el manto del Altísimo. Y ese manto es aquel del que habla el profeta Isaías:

En gran manera me gozaré en Jehová, mi alma se alegrará en mi Dios, porque me vistió con vestiduras de salvación, me rodeó de manto de justicia, como a novio me atavió y como a novia adornada con sus joyas (Isa 61:10).

Ese es el manto con el que Dios atavía a su pueblo, protegiendo a cada uno de la ira de Dios ahora y por siempre. ¿Vestís ese manto de justicia?

Otra cuestión: nos enfrentamos a otro hecho tremendo, consistente en que si no se recibe ese mensaje que estamos ahora a punto de dar, lleva en él mismo la terrible consecuencia de que en tal caso se va a recibir el vino de la ira de Dios, siendo que al acabar la proclamación del mensaje se derrama la ira de Dios. Estamos viviendo ante la realidad de ese hecho. Ya ha comenzado la obra que va a llevar a todos cara a cara con el hecho, tal cual está registrado. En consecuencia, ¿no va a recibir la reforma pro salud un poder que hasta ahora no había tenido? Cuando se dio al pueblo de Dios el mensaje de la reforma pro-salud, se dijo de él que haría posible que el pueblo estuviera preparado para la traslación. Ese es el significado de la reforma pro-salud. El asunto principal, el gran objetivo que Dios busca mediante la reforma pro-salud es la preparación de su pueblo para la traslación. Pero hemos de atravesar el tiempo de las siete últimas plagas antes de ser trasladados, y si nuestra sangre fuese impura y estuviera cargada de elementos nocivos, ¿prevaleceríamos en aquel tiempo en que hasta el propio aire estará contaminado? —No, ciertamente.

Lo anterior nos lleva cara a cara con la más solemne de las experiencias, ¿no os parece? Y con la más solemne de las verdades. Nos han sido presentados ya una buena cantidad de asuntos solemnes, y nos esperan todavía muchos otros más. Vivimos en el tiempo más solemne que jamás hayamos conocido. Tomémoslo en consideración.

Retengamos los puntos presentados en las charlas precedentes, los pensamientos profundos y las experiencias solemnes en las que nos hemos encontrado en nuestra profesión religiosa. Os pregunto cómo podríamos cada uno de nosotros hacer frente a esas experiencias si carecemos de la plenitud de Jesucristo. ¿Podría alguien explicarme cómo? [audiencia: "Imposible"].—Desde luego. Por lo tanto, permitámosle venir a nosotros en su plenitud y tan pronto como sea posible. Lo necesitamos en todo momento, y cada lección sucesiva hace más patente nuestra necesidad de él.

A fin de comprender mejor los otros dos puntos restantes para esta noche, es necesario que os presente en líneas generales el que será el próximo tema, relativo a las plagas.

La primera plaga cae "sobre los hombres que tenían la marca de la bestia y que adoraban su imagen" (Apoc 16:1-2). Es precisamente a ellos a quienes va dirigido el mensaje de advertencia. Sigue a continuación el resto de plagas, una tras otra en sucesión hasta la sexta, bajo la cual los espíritus de demonios reúnen "a los reyes de la tierra en todo el mundo … para la batalla de aquel gran día del Dios Todopoderoso" (Apoc 16:14-16). Es al venir el Salvador cuando se lucha esa batalla, ya que leemos:

> Vi a la bestia y a los reyes de la tierra y sus ejércitos, reunidos para guerrear contra el que montaba el caballo y contra su ejército. La bestia fue apresada, y con ella el falso profeta que había hecho delante de ella las señales con las cuales había engañado a los que recibieron la marca de la bestia y habían adorado su imagen (Apoc 19:11 y 19-20).

Por ese tiempo el séptimo ángel derrama su copa por el aire y sale una gran voz del santuario del cielo—desde el trono—diciendo: "¡Consumado es!". Entonces hay relámpagos, voces, truenos y un gran temblor de tierra: un terremoto tan grande cual no lo hubo jamás desde que los hombres existen sobre la tierra. Toda isla huye y los montes desaparecen. El cielo se repliega como un pergamino que se enrolla, y todo monte y toda isla son quitados de sus lugares (Apoc 16:17-18 y 20; 6:14). Entonces "el Señor matará con el espíritu de su boca y destruirá con el resplandor de su venida" a la bestia y a su imagen (2 Tes 2:8). El resto de los malvados que no lucharon en la batalla de Armagedón "fueron muertos con la espada que salía de la boca del que montaba el caballo" (Apoc 19:21). Esa espada que salía de la boca del que monta a caballo es el resplandor de la venida del Señor.

Así, los eventos que están directa e inseparablemente relacionados con el fin del mundo son precisamente los que seguirán a esa obra que no podemos dejar de hacer. Esa es hoy la realidad.

Hermanos, ¿creéis que vendrán las siete últimas plagas, tal como ha venido la imagen de la bestia? [audiencia: "Sí"]. Estuvimos esperando que viniera la imagen de la bestia. Ya ha venido. ¿Qué podemos esperar ahora?—Las siete últimas plagas. ¿Creéis que se acerca el fin del mundo con sus siete últimas plagas, tan ciertamente como se ha formado la imagen de la bestia? [audiencia: "Sí"]. ¿Creéis que al caer las siete últimas plagas viene el fin del mundo? [audiencia: "Sí"]. Siendo así, esas cosas significan mucho para nosotros en el tiempo presente.

Dejemos aquí este punto por ahora, y dirijamos nuestra atención a otro asunto en relación con el gobierno y con las consecuencias inevitables de lo que ha hecho. Me refiero a las consecuencias para el propio gobierno.

Comencemos por Hechos 17:26-27. Pablo está llamando la atención de las personas a Dios, y declara: "De una sangre ha hecho todo el linaje de los hombres para que habiten sobre toda la faz de la tierra; y les ha prefijado el orden de los tiempos y los límites de su habitación". Dios hizo esa nación de seres humanos para que morasen en toda la faz de la tierra, y asignó el tiempo y los límites de la habitación al pueblo que componía esa nación, señalándole un determinado espacio. Dios concedió a esa nación un tiempo. ¿Con qué propósito? "Para que busquen a Dios, si en alguna manera, palpando, puedan hallarlo, aunque ciertamente no está lejos de cada uno de nosotros". ¿Para que busquen a Dios, en cuyo caso quizá lo pudieran encontrar?—No. No hay un "quizá" al respecto. Si lo buscan, ¿qué sucederá? —Lo encontrarán. Quien lo busca, lo halla.

Del cuarto capítulo de Daniel aprendemos que Dios está por encima de los reinos, y los da a quien quiere. El propósito de Dios respecto a las naciones es que lo busquen a él. Por consiguiente, cuando una nación rechaza al Señor, ¿qué utilidad tiene?—Ninguna. Ahora, ¿rechazará el Señor a una nación por tanto tiempo como esta lo busque? —No lo hará. ¿Cortará a una nación mientras en ella haya gente que busque al Señor?—No. No lo hizo antes del diluvio. Tampoco en Sodoma y Gomorra. De haber hallado a diez personas que buscaran al Señor en Sodoma y Gomorra, no las habría destruido. Pero no pudo encontrar ni siquiera a diez.

Cuando hizo la promesa a Abraham, le dijo:

Ten por cierto que tu descendencia habitará en tierra ajena, será esclava allí y será oprimida cuatrocientos años. Pero también a la nación a la cual servirán juzgaré yo; y después de esto saldrán con gran riqueza. Tú, en tanto, te reunirás en paz con tus padres y serás sepultado en buena vejez. Y tus descendientes volverán acá en la cuarta generación, porque hasta entonces no habrá llegado a su colmo la maldad del amorreo (Gén 15:13-16).

¿Había dispuesto Dios límites para su habitación? —Ciertamente. ¿Con qué propósito? —Para que buscaran al Señor. Por tanto tiempo como buscaran al Señor, conservarían ese lugar que él les había asignado. Dios no daría esa tierra a Abraham, su amigo, ni a la simiente de Abraham, por tanto tiempo como hubiera personas allí que buscaran al Señor. El pueblo de Dios no podría ocupar aquel territorio hasta que hubiera llegado a su colmo la maldad del amorreo. Ahora bien, una vez alcanzado ese punto, no tendría más sentido que siguieran ocupando la tierra.

Cuando Dios establece un pueblo en la tierra a fin de que busque al Señor, y ese pueblo se niega a buscarlo, ¿de qué sirve que siga allí? Permitirles que sigan ocupando la tierra significaría solamente la perpetuación de su iniquidad. En consecuencia, el Señor introdujo allí su pueblo en aquel tiempo y expulsó a los amorreos. Ahora bien, su pueblo hizo exactamente lo que se le dijo que no hiciera. Entonces la tierra los expulsó de allí, entregándolos en manos del rey de Babilonia.

[Dios] había establecido a Babilonia con un propósito, señalando los límites de su habitación. ¿Qué esperaba con ello? —Que buscara al Señor. Nabucodonosor lo hizo en su día, proclamando la existencia, la gloria y el honor del Señor a todas las naciones de la tierra. Recordad cómo lo expresa el capítulo cuatro de Daniel: "Conviene que yo declare las señales y milagros que el Dios Altísimo ha hecho conmigo", y a continuación relató su experiencia. Veamos los términos de su proclamación:

Nabucodonosor, rey, a todos los pueblos, naciones y lenguas que moran en toda la tierra: Paz os sea multiplicada. Conviene que yo declare las señales y milagros que el Dios Altísimo ha hecho conmigo. ¡Cuán grandes son sus señales y cuán potentes sus maravillas! Su reino, reino sempiterno; su señorío, de generación en generación.

El Señor hizo saber a Nabucodonosor que le había dado todas aquellas tierras y naciones. Debían servirle a él, a su hijo y al hijo de su hijo hasta que llegara el tiempo de su habitación. Entonces, ¿qué sucedería? Que muchas naciones se servirían de él. Dios había determinado el tiempo y la extensión de su habitación, de forma que al llegar ese tiempo muchas naciones se servirían de Babilonia.

A Nabucodonosor lo sucedió su hijo, y después su nieto Belsasar, quien, en lugar de buscar y honrar al Señor, tomó los vasos de la casa del Señor y los empleó en sus fiestas lascivas, dando así completamente la espalda a Dios. Entonces, ¿qué utilidad tenía para el Señor aquella nación? —Ninguna. En aquella misma hora aparecieron en presencia del rey los dedos de una mano humana escribiendo en la pared. Este era el significado de las palabras escritas: "Contó Dios tu reino y le ha puesto fin". "Pesado has sido en balanza y hallado falto". "Tu reino ha sido roto y dado a los Medos y a los Persas".

Dios suscitó entonces a los Medos y a los Persas. ¿Buscaron ellos a Dios? Dios había llamado a Ciro por su nombre antes de que este apareciera en escena. Por entonces Ciro no conocía al Señor. Dios había dicho: "Te llamé por tu nombre; te puse un nombre insigne, aunque no me has conocido". Ciro encontró al Señor y proclamó su nombre a todas las naciones. El profeta de Dios en Jerusalem dio a conocer a Ciro esa palabra de Dios relativa él. Ved en Esdras 1:1-3 con qué resultado:

En el primer año de Ciro, rey de Persia, para que se cumpliera la palabra de Jehová anunciada por boca de Jeremías, despertó Jehová el espíritu de Ciro, rey de Persia, el cual hizo pregonar este decreto de palabra y también por escrito en todo su reino: *"Así ha dicho Ciro, rey de Persia: Jehová, el Dios de los cielos*, me ha dado todos los reinos de la tierra y me ha mandado que le edifique una casa en Jerusalén, que está en Judá. Quien de entre vosotros pertenezca a su pueblo, sea Dios con él, suba a Jerusalén, que está en Judá, y edifique la casa a Jehová, Dios de Israel (*él es el Dios*), la cual está en Jerusalén".

Ciro encontró al Señor y lo proclamó a todas las naciones de la tierra. Algo así había sucedido ya antes que llegara Ciro. Darío fue quien sucedió a Belsasar. Leemos en Daniel 6:26-27 lo que hizo Darío:

De parte mía es promulgada esta ordenanza: "Que en todo el dominio de mi reino, todos teman y tiemblen ante la presencia del Dios de Daniel. Porque él es el Dios viviente y permanece por todos los siglos, su reino no será jamás destruido y su dominio perdurará hasta el fin. Él salva y libra, y hace señales y maravillas en el cielo y en la tierra; él ha librado a Daniel del poder de los leones".

La anterior es una espléndida proclamación de Dios, de su gloria y poder. ¡Se diría que son las propias palabras de Daniel! Así, los Medos y los Persas buscaron y encontraron al Señor. Pero en el capítulo 11 de Daniel leemos:

También yo [el ángel Gabriel] en el primer año de Darío el medo, estuve para animarlo y fortalecerlo. Ahora yo te mostraré la verdad. Aún habrá tres reyes en Persia, y el cuarto se hará de grandes riquezas más que todos ellos. Este, al hacerse fuerte con sus riquezas, levantará a todos contra el reino de Grecia. Se levantará luego un rey valiente, que dominará con gran poder y hará su voluntad. Pero cuando se haya levantado, su reino será quebrantado y repartido hacia los cuatro vientos del cielo.

Se trata de Grecia. En Daniel 10:20 leemos:

¿Sabes por qué he venido a ti? [Gabriel] Ahora tengo que volver para pelear contra el príncipe de Persia; al terminar con él, el príncipe de Grecia vendrá.

El ángel permanecería allí por tanto tiempo como fuera bienvenido. Cuando llegara el tiempo en que no quisieran buscar más al Señor, el ángel partiría. Pero al irse el ángel también se iría Persia. Y vendría Grecia. ¿Con qué propósito estableció el Señor a Grecia?—Para que buscara al Señor. Leemos en Daniel 8:21-23:

El macho cabrío es el rey de Grecia, y el cuerno grande que tenía entre sus ojos es el rey primero. En cuanto al cuerno que fue quebrado y sucedieron cuatro en su lugar, significa que cuatro reinos se levantarán de esa nación, aunque no con la fuerza de él. Al fin del reinado de estos, *cuando los transgresores lleguen al colmo*, se levantará un rey altivo de rostro y entendido en enigmas

Veis que vez tras vez las naciones caen cuando la transgresión alcanza su límite. Y los transgresores llegan a ese límite cuando se disponen en contra del Señor. Es al cumplirse la medida de su iniquidad cuando a las naciones les sucede otro reino. Así, podéis ver que en ese versículo está contenida toda la filosofía del asunto: Dios establece naciones a fin de que lo busquen, y cuando estas rehúsan buscar al Señor y deciden darle la espalda, lo siguiente que sucede es que esas naciones desaparecen del mundo. Es así de simple.

Roma fue la nación que sucedió a Grecia. Cristo vino en los días de Roma, a quien fue predicado el evangelio de Cristo por más corrompida que estuviera. Roma llegó a ser una iglesia apóstata que mientras profesaba el cristianismo como una forma exterior, recurría al poder del gobierno romano para obligar a las personas a que aceptaran la religión de Roma, forzándolas así a desobedecer a Dios. ¿Qué sucedió entonces al gobierno de Roma?—Que fue barrido de la tierra.

Malo como era el gobierno en los días de Tiberio, de Claudio y de Nerón, Dios predicó el evangelio a Roma y llevó a multitud de almas a la luz y el conocimiento del evangelio. El apóstol Pablo predicó el evangelio al propio Nerón en dos ocasiones. Le fueron presentadas las glorias del cielo. Pero cuando el evangelio resultó pervertido de la forma en que lo fue, viniendo a ser una tapadera para justificar la iniquidad, y en lugar de buscar realmente al Señor pervirtieron los mismos medios por los que Dios estaba ofreciendo la salvación, ¿qué podía hacer el Señor por un pueblo como aquel? El evangelio es el único medio por el que Dios puede salvar a una persona. Pero cuando se tergiversa el evangelio y se lo emplea como una tapadera para la maldad, ¿cómo puede salvar el Señor a quien hace tal cosa? No hay ya nada que pueda hacerles recapacitar.

En vista de lo que hizo en Roma el poder de una iglesia apóstata, ¿podía permanecer por más tiempo? Tenía que ser barrida de la tierra. Y esta nación {Estados Unidos} ha incurrido en el mismo tipo de iniquidad. Se trata de apostasía. Las iglesias han dejado a Dios y han recurrido al poder de este gobierno, quien se ha vendido a ellas y ahora compele a las personas a que deshonren a Dios. ¿Qué es, entonces, lo que espera a esta nación? [audiencia: "La destrucción"].—Sí, pero antes de que Dios la destruya enviará un mensaje a todo el que quiera ser salvo. ¿Cuál es ese mensaje? [audiencia: "El mensaje del tercer ángel"].—Así es. ¿No nos confronta eso cara a cara con el hecho de que el mensaje del tercer ángel, tal como está escrito, es todo cuanto tenemos que dar, y que lo hemos de hacer llegar a todo el que vaya a escapar de la ruina que se cierne sobre esta nación devota que ha terminado siendo seducida y secuestrada por una iglesia que hace profesión de protestantismo?

Lo que sigue es el fin del mundo. ¿No nos centra eso, no nos lleva cada día y cada hora a los eventos que han de desembocar en el fin del mundo? ¿Os parece difícil hacer que lo vean los habitantes de la tierra? ¿Es difícil señalarles lo que sucedió a las naciones que nos precedieron? ¿Será difícil hacer ver a los propios mundanos que aquí existe una unión de Iglesia y Estado?, ¿que la iglesia ha tomado cautivo al gobierno de Estados Unidos? ¿Ha de resultar difícil hacerles ver eso? Hermanos, si nos acompaña el poder de Dios y presentamos claramente ante las personas los hechos tales como son, explicándoles a continuación a dónde van a llevar, eso les hará pensar.

Hermanos, hay más poder—poder convincente y motivador—en la simple declaración mediante la fe en Dios de las consecuencias de esos asuntos como un hecho cierto, que en toneladas de argumentación. Señalemos esas cosas que están a la vista de todos y llamemos la atención a ellas,

mostrándoles cuál será el futuro. Y digámosles en el temor de Dios—mediante la gracia y poder que nos los otorga—as cosas que están por venir. Hagámoselas saber mediante los hechos objetivos, con fervor y devoción por Dios. Que quienes nos oigan estén seguros de que nosotros mismos creemos firmemente en ello, y eso traerá mayor convicción que la argumentación doctrinal. Prediquemos el mensaje tal cual es hoy.

Veamos ahora otro pensamiento: Dios tenía una iglesia en el mundo y una nación en la antigüedad, ¿no es así? Cristo vino a esa iglesia y a esa nación. Predicó el evangelio de Dios, revelado en sus principios vivientes: el misterio de Dios; Dios con los hombres; Dios en carne; Dios en el hombre, la esperanza de gloria. Les reveló eso, pero no quisieron recibirlo; lo rechazaron. Decidieron matarlo; lo persiguieron ante Pilato por blasfemia, pero este no podía condenarlo judicialmente a cuenta de una blasfemia, puesto que esa era una ofensa solamente para la ley judía. En consecuencia, Pilato les dijo: "Tomadlo vosotros y juzgadlo según vuestra ley", a lo que ellos replicaron: "Nosotros tenemos una ley y, según nuestra ley, debe morir". Sin embargo, no podían ejecutarlo en ausencia de una orden del Imperio romano. Pilato preguntó: "¿Qué, pues, queréis que haga del que llamáis Rey de los judíos?" Respondieron: "¡Crucifícale!" Pilato les preguntó entonces: "¿A vuestro Rey he de crucificar?", a lo que respondieron: "¡No tenemos más rey que César!"

¿No rechazaron con ello al Señor de la forma más absoluta, para alistarse con César? Tuvieron que asociarse a César {poder civil} para poder luchar contra la verdad de Dios; de lo contrario les habría sido imposible. Cuando le dieron la espalda a Dios y lo rechazaron de forma deliberada, acogiéndose en su lugar a César por rey, se estaban aliando con un poder terrenal en presencia del poder de Dios. ¿Qué más podía hacer el Señor por ellos como pueblo, como iglesia, como nación? —Nada. Había personas en la nación, en la iglesia, que temían a Dios y no se implicaron en eso, pero los representantes de la nación, los hombres que representaban la iglesia, eran responsables. Se alistaron con César y alistaron a la nación e iglesia con César, dando la espalda a Dios. Siendo así, el Señor no podía hacer nada más en favor de ellos como nación e iglesia. Todo cuanto podía hacer, antes que la ruina absoluta e inevitable la barrera del mundo, era llamar a que salieran de ella todos los que quisieran recibirlo. En consecuencia, envió su mensaje, su evangelio, a la gente de su día, y hubo muchos que salieron de esa iglesia apóstata para aceptar el conocimiento de Dios. De entre ellos llamó a un pueblo para {representar} su nombre. Mediante el evangelio que Cristo hizo llegar a aquella iglesia apóstata, los que habían de ser salvos se separaron para reunirse; entonces el Señor les dio una advertencia instruyéndoles acerca de cómo debían huir cuando todo el sistema resultara destruido.

La predicación del evangelio se extendió de ese modo, pero estas profecías afirman: "Ya está en acción el misterio de la iniquidad"; "de entre vosotros mismos se levantarán hombres que hablarán cosas perversas para arrastrar tras sí discípulos". En Romanos 1:8 leemos que la fe genuina de la iglesia en Roma se divulgó "por todo el mundo", lo que permitió que más tarde, cuando tomó el camino de la apostasía, su fama se conociera igualmente por todo el mundo. La iglesia apóstata se opuso al sábado del Señor y se determinó a destruirlo, poniendo en su lugar un sábado falso, pero no pudo hacerlo por ella misma. ¿Qué tuvo que hacer?—Juntarse con César. La iglesia apóstata, a fin de deshacerse del sábado del Señor, procedió de la misma forma en que lo había hecho la nación judía para desechar a Cristo, el Señor del sábado. Eso la convirtió en el misterio: Babilonia la grande. Esto es lo siguiente que se dice de ella: "En su frente tenía un nombre escrito, un misterio: 'Babilonia la grande, la madre de las rameras y de las abominaciones de la tierra'". Tal es la iglesia de Roma.

Más tarde vino la Reforma. Mediante Lutero y otros después de él, Dios llamó a la gente a salir de Roma. Pero siguiendo el ejemplo de su madre, cada una de esas iglesias acabó juntándose con César toda vez que tenía la ocasión de hacerlo, con excepción de la Iglesia bautista en Rhode Island. Todo el resto se unieron con César según

el ejemplo de su madre, constituyéndose así en sus hijas. Se levantó entonces la nueva República {EEUU}, y mediante su total separación entre la Iglesia y el Estado estableció un nuevo orden de cosas, que es precisamente el orden que el Señor prescribe para el gobierno. Así, mediante sus principios fundacionales y gubernamentales, esta nación repudió cualquier tipo de unión entre las iglesias y el Estado. Se mantuvo así hasta 1892. Pero en ese año las profesas iglesias protestantes en los Estados Unidos siguieron el ejemplo de la apostasía original de la iglesia de Roma, y a fin de deshacerse del sábado del Señor y exaltar en su lugar el falso sábado, esas iglesias su unieron al poder terrenal, al reino de los hombres: a César. Volvieron sus espaldas al Señor; lo abandonaron y se juntaron con otro. Dejaron el poder de Dios y pusieron su confianza en el poder de los hombres y en el gobierno terrenal. Estas profesas iglesias protestantes de Estados Unidos han dado la espalda al Señor y se han juntado con César tan ciertamente como lo hizo antes que ellas la iglesia judía y la iglesia romana, y por las mismas razones y con el mismo propósito. ¿Qué viene después? Eso las hace hijas de Babilonia tan ciertamente como la primera gran apostasía convirtió a Roma en Babilonia la madre. Incluso lo han llegado a reconocer explícitamente. "La Iglesia católica, la madre de todas nosotras", y "La Iglesia protestante episcopal, la hija bella de una bella madre", es lo que publicó una importante revista presbiteriana, en un artículo escrito por un "Doctor en divinidades" hace ya algún tiempo; y hasta donde he sido capaz de leer u oír nadie entre ellos lo ha negado.

Ellos lo afirman, y es cierto. Hasta ahora esas iglesias no se habían unido con los poderes de la tierra. Transitaban multitud de malos caminos; estaban haciendo muchas cosas que no armonizaban con el evangelio; se habían separado de Cristo; pero una esposa puede abandonar a su marido sin juntarse con otro hombre, en cuyo caso cabe aún la esperanza de que regrese. Pero una vez que se ha juntado con otro hombre, ¿qué esperanza queda?—Se fue para siempre. Es ciertamente adúltera. No se la puede recuperar. Aunque se habían separado de Cristo, no obstante, no se habían juntado con otro hasta 1892. Entonces lo hicieron deliberadamente al unirse con el gobierno de los Estados Unidos y al echar mano del poder de esta nación. La convirtieron en su esposo; dependieron de él como fuente de auxilio en lugar del Señor. ¿No son acaso esas iglesias tan ciertamente apóstatas como la propia iglesia papal cuando hizo lo mismo? ¿Acaso no se ha completado Babilonia la madre y las hijas? ¿De quién es madre? "Madre de las rameras y de las abominaciones de la tierra" (Apoc 17:4-5). Por lo tanto, son sus hijas tal como ellas mismas han afirmado y ninguna de ellas ha negado.

¿Qué puede venir a continuación?

Después de esto vi otro ángel que descendía del cielo con gran poder, y la tierra fue alumbrada con su gloria. Clamó con voz potente, diciendo: "¡Ha caído, ha caído la gran Babilonia! Se ha convertido en habitación de demonios, en guarida de todo espíritu inmundo y en albergue de toda ave inmunda y aborrecible, porque todas las naciones han bebido del vino del furor de su fornicación. Los reyes de la tierra han fornicado con ella y los mercaderes de la tierra se han enriquecido con el poder de sus lujos sensuales". Y oí otra voz del cielo que decía: "¡Salid de ella, pueblo mío, para que no seáis partícipes de sus pecados ni recibáis parte de sus plagas!, porque sus pecados han llegado hasta el cielo y Dios se ha acordado de sus maldades".

Observad la séptima plaga:

El séptimo ángel derramó su copa por el aire. Y salió una gran voz del santuario del cielo, desde el trono, que decía: "¡Ya está hecho!" Entonces hubo relámpagos, voces, truenos y un gran temblor de tierra: un terremoto tan grande cual no lo hubo jamás desde que los hombres existen sobre la tierra. La gran ciudad se dividió en tres partes y las ciudades de las naciones cayeron. La gran Babilonia vino en memoria delante de Dios, para darle el cáliz del vino del ardor de su ira.

Por lo tanto, ¿dónde estamos en ese proceso?, ¿qué ha de sobrevenir a Babilonia?—Los juicios de Dios. Según las propias palabras del mensaje, lo siguiente son las siete últimas plagas, una vez cumplida la obra que se nos ha asignado.

En consistencia con el devenir de la historia y según la forma en que Dios actúa con las naciones, la nuestra está hoy exactamente allí donde estuvieron las naciones precedentes en el mundo cuando dieron la espalda a Dios y se determinaron a no buscarlo ya más. Sabemos qué les sucedió. La ruina acecha a esta nación tan ciertamente como sobrevino a todas aquellas naciones. Y la influencia de esta nación se extiende a todo el mundo.

Por lo tanto, al venir la ruina sobre esta nación, lo hará igualmente sobre todo el mundo. Siendo que esas iglesias que debían invitar a la gente y a las naciones a que buscaran al Señor han seguido el ejemplo de la apostasía, abandonando al Señor y enseñando a las personas a que dependan del poder terrenal, ¿qué utilidad tienen en el mundo? —Ninguna. ¿A qué están abocadas, entonces, esas iglesias?—Únicamente a la destrucción mediante los juicios de Dios. Pero hay en ellas personas del pueblo de Dios, y antes de la caída y ruina finales los llamará a que salgan de ellas. Tal es el llamado del mensaje del tercer ángel: el *fuerte pregón* del mensaje del tercer ángel. ¿En qué punto estamos entonces, hermanos?—En el fuerte pregón. Por lo tanto, que se oiga esa voz poderosa.

Así, esta noche aparecen marcadas tres líneas distintas ante nosotros, tan nítidas como las de anoche, que nos llevan inevitablemente y al pie de la letra al mensaje del tercer ángel.

Leeré un pasaje que se corresponde perfectamente con el que leímos anoche:

Cuando el pueblo de Dios humille su alma ante él, buscando individualmente el Espíritu Santo de todo corazón, se oirá de labios humanos un testimonio como el que presentan las Escrituras: "Después de esto vi otro ángel que descendía del cielo con gran poder, y la tierra fue alumbrada con su gloria" *(GCDB, 31 enero 1893).*

Leeré ahora el otro pasaje, el que se corresponde con este:

Jesús desea conceder la dotación celestial a su pueblo en gran abundancia. Están ascendiendo a Dios continuamente oraciones pidiendo el cumplimiento de la promesa, y no se pierde ni una de las peticiones elevada con fe. [Oraciones ascendiendo continuamente: ¿están las vuestras entre ellas?] Cristo ascendió a lo alto. Llevó cautiva la cautividad y dio dones a los hombres. Cuando, tras la ascensión de Cristo, descendió el Espíritu según estaba prometido, como viento poderoso que llenó totalmente el sitio donde se encontraban reunidos los discípulos, ¿cuál fue su efecto? Miles se convirtieron en un día. Ha sido nuestra enseñanza y anhelo que descienda un ángel del cielo a fin de que la tierra sea alumbrada por su gloria. Entonces veremos una cosecha de almas similar a la que hubo en el día de Pentecostés.

Pero ese ángel no trae un mensaje dulce y suave, sino palabras calculadas para conmover los corazones hasta lo profundo. Se representa a ese ángel clamando con poder y a gran voz, diciendo: "¡Ha caído, ha caído la gran Babilonia! Se ha convertido en habitación de demonios, en guarida de todo espíritu inmundo y en albergue de toda ave inmunda y aborrecible". "¡Salid de ella, pueblo mío, para que no seáis partícipes de sus pecados ni recibáis parte de sus plagas!" Como agentes humanos, ¿estamos dispuestos a cooperar con los instrumentos divinos en la proclamación del mensaje de ese ángel poderoso que ilumina la tierra con su gloria? (*GCDB*, 1 febrero 1893)

¿En qué punto estamos?—En el fuerte pregón del tercer ángel. Ese mensaje ha de llamar a los que son pueblo de Dios a que salgan de Babilonia. Lo da un ángel que desciende con gran poder. ¿No nos emplaza eso cara a cara frente a la necesidad que tenemos de ser revestidos del poder celestial que trae el Espíritu Santo? ¿No es ese el punto en el que estamos? [audiencia: "Sí"]. Bien, pues mantengámonos en él, hermanos. Perseveremos, pidiendo ese poder y dependiendo sólo de él cuando venga.

El mensaje del tercer ángel (nº 5)
A.T. Jones

Percibo que algunos comienzan a sentirse perplejos debido a que no estamos haciendo lo que anunciamos la primera noche. El acuerdo consistía en que nos atendríamos al texto de la Escritura que dice:

Si alguno se imagina que sabe algo, aún no sabe nada como debería saberlo (1 Cor 8:2).

Algunos que quizá comenzaron a asistir después del inicio de esta serie, así como otros que no recuerdan claramente nuestro compromiso de atenernos a ese texto, han comenzado a razonar así: 'Todo lo que ha presentado hasta aquí es claro y es consistente, pero no sé cómo va a encajar' con tales y tales conceptos que hemos venido sosteniendo hasta aquí.

No tengáis ningún temor. Si veis claramente lo que se ha presentado—y así lo habéis reconocido—, tenedlo en consideración. Si es nuevo, no procuréis poner vino nuevo en odres viejos. A todos los que piensan que esas cosas son nuevas, digo: no tratéis de contenerlo en odres viejos. No es posible hacer tal cosa. No os preocupe lo que hayáis podido pensar anteriormente. No he hablado de esas cosas de una forma irreflexiva en absoluto. Sé lo que estoy enseñando, y sé de algunas otras cosas que han de venir además. Si teníais ya la idea correcta con anterioridad, todo encajará; en caso contrario no es de esperar que lo haga. Estudiemos esas cosas juntos. ¿He presentado algo que no sea un hecho demostrable? [audiencia: "No"].

Todo cuanto estamos estudiando esta semana gira en torno a aquel texto con el que comenzamos. Han de venir muchas otras cosas para las que no hemos dado un texto, pero en lo que concierne a esta semana, la escritura es:

El pueblo que comprenda ahora lo que está por sobrevenirnos—mediante lo que está sucediendo ante nuestros ojos—dejará de confiar en la inventiva humana y sentirá que el Espíritu Santo debe ser reconocido, recibido y presentado ante el pueblo {HM 1 noviembre, 1893, Art. A, par. 1}.

Hasta aquí ha resultado fácil reconocer lo que está sucediendo ante nuestros ojos, así como prever lo que ha de suceder pronto. Aprovechemos al máximo lo que tenemos ante nosotros, y el resto se explicará a sí mismo cuando llegue.

Esta noche voy a iniciar otro estudio en esa misma línea de lo que está sucediendo ante nosotros. Me voy a limitar a llamar la atención a los hechos tal como los podéis comprobar: vosotros y cualquiera en el mundo que lea las noticias aparecidas en los periódicos. ¿Hemos presentado hasta aquí alguna cosa que no sea evidente para todos, a propósito de lo que está sucediendo ante nosotros? [audiencia: "No"]. Respecto a lo que está por sobrevenirnos, es nuestro privilegio hacerlo saber a los demás. Desde luego, es posible que no crean lo que está por venir, pero no podrán negar lo que está sucediendo ya ante sus ojos.

El pasado otoño hizo cuatro años que se me pidió que escribiera un tema para la semana de oración acerca de "nuestra obra y posición". Allí mencioné algunos de los pensamientos presentados anoche, pero para nuestro estudio de hoy quiero llamar la atención a uno en particular. Es este:

Bajo el paraguas de nuestra Constitución tal cual es, la separación total entre Iglesia y Estado así como la perfecta libertad de conciencia que propicia, se han erigido ante el resto de naciones durante un siglo como faro indicador de progreso. El principio americano de las libertades y derechos humanos tiene una influencia irresistible en otras naciones a lo ancho de la tierra. Se trata del principio genuino del protestantismo, que es en esencia el principio que Cristo anunció, consistente en que el hombre debe dar a César solamente lo que es de César y a Dios lo que es de Dios.

Contrariamente a ese principio, el papado ha sostenido siempre que no puede existir ningún Estado a menos que esté aliado con la iglesia; de hecho, según su filosofía, los Estados existen solamente por causa de la iglesia, para darle soporte. Es cierto que ninguna otra nación ha adoptado el principio americano en su plenitud; no obstante, se ha dejado sentir su influencia en apartar las mentes del postulado papal. Pero justo ahora que el resto de naciones está cortejando el apoyo de Roma, el papado se aprovecha de eso para reforzar su teoría, aseverando que esos acontecimientos significan un reconocimiento por parte de gobernadores y mandatarios, de que su teoría es correcta.

Teniendo en cuenta todo lo anterior, y precisamente ahora, de hecho este mismo año, 1888… [en este punto mencioné la proposición de enmienda constitucional y el proyecto de ley dominical que por entonces se presentaban al país, según propuesta del senador Blair. En ellas se reconocía al cristianismo como siendo la religión de la nación, y al domingo como siendo el Sabbath. Entonces continué así:] Una vez que eso se haya logrado, el papado quedará muy reforzado. En ese punto se dirá que esta nación, que ha hecho tales pretensiones de libertad religiosa y que se ha erigido como modelo para los gobiernos terrenales, se ha visto obligada a renegar de lo que se suponía un orden superior, para doblegarse a los principios que la iglesia ha sostenido todo el tiempo.

Entonces esta nación que ha sido el modelo de libertad, ilustración y progreso para todas las demás, una vez revocados sus principios y negadas las libertades y derechos, una vez que la nación haya retrocedido hasta adoptar los principios del papado en la Edad Media y se reavive la persecución por causa de la conciencia, la reacción de las otras naciones será del tipo que confirme y magnifique hasta el infinito las pretensiones y el poder papal.

Se cumplirá así la escritura que dice: "Todos los que moran en la tierra le adoraron, cuyos nombres no están escritos en el libro de la vida del Cordero". De esta forma se volverá a otorgar poder al papado para que guerree contra los santos de Dios tal como afirma la Escritura: "Este cuerno hacía guerra contra los santos y los vencía, hasta que vino el Anciano de días, y se hizo justicia a los santos del Altísimo; y llegó el tiempo, y los santos recibieron el reino" (Daniel 7:21-22).

En aquella ocasión no encontré el pasaje que ahora os voy a leer acerca de "*La Iglesia y el Estado*", de Schaff. El Dr. Philip Schaff, habiendo estado en Europa, siendo él mismo europeo por nacimiento y habiendo vivido allí hasta una edad madura; habiéndose graduado en universidades europeas y comprendiendo los asuntos europeos mejor que cualquier otro en nuestro país, para instalarse más tarde en los Estados Unidos y comprender sus asuntos de forma remarcable, escribe esto en la página 98 de su escrito: "La Iglesia y el Estado en los Estados Unidos":

A modo de resumen, analicemos brevemente la influencia del sistema americano en los países e iglesias del extranjero.

Para la generación actual, el *principio de la libertad religiosa* y el de la igualdad, junto al correspondiente debilitamiento del nexo de unión entre Iglesia y Estado que deriva de ellos, *ha conocido un progreso irresistible y consistente entre las naciones punteras de Europa*, que ha quedado plasmado con mayor o menor claridad en el texto de sus respectivas constituciones…

El exitoso avance del principio de la libertad religiosa en los Estados Unidos ha permitido ese progreso, libre de toda interferencia oficial. *Todos los defensores* del principio voluntario [en apoyo de las iglesias y la religión] y de la *separación entre iglesia y estado en Europa señalan el ejemplo de este país como su mejor argumento práctico*.

Pastor Lewis Johnson: Sabemos que sucede así en Escandinavia.

[Jones] Sí; es conocido en toda Europa. Pero lo que queremos saber es si es cierto en este país; queremos saber si esa es la influencia que hasta ahora ha tenido nuestro país; y eso a fin de saber si se ha vuelto atrás para tomar el camino contrario.

Esta es la declaración del Dr. Schaff relativa a los principios papales en el contexto del Imperio germánico en 1871 (pp. 91-92):

El tratado de Westphalia de 1648 confirmó la igualdad de derechos de ambas iglesias contendientes. Pero el papa jamás consintió ni siquiera con esa tolerancia limitada, y protestará siempre contra ella. El syllabus papal de 1864 condena la tolerancia religiosa citándola entre las 80 herejías de la época. La Iglesia de Roma no reconoce a ninguna otra, y no lo puede hacer de forma consistente. No reconoce fronteras geográficas o nacionales, y se atiene al mando común encarnado por el "vice-gerente de Dios en la tierra" que habita el Vaticano. Evidentemente, se somete cuando no le queda otro remedio, pero no sin protestar.

Veis por lo expuesto que los principios del papado están en directa oposición con los de la Constitución de Estados Unidos.

Leeré algunos pasajes más en relación con

los principios papales. Leo ahora de un libro de Gladstone y Schaff, titulado: "Roma y las nuevas tendencias en religión", página 113. Se califica como un error—que el papa condena—afirmar que …

Todo ser humano es libre de abrazar y profesar la religión que crea ser la verdadera, guiado por la luz de la razón.

El anterior es un error condenado por la iglesia de Roma. Pero ese "error" es la doctrina del gobierno de los Estados Unidos, la doctrina de su Constitución.

Otro error que Roma condena es la afirmación de que …

la iglesia no tiene potestad para recurrir al uso de la fuerza ni al empleo directo o indirecto del poder temporal (p. 115).

También ese es un "error" condenado por la iglesia Católica. Sin embargo, es precisamente la doctrina de la constitución de Estados Unidos. El que las iglesias no tengan nada que ver con los asuntos de gobierno es un principio fundamental del gobierno de los Estados Unidos.

Otro "error" que el papado condena es la afirmación de que "La Iglesia ha de estar separada del Estado, y el Estado de la Iglesia" (p. 123).

La iglesia Católica condena como error todo lo anterior. Pero esos principios expresan la esencia misma de la doctrina de la Constitución de los Estados Unidos según propósito expreso de sus fundadores. Nada podría mostrar de forma más patente hasta qué punto los principios del papado son antagónicos con los de la Constitución del gobierno de los Estados Unidos.

Hay otra cosa que quisiera leer. Es la declaración de León XIII en 1891, relativa a cuál es la autoridad de la iglesia, qué derecho le asiste. Está en la página 868 de "Las dos repúblicas". León XIII {era el papa de Roma en aquella época} está dirigiéndose a todo el mundo en lo relativo a la condición de los trabajadores y a los conflictos entre estos y el capital, entre los gobiernos y los obreros, etc. Dice así:

Es la iglesia quien proclama—a partir del evangelio—esas enseñanzas que permiten poner fin al conflicto, o al menos hacer que sea mucho menos amargo. La iglesia enfoca sus esfuerzos, no sólo en iluminar la mente, sino en dirigir la vida y conducta de los hombres mediante sus preceptos … y *actúa según su firme convicción* de que a tales efectos se debe recurrir, en el grado y mesura debidos, *a la ayuda de la ley y de la autoridad del Estado.*

Esta es la ultimísima doctrina de la iglesia papal promulgada oficialmente, y lo mismo que las demás, guarda un antagonismo directo con la doctrina de la Constitución de los Estados Unidos tal como está redactada y tal como fue su sentido y propósito en el inicio; no según el significado que le ha dado la Corte Suprema de los Estados Unidos el 29 de febrero del 1892.

Es así como la influencia que este gobierno ha tenido sobre el resto de naciones las ha resguardado del papado, de la doctrina del papado. Y tal como asevera el Dr. Schaff, dicha influencia ha sido "irresistible y consistente". Pero ahora, en la decisión del Tribunal Supremo del 29 de febrero del 1892 y en la legislación del Congreso reconociendo y estableciendo el domingo como Sabbath cristiano, el gobierno de los Estados Unidos ha subvertido esa condición. Se ha invalidado y desdeñado totalmente la Constitución. El gobierno de los Estados Unidos está ahora en las manos de una jerarquía {protestante} que a fin de lograr sus propósitos ha unido específicamente sus fuerzas con las del papado.

Respecto a la influencia que va a ejercer ahora sobre las otras naciones, permitidme que os lea del testimonio que aparece en el nº 1 del Bulletin, en el encabezado de la página 16. Se refiere a nuestro tema para hoy, y el Señor declara cuál es la consecuencia de esa subversión en el orden original de cosas que este gobierno ha protagonizado:

Cuando los Estados Unidos, el país de la libertad religiosa, se una con el papado para forzar la conciencia y obligar a los hombres a honrar el falso sábado, *los habitantes de todos los países en el mundo serán inducidos a seguir su ejemplo* {GCDB 28 enero 1893}.

Por consiguiente, ¿cuál va a ser el alcance de la influencia de esta nación en su nuevo rumbo contrario al seguido hasta aquí?—Va a afectar a los habitantes de todo país en el mundo. ¿En qué se ha materializado el cambio de rumbo de esta nación?—En la formación de la imagen de la bestia. En vista de ese hecho y tal como hemos expuesto en otras lecciones, quedamos emplazados directamente ante la proclamación de ese mensaje en cada uno de sus términos. Entonces, ¿hasta dónde ha de llegar este mensaje?—A toda nación, tribu, lengua y pueblo. Dado que esta nación, tras haberse desviado, arrastrará por el camino equivocado a todas las demás naciones del mundo de regreso a los principios del papado, es tiempo de hacer llegar el mensaje del tercer ángel a toda nación de la tierra.

Ese es ahora el mensaje. ¿Estáis listos para llevarlo? Siendo ese el mensaje, ¿no corresponde a todo quien lo profese apercibirse para ir hasta los últimos confines de la tierra si Dios lo llama a tal cosa? Según lo que hemos analizado, el resultado del giro actual consistirá en llevar a todas las naciones de la tierra de vuelta al papado. La obra del mensaje del tercer ángel consiste en advertir a todas las naciones de la tierra en contra de la adoración al papado, y de la adoración a esa imagen de él que nos lleva de nuevo al papado. Esa advertencia ha de llegar a toda nación de la tierra tan ciertamente como lo hace aquella influencia. Por consiguiente, todo el que se retraiga del llamado de Dios a llevar ese mensaje del tercer ángel hasta lo último de la tierra, es infiel al legado que Dios nos ha confiado, ¿no os parece? Eso nos emplaza ante un grado de consagración como el que no se ha dado jamás entre los adventistas del séptimo día. Nos lleva a una consagración tal, que la casa, la familia, la propiedad, todo, queda sometido a las manos de Dios a fin de que él nos llame y nos envíe a nosotros o a nuestros recursos allá donde él decida y para lo que él decida. ¿Estáis dispuestos? ¿No es tiempo de que lo estemos?

Pastor C. L. Boyd: Sí, estamos dispuestos, hermano Jones.

Pastor Jones: ¡Bien!, pero es algo en lo que debemos reflexionar.

Hoy me he visto obligado a decir a un hermano con el que estaba conversando, que ese asunto, en el punto en que hoy está, pone severamente a prueba la autenticidad y realidad de la fe que jamás hayamos tenido. Significa detenernos a reflexionar y aceptar como un hecho la proximidad de las siete últimas plagas; significa asumir que tenemos ante nosotros esa realidad, y que tras las siete últimas plagas vendrá el Señor, lo que significa el fin del mundo. Y personalmente os aseguro que verse ante eso y reflexionar de ese modo lo concierne a uno hasta lo profundo. Bien: todo cuanto puedo deciros, hermanos, es que ojalá nos concierna de verdad. Yo no lo puedo evitar; me resulta imposible obviarlo. No reincidiría en ello si pudiera evitarlo. Sin duda afecta a la vitalidad misma de la fe humana. Y está bien que nos afecte, y que lo haga hasta vaciarnos completamente del yo y llenarnos solamente de Jesucristo.

Cuando los Estados Unidos, el país de la libertad religiosa, se una con el papado para forzar la conciencia y obligar a los hombres a honrar el falso sábado, los habitantes de todos los países en el mundo serán inducidos a seguir su ejemplo. Nuestro pueblo, con las dotaciones de que dispone, no está ni siquiera medio despierto para hacer todo lo que puede en la proclamación mundial del mensaje de amonestación. Se deben plantar nuevas iglesias y organizar nuevas congregaciones. Que la luz brille en todos los territorios y para todas las gentes {*GCDB* 28 enero 1893}.

Espero que el hermano Robinson pueda conseguir todo lo que necesita para abrir la obra en Londres; espero que la hermana White pueda disponer de todo lo necesario para plantar esa iglesia en Australia; y lo mismo con el hermano Chadwick y con todo el que necesite medios al respecto. De todas formas, ¿por cuánto más tiempo van a servir de algo nuestras propiedades siendo que están a punto de caer las siete últimas plagas? ¿De qué servirán entonces?

Este es el punto: cuando afirmemos con auténtica convicción y aceptemos como un hecho que las siete últimas plagas están realmente próximas y que el Señor va a regresar a continuación, eso pondrá a prueba la vitalidad de nuestra fe. Entonces se demostrará lo que hay en nosotros. Se hará manifiesto quién tiene auténtica confianza en el mensaje.

Y habrá abundancia de recursos. No tengo la menor inquietud al respecto. Si los adventistas del séptimo día que tienen recursos no se consagran al Señor permitiéndole que haga uso de ellos, el Señor los obtendrá de algún otro sitio. Llamará a otros. Hermanos, lo peor que pudiera acontecer a un adventista del séptimo día que tenga recursos es que el Señor tenga que pasarlo por alto y encuentre a algún otro que dé lo que se necesita. Un adventista del séptimo día abandonado a sí mismo es el caso más desventurado en este mundo. Hemos llegado a un punto en el que Dios nos pide que usemos todo lo que tenemos. Cuando lo creamos, nuestros recursos y nosotros mismos nos pondremos a su servicio. Entonces su obra quedará pronto concluida y no necesitaremos ya más recursos. Tal es el cuadro que se perfila ante nosotros.

Este gobierno, en la situación en la que estuvo antes, arrastró a las naciones alejándolas *del* papado. En la situación en la que ahora está, arrastra a todas las naciones de vuelta al papado. *Y este lo sabe.* Y sabiéndolo, se está esforzando a tal fin y se ha puesto ... (iba a decir manos a la obra) ... ha puesto sus brazos enteros a la obra, y está comenzando a emplear el gobierno en favor de sus intereses. Todo lo que representa hoy el protestantismo en los Estados Unidos y todo lo que han hecho esas iglesias en favor de la ley dominical, no es más que una herramienta en manos del papado.

¿Cuántos de vosotros habéis visto un show de Punch y Judy? [muchos en el auditorio levantaron las manos]. Esas marionetas que se mueven de un lado a otro ante la cortina son manipuladas por alguien que no se exhibe. A ese no lo veis. En dichas marionetas está representado exactamente lo que son hoy las iglesias protestantes en las manos del papado, quien está detrás de todo ello sentado tras la cortina. Es él quien mueve los hilos y activa las palancas. En su ceguera, esos protestantes creen que están haciendo grandes cosas en beneficio propio, pero en realidad son sólo marionetas en manos del papado. Están siguiendo sus dictados, dictados que el papado impone a este gobierno y

mediante él a todo el mundo.

Y es tiempo de que les hagamos saber que es así. Pero el mensaje que les advierte al respecto, dice: "Ha caído Babilonia" y les invita a salir de ella si es que quieren librarse de las plagas. ¿Dónde tienen que acudir cuando se les llame a salir de ella? Todo el mundo está bajo el control del papado, con excepción del mensaje del tercer ángel. ¡Gracias al Señor! ¡Este no va a estar nunca bajo el control del papado! Alabado sea Dios por ello. Todo el mundo está bajo el control del papado y sus principios. Pero cuando oigan el llamado a salir de él, ¿cuál es el único sitio al que podrán ir?—Al mensaje del tercer ángel tal como Dios lo ha dado.

Hermanos, estamos en el tiempo más portentoso que este mundo haya conocido. ¡Ojalá nos consagremos a Dios como debiéramos, a la vista del tiempo en el que estamos viviendo!

En otro momento os leeré una declaración del Vol. IV {precursor de 'El conflicto de los siglos'} a propósito del gran número de pastores que se convertirán a la verdad del mensaje del tercer ángel bajo el "fuerte pregón". Muchos de los pastores que piensan que este asunto de la ley dominical y lo que va con él es algo bueno—dado que no disciernen lo que hay detrás—, cuando el papado comience a hacer movimientos algo más descarados se retractarán de todo el asunto, se desvincularán totalmente de él. Pero ¿dónde pueden ir entonces? —Al mensaje del tercer ángel. ¡Gracias sean dadas al Señor! Os digo, hermanos, que el poder de Dios va a efectuar algo muy pronto. ¡Ojalá lo sometamos todo a él a fin de permitírselo!

Quisiera leeros aquí los propósitos del papado expresados en sus propias palabras, tal como están reproducidas en *Sun* de Nueva York del 11 de julio de 1892, y no olvidéis que si hay una publicación oficial católica en los Estados Unidos, esa es Sun de Nueva York. No digo que Sun profese explícitamente ser una publicación católica, pero es exactamente eso. Sun tiene un corresponsal en Roma, en el Vaticano. Se trata de un cura cuyo nombre desconozco, ya que no firma con él sino con un seudónimo. Podéis estar seguros de que la conexión entre Sun y Roma es bien directa. Por lo tanto, afirmo que Sun es virtualmente más representativa del papado—de la Iglesia católica en este país—que los propios órganos católicos, con la posible excepción del cardenal Gibbons. La que sigue es la carta que escribió el pasado verano el corresponsal de *Sun* en Roma. De ella voy a leer. Se titula: "El papado y la nacionalidad, el papa León y los Estados Unidos". Tras haberse referido a ciertas jerarquías dentro de la iglesia católica: obispos, arzobispos, etc, y a sus propósitos respecto a los Estados Unidos, dice:

Pero León XIII tiene una aspiración todavía más elevada. Su llamado a la unificación nacional se fundamenta en una concepción tradicional de la Santa Sede.

En su opinión Estados Unidos ha alcanzado el período en el que es necesario fusionar los elementos heterogéneos en una nación homogénea e indisoluble. Los estadistas están preocupados y con razón, debido a la multiplicidad de fuerzas centrífugas que amenazan con desintegrar la República. Los enemigos se valen de esa amenaza latente para acusar a los católicos foráneos de exhibir una tendencia a crear un Estado dentro del Estado. Es por esa razón que el papa quiere que los católicos demuestren ser los más ilustrados y devotos defensores de la unidad nacional y de la integración política. Ciertos incidentes han puesto en duda la lealtad de algunos grupos foráneos. Al respecto debiera despejarse toda duda. La iglesia ha sido siempre el más hábil colaborador en el esfuerzo por la unidad nacional. Fue ella la que constituyó, mediante el esfuerzo de papas y obispos, las grandes corporaciones políticas y las grandes organizaciones nacionales. Las razas más unidas y los pueblos más consistentes, tanto en el aspecto político como en el nacional, son aquellos que han sentido en mayor profundidad la acción saludable del papado y de la iglesia. Francia es el ejemplo típico de esa ley en la historia. Si Italia no se aprovechó en la Edad Media de ese beneficio incomparable, ¿no fue acaso debido a que los Estados celosos interferían con la obra de unificación de la iglesia y de los pontífices romanos?

América siente la necesidad urgente de esa obra de fusión interna. Formada por un mosaico de razas y nacionalidades, quiere ser una nación, un ente colectivo fuerte y unido. Lo que la iglesia ha hecho por otros en el pasado, lo va a hacer ahora por los Estados Unidos ...

Esa es la razón por la que la Santa Sede alienta al clérigo americano a que salvaguarde celosamente la solidaridad, y a que procure la fusión de todos los elementos heterogéneos de nuestra vasta familia nacional. La iglesia americana provee, y debe proveer en el tiempo actual la prueba de que el cristianismo es la escuela del patriotismo y del sentimiento nacional. El esfuerzo persistente por favorecer esa unificación tendrá por resultado la grandeza de los Estados Unidos y demostrará hasta qué punto la religión y la iglesia son los generadores de la independencia política y patriótica.

Dado que la amenaza radica para los Estados Unidos en la fragmentación de la república en partidos centrífugos y hostiles, los católicos aparecerán, mediante su cooperación en favor de la concentración nacional, como los mejores hijos de la tierra y defensores de la unidad política. El papa impondrá sobre todos el lema americano: *E pluribus unum* {de muchos, uno}, aplicado a lo que venimos considerando.

Por último, León XIII anhela ver fortaleza en esa unidad. Como toda alma intuitiva, anticipa en los Estados Unidos y en su joven y floreciente iglesia el *surgimiento de una nueva vida para los europeos*. Quiere que América sea poderosa a fin de que Europa recupere la fuerza al tomarla prestada de un modelo rejuvenecido.

Permitidme que os diga algo aquí, hermanos: cuando las cosas en el gobierno de los Estados Unidos han llegado al punto en que el papado se puede permitir exponer sus propósitos e intenciones con esa claridad, os aseguro que es porque han llegado muy lejos. El papado no habla con claridad hasta no estar seguro de poder hacerlo. Trabaja siempre bajo mano y de forma secreta hasta que llega el tiempo de dar la cara, y no la da hasta saber que puede hacerlo. Cuando los asuntos en Estados Unidos están de tal forma bajo el control del papado como para que pueda expresarse tan abiertamente ante el pueblo de Estados Unidos, eso significa que ha logrado moldearlo todo a su agrado.

Europa está observando atentamente a Estados Unidos. Hay en él ciertas cosas que pueden atemorizar a algunos, pero en general la atracción resulta invencible. Bryee, Claudio, Fanet, Carles y todos los historiadores y periodistas dan fe de ello. En adelante vamos 'a necesitar a autores que adopten esta actitud: '¿Qué podemos, y qué debiéramos copiar de Estados Unidos para nuestra reorganización social, política y eclesiástica?'

Hasta 1892, ¿qué podía copiar de este gobierno cualquier nación europea a efectos de reorganización eclesiástica?—Nada. ¿Qué tenía hasta entonces que ver este gobierno con los asuntos eclesiásticos? La Constitución prohibía terminantemente tal relación. Pero ahora que se ha invalidado la Constitución, el papado puede empezar a preguntarse: "¿Qué podemos copiar de los Estados Unidos para nuestra reorganización eclesiástica?" Se ha establecido el ejemplo, se ha fraguado el cambio; los Estados Unidos han llegado a un punto tal, que ahora el papado puede copiar de su ejemplo e implementarlo en la reorganización eclesiástica de Europa y de todas las demás naciones. Eso es precisamente lo que está haciendo. Lo está copiando y exportando de acuerdo con su actual propósito.

Y desde el punto de vista particular del papa "¿cuáles son los ejemplos que estos católicos americanos nos están dando?" El problema es complejo, pero en su devenir y en su inmensa variedad cautiva toda mente profunda y trascendente.

La respuesta depende en gran medida de cómo se desarrollen los destinos de América. Si Estados Unidos tiene éxito en resolver los muchos problemas que nos desconciertan, Europa seguirá su ejemplo, y *ese despliegue de luz marcará un hito en la historia, no sólo de los Estados Unidos sino de la humanidad entera. Res vestra agitur* {es un asunto que os concierne} es lo que podríamos entonces decir a los americanos. "Ese es el motivo por el que el santo padre, ávido de paz y fortaleza, colabora con pasión en la obra de consolidación y desarrollo de los asuntos americanos. Según él, la iglesia debiera ser el crisol señalado para lograr el moldeo de integración de las razas en una familia unida. Esa es la razón principal por la que se ocupa de la codificación de los asuntos eclesiásticos con el fin de que este miembro distante de la cristiandad pueda trasfundir sangre fresca al viejo organismo…

Hermanos, ¿hay alguien en el mundo que pueda cerrar los ojos a eso que está sucediendo ante nosotros y ante el mundo? ¿Discernirá cada uno lo que se está desplegando ante su vista? ¿Comprendemos lo que está a punto de sobrevenirnos, a la vista de lo que está sucediendo ante nosotros?

Pero no es sólo que el papado *proclame* sus propósitos; los está *implementando* con rapidez y decisión a fin de llevarlos hasta el final. ¿Qué significa ese representante especial del papa, esa "delegación apostólica" permanente que se ha establecido en este país hace sólo unos días? Monseñor Satolli vino a este país como el nuncio papal, como representante personal del papa para asistir a los procedimientos inaugurales de la Feria Mundial: una buena excusa. Aparentó venir tal como lo habría hecho cualquier otro en misión especial. Pero una vez aquí resultó que debía quedarse un tiempo como delegado temporal del papa. No obstante, hubo una facción dentro de la Iglesia católica que comenzó a decir: "No lo queremos". En respuesta, el papa simplemente lo estableció para siempre. Así lo informa el número del 15 de enero de 1892 de la revista Sun de Nueva York:

Roma, 14 enero. El papa ha decidido establecer una delegación apostólica permanente en los Estados Unidos y ha nombrado a monseñor Satolli como primer nuncio papal. El Vaticano considera que esa decisión es una réplica suficiente a la oposición ejercida contra monseñor Satolli y su misión.

La agencia de Propaganda enviará mediante el reverendo F.Z. Rooker los documentos que acreditan el nuevo poder conferido a monseñor Satolli como primer nuncio.

Es sabido que el papa León tiene un vivo interés en la situación de América, y que está deseoso de poner fin a las divergencias eclesiásticas existentes. Con ese propósito el papa está preparando una encíclica dirigida al episcopado americano, promoviendo la armonía y la unión.

Washington, 14 enero. Monseñor Satolli, el ablegado papal, recibió hoy en la Universidad Católica la siguiente comunicación del Dr. O'Connell, el secretario americano de la agencia de Propaganda, quien acompañó a monseñor Satolli en su venida a este país y que en fecha reciente regresó a Roma:

Roma, 14 enero 1893
Monseñor Satolli:

La delegación apostólica queda establecida de forma permanente en los Estados Unidos, y usted queda confirmado como primer delegado.

    O'Connell

Aquí hemos recibido asimismo información que confirma el anuncio de que el reverendo F.Z. Rooker de Albania ha sido elegido oficialmente como secretario de la delegación apostólica, afirmando además que se ha trasladado de Roma a Nueva York y que sin duda es el portador de la bula papal que crea la delegación y confirma todos los poderes de monseñor Satolli.

San Pablo, 14 enero. Al preguntarle esta tarde a propósito del establecimiento de una delegación apostólica en los Estados Unidos, el arzobispo Ireland ha declarado: "Efectivamente, se ha establecido una delegación apostólica permanente en los Estados Unidos y monseñor Satolli ha sido nombrado como su primer delegado apostólico. El decreto salió de Roma ayer tarde. A tal efecto he recibido personalmente una comunicación procedente de la Ciudad Eterna. Me alegra de todo corazón. Terminaron las controversias que en el pasado han agitado a los americanos católicos desde hace algún tiempo; ahora reinará la paz.

Monseñor Satolli vino a este país como ablegado papal—término que conlleva temporalidad en la misión y poderes en cierta manera limitados. En ciertos barrios surgieron objeciones en su contra, se cuestionó o negó su autoridad, se pidió que regresara, y su misión se declaró fracasada. El papa da una respuesta rápida y efectiva a todo ese clamor. Afirma que vamos a tener una delegación apostólica permanente en los Estados Unidos. Está tan satisfecho con la obra realizada por el ablegado, que en pleno reconocimiento de los derechos de monseñor Satolli lo nombra primer delegado apostólico.

León XIII es un hombre de carácter firme; su determinación se fortalece ante la oposición. Todo lo acontecido desde la llegada de monseñor Satolli demuestra de la forma más evidente la necesidad de tener un representante del papa dotado de poderes amplios y bien definidos. Roma es el tribunal supremo para los católicos; ahora bien, Roma está más bien lejos. Hay necesidad de una mano cercana que en cualquier momento pueda ordenar que se calme el mar. Quienes han estado procurando con determinación hacer evidente para cualquier observador la necesidad de un delegado en América no habrían podido esgrimir argumentos más poderosos en favor de su tesis que precisamente los que han empleado. A Dios sean dadas gracias por todo lo conseguido.

La Iglesia católica en América está ahora minuciosamente organizada y ha alcanzado su perfecta estatura. Ahora dispone de un tribunal supremo en su territorio: una rama del tribunal de apelación de Roma que deriva su vida de ella, pero que es capaz de emprender acción inmediata por ella misma. Para los católicos de América eso significa autonomía hasta el límite en que cualquier católico fuera de Roma pueda tenerla. Junto con nuestra propia energía e inspiración, en todo cuanto emprendamos dispondremos de la dirección y el ímpetu del jefe soberano de la iglesia de una forma tan directa como nunca antes. Los católicos van a tener una constatación más tangible de lo que significa la unidad de la iglesia y la supremacía papal. En ocasiones la autoridad remota se diluye en una teoría especulativa o en un bello ideal; en contraste, la autoridad ejercida de forma presencial provee una demostración inequívoca. Pone a prueba la obediencia de uno al mismo tiempo que añade nuevo poder para bien hacer.

El grueso del país, el pueblo americano, reconocerá que ese elemento religioso tan importante como es el católico añade esta nueva gloria a su registro, infunde esta nueva fuerza a su vida.

Será además interesante y saludable disponer de un conocimiento más próximo de los procedimientos del papado. Se disiparán muchos prejuicios de antaño. El papado aparecerá ante todos nosotros en su verdadera luz, armonizando magníficamente con las aspiraciones de la democracia moderna y acelerando el paso de todo lo que es útil, bueno y elevador en el moderno progreso. Las sombras del antiguo nublado que supuestamente se cernían sobre el trono de Pedro existen solamente en el oscuro río del prejuicio religioso o en los recesos tenebrosos de las mentes estrechas y privadas de visión.

No existen en el Vaticano. La mente más perspicaz y liberal en el mundo actual es la de León XIII; suyo es el corazón más amable y generoso. Ni los católicos ni los protestantes de América lo conocen suficientemente. Estudiarlo es deber de todos; es deber de los católicos en particular acercarse a él y seguir más de cerca su conducción espiritual.

Hay otras cosas que han tenido lugar en relación con el asunto del dinero público asignado a las iglesias. La iglesia católica está recibiendo ahora la práctica totalidad del mismo, debido a que los metodistas, bautistas y episcopales han rehusado recibir ningún fondo más del gobierno. Y pastores dirigentes de la iglesia presbiteriana están procurando que también su iglesia deje de recibir dinero gubernamental. Por consiguiente, la iglesia católica estará recibiendo pronto recursos—la casi totalidad de estos—de las arcas públicas: cerca de 400.000 dólares anuales. ¿Es previsible que los protestantes acepten esa situación, permitiendo que los católicos reciban tal cantidad sin oponerse a ello? Ciertamente no les conviene protestar al respecto. Si argumentan en contra, aduciendo que esa práctica es inconstitucional, la Iglesia católica puede fácilmente replicar:

"Esta es una nación cristiana: el tribunal supremo lo ha decidido así, y para demostrarlo, el tribunal ha citado el decreto de Isabel y Fernando que no eran sino católicos, y que enviaron a Colón, quien también era católico, para que descubriera nuevos mundos a fin de que pudiera llevarlos a Dios y a la religión cristiana. Y la única religión que Isabel, Fernando o Colón conocieron o con la que tuvieron que ver, es la religión católica. Cuando el tribunal supremo cita ese decreto para demostrar que esta es una nación cristiana, está demostrando en realidad que es una nación cristiana católica". Ese es el argumento que puede presentar la Iglesia católica, y los protestantes no pueden hacerle frente con éxito. No pueden negar la constitucionalidad del argumento, puesto que han empleado esa

decisión del tribunal supremo para sus propios intereses en la legislación dominical. Han dado su apoyo a esa decisión, y al apoyarla para lograr sus propósitos, ahora no pueden renegar de ella cuando el papado la emplea para los suyos. Están atrapados en la trampa como nunca nadie lo haya sido anteriormente, y la única forma en que pudieran zafarse de ella es permitiendo que el Señor Jesús los libre de la iniquidad que conlleva mediante el mensaje del tercer ángel. ¿No es acaso tiempo de que lo oigan?

Los católicos basaron su última campaña en ese mismo tema. El presidente Harrison procuró durante toda su administración poner fin a esa apropiación de dinero por parte de las iglesias. La iglesia católica se opuso a sus esfuerzos todo el tiempo de su mandato. Procuró sin éxito evitar que fuera nominado en Mineápolis; más tarde, cuando Cleveland fue también nominado, pusieron toda su influencia del lado de este último, quien resultó elegido finalmente como candidato (ver más sobre el particular en *Sentinel Library*, nº 53, pp. 48-54).

El presidente Harrison procuró poner fin a esa asignación pero no pudo, y tuvo que confesar ante el Congreso—mediante el senador Dawes—que tal cosa le había resultado imposible. Pues bien: si a una administración que era totalmente contraria a esa medida le fue imposible retirarla, ¿cómo podría lograrlo la administración que la inició y que es favorable a ella, y que contó con el apoyo de la Iglesia católica en ese asunto?

Así, ¿en manos de quién está hoy el gobierno de Estados Unidos?—En manos de la Iglesia católica. Está ahí y está para quedarse sin importar lo que puedan hacer los protestantes. Ahora bien, si estos hubieran sido realmente protestantes y no se hubieran prestado al juego de la Iglesia católica, esta nunca habría llegado ahí. El falso protestantismo ha traicionado al gobierno de los Estados Unidos—que estaba establecido sobre principios divinos—, entregándolo en manos del papado, y ahí va a seguir mal que le pese.

El hermano Conradi ha traído hoy cierta información procedente de un periódico alemán. Se trata del alarde que ahora hace la Iglesia católica respecto a Alemania. Como sabéis bien, Alemania es la gran nación modelo del protestantismo en Europa. Lo que sigue se ha extraído de un periódico católico; es la voz del catolicismo al respecto.

Los periódicos católicos en Alemania declaran abiertamente que el poder va a estar pronto en sus manos y que Alemania va a regresar a la fe católica. Cuando se han asignado dos millones y medio de dólares a una catedral protestante en Berlín, han dicho que les parecía bien, puesto que de todas formas acabará por ser católica.

Esas cosas están sucediendo a la vista del mundo, que las contempla y las lee. Hermanos, ¿no nos ha dado Dios algo que decir al respecto? Aquí tenemos unas palabras. Refiriéndose al papado, en el volumen IV de la serie "El conflicto de los siglos", en el capítulo que lleva por título: "El carácter y propósitos del papado", p. 579, dice: "Es capaz de leer el porvenir". Alumbrado solamente por la luz de la sabiduría que Satanás es capaz de dar—sabiduría adquirida en la propia historia malvada del papado—, dado que mediante esa sabiduría es capaz de prever el porvenir, ¿no debiera prever también el porvenir el pueblo al que Dios habla?

Tenemos los hechos y tenemos la palabra de Dios a propósito de que, puesto que esta nación ha vuelto la espalda a los principios dados por Dios, la influencia con la que salvó de forma irresistible a otras naciones del control del papado va a llevarlas ahora de regreso a él, lo que elevará a este a la posición más exaltada que jamás haya ostentado en esta tierra. Y en esa situación cumple y cumplirá lo dicho en Apocalipsis 18:7:

Dice en su corazón: "Yo estoy sentada como una reina, no soy viuda y no veré llanto".

Todas las naciones con las que estuvo casada en el pasado desde el tiempo de Napoleón han ido cayendo una tras otra hasta no quedar ninguna, de forma que la han dejado desolada, "viuda"; no le queda un solo marido de los varios que tuvo en tiempos precedentes. ¿Qué sucede ahora? Hay una nación: la más grande de las naciones, la más joven, la que está de pie ante el mundo con el vigor de los principios que Dios ha establecido para los gobiernos, la que había atraído a otras naciones

hacia esa misma senda, dejando {a Babilonia} cada vez más desolada. Entonces {Babilonia} le presenta sus encantos a fin de seducir a esta nación para que vaya con ella, para que fornique y adultere con ella. Y lo logra gracias a un protestantismo falso y apóstata. Y ahora, al traer hacia ella esta nación, ha recuperado también a todas las demás, lo que hace que se alegre, que se jacte y que viva en delicias, que se congratule y presuma, proclamando: "Estoy sentada como una reina, no soy viuda y no veré llanto".

¿Qué sigue a continuación?

Por lo cual, en un solo día vendrán sus plagas: muerte, llanto y hambre, y será quemada con fuego, porque poderoso es Dios el Señor, que la juzga (Apoc 18:8).

Estos acontecimientos, estas acciones del papado en la actualidad, nos emplazan cara a cara ante los juicios de Dios sobre las naciones de la tierra. Vemos lo que está por sobrevenirnos, basados en lo que está sucediendo ante nuestros ojos. ¿No es tiempo de que comencemos a decir a la gente que nada sabe acerca de estas cosas, que estas son como son? Algunos han pensado: 'Creo que nunca más podré dar una predicación o una disertación bíblica sobre los Estados Unidos en la profecía de la forma en que solía hacerlo'. ¡Gracias al Señor! Gracias al Señor porque no podáis hacerlo. A él sean dadas gracias porque sabéis dónde está ahora Estados Unidos en la profecía, de manera que no podéis emplear ningún material preparado con anterioridad. Queremos a unos Estados Unidos tal como los describe ahora la profecía: eso es lo que esperábamos, ¿no os parece? [audiencia: "Sí"]. ¿Acaso la gente será incapaz de ver la realidad del hecho? La cuestión no es si van a creer en lo que está por venir. Tendrán que renegar de sus dotes de raciocinio y de su experiencia en la vida diaria para negarse a reconocerlo como un hecho.

"Por lo cual, en un solo día vendrán sus plagas: muerte, llanto y hambre, y será quemada con fuego, porque poderoso es Dios el Señor, que la juzga". Ahora, ¿cuál es el fuego que la quema? "Entonces se manifestará aquel Impío, a quien el Señor matará con el espíritu de su boca y destruirá con el resplandor de su venida". "Nuestro Dios es fuego consumidor" para la maldad. Gracias al Señor porque así lo sea. Pero hermanos, él es salvación gloriosa para quienes están libres de iniquidad. Permitámosle que nos limpie ahora de ella, de forma que al aparecer su gloria no seamos consumidos, sino cambiados a semejanza de su gloria. Eso es lo que él quiere.

"Los reyes de la tierra que han fornicado con ella y con ella han vivido en deleites, llorarán y harán lamentación sobre ella cuando vean el humo de su incendio. Poniéndose lejos por el temor de su tormento, dirán: ¡Ay, ay de la gran ciudad, de Babilonia, la ciudad fuerte!, porque en una sola hora vino tu juicio'". Si es que esa hora se puede considerar tiempo profético—quince días—o bien si se trata simplemente de un corto período de tiempo no definido, poco importa en el contexto del tema de esta noche, ya que en cualquier caso indica que el tiempo es extremadamente corto desde el momento en que {Babilonia} se congratula porque todas las naciones hayan vuelto a ella, hasta el momento en que los juicios de Dios caen sobre ella y sobre todas las naciones. Y al suceder eso, el pueblo de Dios es liberado.

Hermanos: ¿dónde estamos nosotros?—Ante la presencia misma de los juicios inminentes de Dios. Bien, pues comportémonos en correspondencia. Actuemos como si estuviéramos ya allí.

El mensaje del tercer ángel (nº 6)
A.T. Jones

Es mi propósito en esta noche hacer una especie de resumen de lo presentado la pasada semana, extrayendo después una lección a partir de ello. La primera noche (el martes), tras haber informado sobre esa audiencia que sirvió de base para todo nuestro estudio posterior, dirigimos nuestra atención a tres puntos en particular; la noche del miércoles a otros tres, y anoche a un punto más. Recordaréis que los tres puntos de la primera noche centraron nuestra atención en la proclamación actual del mensaje del tercer ángel, según presenta el pasaje:

Si alguno adora a la bestia y a su imagen y recibe la marca en su frente o en su mano, él también beberá del vino de la ira de Dios (Apoc 14:9).

Y eso muestra por sí mismo que ha llegado el tiempo en que la imagen está ahí y que se va a recibir su marca, puesto que la advertencia es contra la adoración de la bestia y su imagen, contra la recepción de la marca en la frente o en la mano.

El primero de los tres puntos consistía en que nos es imposible seguir realizando la obra tal como habíamos venido haciendo, y que nos vemos obligados a silenciar el mensaje tal cual es, en sus mismas palabras. El segundo, que eso muestra que se ha formado la imagen, lo que significa que todo el poder de la tierra queda en manos del enemigo del mensaje del tercer ángel y de la causa de Dios, quien lo va a ejercer en contra del pueblo y la obra de Dios. Por consiguiente, el que se ponga de parte de Dios tiene que depender de un poder superior al de todo el mundo junto. El punto tercero consistió en que cuando el cuarto mandamiento se cita en la legislación, interpretándolo como siendo el primer día de la semana o domingo, y por lo tanto poniendo el domingo en el lugar del sábado del cuarto mandamiento, es tan literalmente cierto que las iglesias protestantes de este país, mediante el poder de este gobierno han invalidado la ley de Dios en la medida en que el poder terrenal puede hacerlo, como lo fue en la apostasía original del papado cuando se asoció al gobierno con el mismo

fin. Y habiendo sucedido así, Dios ha puesto en nuestros labios las palabras:

Tiempo es de actuar, Jehová, porque han invalidado tu Ley (Sal 119:126).

Eso nos lleva al siguiente pensamiento: dado que todo el poder de la tierra está orientado contra Dios, contra su sábado y contra su pueblo que lo guarda, su pueblo, a fin de poder hacerle frente, ha de disponer de un poder que sea superior al que reúne toda la tierra en su contra, y que nos lleva al versículo citado: "Tiempo es de actuar, Jehová, porque han invalidado tu Ley". Por consiguiente, necesitamos el poder de Dios. Nuestra oración diaria es: 'Señor, ha llegado el momento de que tú actúes; nada hay que nosotros podamos hacer'.

El siguiente punto en el estudio es este: el mensaje se da a la vista del hecho de que quienes lo rechazan habrán de recibir las plagas.

Si alguno adora a la bestia y a su imagen y recibe la marca en su frente o en su mano, él también beberá del vino de la ira de Dios (Apoc 14:9).

La primera plaga se derrama sobre aquellos que reciben la marca de la bestia, y bajo la sexta plaga los reyes de la tierra se reúnen para la batalla del gran día del Dios Todopoderoso. En el tiempo de esa batalla regresa el Señor y tiene lugar el fin del mundo.

El séptimo ángel derramó su copa por el aire. Y salió una gran voz del santuario del cielo, desde el trono, que decía: "¡Ya está hecho!" Entonces hubo relámpagos, voces, truenos y un gran temblor de tierra, un terremoto tan grande cual no lo hubo jamás desde que los hombres existen sobre la tierra (Apoc 16:17-18).

En la historia de las naciones que fueron en el pasado, cuando una nación se negó a buscar al Señor, cuando eligió dar la espalda a Dios levantándose en rebeldía contra él, dejó de tener cabida en el mundo. La ruina fue su final inevitable. Puesto que este gobierno ha hecho eso mismo, no puede haber otra consecuencia que no sea su ruina.

Por cierto, esta tarde he estado leyendo *Special Testimonies*, y hay un pasaje tan expresivo al respecto de este punto, que os lo leeré aquí. Está en la página 16 de *Special Testimony to Ministers and Conference Committees*. Dice así:

El mundo cristiano ha aceptado el hijo del papado, lo ha acunado y alimentado, desafiando así a Dios al quitar su monumento conmemorativo y establecer un sábado rival (3 *Mensajes Selectos*, 463—traducción revisada—).

¿Cuándo ocurrió eso? Cuando quitó su monumento conmemorativo; cuando desafió a Dios quitando su memorial y estableciendo un sábado falsificado. Esta es la palabra que leímos el otro día:

"El memorial de Dios ha sido derribado, y en su lugar se destaca ante el mundo un sábado falso".

Pero las iglesias lo han hecho con la intención de que el poder de este gobierno asegurase la efectividad de su obra. ¿A qué se ha dejado arrastrar, pues, esta nación, por acción de las iglesias apóstatas que alberga?—A desafiar a Dios. Cuando Belsasar desafió a Dios tomando las vasijas sagradas de la casa de Dios y profanándolas con su adoración lasciva, ese gobierno perdió su lugar en este mundo. Este gobierno ha llegado al mismo punto, y la ruina es lo único que ha de seguir. Ahora bien, la ruina de esta nación es la ruina del mundo, puesto que su influencia afecta al mundo entero, y la ruina tiene lugar en ocasión de la venida del Señor, momento en el que se ha de librar la gran batalla. Nos encontramos a las puertas de esos acontecimientos.

El siguiente punto consistió en que la iglesia judía apóstata se unió a "César" a fin de deshacerse del Señor. La iglesia apóstata romana había hecho lo propio, uniéndose a César a fin de deshacerse del sábado del Señor. Cuando se juntó con César, Dios no tuvo más remedio que destruir a la iglesia judía apóstata. Pero antes de destruirla llamó de ella a todos los que serían suyos. La iglesia judía era a la vez iglesia y nación, de forma que al ser destruida, la lección quedó desplegada ante el mundo a modo de ejemplo, tanto para iglesias como para naciones. Se trataba de la nación e iglesia judía, que había dado la espalda a Dios.

Cuando la iglesia judía desechó a Dios, la nación judía estaba haciendo eso mismo. La nación había de ser entonces destruida, y también la iglesia. Así, el resultado de esa apostasía, tanto para la iglesia como para la nación, sólo podía ser uno: la ruina.

Cuando la Iglesia de Roma siguió el mismo camino, significó la ruina para el Imperio romano; y, dado que esta nación ha seguido el mismo camino, no cabe esperar otra cosa que no sea la ruina, y la ruina de la nación es también la de la iglesia. Pero antes de esa ruina inminente, se escucha el mensaje:

¡Salid de ella, pueblo mío, para que no seáis partícipes de sus pecados ni recibáis parte de sus plagas! (Apoc 18:4).

Por último, anoche vimos que la intención del papado es reunir a todas las naciones bajo su influencia; y una vez logrado lo anterior, esa institución se felicita a sí misma diciendo:

Estoy sentada como una reina, no soy viuda y no veré llanto (vers. 7).

¿Qué viene a continuación?—Las plagas.

A esta nación le ha de suceder lo mismo que sucedió a las precedentes cuando dieron la espalda a Dios. Nos encontramos en la vorágine de los eventos que provocarán todo eso. Lo mismo que sucedió a las otras naciones que olvidaron a Dios, va a suceder pronto aquí.

Hay siete puntos diferenciados, cada uno de los cuales nos lleva a los eventos del mensaje del tercer ángel, mensaje que ha de salvar a todo aquel que vaya a ser salvo antes del fin del mundo. No se trata de puntos "fabricados". Cada uno de ellos es simplemente la consecuencia de cosas que están ante la vista de cualquiera en este mundo. Este es el texto con el que comenzamos:

El pueblo que comprenda ahora lo que está pronto a sobrevenirnos en vista de lo que está ocurriendo ante nuestros ojos, no confiará ya más en invenciones humanas, y sentirá que es necesario reconocer, recibir y presentar a la gente el Espíritu Santo (E.G.W., *The Home Misionary*, 1 noviembre 1893).

Así, en las sucesivas lecciones he procurado analizar lo que está ante nosotros en el mundo, y ver lo que está a punto de ocurrir; no simplemente lo que va a llegarnos, sino lo que va a llegarnos *pronto* con todo lo que implica. No hay forma de escapar a las cosas que todos pueden y deben ver en el mundo, sea que tengan los ojos abiertos o no. Sea que crean o no en lo que está a punto de venir, no pueden evitar ver lo que ven; no hay para nadie escapatoria, de no ser mediante el mensaje del tercer ángel.

Avancemos ahora un poco más en lo que eso significa para nosotros. Hemos visto que todo el poder de esta tierra está ahora bajo la influencia del papado. Todos lo podéis ver. Pero ¿quién es el dirigente en el papado? ¿Quién está obrando contra la iglesia de Dios?—Satanás. ¿Mediante quién obró mientras Cristo estuvo en la tierra? —Mediante el dragón. ¿Mediante quién obró cuando la iglesia estuvo en el desierto?—Mediante la bestia. ¿Mediante quién obra contra la iglesia remanente?—Mediante la imagen [de la bestia]. Mediante el dragón, la bestia y el falso profeta—o imagen—. Esos son los tres instrumentos mediante los cuales hace guerra contra la iglesia de Dios, desde el nacimiento de Cristo hasta el fin del mundo.

Todos los poderes de la tierra se encuentran, pues, en las manos de Satanás, quien los empleará contra la iglesia. ¿Cuánto tiempo creéis que va a pasar antes de que se cumpla ese versículo que dice que Satanás obra con todo el poder? ¿Acaso no lo está haciendo ya? Todo el poder que conoce esta tierra, todo el poder que hay en el reinado en donde mora Satanás, está ahora en sus manos. Va a obrar con todo el poder. "La aparición de ese inicuo es obra de Satanás, con gran poder, señales y prodigios mentirosos" (2 Tes 2:9). ¿Para qué ha reunido ese poder, si no es para usarlo? ¿Suponéis que va a estar parado mucho tiempo, especialmente cuando el pueblo de Dios se esté encomendando y consagrando al Señor? Eso es lo que enfurece a Satanás: que se guarden los mandamientos de Dios y se manifieste el testimonio de Jesús.

Así pues, todo ese poder está en sus manos para emplearlo contra la iglesia de Dios, contra Dios, contra su sábado y contra aquellos que respetan al Señor y a su sábado, puesto que esa es la señal de lealtad al Señor.

Por lo tanto, repito que todo aquel que vaya a ser fiel a Dios lo habrá de ser en contra de todo el poder que hay en el mundo, de todo el poder que este mundo conoce, del tipo que sea. Así pues, hermanos, el asunto que vosotros y yo hemos de decidir ahora es si vamos a avanzar o no. Hemos de decidir si vamos a avanzar, o si nos paramos aquí. Tan ciertamente como decidamos permanecer en la profesión que hemos hecho, tan ciertamente como decidamos atenernos a la ley de Dios y seamos fieles a nuestra profesión, habremos de hacerlo en contra de todo el poder que este mundo conoce, estando Satanás en posesión y uso de tal poder. Hemos de mantener nuestra lealtad a Dios y a su ley en contra de toda consideración, soporte o protección humanas. ¿No se va a tratar acaso del pueblo que defiende la ley de Dios, que depende de Dios solamente, puesto que nada hay debajo del sol de lo que pueda depender?

Debemos advertir a la gente del mundo acerca de ese poder, debemos advertirles contra sus maquinaciones, sacarlos de ahí y llevarlos a Dios. ¿Podré hacer eso de alguna forma si conservo cualquier conexión con el mundo o la mundanalidad? [Congregación: "No"]. Si participo de un espíritu mundano y de una disposición mundana, ¿podéis decirme cómo voy a ser capaz de advertir a la gente a que se separe totalmente del mundo?, ¿qué fuerza tendrían entonces mis palabras para que alguien siguiera ese curso?, ¿alguien puede decirme cómo vais a poder lograrlo en ese caso? Poco importa que seáis pastor o no lo seáis; que seáis un adventista del séptimo día o sólo un *profeso* adventista; no hace falta que seáis un pastor: basta con que seáis un *profeso* adventista del séptimo día a efectos de responder esta pregunta. Quiero saber cómo vais a mantener dignamente esa profesión, o a tener el poder necesario para abordar la gente de este mundo, si es que estáis conectados con este mundo en espíritu, mente, pensamiento, deseos o inclinaciones. Ciertamente no podréis. Una conexión con el mundo del espesor de un cabello os privará del poder que ha de acompañar al llamamiento que advertirá al mundo contra ese poder inicuo y mundano, a fin de que se separen totalmente de él.

Por lo tanto hermanos, si en adelante nuestro mensaje ha de poseer poder, ¿qué debemos hacer? Hemos de romper cualquier amarra con todo lo que este mundo conoce. ¿Estáis dispuestos? No basta con que os pregunte si estáis dispuestos a romper: ¿Lo habéis hecho ya? [Congregación: "Sí"].

La imagen que empleó el hermano Porter hace ya algún tiempo es espléndida. El profeta buscaba a quienes daban ese mensaje, pero miraba *demasiado bajo*. El ángel le dijo: 'Mira más arriba'. Gracias al Señor, están por encima del mundo. Allí es donde pertenecen: por encima del mundo, sobre un fundamento que Dios ha establecido para que lo transiten.

Y todos aquellos que estén en una posición tan baja como para hacer necesario que se mire al mundo para encontrarlos, no pueden dar el mensaje del tercer ángel. Hemos de estar por encima del mundo. Por lo tanto, soltad amarras, hermanos.

Ha llegado el momento como nunca antes en que tiene que haber una separación del mundo. Jesús dice:

Yo os elegí del mundo (Juan 15:19).

Dado que nos ha escogido del mundo, busquémoslo cada día a fin de que pueda comisionarnos. Cristo dijo a sus discípulos:

Yo os elegí a vosotros y os he puesto [comisionado, ordenado] para que ... (Juan 15:16).

Nos ha escogido; asegurémonos de que nos ha comisionado para la obra que tiene para nosotros, que consiste en llevar la palabra de Dios en contra de todo el poder que este mundo conoce, a fin de separar del mundo a un pueblo, tan separado para Dios como para renunciar totalmente al poder de este mundo y a toda conexión con él.

Lo anterior nos lleva una vez más a la consagración. Gracias al Señor porque sea así. Y no podemos aferrarnos al mensaje del tercer ángel, no podemos mantenernos en él ni tener su espíritu o realizar su obra sin una consagración plena.

Otro punto al respecto: los que se atengan a la ley de Dios no van a ser tenidos en alta consideración por mucho tiempo. De ninguna manera. No van a ser apreciados, loados ni cortejados, sino todo lo contrario. Quizá sea mejor que lo leamos de *Great Controversy*, vol. IV, p. 590:

Luego el gran engañador persuadirá a los hombres de que son los que sirven a Dios los que causan esos males. La parte de la humanidad que haya provocado el desagrado de Dios lo cargará a la cuenta de aquellos cuya obediencia a los mandamientos divinos es una reconvención perpetua para los transgresores. Se declarará que los hombres ofenden a Dios al violar el descanso del domingo; que este pecado ha atraído calamidades que no concluirán hasta que la observancia del domingo no sea estrictamente obligatoria; y que los que proclaman la vigencia del cuarto mandamiento, haciendo con ello que se pierda el respeto debido al domingo y rechazando el favor divino, turban al pueblo y alejan la prosperidad temporal. Y así se repetirá la acusación hecha antiguamente al siervo de Dios por motivos de la misma índole: 'Sucedió, luego que Acab vio a Elías, que le dijo Acab: ¿Estás tú aquí, perturbador de Israel? A lo que respondió: No he perturbado yo a Israel, sino tú y la casa de tu padre, por haber dejado los mandamientos de Jehová, y haber seguido a los Baales' (1 Rey 18:17-18). Cuando con falsas acusaciones se haya despertado la ira del pueblo, este seguirá con los embajadores de Dios una conducta muy parecida a la que siguió el apóstata Israel con Elías (*El conflicto de los siglos*, 647-648).

Y en la página 590 leemos:

Los que honren el sábado de la Biblia serán denunciados como enemigos de la ley y del orden, como quebrantadores de las restricciones morales de la sociedad, y por lo tanto causantes de anarquía y corrupción que atraen sobre la tierra los altos juicios de Dios. Sus escrúpulos de conciencia serán presentados como obstinación, terquedad y rebeldía contra la autoridad. Serán acusados de deslealtad hacia el gobierno. Los ministros que niegan la obligación de observar la ley divina predicarán desde el púlpito que hay que obedecer a las autoridades civiles porque fueron instituidas por Dios. En las asambleas legislativas y en los tribunales se calumniará y condenará a los que guardan los mandamientos. Se falsearán sus palabras y se les atribuirán las peores intenciones (*Id.*, 649).

En *Testimony* nº 32, p. 208, leo un testimonio dado en 1885, hace ya siete años:

> Mientras los hombres están durmiendo, Satanás arregla activamente los asuntos de tal manera que el pueblo de Dios no obtenga ni misericordia ni justicia (*Joyas de los Testimonios*, vol. 2, 152).

¿Cómo se podría esperar que obtuviéramos misericordia y justicia, siendo que todo el poder de los gobiernos de la tierra está en las manos del papado, y es Satanás quien lo dirige? ¿Y cómo podríais esperar justicia cuando el propio Satanás ha dispuesto todo el poder de esta tierra en contra del pueblo de Dios? No hay ahí ninguna justicia: no la podemos esperar. Eso nos lleva al punto de que hemos de estar tan separados de este mundo como para no esperar protección alguna del mismo, como para no esperar ninguna misericordia ni justicia del mundo. Si las obtenemos, se tratará sólo de misericordia de Dios, manifestada en ellos a pesar suyo. Cuando estamos en una posición en la que la única misericordia que podemos esperar de la tierra es la que Dios arranque de ellos, ¿dónde está nuestra única dependencia?—En Dios.

No nos van a tratar bien ni gozaremos de una alta consideración. Se fabricarán y esparcirán toda clase de reproches contra nosotros. Quisiera saber cómo podrá alguien permanecer fiel al mensaje del tercer ángel, cumpliendo su obra, si está preocupado por lo que los demás digan de él, importándole mucho su reputación y siendo dependiente de ella. No podrá. Pero gracias al Señor, Dios tiene algo *mucho mejor* en que podemos confiar, que es el *carácter*. No olvidemos que Jesús, nuestro ejemplo en este mundo, menospreció el oprobio y se despojó de su reputación (Heb 12:2; Fil 2:7).

Eso establece el hecho de que el pueblo que haya de dar el mensaje del tercer ángel y mantenerse en pie fielmente por Dios, lo habrá de hacer considerando exclusivamente el *carácter*, y habrá de desechar todo cálculo relativo a la reputación. Nunca más habrán de entrar ya en nuestros cálculos cuestiones de reputación tales como 'qué van a pensar o decir los demás de nosotros'. La reputación no salvará a nadie. Si ha de estar condicionado por aspectos de imagen y reputación, si es que eso ha de tener la más mínima importancia en su mente,

es preferible que claudique del todo, pues nunca podrá conservar su reputación quien se atiene al mensaje del tercer ángel.

Por lo tanto, ahora mismo, hoy, es el momento de abandonar todas esas profesiones, ya que haciendo así aliviaréis a vuestros hermanos. Si es que habéis de claudicar finalmente, hacedlo cuanto antes; puesto que cuanto más lejos vayáis—para claudicar después—, más difíciles pondréis las cosas a vuestros hermanos. Por lo tanto, a menos que lo asumáis plenamente, mejor abandonadlo esta noche, tomad otro camino y dejadlo del todo; permitid así que queden en libertad los que vayan al frente. Hemos llegado a la encrucijada de la decisión, en la que cada uno ha de elegir teniendo en cuenta que no se podrá depender de nada que haya en este mundo, que no habrá de entrar en los cálculos ninguna de las consideraciones que este mundo pueda presentar. En particular, no ha de tener cabida ninguna consideración relativa a la reputación o a qué van a pensar los hombres. Cuando todo el poder del mundo esté en contra de quienes se mantengan fieles a Dios, el *carácter* de Jesucristo valdrá diez mil veces diez mil *reputaciones* que sea posible manufacturar.

La reputación es algo muy importante a los ojos del mundo, pero para Dios no significa nada. Reputación es todo lo que Satanás tiene para ofrecer. Es su único fundamento, y la declaración que frecuentemente se cita es correcta, referida al hombre en cuyos labios la coloca quien la escribió: "El tesoro más preciado que la mortalidad puede conceder es una reputación inmaculada". Era adecuada para él, pues la reputación es todo cuanto tenía. Con posterioridad declaró haberla perdido, y quedó hundido en el pesar, clamando: "¡Oh, mi reputación! ... He perdido mi reputación". Y una vez que la hubo perdido, por supuesto no le quedaba nada en que apoyarse. Estaba totalmente desvalido. No tenía un *carácter* del que depender, sino sólo una reputación perdida. Es muy propio que ese sentimiento proceda de él, debido al "carácter" que poseía aquel en cuya boca puso esas palabras quien lo escribió; pero se trata de una mentira. El tesoro más preciado que la mortalidad puede conceder no es la reputación inmaculada:

el tesoro más preciado que tanto la mortalidad como la inmortalidad conceden es un *carácter* inmaculado; y el único carácter inmaculado que este mundo ha conocido es el de Jesucristo. Y ese, su carácter, nos lo da a ti y a mí, un don gratuito y bendito de parte de Aquel que edificó dicho carácter en sí mismo.

Por lo tanto, hermanos, dejad que el viento se lleve toda cuestión relativa a la reputación. Ahí está su lugar, pues la reputación es tan inestable como el viento, mientras que el carácter es tan permanente como la eternidad. Abandonad, pues, todo apego a la reputación. Tengamos un carácter; tengamos ese carácter que resistirá el juicio. Si es así, aunque Satanás con todo su poder logre atribuirnos la peor reputación que quepa inventar, demos gracias a Dios por haber obtenido un carácter que resistirá en el juicio. Podemos permitirnos prescindir del mundo y de la reputación, ya que en Jesucristo tenemos algo muchísimo mejor.

Eso no es todo. Hay otra faceta. Está llegando el momento en que todo el que se adhiera al mensaje del tercer ángel y al sábado del Señor, manteniéndose fiel, no podrá comprar o vender nada en este mundo. Por lo tanto, todo el que profese ser adventista del séptimo día, todo el que profese fidelidad al mensaje del tercer ángel, tiene ahora que decidir si va a seguir firme en contra de toda consideración relativa a la posesión y a la propiedad en este mundo.

Ni en nuestros cálculos ni en nuestra obra debiera entrar consideración alguna relativa a la propiedad o a los intereses comerciales terrenales. Ninguna consideración de ese tipo debiera entrar en los cálculos de ningún adventista del séptimo día a partir de ahora. De lo contrario, haría mejor en detenerse aquí mismo, ya que si voy a plantearme cuánto voy a tener, cómo va a irme este o aquel negocio, o lo que voy a ganar o perder de esta o de aquella forma en el caso de ser fiel al sábado; si voy a permitir que esas cuestiones entren en mis cálculos, es mejor que me entregue totalmente a los intereses propios y deje lo otro. Ahora bien: ¿cuál ha de ser el final de esas ganancias, de esas propiedades que me hacen cuestionar y dudar?—La más completa destrucción. Por lo tanto, si hay alguna cuerda de

simpatía que me ata con lo terreno, cuando llegue el momento de su destrucción, ¿cuál será mi suerte? —Evidentemente, la misma. Supongamos que dicha cuerda tiene solamente el calibre de un hilo. ¿Me arrastrará?—Sin duda lo hará. Por lo tanto, hermanos, ha llegado el momento de cortar toda atadura. Y una vez más hemos llegado al momento decisivo.

Todo el que permanezca fiel al mensaje del tercer ángel deberá afrontarlo, y lo hará al margen de toda consideración relativa al provecho, al dinero, a la propiedad o a cualquier cosa por el estilo. Nada de eso tendrá el más mínimo peso para él en cuanto a su proceder relativo al mensaje del tercer ángel. Ahí está la declaración: "… que ninguno pudiera comprar ni vender, sino el que tuviera la marca o el nombre de la bestia o el número de su nombre" (Apoc 13:17). "Si alguno adora a la bestia y a su imagen y recibe la marca en su frente o en su mano" (14:9). No es de ninguna forma necesario que crea en ella. La ley dice: 'Guarda el domingo'. Si lo guarda, ¿qué significa? —Que ha entrado en un compromiso con Satanás y que ha aceptado la marca de Satanás en lugar de la de Cristo. Ha puesto a Satanás por encima de Cristo en su consideración, y está obedeciendo al poder del mundo y no a las palabras de Cristo. ¿De cuánto poder va a disponer quien así proceda para ser salvo del mundo?

Aquel que se compromete con las leyes dominicales hasta el punto de dejar de trabajar y observar el domingo porque así lo establece la ley mientras piensa que está guardando el sábado, puso a Satanás por encima de Cristo. Está poniendo su dependencia en el poder terrenal. Pero ¿en manos de quién está ese poder? En las manos de Satanás. Por lo tanto, de acuerdo con su profesión y sus actos, ¿acaso no está dependiendo de Satanás, tanto como de Cristo? ¿Tienen uno y otro alguna concordia? —Ninguna. Bien, pues no permitamos a Satanás que participe, hermanos. Nadie que se mantenga fiel al mensaje del tercer ángel permitirá que Satanás tenga una participación como esa.

¿No es el sábado la señal de lo que Dios es para el hombre? ¿No es la señal del Dios verdadero, y no es Dios el que es? Siendo así, ¿no es la señal de *lo que* Dios es, tanto como de que Dios *es*? Por consiguiente, ¿qué es? Es el Señor, el Señor Dios, Dios fuerte, misericordioso y piadoso; tardo para la ira y grande en misericordia y verdad, que guarda misericordia a millares, que perdona la iniquidad, la rebelión y el pecado. Él es nuestra vida.

El sábado es, pues, la señal de lo que Dios es para aquel que cree en él. Pero ¿dónde encontramos a Dios? ¿Dónde únicamente se lo puede encontrar? En Jesucristo. "Nadie conoce … quién es el Padre, sino el Hijo y aquel a quien el Hijo lo quiera revelar" (Luc 10:22). Así, para nosotros, Cristo es Dios. Para este mundo y para todas las criaturas inteligentes, Cristo es Dios. Por lo tanto, ¿no es el sábado la señal de lo que Cristo es para el hombre? Al observarlo, es la señal de lo que Cristo es para nosotros. Por lo tanto, si observo el domingo debido a que la ley lo establece así, eso significa que para mí el domingo es tan importante como el sábado, pero eso es lo mismo que decir que Satanás significa para mí tanto como Cristo. Y cuando sucede eso, Cristo no significa mucho para mí. Cuando Cristo significa tan poco como para no importarme el tomar la señal del poder del papado, que no es otra cosa que la señal del poder de Satanás, poniéndolo al mismo nivel que lo que Cristo es para mí, entonces *Cristo no es nada* para mí. Si Cristo no lo es todo, ¿qué es entonces? "Cristo es el todo y en todos" (Col 3:11). Si Cristo no lo es todo para mí, ¿qué es entonces?—¡Nada! Eso nos lleva de nuevo al hecho de que hemos de resistir esa señal en contra de toda consideración que el mundo pueda hacer.

Eso no es todo. Hay aún otra idea en el versículo:

"Se le permitió infundir aliento a la imagen de la bestia, para que la imagen hablara e hiciera matar a todo el que no la adorara".

Ha de llegar un momento en el que se pronuncie sentencia de muerte sobre aquel que permanezca fiel al mensaje del tercer ángel. Perderá su derecho a la vida, según los poderes de esta tierra en cuyas manos está. Por lo tanto, ¿habrá de caber en nuestros cálculos alguna consideración relativa a la vida? ¿Qué os parece, hermanos?

¿Podrá alguien considerar el valor de su vida ahora, permitiendo que pese en sus cálculos relativos a si va a permanecer fiel o no al mensaje del tercer ángel? Haremos bien en meditar en esas cosas discerniendo su significado. Si permito que la preservación de mi vida temporal tenga alguna influencia en mi compromiso con el mensaje del tercer ángel, ¿de qué sirve que siga pretendiendo ser fiel al mensaje?, ¿no es preferible que lo abandone aquí y ahora? El hecho, tal como hemos visto, es que permanecer de parte del mensaje ha de significar la pérdida de esta vida. Por lo tanto, si concedemos a la vida la importancia que sea en nuestra decisión, es mejor que nos detengamos y abandonemos cuanto antes el asunto.

La pena de muerte está incluida en cada uno de los pasos que configuran la persecución. Puede no estar explicitada en palabras, pero está allí presente desde el primer paso, ya que cuando el gobierno se implica en leyes religiosas opresivas, lo hace siempre con el objeto de preservarse a sí mismo. Así se ha declarado de forma explícita en el caso de esta ley dominical del Congreso. Los que desobedecen las leyes dominicales son multados preceptivamente, pero no pagan sus multas; no lo harán ciertamente los guardadores del sábado. Entonces han de ser encarcelados para pagar esa deuda. Al término de su reclusión son devueltos a la libertad. Vuelven entonces a trabajar en domingo, siendo ahora más elevada la multa en razón de su reincidencia, lo que lleva a su vez a una encarcelación más prolongada. Pero en ningún caso se logra que dejen de trabajar en domingo tal como pretende esa ley. Por lo tanto, dado que ninguna de las penas logra el objetivo de ese precepto, tiene lugar una escalada punitiva que termina sólo al alcanzar la más dura de las penas: la pena de muerte. Por consiguiente, la pena de muerte está implícita en toda ley dominical que jamás se haya promulgado en esta tierra, tan ciertamente como que toda ley ha de ser cumplida y aplicada. Debido a ello, el historiador Gibbon dijo al mundo hace ya más de cien años:

"Corresponde a los autores de la persecución decidir previamente si están determinados a sustentarla hasta su última consecuencia. Obrando así excitan la llama que se esfuerzan por asfixiar, y pronto se hace necesario castigar la contumacia y crimen del ofensor. La multa impuesta, que no quiere o no puede satisfacer, expone a esa persona a la severidad de la ley, y la ineficacia de las sanciones menores sugiere el recurso a la pena capital".

El historiador llamó así la atención de las naciones y de sus dirigentes en todo el mundo, a fin de que antes de entrar en el camino de la persecución consideren si están dispuestos a respaldarla con la pena capital. Si no lo están, es mejor que desistan antes de comenzar. Así es en los principios, y así se ha de demostrar en la práctica.

¿No resulta, pues, claro que los que permanezcan fieles al mensaje del tercer ángel, fieles a la ley de Dios y a su sábado, lo habrán de hacer al margen de toda consideración relativa a la preservación de su vida? [Congregación: "Sí"].

Otro punto: cuando hayan desaparecido todo apoyo y protección de esta tierra; cuando se nos haya desprovisto de la reputación que tanto valora el mundo; cuando se hayan perdido toda propiedad o medio de ganancia, e incluso cuando la propia vida resulte amenazada, ¿qué quedará entonces?, ¿cuánto, de los intereses y cosas de este mundo, ligará al que permanezca fiel? Aquel que, después de contar el costo, dejó de lado toda consideración relativa al apoyo y protección terrenales, a la misericordia y la justicia que cabría esperar; aquel que desestimó lo que van a pensar o decir los demás sobre eso, quien asumió la pérdida de sus propiedades, su imposibilidad de comprar o vender, quien prescindió de todo apego por la preservación de su propia vida, al que así hizo, ¿cuánto le queda del mundo? [Congregación: "Nada"].

¿Acaso la Biblia, la Palabra de Dios, no emplaza a todo adventista cara a cara con esas decisiones, demandando de él una elección? [Congregación: "Sí"]. Ha llegado, por lo tanto, el momento de recapacitar seriamente. Es ciertamente tiempo de pensar con mucha seriedad. Pero gracias al Señor no tenemos motivo alguno para estar atemorizados ante nuestro enemigo. El Señor nunca permitirá que seamos llevados a un lugar del que no hayamos de salir de forma mucho más gloriosa que si nunca hubiéramos estado allí. El Señor nunca nos llama

a seguir un curso de acción que conduzca a la pérdida de algo, si es que no nos da en lugar de lo que se perdió algo de valor infinitamente superior. Cuando nos llama a permanecer fieles a su verdad, siendo que eso nos lleva a expulsar de nuestros cálculos toda consideración de soporte o protección terrenales, nos está diciendo simplemente: 'Aquí está para ti todo el poder del cielo y de la tierra'. "Toda potestad me es dada en el cielo y en la tierra" (Mat 28:18), y "Yo estoy con vosotros". Se trata de la protección del Todopoderoso traída en favor nuestro. "El eterno Dios es tu refugio y sus brazos eternos son tu apoyo" (Deut 33:27). "Mira que te mando que te esfuerces y que seas valiente; no temas ni desmayes, porque Jehová, tu Dios, estará contigo dondequiera que vayas" (Jos 1:9). ¿No es esa su palabra? Leámosla en mayor extensión. En Isaías 51 encontramos una oración que el Señor quiere que elevemos a él:

"¡Despiértate, despiértate, vístete de poder, brazo de Jehová! ¡Despiértate como en el tiempo antiguo, en los siglos pasados! ¿No eres tú el que despedazó a Rahab, el que hirió al dragón? ¿No eres tú el que secó el mar, las aguas del gran abismo, el que transformó en camino las profundidades del mar para que pasaran los redimidos? Ciertamente volverán los redimidos de Jehová; volverán a Sión cantando y gozo perpetuo habrá sobre sus cabezas. Tendrán gozo y alegría y huirán el dolor y el gemido" (vers. 9-11).

¿Cómo han de entrar en Sión?—Cantando. Comencemos ya ahora. El Señor no desea que entremos con las cabezas bajas y escondiéndonos, como si temiéramos ser vistos y no tuviéramos sitio en el mundo. "Erguíos y levantad vuestra cabeza, porque vuestra redención está cerca", dice Jesús (Luc 21:28). Cada uno de nosotros *pertenecemos* a este mundo hasta que Dios termine con nosotros, y ni el mismo Satanás puede ocasionarnos daño alguno hasta que el Señor termine con nosotros, y ni aun entonces podrá hacernos daño alguno. Alegrémonos de que sea así.

"Yo, yo soy vuestro consolador. ¿Quién eres tú para que tengas temor de los mortales y de los hijos de los hombres, que son como el heno?" (Isa 51:12).

¡Y profesamos creer en Dios! Nos aferramos a la ley de Dios, tenemos el sábado del Señor, que nos revela quién es Dios: nos dice que él es el verdadero Dios, el Dios viviente y Rey eterno; la tierra temblará cuando se aire, su palabra es capaz de traer a los mundos a la existencia, su misma palabra los deshace en pedazos; y hay aquí ciertos *hombres* que son como el heno que se seca y se desvanece en un breve tiempo, que te dicen que si haces tal cosa vas a ir a la cárcel, y que si persistes en ella hasta el final serás condenado a muerte. ¡Y eso nos atemoriza! ¿Acaso no tiene razón Dios, al hacernos una pregunta como esa? '¿Quién eres tú para que tengas temor de uno que ha de morir?' Eso es lo que quiere saber. ¿No es una sabia pregunta? "Yo, yo soy vuestro consolador. ¿Quién eres tú para que tengas temor de los mortales y de los hijos de los hombres, que son como el heno?" ¿No veis que el que profesa creer en el Señor lo insulta al temer de esa forma al hombre? El Señor declara que si teme, no está dependiendo de él.

Leamos más. "¿Ya te has olvidado de Jehová, tu Hacedor, que extendió los cielos y fundó la tierra? Todo el día, sin cesar, has temido el furor del que aflige, cuando se dispone a destruir. ¿Pero dónde está el furor del que aflige?" (vers. 13). Gracias al Señor. Es justamente ahora cuando el furor del que aflige está a punto de desatarse. ¿Por qué nos habríamos de atemorizar ante él, como si fuese capaz de destruir? ¿No fue Elías atacado y expulsado, teniendo que huir por su vida? Tras haber efectuado un largo viaje se sintió exhausto y se recostó para descansar. Quedó entonces dormido y un ángel del Señor se puso junto a él. El ángel lo tocó y le dijo: 'Levántate, Elías, y come'. Encontró un pan cocido en brasas y un jarro de agua junto a su cabecera. Gracias al Señor.

¿No estaba Elías perfectamente a salvo? Hermanos, ¿no os parece que vale la pena ser expulsados, a fin de tener un encuentro así con un ángel? ¿Preferís acaso no ser expulsados y quedaros sin ese encuentro? No temamos, pues. Elías se volvió a dormir tranquilamente, tal como hizo también Pedro cuando fue condenado a muerte. ¿Y por qué no habrían de hacerlo? ¿De qué habría servido preocuparse? Elías se quedó

nuevamente dormido, y el ángel vino por segunda vez a despertarlo y a ministrarle. Le dijo de nuevo: '¡Levántate, Elías, y come, porque te espera un largo viaje!' Hermanos, Dios nos dará pan para el viaje. Si el viaje es demasiado largo, nos dará una doble ración antes de iniciarlo. Os digo, hermanos: es tiempo de que aprendamos a confiar en el Señor. Hagámoslo ya ahora. Él nos lo ordena. Leemos en otro lugar: "Se le dará su pan y sus aguas tendrá seguras" (Isa 33:16). Así es.

El preso agobiado será libertado pronto; no morirá en la mazmorra ni le faltará su pan. Yo Jehová, que agito el mar y hago rugir sus olas, soy tu Dios, y mi nombre es Jehová de los ejércitos. En tu boca he puesto mis palabras y con la sombra de mi mano te cubrí, extendiendo los cielos, echando los cimientos de la tierra y diciendo a Sión: "Pueblo mío eres tú" (Isa 51:14-16).

Por lo tanto, hermanos, recibámoslo; entonces no habremos de temer la opresión o las dificultades, o si no vamos a poder comprar o vender absolutamente nada, ya que el Señor tiene para nosotros algo muchísimo mejor.

Respecto a la reputación: olvidadla. Él nos da un carácter, un carácter que él mismo tejió desde el pesebre hasta el sepulcro, un carácter completo en todo respecto; y nos dice: 'Tómalo y póntelo, y ven a mi cena de bodas'. Ese es el carácter, y esas las vestiduras que coloca sobre su pueblo, de forma que las plagas no puedan afectarlo y el poder del enemigo no pueda vencerlo ni contaminarlo. "En gran manera me gozaré en Jehová, mi alma se alegrará en mi Dios, porque me vistió con vestiduras de salvación, me rodeó de manto de justicia, como a novio me atavió y como a novia adornada con sus joyas" (Isa 61:10). Gracias al Señor.

Respecto a la vida: cuando el Señor nos llama a tomar posición de lealtad hacia su ley, eso implicará la amenaza de la pérdida de nuestras vidas. ¿Qué sucede entonces? Nos dice simplemente: 'No os preocupéis por esta vida: va a desvanecerse de todas formas dentro de muy poco tiempo; aquí está esta otra vida que perdurará por la eternidad'. Cuando nos pide que seamos fieles a su ley, haciendo que esta vida volátil y mortal resulte amenazada, nos dice: 'Aquí hay vida inmortal'. "El que cree en el

Hijo tiene vida eterna" (Juan 3:36). "Este es el testimonio: que Dios nos ha dado vida eterna y esta vida está en su Hijo" (1 Juan 5:11). ¿Nos la ha dado? El que tiene al Hijo, ¿*va a tener* vida eterna en algún momento en el futuro? "El que tiene al Hijo tiene la vida" (vers. 12). ¿Cómo podríamos tener al Hijo sin tener la vida? ¿Está acaso Cristo muerto? ¡No! ¡Vive! Así, cuando lo tenemos a él, tenemos la vida que hay en él.

Ved a dónde nos lleva, cuando alguien que profesa tener a Cristo no cree tener la vida que hay en Cristo, que es vida eterna. ¿Qué clase de Cristo es ese? ¿Un Cristo que no tiene vida en sí mismo? Imposible. Cristo no está muerto. ¿No es eso lo que ha estado resonando en nuestros oídos una vez tras otra durante años mediante la voz que ha estado hablando de parte del Señor? "Hermanos, Cristo no está en la tumba nueva de José, con su gran piedra sellando la entrada del sepulcro. No: ¡Ha resucitado! ¡Vive! ¡Vive! Proclamadlo con la voz y con la pluma".

Puesto que vive y vive para siempre, cuando lo tengo a él, tengo a un Salvador viviente. "El que tiene al Hijo tiene la vida". ¿Qué tipo de vida es la que hay en él?—Sólo vida eterna. Así, cuando lo tengo a él, tengo su vida, que es vida eterna, tal como él mismo afirmó. Pero tal como nos ha enseñado el hermano Haskell en sus presentaciones, no podemos tener su vida a menos que entreguemos la nuestra. Al hacer así, nos encontramos con Jesucristo. Esa es hoy la enseñanza. Someted esta vida, y obtendréis a cambio una que es infinitamente superior. Ahora es el tiempo de hacerlo. Pero si me aferro a esta vida, cuando se acabe, ¿qué me va a quedar? [Congregación: "Nada"].

Por lo tanto, aquel que dispone únicamente de esta vida, no debiera aventurarse en el mensaje del tercer ángel, pues al llegar la prueba en la que se pondrá en juego la vida, se aferrará a ella. Ahí está el peligro. Nadie puede andar el recorrido que ha de hacer el mensaje del tercer ángel solamente con esa vida que tiene. Le será imposible. Dado que es todo cuanto tiene, se aferrará a ella al sentirse amenazado. Pero aquel que da su vida por perdida no aferrándose a ella, y toma esa vida que se mide

con la vida de Dios, esa vida que *es* la vida de Dios, poseerá una vida que no puede resultar jamás amenazada. Estará a salvo. Podrá ir allá donde el mensaje lo requiera, puesto que Aquel que es la vida del mensaje, es también la vida del que permanece fiel a dicho mensaje.

Por lo tanto, "dondequiera que vamos, llevamos siempre en el cuerpo la muerte de Jesús, para que también la vida de Jesús se manifieste en nuestros cuerpos, pues nosotros, que vivimos, siempre estamos entregados a muerte" (2 Cor 4:10-11). ¿No ha de ser así de ahora en adelante? ¿No es una verdad viviente desde ahora, que aquellos que se ponen de parte del mensaje del tercer ángel están siempre "entregados a muerte" tan ciertamente como sucedió con los apóstoles? Siempre estamos "entregados a muerte", y eso entra en cada uno de nuestros cálculos. Vivimos cada momento conscientes de esa realidad.

Por lo tanto, hermanos, en lugar del poder de la tierra del que no podemos depender, y que está decididamente en nuestra contra, Dios nos da *el poder de Dios*.

En lugar de reputación, Dios nos da un *carácter*.

En lugar de cosas terrenales—riquezas, casas, tierras, propiedades, negocios o consideraciones de ese tipo—, Dios nos da a Jesucristo, en quien están escondidos todos los tesoros de la sabiduría y el conocimiento, y "vosotros estáis completos en él" (Col 2:10). Dios lo ha constituido heredero de todo, y nosotros somos herederos de Dios, y coherederos con Cristo si es que sufrimos con él, a fin de que también seamos glorificados juntamente con él. Él es heredero de todas las cosas y nosotros somos coherederos. Así ¿cuánto nos pertenece? [Congregación: "Todas las cosas"]. ¿Qué, pues, tenemos? Todas las cosas que Dios tiene. ¿No somos acaso ricos?

En lugar de esta vida que los poderes de la tierra nos quitarían, Dios nos da su vida. Cuando él nos pide que tomemos una posición de lealtad a él y a su causa, el Señor nos dice simplemente: 'Aquí tienes vida eterna'.

Por lo tanto, hermanos, ¿no nos ha equipado el Señor completamente? Pongámonos pues ahora toda la armadura de Dios. Esto es lo que se requiere: que nos esforcemos en el Señor y en el poder de su fortaleza.

Porque no tenemos lucha contra sangre y carne, sino contra principados, contra potestades, contra los gobernadores de las tinieblas de este mundo, contra huestes espirituales de maldad en las regiones celestes. Por lo tanto, tomad toda la armadura de Dios, para que podáis resistir en el día malo y, habiendo acabado todo, estar firmes (Efe 6:12-13).

Así es como el Señor quiere que estemos, y eso es lo que quiere que hagamos. Y nos dice: "No te desampararé ni te dejaré" (Heb 13:5). En ese punto es donde estamos. Hermanos, ¿qué vais a hacer?, ¿qué curso vais a seguir? "Escogeos hoy a quién sirváis" (Jos 24:15).

El mensaje del tercer ángel (nº 7)
A.T. Jones

El pasado viernes algunos se preguntaban si no estaba exagerando las cosas. En vista de lo que el hermano Porter leyó de los *Testimonios*, estaréis de acuerdo conmigo en que no hubo tal exageración. Hermanos, no quiero que penséis que predico como lo hago, debido a que el auditorio sois precisamente vosotros. Si hubiera estado predicando desde el pasado lunes a personas que jamás hubiesen oído a un adventista del séptimo día acerca del mensaje del tercer ángel, lo habría hecho exactamente de la misma forma en que lo he hecho entre vosotros. En este momento no sabría qué predicar, de no ser el mensaje del tercer ángel. No sé cuál otro pudiera ser mi deber, si no es llevar a los oyentes al reconocimiento de su necesidad del poder de Dios. No os estoy predicando nada que no haya dicho ya a todo el que me escuchó. Es posible que en los próximos días os predique algo que no diría a otra audiencia, puesto que quizá algunos de nosotros hemos estado haciendo cosas que otros no hicieron, pero no hay más razón que esa.

Hagamos ahora un breve resumen de lo presentado hasta aquí. Vimos que en este tiempo, fuera del *poder* de Dios no hay nada que pueda sostenernos. Vimos que nada que no sea el *carácter* de Dios nos puede bastar. En lo que concierne a los medios y recursos de este mundo, no podemos depender más de ellos, sino solamente de lo que Dios provee. En lo que toca a la propia vida, vimos que no podemos seguir contando con ella; lo único que satisfará, lo único de que podemos depender, lo único que colmará nuestra necesidad, la necesidad de los que ahora se pongan de parte del Señor, es *esa vida* mejor que la presente: la vida eterna, la *vida de Dios*.

Solo el poder de Dios nos sostendrá. ¿Dónde encontramos ese poder de Dios? —En Jesucristo. "Cristo es poder y sabiduría de Dios" (1 Cor 1:24). Eso es Cristo. ¿Dónde encontramos el *carácter* de Dios?—En Cristo. ¿Dónde lo encontramos todo, las grandes cosas de Dios?—En Cristo. ¿Dónde encontramos una vida mejor que esta?—En la vida de Dios, en Cristo.

Siendo así, ¿qué otra cosa habríamos de predicar al mundo, sino a Cristo? ¿De qué hemos de depender, sino de Cristo? ¿Qué es el mensaje del tercer ángel, sino Cristo? Cristo es el poder de Dios, las riquezas insondables de Dios, la justicia de Dios, la vida de Dios, ¡Cristo es Dios! Tal es el mensaje que hemos de dar ahora al mundo. ¿Qué es lo que el mundo necesita?—A Cristo. ¿Necesita algo más?—No. ¿Hay algo más?—No.

En él habita corporalmente toda la plenitud de la divinidad, y vosotros estáis completos en él (Col 2:9-10).

Como ya he dicho, si hubiera estado predicando a personas que nunca hubiesen oído acerca del mensaje del tercer ángel, si les hubiera estado dirigiendo la palabra desde el lunes de tarde, les habría predicado como lo he hecho con vosotros, y los habría emplazado cara a cara ante Jesucristo tal como he hecho aquí. Por cierto, muy cerca hay una congregación no creyente que quiere invitarme algún día a que les hable, y pienso predicarles precisamente lo mismo que a vosotros. Hay una congregación de no creyentes a la que por tres veces he tenido la ocasión de predicar, y les he presentado estas cosas tal como son, sin ambages. Ya me han hecho la pregunta: '¿Qué haremos?' Uno de ellos declaró: 'Bien, nos ha dicho todas esas cosas, y están muy claras; pero todavía no nos ha dicho qué tenemos que hacer ahora …' Le respondí:—¡Dadme la oportunidad, y os lo diré! Respondieron: 'Así lo haremos'. Y así lo espero.

Cuando llegue ese momento, es mi propósito decirles justamente lo que tienen que hacer. Quiero presentar ante ellos lo que he presentado ante vosotros: que si desean oponerse a ese movimiento de unión iglesia-estado, tienen que renunciar a sus ideas de dependencia de lo terreno, tienen que desterrar todo pensamiento de riquezas, posesiones o cualquier cosa parecida, así como las ideas y conceptos comunes sobre la vida. Y podrán comprenderlo. Les diré entonces que no pueden desprenderse de esas cosas a menos que posean algo mejor, y eso mejor es Jesucristo. Han de tenerlo a él, o de lo contrario no van a poder subsistir en modo alguno. Hermanos, el mundo está dispuesto a escuchar el mensaje *cuando poseemos el mensaje*; están deseosos de escucharlo y lo escucharán.

Así pues, Cristo es el poder y la sabiduría de Dios, es las riquezas insondables y la vida de Dios. Eso es lo que hemos de predicar. ¿Qué lo expresa en una sola palabra?—El evangelio. ¿En qué consiste predicar el evangelio? En predicar el misterio de Dios, que es *Cristo en el hombre, la esperanza de gloria* (Col 1:27). ¿Qué nos ha dado Dios para llevar al mundo, si no es "el evangelio eterno para predicarlo a los habitantes de la tierra, a toda nación, tribu, lengua y pueblo"? (Apoc 14:6). ¿Acaso no comienza así el mensaje? Cuando los hombres no reciben el evangelio eterno, ni adoran a Aquel que hizo los cielos y la tierra, el mar y las fuentes de las aguas, ¿a quién adoran entonces? A la bestia y a su imagen. "Ha caído, ha caído Babilonia" {dice el segundo ángel}, y entonces el tercero afirma que adorarán a la bestia y a su imagen. Así sucede ya. Los hombres adoran a la bestia y a su imagen, o bien adoran a Dios. No hay otra opción. De acuerdo con la naturaleza del mensaje y del tiempo en que vivimos, lo único que las personas pueden adorar es: o bien a Aquel que hizo los cielos y la tierra, el mar y las fuentes de las aguas; o bien a la bestia y a su imagen. No existen posturas intermedias. Los tres mensajes son sencillamente un mensaje en tres etapas. En *Special Testimonies* hay un testimonio dirigido "A los hermanos en posiciones de responsabilidad". Leemos en la página 15:

> Mientras os aferráis firmemente a la bandera de la verdad proclamando la ley de Dios, recuerde toda alma que la fe de Jesús está relacionada con los mandamientos de Dios. Se representa al tercer ángel como volando por en medio del cielo, simbolizando la obra de quienes proclamaron los mensajes del primer, segundo y tercer ángeles; están todos relacionados.

Así pues, lo que introduce y abarca la totalidad de esos mensajes es el evangelio eterno.

Nos hemos referido en una o dos ocasiones a la iglesia judía, como ilustración de la situación en que nos encontramos. Vimos que dicha iglesia le dio a Dios la espalda y se unió a "César" {el poder civil} a fin de dejar fuera a Cristo y ejecutar sus propios deseos respecto a él. El Señor llamó entonces de aquella iglesia y nación a todos quienes le obedecerían y servirían, antes que la nación resultara destruida, y lo efectuó mediante aquellos pocos discípulos que creyeron en Jesús cuando ascendía al cielo. Habían estado con Jesús tres años y medio. Habían predicado. Incluso habían realizado milagros en su nombre. El Señor los había enviado a predicar, diciendo: "El reino de los cielos se ha acercado" (Mat 10:7). Y tal era la trascendencia de su mensaje, que de no ser recibidos en el lugar en que predicaban, debían sacudirse el polvo de sus zapatos antes de irse.

Sin embargo, antes de que pudieran predicar el evangelio tal como les había encomendado, Jesús les dijo en ocasión de su ascensión al cielo: "Quedaos vosotros en la ciudad de Jerusalén hasta que seáis investidos de poder desde lo alto". ¿No cabría pensar que tras haber pasado tres años y medio junto a Cristo, oyéndole, amándole, estudiándolo a él y con él, habiendo sido enseñados por él todo aquel tiempo, incluso habiendo predicado, no os parece que habría que deducir que estaban capacitados para llevar el evangelio al mundo?— No ciertamente. Les dijo: 'Esperad en Jerusalén'.

> Quedaos vosotros en la ciudad de Jerusalén hasta que seáis investidos de poder desde lo alto (Luc 24:49).

¿Cuánto poder había convocado contra ellos y contra el mensaje que debían predicar? Todo el poder del mundo, ya que la iglesia de Dios, la profesa iglesia de Dios, toda la nación, se había unido a César, cuyo poder dominaba el mundo. Todo el poder del mundo estaba aliado en su contra. La profesa iglesia y nación de Dios se habían concitado con el poder, y se habían dispuesto contra Dios y contra el nombre de Cristo. Sin embargo, ese Cristo al que habían crucificado y contra el que habían hecho todo lo posible por expulsar del mundo y de las mentes de las personas, ese era precisamente el nombre y la persona que los discípulos tenían que predicar, declarando que únicamente la fe en él podría salvarlos. Y tenían que predicar eso en contra de todo el poder que el mundo conocía.

No mucho tiempo antes, entre doce y catorce días antes de que Jesús les dijera eso, Pedro se había puesto a temblar ante una criada y había negado conocer a Cristo. La joven le dijo: 'Te vi con el Galileo'.—'No; no me viste; no lo conozco'. Pedro se acercó al fuego y la joven pudo observarlo mejor: '¡Eres uno de ellos!'—'No; no lo soy. Nunca lo conocí'. Y para demostrarlo, maldijo y juró. ¿Estaba preparado para enfrentarse a todo el poder del mundo?—No. Antes de poder enfrentarse al mundo necesitaba conocer un tipo de experiencia, estar aferrado a algo que no lo dejara expuesto al pánico ante la acometida de una simple criada. Jesús les había dicho: "Todos vosotros os escandalizaréis de mí esta noche". —'No; no lo haremos', le respondieron, y Pedro añadió: "Aunque todos se escandalicen de ti, yo nunca me escandalizaré". Jesús le respondió: "De cierto te digo que esta noche, antes que el gallo cante, me negarás tres veces". Pedro replicó: "Aunque tenga que morir contigo, no te negaré". "Y todos los discípulos dijeron lo mismo" (Mat 26:31-35). Sin embargo, lo negaron.

Vemos por lo tanto, que en lo referente a ellos mismos y a su obra, así como en lo relativo al poder al que tenían que hacer frente, estamos hoy exactamente en la misma situación en que estaban ellos cuando Jesús ascendió al cielo. Estamos en esa situación en la que todos los poderes de la tierra están coligados en contra del mensaje que hemos de llevar al mundo, por lo tanto necesitamos —tanto como ellos—ser investidos con poder de lo alto. Es, pues, un hecho objetivo que estamos exactamente en la situación en que estaban ellos cuando Jesús ascendió al cielo y les mandó esperar hasta haber recibido aquel poder.

Al ascender Jesús, les dijo (Hech 1:8):

Recibiréis poder cuando haya venido sobre vosotros el Espíritu Santo.

Por lo tanto, ¿qué estaban esperando?—El Espíritu Santo. ¿Qué les traería?—El poder. ¿Quién los dotaría de poder?—El Espíritu Santo. No hace falta que os lea ahora las referencias de *Special Testimonies* ni de *Obreros Evangélicos* relativas a eso mismo, que el hermano Prescott ya leyó. Ahora

que las palabras del Señor nos dicen lo que dijeron a los discípulos, se espera que hagamos lo que ellos hacían al escucharlas: se reunieron en compañías orando por el Espíritu Santo y necesitaron diez días de búsqueda de Dios a fin de alcanzar la condición para elevar oraciones eficaces y para recibir aquello que estaban pidiendo, puesto que lo pedían con esa fe perdurable que recibe lo solicitado.

Tampoco es necesario que repita esos pasajes que leí de los *Testimonios* en manuscrito, según los cuales, cuando el pueblo de Dios busque individualmente el Espíritu Santo de todo corazón, labios humanos pronunciarán el testimonio que cumple la palabra: "Vi otro ángel que descendía del cielo con gran poder, y la tierra fue alumbrada con su gloria" (Apoc 18:1), y "diariamente ascienden oraciones para el cumplimiento de esa promesa" de ser dotados de poder. Así, tenemos la palabra del Señor confirmando que cada día ascienden oraciones. ¿Están las vuestras entre ellas? ¿Están las mías? Ha de llegar el día en que ascienda la última oración requerida para recibir esa bendición. ¿Qué sucederá entonces?—Vendrá. Se producirá la efusión y será derramado el Espíritu Santo como en el día de Pentecostés. Observad: la palabra asegura que mientras las "oraciones están ascendiendo diariamente a Dios" reclamando su promesa, "no se pierde ni una sola de esas oraciones elevadas con fe". Ahí está la bendición de esa promesa. Cuando Dios nos dice que oremos por alguna cosa, eso nos abre las puertas de par en par para que podamos orar en la perfecta confianza de que la recibiremos. Nada hay que pueda impedir que esa oración encuentre allí acogida. ¿Qué significa para nosotros su palabra?—Que no se pierde ni una sola de esas oraciones elevadas con fe.

Uno de estos días se habrá elevado la última de esas oraciones necesarias y será derramada la bendición. ¿Quiénes la recibirán?—Aquellos que elevaron sus oraciones a Dios al propósito. Poco importa si quien oró se encuentra por entonces en el centro de África mientras el derramamiento ocurre en Battle Creek: la recibirá, puesto que nuestras oraciones abren una comunicación entre nosotros y la fuente de la bendición, y si mantenemos ese canal abierto mediante nuestras oraciones, cuando sea derramado el Espíritu alcanzará el lugar desde el que fueron elevadas.

¿Podríamos tener más motivos de ánimo para orar, a la vista de los acontecimientos que nos rodean? ¿Podríamos tener mayor motivación para orar de todo corazón y en perfecta confianza?

Os quiero leer unas palabras de *Gospel Workers* que abordan directamente esta cuestión. Están en la página 370-371 {de la edición de 1892}. En referencia a los apóstoles, leemos:

> Estaban esperando expectantes el cumplimiento de su promesa, y oraban con fervor especial. Ese es el mismo curso que debieran seguir los que participan en la obra de proclamar la venida del Señor en las nubes del cielo; puesto que hay un pueblo que ha de estar preparado para permanecer en pie en el gran día de Dios. Aunque Cristo había dado a sus discípulos la promesa de que recibirían el Espíritu Santo, *eso no eliminó la necesidad de la oración.*

Por supuesto que no. Al contrario: abrió el camino para la oración. Si Dios no ha prometido determinada cosa, ¿puedo sentirme libre de orar por ella?—No, puesto que hemos de orar conforme a su voluntad. Pero si Dios la ha prometido, ¿puedo hacer alguna cosa que no sea orar? Ahí está la bendición.

> Oraron con el máximo fervor; continuaron unánimes en oración. Los que están hoy implicados en la obra solemne de preparar un pueblo para la venida del Señor, deben persistir igualmente en la oración. Los primeros discípulos estaban unánimes. No tenían especulaciones ni avanzaban teorías curiosas con respecto a la forma en que vendría la bendición.

Lo que quiero destacar es esto: "No tenían especulaciones ni avanzaban teorías curiosas con respecto a la forma en que vendría la bendición". Está escrito para nosotros. No hemos de albergar teorías curiosas relativas a cómo ha de venir. Si alguien comienza a decir: 'Oh, va a venir como en el día de Pentecostés; se oirá un fuerte viento, tal como sucedió entonces; se aparecerán lenguas de fuego, etc', y sentencia el asunto diciendo: 'Así es como va a venir, y en ello sabré cuándo llega' … el que ve las cosas de esa forma jamás recibirá la bendición. Lo que necesitaban era poner sus corazones en armonía con Dios, y de modo alguno era su labor preocuparse de la forma en que el Señor cumpliría su promesa. Eso es también exactamente lo que nosotros necesitamos, y para nada nos concierne la forma en que el Señor cumplirá su promesa. No es su propósito que le dictemos cómo ha de proceder, diciendo: 'El Espíritu Santo ha de venir de determinada manera; en caso contrario, no se tratará del Espíritu Santo'. Por lo tanto, si habíais albergado alguna teoría al respecto, desterradla esta noche y dejad de lado por siempre vuestras teorías. No tenemos derecho a fijar en nuestras mentes la forma en que el Señor ha de proceder. La situación de los primeros discípulos es la nuestra, y tan ciertamente como se cumplió para ellos la promesa, se cumplirá también ahora para quienes están orando por eso mismo. No sabemos cuánto ha de tardar.

Otro punto: tenían que predicar. ¿Qué habían de predicar?—El evangelio. Pablo define el evangelio una y otra vez en términos del misterio de Dios que había estado oculto desde los siglos y edades, manifestado ahora a sus santos. Predicaron ese evangelio, ese misterio de Dios. ¿En qué consiste?—"Cristo en vosotros, esperanza de gloria" (Col 1:26-27); "Cristo … poder y sabiduría de Dios" (1 Cor 1:24); "Las insondables riquezas de Cristo" (Efe 3:8); "Jesucristo, y … este crucificado" (1 Cor 2:2). En eso es en lo que consistía, y en nada menos que eso.

Recordaréis que Pablo se caracterizó en 2 Cor 6:10 con las palabras: "Como no teniendo nada, pero poseyéndolo todo". ¿Habéis observado la triste condición del pobre que se aferra a lo que tiene en las manos según este mundo? ¿Observáis la misma condición en aquel adventista del séptimo día que se aferre ahora a lo que tiene en este mundo? Ha de tener mucho más que eso, o de lo contrario no subsistirá en el tiempo de angustia. Pero cuando nos desprendemos de todo y nos consideramos "como no teniendo nada", ¿qué poseeremos entonces? "Todo". En esa situación nadie podrá quitarnos nada; cuando estamos en esa condición es imposible que se nos desposea de nada. ¿Estáis de acuerdo? [Congregación: "Sí"]. No pueden quitarnos el poder. No nos pueden quitar el carácter. No nos pueden desposeer de las riquezas insondables. No pueden quitarnos nuestra vida, pues nuestra vida es *Cristo*, y nadie nos lo puede quitar. Por lo tanto, en esa condición tenemos la victoria sobre el mundo y su poder.

Considerad otra frase del mismo versículo: "Como pobres, pero enriqueciendo a muchos". Esa es nuestra obra en el mundo: enriquecer a las personas. De igual forma en que Jesús se hizo pobre para que nosotros pudiéramos ser enriquecidos, también nosotros nos hacemos pobres para permitir que muchos otros resulten enriquecidos. Cuando tenemos a Cristo —a él solamente—, cuando poseemos las insondables riquezas de Cristo, podemos enriquecer a todo aquel que tome el don gratuito de esas riquezas.

Los apóstoles predicaron el misterio de Dios:

"Cristo en vosotros, esperanza de gloria".

Pero se suscitó otro misterio, que hizo su aparición mientras ellos predicaban. Aquel misterio que tenían que predicar "había estado oculto desde los siglos y edades" (Col 1:26), manifestándose ahora como nunca antes en el mundo. Pero mientras lo predicaban, apareció la obra de otro misterio, el de la iniquidad, que se levantó y ocultó de nuevo el misterio de Dios. Después que los apóstoles murieron, ese misterio de iniquidad creció y se difundió por todo el mundo, ocultando nuevamente el misterio de Dios por "siglos y edades". Pero al llegar al capítulo 10 de Apocalipsis aparece un ángel en pie, pisando el mar y la tierra, clamando a gran voz:

Juró por el que vive por los siglos de los siglos, que creó el cielo y las cosas que están en él, y la tierra y las cosas que están en ella, y el mar y las cosas que están en él, que el tiempo no sería más, sino que en los días de la voz del séptimo ángel, cuando él comience a tocar la trompeta, el misterio de Dios se consumará (vers. 6-7).

Últimamente me he preguntado si {la versión King James de la Biblia} no traduce intencionadamente "el misterio de Dios debiera ser consumado", puesto que hace ya mucho tiempo que debiera haberlo sido. Así nos lo declaran los *Testimonios*. Debido a nuestra lentitud y negligencia, a nuestra renuencia en creer a Dios, no ha sido aún consumado. Pero debiera haberlo sido. Demos, no obstante, gracias a Dios porque vaya a ser consumado. Si hablara ahora, por supuesto, diría: 'Va a ser consumado'. Pero el caso es que cuando comience a oírse la voz del séptimo ángel, el misterio de Dios se desplegará ante el mundo. ¿En qué consiste? "Cristo en vosotros, esperanza de gloria". Es el evangelio eterno: el mensaje del tercer ángel. Dios ha dispuesto que el mensaje del tercer ángel, el misterio de Dios, triunfe sobre el misterio de iniquidad; y tan ciertamente como el misterio de iniquidad ha centrado la atención del mundo, ha atraído la mirada de las naciones y la admiración de los hombres, con esa misma certeza el misterio de Dios ha de atraer la atención de las naciones y la admiración de los hombres. Lo hará.

Vayamos ahora al libro de Joel y leamos de nuevo en su capítulo dos. Hay cosas que queremos estudiar. Recordaréis que hasta el versículo doce (sin incluirlo) se trata de una descripción de la venida del Señor. Si vais a ese Testimonio (vol. 1, p. 180) que se refiere al "zarandeo", observaréis que el Espíritu del Señor establece ese capítulo como base para la idea. Se aplica al tiempo del zarandeo, y el zarandeo prepara para el fuerte pregón.

Tocad la trompeta en Sión y dad la alarma en mi santo monte. Tiemblen todos cuantos moran en la tierra, porque viene el día de Jehová, porque está cercano: día de tinieblas y de oscuridad, día de nube y de sombra. Como sobre los montes se extiende el alba, así vendrá un pueblo grande y fuerte; semejante a él no lo hubo jamás, ni después de él lo habrá en los años de muchas generaciones. Delante de él consumirá el fuego; detrás de él abrasará la llama. Como el huerto del Edén será la tierra delante de él, y detrás de él como desierto asolado; nadie habrá que de él escape. Su aspecto, como aspecto de caballos, y como gente de a caballo correrán. Como estruendo de carros saltarán sobre las cumbres de los montes; como sonido de llama de fuego que consume hojarascas, como pueblo fuerte dispuesto para la batalla. Delante de él temerán los pueblos; se pondrán pálidos todos los semblantes. Como valientes correrán, como hombres de guerra escalarán el muro; cada cual marchará por su camino y no torcerá su rumbo. Nadie empujará a su compañero, cada uno irá por su carrera; y aun cayendo sobre la espada no se herirán. Irán por la ciudad, correrán por el muro, subirán por las casas, entrarán por las ventanas a manera de ladrones. Delante de él temblará la tierra y se estremecerán los cielos; el sol y la luna se oscurecerán, y las estrellas perderán su resplandor. Y Jehová dará su orden delante de su ejército, porque muy grande es su campamento y fuerte es el que ejecuta su orden; porque grande es el día de Jehová y muy terrible. ¿Quién podrá soportarlo? (Joel 2:1-11).

El texto paralelo es Apocalipsis 19:11-18, Sigo leyendo en Joel:

Dice Jehová, convertíos ahora a mí con todo vuestro corazón, con ayuno, llanto y lamento. Rasgad vuestro corazón y no vuestros vestidos, y convertíos a Jehová vuestro Dios; porque es misericordioso y clemente, tardo para la ira y grande en misericordia, y se duele del castigo. ¡Quién sabe si volverá, se arrepentirá y dejará bendición tras sí; esto es, ofrenda y libación para Jehová, vuestro Dios! (12-14).

¿Quién duda aquí que al buscar al Señor de todo corazón recibirá de él la bendición? Si sabemos que es así, vayamos en su búsqueda. No podría haber mayores motivos de ánimo: si estamos seguros de que él va a bendecirnos, no podrá haber nada que impida que lo busquemos de todo corazón.

¡Tocad trompeta en Sión, proclamad ayuno, convocad asamblea, reunid al pueblo, santificad la reunión, juntad a los ancianos, congregad a los niños, aun a los que maman, y salga de la alcoba el novio y de su lecho nupcial la novia! (vers. 15-16).

¿A cuantos incluye, de entre los moradores de Sión?—A la asamblea, al pueblo, a la reunión, a los ancianos, niños y bebés, a los recién casados, etc. ¿A cuántos está llamando? [Congregación: "A todos"]. Así es. ¿A qué nos llama?—A buscar al Señor de todo corazón. Busquémoslo, pues. Estamos aún a tiempo.

"Entre la entrada y el altar lloren los sacerdotes ministros de Jehová, y digan: 'Perdona, Jehová, a tu pueblo, y no entregues al oprobio tu heredad

para que no la dominen las naciones'. ¿Por qué han de decir entre los pueblos: Dónde está su Dios?" (vers. 17).

¿No han tomado en sus manos las cosas los paganos con el propósito de dominarnos? Su objetivo es borrar el sábado del Señor y tomar el control del mundo.

Tengo aquí algo que quizá debiera leeros. En la página 17 del testimonio que lleva por título "A los hermanos en puestos de responsabilidad" dice: "Este falso sábado se hará obligatorio por una ley opresiva. Satanás y sus ángeles están plenamente despiertos e intensamente activos, trabajando con energía y perseverancia por medio de instrumentos humanos para llevar a cabo *su propósito de borrar el conocimiento de Dios*".

¿De qué es señal el sábado? —De que él es el Señor nuestro Dios, y de que es el Señor que santifica a su pueblo. Cuando se elimina esa señal por la que Dios se da a conocer a las personas, lo que se hace es *privar a las personas del conocimiento de Dios*. Ese es el propósito buscado. Y ya ha ocurrido. Leo con anterioridad: "Se ha derribado el memorial de Dios, y en su lugar se destaca ante el mundo un falso sábado". Todo el poder de la tierra está ahora convocado a ese fin. Se proponen barrer del mundo el conocimiento de Dios. Por lo tanto estamos en necesidad de buscar al Señor de todo corazón, a fin de que los paganos no nos dominen. Veamos ahora lo que va a hacer el Señor:

Y Jehová, solícito por su tierra, perdonará a su pueblo. Responderá Jehová y dirá a su pueblo: Yo os envío pan, mosto y aceite, y seréis saciados de ellos (vers. 18-19).

¿Qué es lo que va a enviar? ¿Qué es el "aceite"? "Aceite de gozo en lugar de luto" (Isa 61:3), "gozo en el Espíritu Santo" (Rom 14:17). ¿Qué es el "vino"? Como dijo Jotam, el "vino … alegra a Dios y a los hombres" (Jue 9:13), por lo tanto, Dios dará *alegría*. ¿Qué es el "pan"?—Es el sustento de nuestra vida, lo que nos da *fuerza*. Por lo tanto, nos dará fuerza. Demos, pues, gracias al Señor. Nos dará fuerza, gozo y alegría.

¿A quién los dará? ¿Cuándo? Cuando el pueblo esté reunido, cuando la asamblea esté unida, cuando esté congregada, incluyendo a niños y bebés, ancianos, novios, novias y pastores. Cuando estemos unánimes juntos, como dice el testimonio, "en compañías", buscando de todo corazón a Dios. Es *entonces* cuando el Señor hará lo que ha anunciado. Procurémoslo como nunca antes. Es maravilloso saber que el Señor va a saciarnos con aquello que nos enviará. Va más allá de nuestra medida. ¿Qué satisfará a Dios darnos, a fin de que seamos saciados? Nada menos que todo cuanto tiene, pues eso es precisamente lo que nos dio en Jesucristo, y ciertamente no es su voluntad que tengamos menos que todo lo que él tiene. Tal como ha leído esta mañana el hermano Haskell en ese bendito testimonio, cuando acudimos como peticionarios sin atribuirnos mérito alguno, entonces todo es nuestro en un don eterno.

Nunca más os pondré en oprobio entre las naciones. Haré alejar de vosotros al del norte y lo echaré en tierra seca y desierta: su faz hacia el mar oriental y su final hacia el mar occidental. Exhalará su hedor y subirá su pudrición, porque hizo grandes cosas (vers. 19-20).

¿Quién es ese que se engrandeció, haciendo grandes cosas? ¿Quién tiene el poder del mundo en sus manos? Satanás. Es él quien piensa hacer grandes cosas. Veamos ahora lo que va a hacer el Señor, precisamente entonces:

Tierra, no temas; alégrate y gózate, *porque Jehová hará grandes cosas* (vers. 20).

Debiéramos ser el pueblo más feliz en el mundo por saber que Satanás tiene que hacer grandes cosas, puesto que eso significa inevitablemente que el Señor va a hacer cosas de tal magnitud, que Satanás tendrá que emplearse a fondo para procurar salvar su credibilidad. Pero aunque se ha jactado ante el mundo y las naciones de disponer de todo el poder, su caso se volverá finalmente tan desesperado que no habrá manera de salvar su credibilidad. Podemos estar más gozosos que nunca, pues entonces vendrá *el propio Jesús*. ¿Cuándo va a obrar esas grandes cosas el Señor? Cuando Satanás se haya procurado engrandecer haciendo grandes cosas.

Animales del campo, no temáis, porque los pastos del desierto reverdecerán y los árboles llevarán su fruto; la higuera y la vid darán sus frutos. Vosotros

también, *hijos de Sión, alegraos y gozaos* en Jehová vuestro Dios (vers. 22-23).

¿Por qué habríamos de desanimarnos? ¿De qué serviría? ¿Qué justificación tendríamos? Jesús dijo: "Erguíos y levantad vuestra cabeza" (Luc 21:28), lo que equivale a decir: "Alegraos y gozaos". "Alegraos y gozaos en Jehová, vuestro Dios". Hagámoslo así. Hermanos, os digo que no sé qué otra cosa podríamos hacer, excepto gozarnos, siendo que es el Señor quien nos lo ordena, y se trata tan ciertamente de su palabra, como con cualquier otra de sus partes. En su palabra se encuentra el poder creador de Dios para producir ese gozo, el gozo del Señor.

Porque os ha dado la primera lluvia a su tiempo, y hará descender sobre vosotros lluvia temprana y tardía como al principio (vers. 23).

En Pentecostés dio la primera lluvia a su tiempo, pero en la lluvia tardía va a hacerlo en doble medida, y difícilmente llegamos a imaginar lo que fue entonces. ¿Qué suponéis, pues, que ha de significar la lluvia que esperamos? Permitidme que os lea un fragmento del vol. IV, p. 611:

El movimiento adventista de 1840 a 1844 fue una manifestación gloriosa del poder divino; el mensaje del primer ángel fue llevado a todas las estaciones misioneras de la tierra, y en algunos países se distinguió por el mayor interés religioso que se haya visto en país cualquiera desde el tiempo de la Reforma del siglo XVI; pero *todo esto será superado por el poderoso movimiento que ha de desarrollarse bajo la proclamación de la última amonestación del tercer ángel* (*El conflicto de los siglos*, 669).

Otro testimonio no impreso afirma que va a venir de forma tan súbita como lo hizo en 1844, y con "diez veces más poder" (*Spalding and Magan Coll.*, Washington, N.H., setiembre 1852). Acerca de Pentecostés, leo en la misma página:

Las profecías que se cumplieron en tiempo de la efusión de la lluvia temprana, al principio del ministerio evangélico, deben volverse a cumplir en tiempo de la lluvia tardía, al fin de dicho ministerio (*El conflicto de los siglos*, 670).

Hay profecías que se refieren solamente a la lluvia tardía; pero aquellas que pertenecen a la lluvia temprana *también* han de cumplirse cuando se derrame la tardía. Podéis comprobar que se trata de una doble medida.

Estos son los "tiempos de refrigerio" en que pensaba el apóstol Pedro cuando dijo: Así que, arrepentíos y convertíos, para que sean borrados vuestros pecados; pues que vendrán los tiempos del refrigerio de la presencia del Señor, y enviará a Jesucristo (Hechos 3:19-20) (*El conflicto de los siglos*, 670).

¿Significa eso que *nosotros* hemos de arrepentirnos y convertirnos? Alguno dirá: 'Ya me convertí hace unos veinte años'.—Bien; conviértete también ahora. Yo me convertí hace unos diecinueve años, pero eso no significa nada si no estoy ahora convertido. De poco sirve evocar el pasado. Alguien protestará: '¿Quiere decir que no me convertí entonces?'—De ninguna manera; no quiero decir eso. Pero si te apoyas solamente en aquella conversión, careces de apoyo firme. Si ya no sabes cómo arrepentirte, recibe a Jesucristo y lo sabrás. Todo aquel que lo recibe viene a ser hecho una nueva criatura.

Las eras se llenarán de trigo y los lagares rebosarán de vino y aceite. Yo os restituiré los años que comió la oruga, el saltón, el revoltón y la langosta, mi gran ejército que envié contra vosotros. Comeréis hasta saciaros, y alabaréis el nombre de Jehová, vuestro Dios, el cual hizo maravillas con vosotros; y nunca jamás será mi pueblo avergonzado (vers. 24-26).

Alabad, pues, a Dios. Nos harán reproches; nos denigrarán; nos tratarán como a la basura de la tierra, y como a los despreciables de entre los despreciados; pero Dios ha dicho: "Nunca jamás será mi pueblo avergonzado". Y significa precisamente eso. Pero no se detiene ahí. Lo recalca de esta forma:

Conoceréis que en medio de Israel estoy yo, y que yo soy Jehová vuestro Dios, y no hay otro; y mi pueblo nunca jamás será avergonzado (vers. 27).

Os pregunto: ¿Veis en este capítulo alguna cosa que el Señor no haya incluido para nosotros? ¡Cuánto ánimo, cuánta bendición, y qué promesas! Y cuando insiste por dos veces en que jamás seremos avergonzados, es porque el propósito de todo lo que hay en la tierra será el de avergonzarnos. Pero Dios ha empeñado su palabra de que no lo van a lograr, de que jamás seremos avergonzados.

Después de esto derramaré mi espíritu sobre todo ser humano, y profetizarán vuestros hijos y vuestras hijas; vuestros ancianos soñarán sueños, y vuestros jóvenes verán visiones (vers. 28).

Gracias al Señor. ¡No se va a contentar por mucho tiempo más con un solo profeta! Tendrá muchos. Ha hecho una maravillosa obra con uno, ¿qué no va a lograr cuando disponga de muchos?

También sobre los siervos y las siervas derramaré mi espíritu en aquellos días. Haré prodigios en el cielo y en la tierra, sangre, fuego y columnas de humo. El sol se convertirá en tinieblas y la luna en sangre, antes que venga el día grande y espantoso de Jehová. Y todo aquel que invoque el nombre de Jehová, será salvo; porque en el Monte de Sión y en Jerusalén habrá salvación, como ha dicho Jehová, *y entre el resto al cual él habrá llamado* (vers. 29-32).

¿Dónde habrá salvación? En "el resto al cual él habrá llamado". Ahora bien, ¿contra quién está Satanás precisamente guerreando?—Contra ese resto. ¿Contra quién ha concitado todos los poderes de la tierra?—Contra el resto o remanente. Contra él ha dirigido toda fuerza y poder. Y es justamente en ese remanente en donde hay salvación. Hermanos, el mejor sitio en el que se puede estar es aquel contra el que Satanás dirige sus ataques, pues es en él donde está la salvación. Allí están la gracia y el poder de Jesucristo, y a pesar de que el diablo junte todas sus huestes contra él, es el mejor sitio, de entre todos los de la tierra, puesto que Cristo mora allí, Dios mora allí, y "mi pueblo nunca jamás será avergonzado".

Hermanos, estas cosas me producen gozo *indescriptible*. No cabe mayor gozo, en vista de lo que el Señor nos dice en este capítulo. Podéis ver que se trata de verdad actual. Cada versículo es para el tiempo presente, y está cargado de maravilloso significado. ¡Va a obrar tan grandes maravillas! Todo cuanto pide de nosotros es que lo busquemos de todo corazón a fin de que lo obtengamos todo. Si lo buscamos con corazón dividido, nunca lo alcanzaremos. Queremos buscarlo de *todo* corazón, a fin de tener *todo* lo suyo. Hagamos como el Señor nos dice: "Hijos de Sión, alegraos y gozaos en Jehová, vuestro Dios", "porque Jehová hará grandes cosas", y "mi pueblo nunca jamás será avergonzado". Habrá salvación en el remanente contra el que Satanás está guerreando con todas sus fuerzas.

El mensaje del tercer ángel (nº 8)
A.T. Jones

Se nos han dado vez tras vez las evidencias de estar en la presencia misma de los eventos que marcan el fin del mundo. Se han presentado repetidas evidencias a partir de la Biblia y de declaraciones directas del Señor, mediante el *Testimonio*, de que ahora es el tiempo en que hemos de tener el único poder gracias al cual puede darse al mundo el mensaje a fin de salvar todo lo que haya de ser salvado de la ruina que acompañará a los eventos que se ciernen sobre nosotros. Hermanos, los peligros que nos amenazan a la vista del fin del mundo, de las persecuciones y de las cosas del exterior, son, y los son siempre, muy pequeños al compararlos con los peligros que acosan a cada persona en su experiencia individual [voces en la audiencia: 'Así es'].

El mayor peligro para esta congregación y para nuestro pueblo en todo lugar es no ver las cosas que conciernen a cada uno individualmente, sino más bien las cosas que están fuera. Mirarán las cosas exteriores y sus evidencias, antes que mirar si sus propios corazones están en armonía con Dios. Mirarán a esas cosas como a una especie de teoría, más bien que poseer en su interior al Cristo viviente, a fin de que todas esas cosas puedan ser realidades vivientes interiores, y a fin de que podamos estar preparados para afrontarlas en el temor y salvación de Dios. Como ya he dicho, ese es el mayor peligro para esta congregación aquí presente, y más allá de esta congregación podemos hacerlo extensivo a cualquier profeso guardador del sábado en el mundo.

Llegamos ahora, en el estudio de este tema, a la consideración de aquello que nos afecta directamente a vosotros y a mí como individuos, aquello que vosotros y yo necesitamos hacer, y las cosas que necesitamos de Dios. Debemos prestarles atención y actuar en consecuencia, a la vista de la salvación de Dios implicada en esas cosas para vosotros y para mí. Para mí—hasta donde sé— esta lección y la próxima son las más terribles de todo cuanto he conocido hasta aquí. No las he escogido, y las temo. Pero hermanos, tal como el

hermano Prescott presentó ante nosotros la noche pasada, es vano todo intento de minimizar alguna cosa; de nada sirve que las falseemos; de nada sirve que las consideremos con ligereza; nada ganamos caminando en estos días con los ojos cerrados y desconociendo cuál es nuestra situación. De nada sirve que la verdad de Dios nos abra expectativas, tal como hace en el hombre, y esperemos las cosas que han de suceder, siendo que problemas en nuestros propios corazones y vidas impiden que esas cosas nos hagan el más mínimo bien cuando lleguen. De nada sirve, ¿no os parece?

Insisto en que estas lecciones a las que he llegado, y que de ninguna forma podremos evitar, son para mí las más espantosas, por la realidad de aquello que denuncian, por la situación en la que nos colocan a mí y a cualquiera con quien haya tenido relación hasta ahora en mi enseñanza personal. Así, puedo afirmar nuevamente que las temo. Las temo por algunas de las consecuencias que podrán tener, al no ser recibidas como debieran: con mentes y corazones sumisos a Dios, preguntándole sólo a él si esas cosas son así. Algunas cosas pueden no ser agradables de oír para algunos, como no lo son para mí de referir. ¡Se nos aplican de una forma tan personal! Pero hermanos, en el lugar y la situación en la que estamos, y en el temor de Dios, hemos de avanzar en ello.

Y dado que lo hemos de abordar, os pido, para comenzar, que no me consideréis como a alguien separado de vosotros, como quien está por encima, como si os hablara desde un nivel superior, como excluyéndome a mí mismo de las cosas que puedan ser presentadas. Estoy con vosotros en todas estas cosas. Yo, de igual forma que vosotros, y tanto como vosotros, necesito como el que más en la tierra estar dispuesto a recibir lo que Dios nos tiene que dar. Así pues, os ruego que no me separéis de vosotros en esto. Si veis faltas que habéis cometido, yo también veré faltas que cometí, y por favor, no me culpéis si presento aquello que exponga faltas que hayáis cometido; no me culpéis como si os estuviera juzgando o buscando faltas en vosotros. Presentaré simplemente los hechos, y quienes tenéis parte en ellos sabréis cada uno por sí mismo que es un hecho; de igual forma en que al concernirme a mí sabré que es un hecho en lo que a mí respecta. Lo que procuro, hermanos, es buscar a Dios junto a vosotros de todo corazón [congregación: 'Amén'] y despejar el camino de todo obstáculo a fin de que Dios pueda darnos todo lo que tiene para nosotros.

No voy a avanzar muy deprisa, y no debéis esperar que lo haga. Más bien iré tan despacio como sea posible a fin de que consideremos todas estas cosas detenidamente. En estas lecciones presentaré aquello que está en mi mente. Estudiémoslas, pues, juntos.

Comenzaré en el punto en que nos detuvimos anoche. Se expuso ante nosotros el pensamiento de que ha llegado el tiempo en el que Dios ha prometido dar la lluvia temprana y tardía. Ha llegado el tiempo en el que debemos pedirla y esperarla. Y podemos tener *in mente* la lección y el testimonio que sobre el mismo tema nos presentó la otra noche el hermano Prescott.

Leo ahora el pasaje al que me refería anoche, si bien no tenía entonces el libro ante mí. Está en la página 9 de "El ministerio de Pedro y la conversión de Saulo". Después de hablar sobre el derramamiento del Espíritu Santo y el día de Pentecostés, así como de sus resultados en la conversión de almas, etc, dice:

> Este testimonio referente al establecimiento de la iglesia cristiana se nos da, no sólo como una parte importante de la historia sagrada, sino también como una lección. Todos los que profesan el nombre de Cristo deben estar esperando, velando y orando *con un solo corazón*. *Debe ser desechada toda diferencia*, y la unidad y el tierno amor de cada uno hacia el otro han de impregnar el todo. *Entonces* podrán ascender juntas nuestras oraciones a nuestro Padre celestial con poderosa y ferviente fe. Entonces podemos aguardar con paciencia y esperanza el cumplimiento de la promesa.

¿Cuándo llega ese "entonces"?—Cuando estamos esperando, velando y orando de un solo corazón, habiendo desterrado todas las diferencias, y cuando la unidad y el tierno amor de cada uno hacia el otro impregnan el todo.

Por lo tanto, hermanos, si hay alguna diferencia entre vosotros y cualquier habitante de esta tierra —sea que esté o no en este instituto—, ha llegado para mí y para vosotros el tiempo para que las apartemos del camino. Si no está aquí la persona, de forma que no podéis ir y hablarle, escribidle y se lo hacéis saber, le explicáis vuestra posición y lo que estáis haciendo. No tenéis mayor responsabilidad para con él, sea que lo reciba o que no lo haga. Habéis actuado en el temor de Dios en lo que él os dice a *vosotros* que hagáis. [Alguien pregunta en la audiencia: '¿Quiere decir personas del mundo?, ¿se refiere a cualquiera?'] —Sí; en efecto, puesto que, si hay pecados entre mí y personas de afuera, ellos lo saben, y esas diferencias impedirán que nos aproximemos a ellas cuando vayamos con el mensaje, aun si Dios nos diera el Espíritu Santo en el derramamiento de la lluvia tardía. Toda diferencia, toda enemistad, todo asunto de esa índole que exista entre mí y cualquiera sea en el mundo, ¿no comprendéis que me impedirá aproximarme a él con el mensaje?

Si hemos engañado a personas y no hemos sido sinceros en nuestro trato con ellas, si no hemos sido honestos en nuestras transacciones ante el mundo, por el bien de nuestras almas, hermanos, corrijámoslo. Y aquí en Battle Creek quizá haya quien tenga que resolver asuntos de ese tipo con personas de esta ciudad. Nuestras reuniones están teniendo lugar en esta ciudad para la gente de esta ciudad, y se nos dijo aquí en el instituto, que hemos de esperar que cuando la bendición del Señor venga sobre esta reunión, habrá de ser llevada a la gente de esta ciudad, y habrán de participar con nosotros de esto. Por lo tanto, diría a los adventistas del séptimo día en esta ciudad: enderezad las sendas, allanad los caminos por el bien de vuestra alma y por el bien de las almas a quienes Dios quiere salvar en esta ciudad. Si habéis defraudado a alguien, id y confesádselo, reparad aquello en lo que defraudasteis. Si en vuestras transacciones comerciales no habéis sido rectos, si habéis obtenido algo de forma fraudulenta, reparad el daño. Sed rectos ante Dios.

Nos llega la palabra:

> *Debe ser desechada toda diferencia*, y la unidad y el tierno amor de cada uno hacia el otro han de impregnar el todo.

Eso es lo que los discípulos estaban haciendo cuando buscaron al Señor durante aquellos diez días. Pusieron a un lado toda diferencia. ¿No os parece que en esos diez días, los discípulos a quienes tanto había disgustado la petición de la madre de Santiago y Juan al efecto de que sus dos hijos pudieran sentarse a uno y otro lado del Salvador en el reino de los cielos; no creéis que desecharon todo eso, lo confesaron, hablaron de ello unos con otros, de lo mezquino que fue?

El Salvador tomó aquel niñito y dijo: 'El que sea el mayor en el reino de los cielos vendrá a ser como este niñito, y vendrá a ser servidor de todos'. Los discípulos estaban desechando todas esas cosas, esas diferencias y envidias, por temor a que el querer ser alguien mayor que otro en el reino de los cielos significara que no entrase ninguno de ellos. Y tenemos aquí la palabra de que todas esas cosas están entre nosotros: la ambición por el lugar, los celos por el puesto y la envidia por la situación. Esas cosas están entre nosotros. Ha llegado ahora el tiempo de que las desechemos. Ha llegado ya el tiempo de que procuremos cuán bajo podemos descender a los pies de Cristo, y no cuán alto en la Asociación o en la estimación de los hombres, o en el Comité de la asamblea, o en el Comité de la Asociación General. La cuestión no es esa en absoluto.

Debe ser desechada toda diferencia, y la unidad y el tierno amor de cada uno hacia el otro han de impregnar el todo.

Puesto que eso nos afecta particularmente a nosotros como hermanos y hermanas en la iglesia, a nosotros concierne, si sabemos de alguna diferencia entre nosotros y cualquier otro en este mundo, quitarla de en medio sin importar lo que cueste. No puede costarnos la vida si lo hacemos, pero *nos costará* la vida si dejamos de hacerlo: eso es seguro. Y una vez lo hemos hecho, "entonces podrán ascender juntas nuestras oraciones a nuestro Padre celestial con poderosa y ferviente fe". Es así. Cuando sabes que estás sin reproche ante la vista de Dios, por haber hecho todo lo que está en tu mano para desechar toda diferencia entre ti y tus hermanos, y por haber confesado a Dios todo aquello que él mostró; cuando nos presentamos ante él como los errantes, desvalidos y perdidos pecadores que somos, y vemos nuestra necesidad de lo que él tiene para dar, ENTONCES están ahí todas sus promesas, y son para nosotros; sabemos que son nuestras. ENTONCES podemos depender de ellas y "ENTONCES podrán ascender juntas nuestras oraciones a nuestro Padre celestial con poderosa y ferviente fe. Entonces podemos aguardar con paciencia y esperanza el cumplimiento de la promesa".

Ese es ahora nuestro deber. Cuando se lo cumple, cuando resultan eliminadas todas esas diferencias y prevalece la unidad, y cada uno está procurando la unidad de corazón y mente, entonces Dios ha prometido que veremos a cara descubierta. Ha llegado el tiempo. Cumplámoslo.

Vuelvo a leer en la página 9:

La respuesta puede venir con imprevista celeridad y poder sobrecogedor; o bien ser retardada por días y semanas, poniendo a prueba nuestra fe. Pero Dios sabe cómo y cuándo responder a nuestra oración. Es *nuestra* parte de la obra el conectarnos con el conducto divino. Dios es responsable por *su* parte de la obra.

Tal como estuvimos considerando anoche, cuando el camino queda despejado y nuestras oraciones ascienden tal como se ha descrito, el conducto queda abierto, y al derramarse el Espíritu Santo, alcanzará a la plenitud del conducto que se despejó.

Es *nuestra* parte de la obra el conectarnos con el conducto divino. Dios es responsable por *su* parte de la obra. Fiel es el que prometió. El gran e importante asunto para nosotros es ser de una mente y corazón, desechar toda envidia y malicia y esperar y velar como humildes suplicantes. Jesús, nuestro Representante y Cabeza, está dispuesto a hacer por nosotros lo que hizo por quienes estaban velando y orando en el día de Pentecostés.

Aquí hay otro pensamiento digno de nuestra más atenta consideración:

Jesús está deseoso de impartir ánimo y gracia a sus seguidores hoy, tal como lo hizo con sus discípulos en la iglesia temprana. Nadie debiera invitar intempestivamente la ocasión de contender con los principados y potestades de las tinieblas.

Necesitamos ser cautos en esto. Se requiere reflexión. Hemos de estar seguros y no entrar en esa contienda hasta que sepamos que Dios está con nosotros, obteniendo ánimo y fuerza del poder y gracia de Dios, a fin de enfrentar a esos poderes con los que nos las hemos de ver. La batalla que se presenta ante nosotros no es un asunto menor.

Cuando Dios les ordene entrar en el conflicto, habrá sobrada ocasión para ello; él dará entonces valentía y vehemencia al débil y dubitativo, más allá de la que se pudiera imaginar o esperar.

Así, lo que el Señor quiere de nosotros es que lo busquemos, y entonces, cuando nos envíe, iremos solamente con su poder y gracia. Leo en la página 11:

Los discípulos y apóstoles de Cristo tenían un profundo sentido de su propia ineficiencia, y con humillación y oración unieron su debilidad a la fortaleza de él, su propia ignorancia a la sabiduría de él, su indignidad a la justicia de él, su pobreza a las inagotables riquezas de él. Fortalecidos y equipados de ese modo, no dudaron en el servicio por su Maestro.

¡Vaya un equipamiento! Pensad en él: ¡fortaleza, sabiduría, justicia y riquezas! Tales son las cosas que necesitamos en vista de todo lo que está en contra nuestra, dado que no nos es dado hacer cálculo alguno sobre los poderes en la tierra o en el cielo, como tampoco de la reputación que pueda originarse en el hombre o de la riqueza que este mundo pueda ofrecer, o cualquier otra consideración relativa al mismo o a la vida. Encontramos aquí enumeradas casi las mismas cosas que consideramos en una de las lecciones previas.

Pero ¿cómo hicieron para obtener fuerzas? —Reconociendo su debilidad; confesándola. ¿Cómo obtuvieron sabiduría?—Confesando su ignorancia. ¿Cómo obtuvieron justicia? —Confesando su injusticia. ¿Cómo obtuvieron inagotable riqueza?—Confesando su pobreza.

Así pues, esa es la situación en la que hemos de estar: ineficientes, ignorantes, pobres, indignos y ciegos. ¿Acaso no es precisamente ese el mensaje a los Laodicenses?, ¿no consiste en que somos desgraciados, miserables, pobres, ciegos y desnudos,

y que desconocemos que lo somos? Alguien estaba leyendo esto el otro día, y al llegar a la palabra "ciegos", mi mente se dirigió inmediatamente al capítulo 9 de Juan en su último versículo. Lo podéis buscar en vuestras Biblias (Juan 9:41). Está al final del relato de la sanación de aquel ciego, de la restauración de la vista de aquel que había nacido ciego. ¿Qué dice el versículo?

Jesús les respondió: Si fuerais ciegos, no tendríais pecado, pero ahora, porque decís: "Vemos", vuestro pecado permanece.

Cuando Jesús nos dice a vosotros y a mí que somos ciegos, lo que hemos de hacer es reconocer: 'Señor, somos ciegos'. A ellos les dijo que *eran* ciegos, y lo *eran*. Ellos sostenían que no era así, pero *era* así. Si hubieran confesado su ceguera, habrían visto a Dios en la sanación de la ceguera de aquel hombre. Bien, hermanos, lo mejor que podemos hacer es ir directamente a ese mensaje a los Laodicenses y reconocer la veracidad de cada una de sus palabras. Cuando nos dice que somos desgraciados, digámosle: 'Así es: soy desgraciado, miserable y pobre; un perfecto mendigo, y nunca seré otra cosa en el mundo; soy ciego y no otra cosa; estoy desnudo, y además no me doy cuenta de todo ello, lo ignoro, lo desconozco en absoluto, de la forma en que debería conocerlo'. Entonces le diré cada día y a cada hora: 'Señor, ¡todo eso es cierto! Pero en lugar de mi desgracia dame tu felicidad, en lugar de mi miseria dame tu consuelo, en lugar de mi pobreza dame tus propias riquezas, en lugar de mi ceguera sé tú mi vista, en lugar de mi desnudez vísteme de tu propia justicia, y enséñame tú aquello que no sé' [congregación: 'Amén'].

Hermanos, cuando alcancemos esa situación de ser de un corazón y una mente, no tendremos dificultad ninguna en arrepentirnos. No faltará el arrepentimiento. Se cumplirá el siguiente versículo: "Yo reprendo y castigo a todos los que amo; sé, pues, celoso y arrepiéntete".

La dificultad que nos incapacita para arrepentirnos es que no hemos confesado que es cierto aquello que el Señor afirma de nosotros. Cuando me reconozco desgraciado, entonces sé que necesito algo que me satisfará, y sé que nadie más que el Señor me lo puede proporcionar, de forma que dependeré enteramente de él para tenerlo. Y si no lo tengo a él, soy sólo un desgraciado. En el momento en que no lo tenga a él, soy un perfecto desgraciado. Si carezco de su consuelo, no soy más que un miserable. En el momento en que no dependa absolutamente de sus inagotables riquezas —las inescrutables riquezas de Cristo—, soy el más pobre de los pobres: un auténtico mendigo. Y en el momento en que no me reconozco y confieso ciego ni lo tengo a él como mi vista, estoy en pecado. Él lo afirma así.

'Ahora decís que veis; por lo tanto, vuestro pecado permanece'. Y siempre que deje de ver mi desnudez y no dependa sola y absolutamente de él y de su justicia para vestirme, ciertamente estoy en la peor ruina imaginable. Y cuando empiezo a decir 'Yo sé tanto ...', en realidad no lo sé en absoluto. Lo que debo hacer, es decir: 'Señor, no lo sé. Dependo de ti para que me lo enseñes todo, para que me enseñes que soy desgraciado, miserable, pobre, ciego y desnudo, y que necesito todas esas cosas'. Y al decírselo, él me dará todo cuanto necesito. Lo hará. Tal es nuestra situación.

Leo un pasaje del volumen I de la edición publicada de los *Testimonios*, página 353, que expone ante nosotros algo maravilloso:

> En la transfiguración, Jesús fue glorificado por su Padre. Lo oímos diciendo: "Ahora es glorificado el Hijo del hombre y Dios es glorificado en él". Así, antes de su traición y crucifixión, fue fortalecido para sus terribles sufrimientos. Cuando los miembros del cuerpo de Cristo se aproximen al período de su último conflicto, al "tiempo de angustia de Jacob", crecerán en Cristo y participarán ampliamente de su espíritu. Cuando el tercer mensaje vaya en aumento hasta el fuerte pregón, y cuando la obra final se vea asistida por grande poder y gloria, el fiel pueblo de Dios participará de esa gloria. *Es la lluvia tardía que los reaviva y fortalece para que atraviesen el tiempo de angustia.* Sus rostros brillarán con la gloria de esa luz que asiste al tercer ángel.

¿Cuál es el objeto del fuerte pregón? Fortalecernos para el tiempo de angustia. ¿Dónde estamos? [congregación: 'En el fuerte pregón']. ¿Ha comenzado el fuerte pregón? [Congregación: "Sí"]

¿Para qué ha comenzado? Para hacer una obra en nuestro favor, para hacer que podamos resistir en el tiempo de angustia.

Aún un poco más respecto de esa demanda por unidad. Está ante nosotros este llamado al fuerte pregón —la lluvia tardía. Eso es lo que nos fortalece para el tiempo de angustia. Y ya ha comenzado. Tenemos la palabra. Lo importante es esto: ser de un corazón y una mente.

Ahora leeré unos pocos pasajes de este testimonio que no ha sido todavía publicado:

> Es el pecado en alguna de sus formas el que produce combatividad y desunión. Los afectos han de ser transformados, debe obtenerse una experiencia personal del poder renovador de Cristo. "En el cual tenemos redención por su sangre, el perdón de los pecados según las riquezas de su gracia". El apóstol, hablando a creyentes en Cristo, llamados por la gracia de Dios, dice: "Si andamos en la luz, como él está en luz, tenemos comunión los unos con los otros, y la sangre de Jesucristo, su Hijo, nos limpia de todo pecado". Hay aquí condiciones claramente expuestas. Si andamos en la luz, como él está en luz, seguirá el seguro resultado: tendremos comunión los unos con los otros. Todos los celos, envidias y suposiciones impías serán desechados. Viviremos como a la vista del Dios santo.

Es decir: viviremos ahora, hoy, cada día, como a la vista del Dios santo, debido a que nuestras oraciones están ascendiendo a él para traer su presencia mediante el derramamiento de su Espíritu Santo. ¿Podemos transitar descuidadamente ese camino, sabiendo que hay celos, envidias y suposiciones impías?

> Ha venido a resultar demasiado común ser indulgentes en nuestras tendencias hereditarias e inclinaciones naturales, incluso en nuestra vida religiosa. Tal cosa nunca puede traer paz y amor al alma, pues nos aleja siempre de Dios y de su luz. "El que me sigue no andará en tinieblas, sino que tendrá la luz de vida". Cuando surgen diferencias entre los hermanos en cuanto a la comprensión de cualquier punto de verdad, hay una regla bíblica a seguir. En espíritu de mansedumbre y amor a Dios y a cada semejante, júntense los hermanos, y tras haber orado fervientemente, con sincero deseo de conocer la voluntad de Dios, estudien

la Biblia con el espíritu de un niño, a fin de ver cuánto pueden aproximarse y no sacrificar nada, excepto su dignidad egoísta. Debieran verse a sí mismos como en la presencia de todo el universo de Dios, quien está presenciando con intenso interés cómo el hermano intenta ver las cosas de la misma forma que el hermano, comprender las palabras de Cristo, a fin de ser hechos hacedores de la palabra y no solamente oidores.

Hermanos, ¿qué está haciendo el universo de Dios? Está esperando vernos a vosotros y a mí ser hermanos. Quiere vernos como hermanos. Eso es lo que está esperando. Está deseando veros como a verdaderos hermanos y hermanas en la iglesia. Está esperando vernos mano con mano. Hermanos, no permitamos que espere en vano.

Al considerar la oración de Cristo, a fin de que sus discípulos puedan ser uno como él lo era con el Padre, ¿acaso no veis con qué intensidad está todo el cielo observando el espíritu que manifestáis cada uno hacia el otro? ¿Están los que pretenden ser salvos por la justicia de Cristo procurando con todas las capacidades que se les han confiado responder a la oración del Salvador? ¿Afrentarán al Espíritu de Dios por la indulgencia hacia sus propios sentimientos no consagrados, procurando la supremacía y manteniéndose tan alejados como sea posible?... Las horas solemnes e importantes que nos separan del juicio no han de ser empleadas contendiendo contra los creyentes.

Hermanos, ¿qué se nos ha perdido calumniando y guerreando unos contra otros? El diablo está haciendo guerra contra nuestros hermanos. Dejémosle eso a él. Amemos a nuestros hermanos; estemos por ellos. Cuando un adventista del séptimo día ataca a uno de nuestros hermanos, defendámoslo. Defendámoslo en el temor de Dios. La reputación de mi hermano es importante para mí, porque si alguien menoscaba ante mí la reputación de mi hermano, menoscabará la mía ante él. Si doy oído a habladurías y todas esas cosas referentes a mi hermano, ¿por qué otros no habrían de prestarles atención, cuando las habladurías se refieran a mí? No ciertamente. Velemos por preservar la reputación de nuestros hermanos. Estemos hombro con hombro por nuestros hermanos. Tenemos todo el derecho a

reprender a quien viene con habladurías referentes a esto, eso o aquello sobre los hermanos. Tenemos derecho a reprenderlo como al espíritu de Satanás que en realidad es. "Las horas solemnes..." ¿Años, o meses? ¡No!: "horas solemnes". Los días pasaron ya. Estamos en las horas. Y no va a pasar mucho tiempo —si es que no ha sucedido ya— antes que las horas hayan pasado también, y comience la cuenta de los minutos.

Las horas solemnes e importantes que nos separan del juicio no han de ser empleadas contendiendo contra los creyentes; esa es la obra de Satanás; la comenzó en el cielo y la ha continuado con incansable energía desde la caída. "Pero si os mordéis y coméis unos a otros, mirad que no os consumáis los unos a los otros". No haya en ninguno de vosotros un corazón impío de incredulidad. Ha llegado el tiempo en el que ha de oírse el clamor del centinela fiel llamando a sus compañeros centinelas: "¿Qué hay de la noche?", para obtener la respuesta: "La mañana viene y después la noche".

La respuesta no ha de ser: 'No sé qué hay de la noche'. No ha de ser tampoco: 'Creo que estás llevando las cosas demasiado lejos', ni 'Me parece que te estás precipitando', o 'Tu postura me parece demasiado radical'. No ha de ser esa la respuesta. Ante el llamado, "¿Qué hay de la noche?", la única repuesta aceptable para Dios es: "La mañana viene y despúes la noche", por lo tanto, preparémonos para ella.

¿No sería bueno que examináramos individualmente y con detenimiento nuestra propia posición ante Dios a la luz de su santa palabra, y que viéramos nuestro especial peligro?

No se trata de que veamos lo buenos que somos. Tampoco que veamos cuánto mejores somos que nuestros hermanos, sino "ver nuestro especial peligro". ¿Cuál es mi peligro? Tengo bastante con ver eso, con atajar mi propia maldad, y no la de otros.

Dios no se separa de su pueblo sino que su pueblo se separa a sí mismo de Dios por su propio curso de acción. Y no conozco pecados mayores a la vista de Dios, que el de acariciar celos y odio hacia hermanos, y volver las armas de combate contra ellos.

¿Cómo podrían existir pecados mayores? ¿No es acaso precisamente esa la acción de Satanás?

Señalo a mis hermanos al Calvario. Os pregunto: ¿Cuál es el valor del hombre? Es el Unigénito Hijo del Dios infinito. Es el valor de todos los tesoros celestiales.

Tal es el valor del hombre. Por lo tanto, ¿podemos tomar con ligereza a alguien a quien Dios aprecia de ese modo, a alguien por quien Dios ha dado todos los tesoros del universo? ¿Puedo rebajarlo, menoscabarlo y presentarlo como de poco valor?—No, ciertamente. Vale todo lo que Dios pagó por él. Es lo que Dios pagó por ti. ¿Podré considerarte insignificante, sin peso, sin valor?—De ninguna manera. Pido a Dios gracia que me capacite para atribuirte todo el valor que él pagó por ti. No voy a permitir que adventistas del séptimo día procuren rebajar la alta estima en que te tengo. No lo haré. De ninguna forma. ¿Cómo podría hacer así, siendo que amo a Cristo, quien pagó el precio? Hermanos, lo que se necesita es el amor de Cristo en nuestros corazones, y entonces amaremos a todos los que él ama, tal como él los amó siempre.

El mal está siempre en pugna con el bien. Y puesto que sabemos que el conflicto con el príncipe de las tinieblas es arduo y constante, unámonos en el combate.

Efectivamente, necesito el soporte de cada uno a quien Cristo compró. Lo necesito en el combate. Necesito que triunfe en el combate. Me es necesario. Y hermanos, yo mismo ruego a Dios que por su gracia contéis con mi soporte en vuestro combate. Si resultáis vencidos, os levantaré. Si falláis, os diré: 'Ten buen ánimo, hermano'. Si caéis, os diré: 'Hay remedio para levantarse'. Hermanos, lo que Dios quiere es que nos amemos unos a otros como él nos ha amado, y *lo haremos*. Cuando lo tenemos a él—a su amor—en nuestros corazones, no *podemos* hacer otra cosa ni la haríamos aunque pudiéramos.

Cesad de guerrear contra los de vuestra propia fe. Que nadie ayude a Satanás en su obra. Todo cuanto hemos de hacer está en otra dirección.

Hermanos, mantengámonos hoy juntos, pues se trata de la obra que Dios quiere hacer en nosotros.

Una piedad pasiva no es la respuesta adecuada para este tiempo. Manifiéstese la pasividad allí donde es necesaria: en la *paciencia, amabilidad* y *dominio propio*. Pero tenemos un mensaje decidido de advertencia al mundo. El Príncipe de Paz proclamó así su obra: "No he venido a la tierra a traer paz, sino espada". Hay que atacar la maldad. Hay que hacer aparecer la falsedad y el error en su verdadero carácter. Se debe denunciar el pecado, y el testimonio de todo creyente en la verdad *ha de ser uno y el mismo*. Todas las diferencias menores que despiertan en vosotros el espíritu combativo entre hermanos, son estratagemas de Satanás para distraer las mentes del grandioso asunto puesto ante nosotros.

¿Permitiremos que Satanás nos time? Sabéis que en las cosas de este mundo es muy desagradable ser estafado. Cuando os sabéis timados por alguien en lo más mínimo, os sentís peor que si os hubiese tratado mal en cualquier otra forma, ¿no es así? [audiencia: 'Sí']. Satanás suscita esas pequeñas diferencias que carecen de valor o sustancia en ellas mismas si no son llevadas al extremo. Pero él mantiene nuestros ojos concentrados en esas cosas haciendo gran conmoción en la iglesia, y en ello hace que nuestras mentes se desvíen de los grandiosos asuntos que gravitan sobre nuestras cabezas. Ya es suficientemente lamentable el que lo timen a uno. Pero cuando permitimos que se nos time por algo tan menor e insignificante, es aun peor. Por lo tanto, no lo permitamos.

La verdadera paz vendrá al pueblo de Dios cuando por medio del celo unido y la oración ferviente resulte perturbada la falsa paz que en gran medida existe... Los que están bajo la influencia del Espíritu de Dios no serán fanáticos sino serenos, firmes, libres de extravagancia. Pero todos aquellos quienes han tenido la luz de la verdad brillando en contornos claros en su camino, que *sean cuidadosos* en clamar: 'Paz y seguridad'. Que *sean cuidadosos* en dar el primer paso para suprimir el mensaje de la verdad. *Sed cuidadosos* con la influencia que ejercéis en este tiempo. Los que profesan creer las verdades especiales necesitan estar convertidos y santificados por la verdad. Como cristianos somos hechos depositarios de verdad sagrada, y no hemos de mantener la verdad en el atrio exterior, sino traerla al santuario del alma. Entonces la iglesia poseerá vitalidad divina por doquier. "El débil será como David, y David como el ángel del Señor".

Confesemos pues nuestras debilidades y démonos cuenta lo antes posible de que somos débiles. "El débil será como David", y su debilidad está unida a la fortaleza de Cristo.

Una cuestión absorberá todo el interés: ¿Quién se acercará más a la semejanza de Cristo?

Esa será la cuestión. No quién será el mayor en la Asociación, o quién será el mayor en la iglesia, o quién ostentará tal o cual posición en la iglesia o en el comité de la Asociación. —No, no. "¿Quién se acercará más a la semejanza de Cristo?"

¿Quién hará lo máximo para ganar almas a la justicia? *Cuando sea esta la ambición de los creyentes*, se habrá acabado la contención. *La oración de Cristo es contestada.*

Hermanos, es ahí donde nos encontramos.

Cuando el Espíritu Santo fue derramado en la iglesia temprana, "toda la multitud de los que creyeron era de un solo corazón y un alma". *El Espíritu de Cristo los hizo uno.* Ese es el fruto de morar en Cristo. Pero si la disensión, envidia, celos y contienda son el fruto que estamos llevando, no es posible que estemos morando en Cristo.

Y ahora este pasaje que ya he leído una o dos veces:

Jesús anhela otorgar la dotación celestial en abundante medida a su pueblo … Cuán grande y extenso ha de ser el poder del príncipe del mal, como para poder ser sometido solamente por el gran poder del Espíritu. La deslealtad a Dios, la transgresión en cualquier forma, se han extendido en nuestro mundo. Los que mantienen su lealtad a Dios, los que son activos en su servicio, se convierten en la diana de cada dardo y arma del infierno.

Esto nos trae de nuevo a lecciones que hemos considerado en las tardes precedentes: no podemos de ninguna forma resistir, si no tenemos a Cristo.

Si aquellos que han tenido gran luz no tienen fe y obediencia correspondientes, pronto resultan leudados con la apostasía prevaleciente; los controla otro espíritu. Mientras que han sido exaltados hasta el cielo en lo relativo a privilegios y oportunidades, están en peor condición que los más celosos abogados del error.

"Si aquellos que han tenido gran luz no tienen fe y obediencia correspondientes", "están en peor condición que los más celosos abogados del error". Nos afecta a ti y a mí. El juicio comienza por la casa de Dios. Cuando esos mensajeros pasaron por en medio de la ciudad para matar y destruir, comenzaron desde los hombres ancianos que estaban delante del Templo (Eze 9:5-7); y si estamos en una "peor condición que la de los más celosos abogados del error", el juicio *ha de* comenzar por nosotros.

Muchos hay que han estado preparándose de esa forma para la ineficiencia moral en la gran crisis.

Nos detendremos aquí, para continuar en este punto en la próxima lección, dado que el tiempo ha terminado.

El mensaje del tercer ángel (nº 9)
A. T. Jones

["Se me ha dado instrucción para que emplee esos discursos suyos impresos en los Boletines de la Asociación General de 1893 y 1897, que contienen poderosos argumentos en relación con la validez de los Testimonios, y que sustentan el don de la profecía entre nosotros. Se me mostró que esos artículos serían de ayuda para muchos, y especialmente para aquellos recién llegados a la fe que no han estado familiarizados con nuestra historia como pueblo. Será para usted una bendición el leer de nuevo esos argumentos a los que dio forma el Espíritu Santo" (Ellen White, Carta 230, 1908)]

Algunos han manifestado no poder comprender cómo puede uno reconocerse a sí mismo desgraciado, miserable, pobre, ciego y desnudo; no saber que lo es, y al mismo tiempo estar gozándose en el Señor. Respondo: ¡Me gustaría saber de qué otra forma podría hacerlo! Me gustaría saber de qué forma podría gozarse en el Señor alguien que piensa que todo está bien consigo. ¿Me lo puede explicar alguien? Soy incapaz de imaginarlo … Pero cuando alguien reconoce ser lo que el Señor le dice que es, y entonces comprueba que el Señor es tan bondadoso que lo toma tal cual es y lo hace idóneo para permanecer en la presencia de Dios por toda la eternidad, entonces tiene ciertamente algo de lo que gozarse.

Hermanos, el Señor no nos salva porque seamos muy bondadosos, sino porque *él* lo es. Nunca lo olvidéis. No nos salva ni nos bendice en absoluto en la obra de Dios por lo buenos que somos, sino porque *él* es bueno y nosotros malos. Y la bendición de ello consiste precisamente en que nos bendiga tanto, siendo tanta nuestra impiedad. El gozo en todo ello consiste en que, impíos como somos, nos salva y nos hace reflejar su propia imagen. *Ese* es el motivo del gozo.

Ahora, en cuanto a comprender cómo sucede, no lo puedo entender. Pero sé que es así, y eso es todo cuanto me interesa. La eternidad no bastará para comprenderlo, pero mientras sepa que es así, no voy a angustiarme en cuanto a cómo lo va a hacer el Señor, o en cuanto a si puedo entenderlo. ¿Lo haréis vosotros? [Congregación: No]

Hay aquí otro punto que debemos tener presente: los hay que no pueden ver que eso sea así. Hermanos, decid al Señor una y otra vez que es así, y entonces lo veréis. No es que entonces vayáis a comprenderlo, pero lo veréis. No podéis ver *cómo* sucede, pero podéis saber que es un hecho, y sólo así podéis saberlo. ¿Podré verlo, si me mantengo al margen de ello? —No. Es algo que pertenece al corazón; no puedes verlo con tus ojos; has de verlo con tu corazón, y es sólo el Espíritu de Dios el que proporciona el colirio a fin de que puedas verlo. He aquí algo que quizá pueda, no *explicar*, pero sí ayudar a comprender algo mejor esa idea. En el *Testimonio* nº 31, página 44, leo estas palabras:

> ¿Estáis en Cristo? No, si no os reconocéis errantes, desvalidos, condenados pecadores.

Eso es lo que algunos hermanos dicen no poder ver. Este es su razonamiento: 'No puedo ver cómo, si estoy en Cristo, haya de reconocerme desvalido y condenado pecador. ¿Acaso si estoy en Cristo, no habría de dar gracias a Dios por ser bueno, impecable, enteramente perfecto, santificado y todo eso?' ¿Por qué no? *Cristo* lo es. Cuando estás en Cristo, *él* es perfecto, *él* es justo, es santo y nunca comete error, y *se te imputa su santidad*: se te da. Son *mías* su fidelidad y perfección, pero *yo* no soy *eso*.

Quizá puedas comprender más claramente ese pensamiento a la luz de esta escritura que nos es tan familiar: 1 Cor 1:30:

> Cristo Jesús, el cual nos ha sido hecho por Dios sabiduría, justificación, santificación y redención.

¿Dónde queda mi justicia?—En Cristo. ¿Dónde mi sabiduría?—En Cristo. ¿Y mi redención?—En él.

¡Oh sí! Cuando acudo a él en busca de sabiduría y se la pido, me la concede. ¿No puedo entonces acaso jactarme y decir: 'Soy sabio'? —No puedo. En el preciso momento en que diga eso, vengo a ser mucho más necio que antes. Es cuando me someto al Señor, cuando él puede estar a mi lado y darme *su* sabiduría. Es entonces cuando puede conducirme por caminos de sabiduría, de forma que pueda transitar el sendero recto. Despúes que él ha hecho así, ¿podré estar orgulloso de mí mismo y decir: 'Ahora soy sabio'? ¿No os dice el propio sentido común que esa sería la mayor necedad en la que pudiera incurrir? *Él* lo hizo, *él* me auxilió, me dio *su* sabiduría; *él fue* mi sabiduría. Siendo que yo no era sabio, me dio su sabiduría. Su sabiduría me guió, tomó posesión de mi mente y corazón, y me guardó en las sendas de la sabiduría. Por lo tanto, *él* es mi sabiduría, y *yo* carezco en absoluto de ella; la suya es mi única sabiduría. ¿Lo veis? Aceptadlo de esa manera y podréis saber que es un hecho.

Te haré entender y te enseñaré el camino en que debes andar; sobre ti fijaré mis ojos (Sal 32:8).

Cuando me dice que es él quien me guiará fijando sus ojos en mí, respondo: 'Son sus ojos y no los nuestros, los que te guían a ti y a mí'. Entonces, de lo que se trata es de que nos pongamos plenamente en sus manos, que le permitamos ser enteramente suyos, que él pueda serlo todo, y en todos nosotros.

Por consiguiente, *él* es nuestra sabiduría, santificación, redención y justicia. Cuando soy desgraciado, él es mi felicidad. Cuando soy miserable, él es mi consuelo. Cuando soy ciego, él es mi vista. Cuando soy pobre, él es mi riqueza. Y cuando no sé, él es mi sabiduría.

En cuanto al pensamiento de anoche—que algunos piensan llevé demasiado lejos: Pudieran decir: 'Está bien que cuando me dice: "Eres un desgraciado", responda:—Lo soy. Cuando me dice: "Eres pobre", respondo:—Lo soy. Cuando me dice: "Eres ciego", respondo:—Lo soy. Ahora bien, cuando dice: "Y no sabes …", ¿replicaré que sí lo sé? ¡De ninguna manera! Cuando me dice: "Y no sabes", también he de reconocer que es así. No pongáis obstáculos en su camino. Cuando digo que soy desgraciado, miserable, pobre, ciego y desnudo, y sobre todo ello él afirma que yo no sé que es así, confieso:—Señor, no lo sé. Y esto nos lleva al texto con el que comenzamos:

Si alguno se imagina que sabe algo, aún no sabe nada como debería saberlo (1 Cor 8:2).

Todavía no lo sé, por más tiempo que haya estado reconociendo eso, todavía no sé cuan desgraciado, miserable, pobre, ciego y desnudo soy, de la forma en que lo sabría si él me mostrara a mí mismo tal como soy. Tan ciertamente como recibamos este mensaje a Laodicea de la forma en que él lo presenta, recibiremos todo lo que comporta. Hermanos, esa es la finalidad del mensaje. Que pueda hacer su obra a *su* propia manera. Prestad atención a esto. Observemos este testimonio en volumen 1, páginas 186-187. Fue dado en 1859:

Se me mostró que el testimonio a los Laodicenses se aplica al pueblo de Dios en el tiempo actual, y la razón por la que no ha cumplido una obra mayor *es por la dureza de los corazones de ellos.* Pero Dios ha dado el mensaje apropiado para hacer su obra. El corazón debe ser purificado de pecados que por tanto tiempo han mantenido fuera a Jesús. *Este impresionante mensaje hará su obra.* Cuando se lo presentó por primera vez, llevó a un minucioso examen del corazón.

Eso es lo que va a hacer en este tiempo. Permitámosle, pues, que haga su obra. Pero ha habido un lapso de tiempo desde que fue presentado por primera vez. Sigo leyendo:

Se confesaron pecados, y el pueblo de Dios fue avivado por doquiera. Casi todos creyeron que este mensaje terminaría en el fuerte pregón del tercer ángel. Pero al no ver cumplida la poderosa obra *en un tiempo breve*, muchos perdieron los efectos del mensaje.

Lo abandonaron, tal como afirma este testimonio que aún no ha sido publicado:

Los pecados de Israel deben ir de antemano al juicio. Se debe confesar cada pecado en el santuario, *entonces avanzará la obra*, debe ser hecho *ahora*. La lluvia tardía está viniendo sobre todos aquellos que son puros; la recibirán como la temprana. El que no hace todo lo que puede, no recibe la lluvia tardía. Cristo nos ayudará. Todos pueden ser vencedores por la gracia de Dios, mediante la sangre de Jesús. Todo el cielo está interesado en la obra. Los ángeles están interesados.

Dios los puede hacer una hueste contra sus enemigos. *Os rendís demasiado pronto.* ¡Os soltáis demasiado pronto de ese brazo! El brazo de Dios es poderoso. Satanás obra de diferentes maneras para apartar la mente de Dios. ¡Victoria, victoria! La debemos obtener sobre todo mal. Un solemne sumergirse en Dios. Preparaos. Poned en orden vuestra casa {*GCDB*, 7 febrero 1893, Art. A}.

Pero cuando se lo presentó por primera vez, debido a que no hizo su obra "en un tiempo breve", concluyeron: 'El tiempo aún no ha llegado'; lo abandonaron y lo perdieron. Vuelvo a leer del *Testimonio*, volumen 1, página 186:

Vi que este mensaje no cumpliría su obra en unos pocos meses. Tiene por objeto *despertar* al pueblo de Dios, descubrirles sus renuncias y llevar al *arrepentimiento celoso, a fin de que* sean favorecidos con *la presencia de Jesús* y *sean hechos idóneos para el fuerte pregón* del tercer ángel. Cuando este mensaje tocó el corazón, llevó a una profunda humildad ante Dios. Se enviaron ángeles a todo lugar para preparar los corazones incrédulos para la verdad.

Ahí es donde estamos. Mientras ese mensaje nos está preparando para el fuerte pregón, Dios está enviando ángeles por doquier para preparar a las personas para la verdad. Y cuando salgamos de esta asamblea con este mensaje tal como es ahora, la gente lo oirá.

La causa de Dios comenzó a levantarse y su pueblo comenzó a conocer su posición. Si se hubiera prestado *oído en su totalidad* al consejo del Testigo fiel, Dios habría obrado con gran poder en favor de su pueblo. No obstante, Dios ha bendecido los esfuerzos realizados desde que se dio el mensaje, y muchas almas han sido llevadas del error y las tinieblas a gozarse en la verdad. Dios responderá a su pueblo.

El punto concreto al que quería llegar es este: que va a prepararnos para que "sean favorecidos con la presencia de Jesús, y sean hechos idóneos para el fuerte pregón del tercer ángel." Por lo tanto, ¿qué es lo que nos prepara para el fuerte pregón del tercer ángel?—El mensaje a Laodicea.

Ahora, hermanos, ese lugar en donde leía la pasada noche nos proporciona la razón por la que es tan importante que tengamos los ojos ungidos con colirio *precisamente ahora*. Anoche me limité a leer el pasaje. Hoy volveré a leerlo para un uso ampliado del mismo:

Si los que tuvieron gran luz carecen de la fe y obediencia correspondientes, resultan pronto leudados con la apostasía prevaleciente; los controla otro espíritu. Mientras que han sido exaltados hasta el cielo en lo concerniente a oportunidades y privilegios, están en una peor condición que los más celosos defensores del error. Muchos hay que han estado preparándose de esa forma para la ineficiencia moral en la gran crisis.

¿Has estado preparándote para la "ineficiencia moral" en este tiempo? ¿Lo he hecho yo?

Están dubitativos e indecisos. Otros que no han tenido una luz tan grande, que no se han identificado nunca con la verdad, bajo la influencia del Espíritu responderán a la luz cuando brille sobre ellos. La verdad que perdió su poder en aquellos que por largo tiempo han tomado a la ligera su preciosa enseñanza, les parece bella y atractiva a quienes están dispuestos a andar en la luz.

Lo que queremos ahora considerar es el hecho de que muchos "han estado preparándose de esa forma para la ineficiencia moral en la gran crisis". Quisiéramos saber en qué consiste esa ineficiencia moral, dónde radica el peligro y cómo llegamos hasta ahí. ¿No os parece importante? La dificultad está en llevar a las personas al punto en el que vean lo que necesitan. El Señor lo hará con nosotros cada vez. Él nos muestra el camino. Pero lo primero que queremos es comprender el peligro, y luego cómo llegamos a ese punto. Estudiémoslo, y hagámoslo en el mismo espíritu en el que estudiamos la lección de la semana pasada, ya que en realidad se trata de una y la misma lección.

En *Special Testimonies*: "Peligro de adoptar una política mundana en la obra de Dios", página 1, leo:

Ya desde el año 1882 se presentaron a nuestro pueblo testimonios del más profundo interés sobre puntos de importancia vital en relación con la obra y el espíritu que debiera caracterizar a los obreros. Debido a que se han ignorado esas advertencias, muchos han acariciado los mismos males que ahí se señalaban, estorbando el progreso de la obra y poniendo en peligro a muchas almas. Los que albergan suficiencia propia, que no sienten la necesidad de velar y orar constantemente, *serán entrampados*. Mediante una fe viviente y ferviente oración, los centinelas de Dios deben ser hechos participantes de la naturaleza divina, o bien sucederá que profesen obrar por Dios, mientras que en realidad están prestando su servicio al príncipe de las tinieblas.

¡Terrible situación, la del que cree estar obrando por Dios, cuando todo su servicio es en favor del enemigo! ¿Quién se encontrará en esa situación? Los que no ejercen una fe viva; los que no lo han sometido todo y no tienen a Cristo. En otras palabras, los que no han prestado oído al mensaje dirigido a Laodicea.

Sigo leyendo:

> Debido a que sus ojos no están ungidos con colirio celestial, su comprensión resultará cegada y serán ignorantes en cuanto a las muy engañosas estratagemas del enemigo.

Hermanos, estamos en el tiempo—y lo estaremos a partir de ahora y hasta el fin del mundo—en el que en cualquier momento o día podemos ser llevados a un lugar en el que, si nos detenemos a razonar, estaremos perdidos. Tomaremos la postura equivocada. Tan ciertamente como nos detengamos a razonar, tomaremos la postura equivocada. Sólo podemos discernir mediante ese colirio celestial por el cual "conoceréis la verdad", y tan pronto como se suscite la cuestión, podréis ver el camino ante vosotros. Seremos puestos en lugares en los que el honor y la causa de Dios dependerán de lo que vosotros o yo digamos. Y las ventajas que el enemigo pueda tomar sobre nosotros dependerán de lo que digamos. Y en esos tiempos—que en realidad es en todo tiempo—si tú y yo no vemos ni tenemos el Espíritu celestial que nos dé la palabra adecuada que pronunciar, diremos la equivocada, con lo que cada uno de nuestros hermanos se pondrá a la defensiva y cada una de nuestras almas quedará en desventaja, ya que el enemigo está llegando a ese punto en el que somete a escrutinio cada una de las posturas que tomamos.

El enemigo está vigilando cada una de las posturas que tomamos, con el único propósito de pervertirla y colocarnos en una situación desfavorable. Vosotros y yo necesitamos algo mejor que la sabiduría humana o que nuestra propia razón, a fin de saber cómo tomar la posición correcta. Nos veremos en lugares en los que dependerá de nosotros el honor de la causa. Se os harán preguntas que nunca antes en toda vuestra vida habíais oído. Ante comités, cuerpos legislativos u otras instancias similares—en algún lugar al que Dios nos haya llamado y dado oportunidad para esparcir la luz y la verdad—se os puede hacer el tipo de pregunta en el que jamás habíais pensado con anterioridad. Deberéis saber en aquel preciso *instante* qué respuesta dar. No tendréis tiempo para pensar o razonar sobre ella. Se harán preguntas que, si tomáis tiempo y os paráis a razonar, lo probable es que ese razonamiento sea directamente opuesto a lo que el Espíritu de Dios diría al propósito, debido a que sus caminos no son nuestros caminos.

Y hermanos, no estoy haciendo suposiciones. Algunas de estas cosas han sucedido ya, y hoy vosotros y yo estamos en terreno desventajoso, y hay cargas que se han puesto sobre mí y vosotros que habremos de llevar debido a esa ceguera de algunos adventistas del séptimo día. Es ahí donde estamos. Cuando nuestros enemigos tomen ventaja de esas cosas—y desafortunadamente lo harán—y las empleen en vuestra contra y la mía con el fin de comprometer nuestra posición cuando nos tenemos por la verdad tal cual es en Jesús, no tendremos otro remedio que no sea repudiar lo declarado antes y afirmar que esa no es la verdad, a pesar de que provino de un adventista del séptimo día. Es una situación terrible como pocas. No deseo que os encontréis en ella, ni deseo encontrarme yo; creo que nadie la deseará para ningún otro. Bien; la cuestión es que vosotros y yo necesitamos el ungimiento celestial a fin de que sepamos qué decir y qué hacer en el preciso momento. "Unge tus ojos con colirio, para que veas".

En la página 7 leemos:

> Los que creen la verdad han de ser como fieles centinelas en el puesto de vigilancia, o de lo contrario Satanás les sugerirá razonamientos engañosos, y darán expresión a opiniones que traicionarán los legados sagrados.

Pero ¿cuáles son nuestros legados sagrados? ¿Acaso no lo es la causa de Dios, la obra del mensaje del tercer ángel? Por lo tanto, cuando vosotros y yo traicionamos los legados sagrados, ¿qué estamos realmente traicionando?—El mensaje del tercer ángel. Y estamos traicionando a todos y cada uno de nuestros hermanos, poniéndolos en terreno desventajoso, vendiéndolos en manos del enemigo. Quisiera que me dierais la razón por la que no necesitamos precipitarnos por ese camino.

[Una voz] ¿No hay un pasaje que dice que el Espíritu de Dios nos dirá lo que hemos de hablar?

Exactamente. Ese es el punto principal. Esta exhortación tiene por objeto que dependamos del Espíritu de Dios, y que estemos seguros de que lo tenemos; que no menospreciemos las enseñanzas ni los caminos del Espíritu de Dios. En la página 13 se hace referencia a Elías:

¿Se debilitó Elías ante el rey? ¿Se doblegó o acobardó, recurriendo a la adulación a fin de ablandar los sentimientos del airado soberano? Israel había pervertido su camino y olvidado la senda de fidelidad a Dios. ¿Traicionaría ahora el profeta los legados sagrados a fin de preservar su vida? ¿Profetizó cosas agradables para complacer al rey y obtener su favor? ¿Evadió el asunto? ¿Ocultaría al rey la verdadera razón por la que los juicios de Dios estaban cayendo sobre la tierra de Israel?

¿Qué significa eso para nosotros? ¿No estamos acaso en el tiempo de Elías? ¿No hemos de ser expulsados tal como lo fue Elías? ¿Acaso no descenderá fuego del cielo *contra* la verdad, de igual modo en que descendió entonces en favor de ella? ¿No vamos a ser echados fuera y protegidos por ángeles, tal como lo fue él? ¿No estamos, pues, en necesidad de la misma *fe* que él tuvo? Al propósito hay un pasaje muy significativo en el *Testimonio* nº 32, página 139:

¿Ha de triunfar Satanás siempre de esa forma? ¡Oh, no! La luz que se refleja de la cruz del Calvario indica que se ha de realizar una obra mayor de la que hemos podido ver hasta ahora.

El tercer ángel volando por en medio del cielo y enarbolando los mandamientos de Dios y el testimonio de Jesús, representa nuestra obra. El mensaje no pierde nada de su fuerza en el vuelo en el que avanza el ángel, ya que Juan lo contempla aumentando en poder y fuerza hasta que toda la tierra resulta alumbrada por su gloria. La marcha del pueblo de Dios guardador de los mandamientos es hacia delante, siempre adelante. El mensaje de verdad que llevamos ha de alcanzar a naciones, lenguas y pueblos. Pronto avanzará con potente voz, y la tierra será iluminada con su gloria.

Ahora nos llega la palabra, no de que haya de suceder pronto, sino que "ha comenzado" y "avanza" con voz poderosa.

¿Nos estamos preparando para ese gran derramamiento del Espíritu de Dios? Las agencias humanas se han de emplear en esta obra. Hay que intensificar el celo y la energía. Talentos oxidados por el desuso han de ser puestos al servicio. La voz que diría: 'Alto; no permitas que se te impongan cargas', es la voz de los espías cobardes. Necesitamos ahora Calebs que se pongan al frente, jefes en Israel que con palabras de ánimo presenten un informe positivo en favor de la *acción inmediata.*

¿Quién entró a la tierra de Canaán? [Audiencia: Caleb y Josué]. Los hombres que afirmaron que podían entrar. Y debido a que Dios estaba con ellos, entraron en la tierra, mientras que todo el resto cayó en el desierto. En ese rodeo de treinta y ocho años causado por su incredulidad fueron acompañando a sus hermanos que perecían. Pero Dios había prometido: "La poseeréis". ¿Quién entrará ahora en la tierra? ¿Acaso el testimonio leído no afirma que estamos en la situación en la que estaba Israel: en las fronteras de Canaán? ¿Quién entrará?—Los que "presenten un informe positivo en favor de la acción inmediata". Entrarán allí. Lo dice Dios. Podrá ser que los dubitativos y temerosos queden rezagados y que hagan demorarse la causa de Dios; pero no temáis, Dios ha prometido que entraremos. Los Calebs entrarán. Es algo seguro.

Cuando los egoístas, los amantes de la vida fácil, los afectados por el pánico, que temen a los gigantes y las murallas inaccesibles, claman en favor de una retirada, que se oiga la voz de los Calebs, aun si los cobardes están con piedras en sus manos, dispuestos a abatirlos por su testimonio.

¿Para qué estamos aquí? Hemos aprendido en nuestras lecciones hasta aquí que no debemos temer todos los poderes en este mundo y los poderes de los enemigos que se levantarán contra nosotros y contra la causa de Dios. Hemos visto ya eso. Esto nos lleva al punto en el que debemos ser fieles al mensaje de Dios y no temer ni siquiera a los adventistas del séptimo día cobardes. Así es como Dios quiere que nos tengamos. Él quiere que sepamos cuál es el mensaje hoy. Quiere que demos el mensaje tal cual es hoy, y si existen aquellos que os batirían con palos y piedras en sus manos, y os denigran o tienen actitudes parecidas, dad gracias a Dios porque ahora es precisamente el momento para "la acción inmediata."

Aún dos pensamientos más sobre este *Special Testimonies*, página 6:

Se me mostró que las locuras de Israel en los días de Samuel se repetirán en el pueblo de Dios de hoy, a menos que haya una mayor humildad, menos confianza en el yo, y más en el Señor Dios de Israel, el dirigente del pueblo.

Leo en el mismo capítulo:

Han de ser cincelados por los profetas con reproche, advertencia, admonición y consejo, y deben ser modelados según el Patrón divino.

Leo en la página 4:

El mundo no ha de ser nuestro criterio. Sea el Señor quien obre. Sea su voz la que se oiga. Los que están empleados en cualquier departamento de la obra mediante la cual el mundo puede ser transformado, no deben entrar en alianza con los que no conocen la verdad. El mundo no conoce al Padre ni al Hijo, y carece de discernimiento espiritual en cuanto a nuestra obra, en cuanto a lo que debemos o no hacer. Debemos obedecer las órdenes que nos vienen de lo alto. No hemos de oír el consejo ni seguir los planes sugeridos por los incrédulos. Las sugerencias de aquellos que no conocen la obra que Dios está haciendo en este tiempo tendrán por efecto debilitar el poder de los medios divinos. Al aceptar tales sugerencias resulta anulado el consejo de Cristo.

¿Cuál es el objeto de esa advertencia? ¿Estamos en peligro de seguir los caminos del mundo? Si no fuera así, Dios no nos habría advertido en esos términos. ¿Existe peligro de que hagamos alianzas con, o sigamos el modelo de organizaciones mundanas? Una persona construye una organización mundana y se coloca *él mismo o ella misma* a la cabeza. Entonces, dado a que tiene un cierto éxito en razón de la "temperancia", de la "moralidad" o de alguna cosa relacionada, creemos que hemos de copiarlo y seguir planes similares a los suyos.

Dios tiene algo mejor que eso. Quiere que demos oído a planes que vienen de arriba. Nos ha dicho hace tiempo que, aunque algunas de esas organizaciones pudieran tener cosas que fuesen buenas en sí mismas—mencionó la temperancia como una de ellas—, en la medida en que estén aliadas con la marca de la bestia, con instituciones dominicales, obrando para defender el domingo y en favor de leyes para forzar la conciencia, no podemos juntarnos a ellas. Ese testimonio lleva ya entre nosotros ocho años hasta donde sé; ahora ya casi nueve. Lo que quiere el Señor es a *nosotros*, y la cuestión es ahora: ¿Nos tendrá? ¿Nos tendrá, a fin de poder emplearnos? ¿Seremos totalmente sumisos a su voluntad? ¿Daremos oído a las órdenes de lo alto y las obedeceremos?

A ese respecto hay un escrito en el volumen 1 de *Testimonios*, página 183. Se refiere a la causa cuando comienza el fuerte pregón:

Todos parecían tener un profundo sentido de su indignidad, y manifestaban total sumisión a la voluntad de Dios.

En la página 2 del *Testimonio* titulado "Peligro de adoptar una política mundana en la obra de Dios", leo estas palabras:

"Tengo algo contra ti, porque has abandonado tu primer amor. Recuerda por tanto de dónde has caído, y arrepiéntete, y haz las primeras obras; de lo contrario vendré presto a ti y quitaré de su lugar el candelero, si no te arrepintieres". Aquel que lloró sobre el impenitente Israel debido a su ignorancia de Dios y de Cristo su Redentor, ha mirado al corazón de la obra en Battle Creek [pero hermanos, ahora estamos en Battle Creek: eso significa nosotros. Ese mismo Redentor está ahora mirándonos a nosotros]. Ha habido gran peligro, pero algunos no lo han sabido. La incredulidad e impenitencia cegaron sus ojos, y se apoyaron en la sabiduría humana para la conducción de los intereses más importantes de la causa de Dios.

Y del *Testimonio* que lleva por título "A los hermanos en posiciones de responsabilidad", página 10, leo estas palabras:

La apostasía original comenzó con la incredulidad y negación de la verdad. Debemos afianzar el ojo de la fe en Jesús. Cuando lleguen los días, como sucederá ciertamente, en que la ley de Dios sea anulada, el celo de los fieles y verdaderos debe levantarse ante la emergencia, y ha de tener el carácter más entusiasta y decidido, y su testimonio debe ser el más resuelto y positivo.

Y en la página 12 leemos:

Los hay que se han jactado de su gran cautela en recibir 'nueva luz', como ellos la llaman; pero están cegados por el enemigo y no pueden discernir las obras y caminos de Dios. Luz, preciosa luz; viene del cielo, y ellos se disponen contra ella. ¿Qué sigue después? Esos mismos aceptarán mensajes que Dios no ha enviado, y *vendrán así a ser incluso peligrosos para la causa de Dios*, debido a las falsas normas que establecen.

Dice más:

Necesitan el ungimiento celestial a fin de que comprendan lo que es luz y verdad.

Eso significa vosotros y yo. Yo, especialmente.

Os digo: Una buena cosa por hacer, si es que no la habéis hecho ya, es leer la primera página de la *Review* del 7 de febrero. Habla de pleno sobre el tema en cuestión. Leeré unas pocas frases:

Colocarnos en una posición en la que tenemos la apariencia de sumisión, es una posición nueva para este pueblo. Es una experiencia nueva, un apartarse de los principios a los que nos hemos adherido, que han hecho de nosotros lo que hoy somos, un pueblo al que Dios ha prosperado, un pueblo que tiene al Señor de los ejércitos con él. … Vosotros que estáis relacionados con las cosas sagradas, Dios os ordena que cuidéis dónde ponéis vuestros pies. Él os tiene por responsables de la luz de la verdad, de que brille en nítidos y claros rayos al mundo. El mundo nunca os ayudará con sus esquemas a hacer brillar vuestra luz … Todos los que abrazan la verdad deben hacerlo en justicia, apreciando su valor y carácter sagrado … Necesitamos sabiduría divina y destreza a fin de aprovechar toda oportunidad que la providencia de Dios disponga para la presentación de la verdad.

Aprovechad la oportunidad, no la traicionéis, no falléis al presentarse la oportunidad debido a que no estáis preparados. ¿Para qué estamos aquí, si no estamos dispuestos? ¿Qué sois vosotros y yo como pastores adventistas del séptimo día, ministros para llevar el mensaje del tercer ángel? ¿Qué hacemos aquí, si no estamos dispuestos, cuando Dios nos llama y da una oportunidad?

No se permita que el temor a los hombres y el deseo de promoción oscurezcan un solo rayo de la luz celestial. Si ahora fallaran los centinelas de la verdad en hacer sonar la advertencia, serían indignos de su posición como portaluces del mundo. Ahora bien, si el estandarte cayera de sus manos, el Señor suscitaría a otros que fueran fieles y leales.

Requerirá coraje moral hacer resueltamente la obra de Dios. Los que obren así no pueden ceder al amor por ellos mismos, a las consideraciones egoístas, a las ambiciones, al apego a una vida fácil o al deseo de evadir la cruz...

Algunos pueden aparentar no implicarse en ningún bando en el conflicto. Pueden aparentar no tomar partido contra la verdad, pero no saldrán valientemente por Cristo por miedo a perder la propiedad o a sufrir reproche. *Todos ellos son contados con los enemigos de Cristo.*

Ha llegado el tiempo en que los amigos de Cristo han de darse a conocer. Y si es un adventista del séptimo día el que es llamado por su posición en favor de Cristo y el mensaje, que vuestra amistad con Cristo se conozca en que alistáis con él.

Dediquemos ahora unos minutos a hablar acerca de cómo llegamos a esta posición, cómo fue que vinieron estos peligros.

Recordaréis cuando la otra tarde leía el capítulo 2 de Joel, que uno de los hermanos, al llegar al versículo 23—el hermano Corliss—lamó la atención a la nota al margen en la Biblia. ¿Lo recordáis? Entonces dije que volveríamos a aquella nota marginal posteriormente. Buscadla y leedla ahora en vuestras Biblias. Dice el versículo 23:

Vosotros también, hijos de Sión, alegraos y gozaos en Jehová, vuestro Dios; porque os ha dado la primera lluvia a su tiempo.

¿Qué dice en la nota marginal? "Un instructor

de justicia". Os ha dado un instructor de justicia. ¿Cómo? De acuerdo con la justicia. "Y hará descender sobre vosotros lluvia". Y ¿en qué consistirá? Cuando vino la primera lluvia, ¿en qué consistió?—En un "instructor de justicia". Y cuando él da la lluvia tardía, ¿en qué consistirá? —En un "instructor de justicia". ¿Cómo?—De acuerdo con la justicia. ¿No es precisamente eso lo que nos ha dicho el testimonio en ese artículo que se os ha leído varias veces? "El fuerte pregón del tercer ángel", la lluvia tardía, ha comenzado ya "en el mensaje de la justicia de Cristo". ¿No es eso mismo lo que nos dijo Joel en su día? ¿No fue nuestra vista desviada, a fin de que no pudiéramos ver? ¿Acaso no estamos en necesidad de ungimiento? Hermanos, ¿qué necesitamos en el mundo tanto como eso? ¡Cuán gozosos debiéramos estar porque Dios haya enviado a su propio Espíritu en los profetas para hacérnoslo ver, siendo que no lo veíamos! ¡Cuán infinitamente agradecidos debiéramos estar por ello!

Así pues, la lluvia tardía, el fuerte pregón, de acuerdo con el testimonio y de acuerdo con la Escritura, es el "instructor de justicia" según la justicia. Ahora, hermanos, ¿cuándo fue que este mensaje de la justicia de Cristo comenzó con nosotros como pueblo? [Uno o dos en la audiencia: "Hace tres o cuatro años"]. ¿Son tres, o son cuatro? [Congregación: "Cuatro"].—Sí, cuatro. ¿Dónde fue? [Congregación: "Minneapolis"]. ¿Qué rechazaron entonces los hermanos en Minneapolis? [Algunos en la congregación: "El fuerte pregón"]. ¿Cuál es ese mensaje de justicia? El Testimonio nos ha dicho qué es: el fuerte pregón, la lluvia tardía. Siendo así, ¿qué rechazaron los hermanos en esa terrible posición en la que estuvieron, en Minneapolis?—Rechazaron la lluvia tardía, el fuerte pregón del mensaje del tercer ángel.

Hermanos, ¿no es bien triste? Por supuesto, los hermanos no sabían que estaban rechazando eso, pero el Espíritu del Señor estaba allí para decirles que lo estaban haciendo ¿no es así? Pero al rechazar el fuerte pregón, el "instructor de justicia", el Espíritu del Señor estuvo allí mediante su profeta y nos dijo lo que estaban haciendo. ¿Qué sucedió entonces? Oh, entonces simplemente pusieron de lado al profeta, junto con lo otro. Eso fue lo que sucedió. Hermanos, es tiempo de que recapacitemos en estas cosas. Es tiempo de meditar seriamente, de pensar con detenimiento.

En la página 8 de "Peligro en adoptar una política mundana en la obra de Dios" leo esto:

Como Intercesor y Abogado del hombre, Jesús guiará a todos los que estén dispuestos a dejarse guiar, diciéndoles: "Seguidme arriba, paso a paso, *donde brilla la clara luz del Sol de justicia*". Pero no todos están siguiendo la luz. Algunos están saliendo del camino seguro, que a cada paso es un camino de humildad. Dios ha encomendado a sus siervos un mensaje para este tiempo; pero ese mensaje no coincide en todo particular con las ideas de todos los dirigentes, y algunos critican el mensaje y los mensajeros. *Se atreven incluso a rechazar las palabras de reproche que Dios les ha enviado mediante su Espíritu Santo.*

Sabéis de quién se trató. No espero que ninguno de vosotros mire hacia algún otro. Tú sabes si tú mismo estuviste o no en ello. Y hermanos, ha llegado el momento de que aceptemos hoy lo que entonces rechazamos. Ni una sola alma entre nosotros ha sido capaz de imaginar la maravillosa bendición que Dios tenía para nosotros en Minneapolis, y que habríamos estado disfrutando estos cuatro años si los corazones hubiesen estado dispuestos a recibir el mensaje que Dios envió. Estaríamos cuatro años por delante; esta noche habríamos estado en medio de las maravillas del fuerte pregón. ¿No nos dijo el Espíritu de profecía allí, en aquel tiempo, que la bendición estaba rondando sobre nuestras cabezas? Bien, hermanos, lo sabéis. Examínese cada uno a sí mismo; no vamos a comenzar a examinar uno a otro. Cada uno sabe por sí mismo la parte que tuvo en los hechos; y ha llegado el momento de erradicar todo el asunto. Leeré otro pasaje relativo a lo mismo:

¿Qué poder tiene el Señor en reserva para alcanzar a aquellos que han desechado sus advertencias y reproches, y han *reputado los testimonios del Espíritu de Dios como si su origen no fuera superior a la sabiduría humana*? En el juicio, los que así habéis hecho ¿qué excusa ofreceréis al Señor por haber dado la espalda a la evidencia que él os ha dado de que Dios estaba en la obra? "Por sus frutos los conoceréis". No voy a repetir ahora ante vosotros las evidencias dadas en los *dos años pasados* acerca del trato de Dios con sus siervos escogidos.

Ese testimonio fue dado el 3 de noviembre de 1890. Dos años antes nos lleva al otoño de 1888, al mes de noviembre, y eso significa Minneapolis; el tiempo preciso en que eso tenía lugar. Hay en esta casa media docena de hermanos; sí, quizá una docena de ellos, quienes, en otra ocasión con posterioridad a Minneapolis, en un instituto, oyeron al Espíritu de Dios reprobar y reprender en palabras llanas ese espíritu de Minneapolis que había en aquella asamblea pastoral en el que estábamos, y afirmaron sin rodeos que era "el espíritu de Satanás". Eso ocurría la primavera siguiente a Minneapolis.

Continúo:

Pero se os revela la evidencia de su obra en el presente, y *estáis ahora bajo la obligación de creer*. No podéis ser negligentes en oír el mensaje de advertencia de Dios, no podéis rechazarlos o tratarlos a la ligera sin peligro de una pérdida infinita. Sólo es posible ceder a las objeciones capciosas, a ridiculizar y a los falsos informes a expensas del envilecimiento de vuestra propia alma. El uso de armas tales no gana en vuestro favor ninguna preciosa victoria, sino que rebaja la mente y separa el alma de Dios. Las cosas sagradas son llevadas al nivel de lo común y se crea una condición de cosas que complace al príncipe de las tinieblas y que contrista al Espíritu de Dios. Las objeciones capciosas y la crítica dejan al alma privada del rocío de la gracia, de igual forma en que las colinas de Gilboa estaban destituidas de la lluvia. No se puede depositar la confianza en el juicio de aquellos que son indulgentes en ridiculizar y presentar falsamente a otros. No se puede conceder ningún peso a sus consejos o decisiones. Debéis llevar las credenciales divinas antes de efectuar movimientos decididos o de modelar la obra de la causa de Dios.

Acusar y criticar a quienes Dios está usando, es acusar y criticar al Señor que los ha enviado. Todos necesitan cultivar sus facultades religiosas a fin de que puedan tener un correcto discernimiento de los asuntos religiosos. Algunos han fallado en distinguir entre el oro puro y el vil metal, entre la sustancia y la sombra.

Antes de continuar con el párrafo siguiente quiero leer dos párrafos de este testimonio que aún no ha sido publicado:

Las falsas ideas que fueron ampliamente desarrolladas en Minneapolis no han sido enteramente desarraigadas de algunas mentes. Los que no han hecho una obra concienzuda de arrepentimiento bajo la luz que Dios ha tenido a bien dar a su pueblo desde ese momento, no verán claramente las cosas, y estarán dispuestos a calificar los mensajes que Dios envía como un engaño.

Hermanos, ¿qué mayor peligro podría haber ante nosotros, que ese al que hemos sido llevados por el curso seguido, y contra el que se nos advierte: el peligro de traicionar los legados sagrados, el peligro de traicionar a nuestros hermanos y de llevarlos a lugares y posiciones en los que tengan que soportar horribles cargas que el enemigo ponga sobre nosotros y con las que nos persiga?

Leeré algo más insistiendo en el mismo tema:

Debiéramos ser el último pueblo en la tierra en consentir en el más mínimo grado con el espíritu de persecución contra aquellos que están llevando el mensaje de Dios al mundo. Ese es el rasgo anticristiano más terrible que se ha manifestado entre nosotros desde el encuentro de Minneapolis. Algún día se lo verá en su verdadero significado, con todo el horror que del mismo ha resultado.

Hermanos, Dios está fervientemente interesado en eso. Es tiempo de que vosotros y yo busquemos al Señor mientras dura la misericordia, a fin de que seamos capaces de ver todo el horror en su enormidad, mientras que dura la gracia para librarnos de ello. Dios nos llama a sí mismo.

Ahora, este párrafo adicional en *Special Testimonies*:

Los prejuicios y opiniones que prevalecieron en Minneapolis no están de ninguna forma muertos. Las semillas que fueron allí sembradas en algunos corazones están listas a brotar a la vida y a rendir una cosecha similar. Se han cortado las puntas, pero nunca se arrancaron las raíces, y siguen llevando su fruto impío para envenenar el juicio, pervertir las percepciones y cegar el entendimiento de aquellos con quienes tratáis, en relación con el mensaje y los mensajeros. Cuando, mediante confesión concienzuda destruyáis la raíz de amargura, veréis luz en la luz de Dios. *Sin esa obra concienzuda nunca limpiaréis vuestras almas.*

Hermanos, ¿limpiaréis así vuestras almas y abriréis el camino del Señor para que envíe su Espíritu en el derramamiento de la lluvia tardía?

Necesitáis estudiar la palabra de Dios con un propósito, no para confirmar vuestras propias ideas, sino para corregirlas, para que sean condenadas o aprobadas, si es que están o no en armonía con la palabra de Dios. La Biblia ha de ser vuestra compañía constante. Debéis estudiar los Testimonios, no para entresacar ciertas frases que podáis emplear como os plazca para fortalecer vuestras aserciones, mientras que despreciáis las claras declaraciones dadas para corregir vuestro curso de acción.

Ha habido un alejamiento de Dios entre nosotros, y está aún pendiente de realizar la celosa obra de arrepentimiento y volver a nuestro primer amor, tan esencial para la restauración a Dios y la regeneración del corazón. La infidelidad ha irrumpido en nuestras filas, ya que es la moda alejarse de Cristo y darse al escepticismo. El clamor del *corazón* de muchos ha sido: "No queremos que este hombre reine sobre nosotros". Baal, Baal, es la elección. La religión de muchos entre nosotros será *la religión del apóstata Israel*, puesto que aman su propio camino y olvidan el camino del Señor. La *verdadera religión*, la *única religión de la Biblia*, que enseña el perdón solamente mediante los méritos de un Salvador crucificado y resucitado, que *defiende la justicia por la fe del Hijo de Dios*, ha sido tomada a la ligera, se ha hablado contra ella, se la ha ridiculizado y se la ha rechazado. Se la ha denunciado como conduciendo la excitación y fanatismo. *Pero es la vida de Jesucristo en el alma, es el principio activo del amor impartido por el Espíritu Santo*, el único que logrará que el alma sea fructífera en buenas obras. El amor de Cristo es la fuerza y el poder de todo mensaje de Dios que jamás haya salido de labios humanos. ¿Cuál es el futuro que nos espera si fallamos en venir a la unidad de la fe?

Esa fue la cuestión planteada anoche: la unidad de la fe. Cuando los primeros discípulos se juntaron y oraron unánimemente y estuvieron mano con mano, entonces el Espíritu Santo vino sobre ellos, y eso es lo que se pone ahora ante nosotros.

Hermanos, no digo estas cosas con ánimo de encontrar faltas o de condenar. Las digo en el temor de Dios, para que cada uno de nosotros pueda saber dónde estamos. Si persiste todavía alguna de esas raíces de Minneapolis tras estos cuatro años, o algún resto de ellas que se hayan cultivado durante estos cuatro años, asegurémonos aquí y ahora que las erradicamos totalmente y nos postramos a los pies de Cristo con esta confesión: "Soy desgraciado, miserable, pobre, ciego y desnudo, y no conozco mi condición". Ahí es donde estamos.

Sé que allí algunos lo aceptaron. Otros lo rechazaron totalmente. Vosotros también lo sabéis. Aun otros procuraron mantenerse a medio camino, y así es como lo obtuvieron. Pero esa no es la forma de recibirlo, hermanos. No es así como se lo obtiene. Creyeron que podían tomar una posición equidistante, y aunque no se puede decir exactamente que lo recibieran o que se comprometieran con él, sin embargo estarían dispuestos a ir allá donde el viento soplara finalmente. Allá donde fuese el cuerpo, estarían ellos dispuestos también a ir.

Desde ese tiempo, otros han visto que Dios está haciendo avanzar el cuerpo y la causa en esa misma línea, y se han propuesto avanzar junto al cuerpo mientras vean que se mueve en esa dirección. Hermanos, necesitáis tener esa justicia de Jesucristo mucho más cerca de vuestro corazón que todo eso. Cada uno necesita tener la justicia de Dios más cerca de él, que simplemente sopesar las cosas y quedarse a medio camino: de hacer así, no conocerá en absoluto la justicia de Dios.

Aun otros han sido aparentemente favorables y estarían dispuestos a hablar en su defensa cuando todas las cosas iban en esa dirección. Pero cuando apareció aquel espíritu implacable—ese espíritu descrito como perseguidor—, al irrumpir violentamente ese espíritu y hacer guerra contra el mensaje de la justicia por la fe, en lugar de mantenerse noblemente en el temor de Dios y frente al ataque declarar: "Es la verdad de Dios y la creo con toda mi alma", comenzaron a ceder y a disculparse, excusándose en razón de los que lo estaban predicando, como si fuese un asunto meramente humano, teniendo en admiración las personas por causa del provecho.

Hermanos, la verdad de Dios no necesita disculpas. El hombre que predica la verdad de Dios no necesita disculparse. La verdad de Dios requiere vuestra fe; eso es lo que pide. Todo cuanto necesita la verdad de Dios es que tú y yo la creamos, la recibamos en nuestros corazones y nos adhiramos a ella frente a los ataques que pueda sufrir; y que se sepa que estáis con los mensajeros que Dios envía a predicar; no porque sean ciertas personas, sino porque Dios los envía con un mensaje.

Eso, no obstante, no es más que una muestra. Están por suceder cosas que serán más sorprendentes que las acaecidas en Minneapolis, más sorprendentes que cualquiera de las cosas que hayamos podido ver hasta aquí. Y hermanos, se requerirá que recibamos y prediquemos *esa* verdad. Pero a menos que vosotros y yo hayamos desarraigado de nuestro corazón todo resto de ese espíritu, trataremos al mensaje y al mensajero por medio del que se envía, de la precisa forma en que Dios dice que hemos tratado este otro mensaje.

Leeré la conclusión de este testimonio en el volumen 1 de *Testimonios*, páginas 186-187, y terminaremos por esta noche:

Dios probará a su pueblo. Jesús los soporta pacientemente y no los arroja de su boca al momento. Dijo el ángel: "Dios está pesando a su pueblo". Si el mensaje hubiese sido de una duración tan corta como muchos de nosotros esperábamos, no habría habido tiempo para que desarrollaran el carácter. Muchos actuaron por sentimientos, no por principio y fe, y ese solemne y temible mensaje los reavivó. Sobrecogió sus sentimientos y despertó sus temores, pero no cumplió la obra que Dios designó que tenía que efectuar. Dios lee el corazón. A fin de que su pueblo no resulte engañado en cuanto a sí mismos, Dios les da tiempo para que la excitación pase, y entonces los prueba para saber si obedecerán el consejo del Testigo fiel y verdadero.

Así, no nos cansemos de buscar a Dios en esta asamblea, y si la bendición no llega en un día, una semana o un mes, continuemos en el camino, pues Dios ha dicho que llegará.

Leo en la página 187:

Dios conduce a su pueblo paso a paso. Él los lleva a diferentes puntos calculados para manifestar lo que hay en el corazón. Algunos resisten en un punto, pero fracasan en el siguiente. A cada punto de avance el corazón es examinado y puesto a prueba un poco más de cerca. Si el profeso pueblo de Dios resulta tener sus corazones en oposición a esta obra, *debe convencerlos de que tienen una obra que hacer para vencer*, si es que no han de ser arrojados de la boca del Señor. Dijo el ángel, "*Dios llevará su obra cada vez más cerca* a fin de probar a *cada uno* de su pueblo". Algunos están dispuestos a recibir un punto; pero cuando el Señor los lleva a otro punto probatorio *se retiran y retroceden* debido a que ven que eso golpea directamente algún ídolo acariciado.

Todo eso lo he visto yo mismo en casos individuales, vez tras vez desde la asamblea de Minneapolis.

Aquí tienen oportunidad de ver lo que hay en sus corazones que echa fuera a Jesús. Valoran alguna cosa por encima de la verdad, y sus corazones no están dispuestos a recibir a Jesús. Durante un cierto tiempo los individuos son probados para ver si sacrificarán sus ídolos y oirán el consejo del Testigo Fiel. Si alguien no es purificado por la obediencia a la verdad venciendo su egoísmo, su orgullo y sus pasiones, *los ángeles del Señor tienen el encargo*: "Se han juntado a sus ídolos, dejadlos", y continuarán con su obra, dejando a aquellos con sus rasgos pecaminosos sin someter, bajo el control de los ángeles malos. Los que alcanzan *cada punto*, y *resisten toda prueba* venciendo *a cualquier precio*, han oído el consejo del Testigo fiel, y *recibirán la lluvia tardía*, siendo así hechos idóneos *para la traslación*.

Hermanos, es ahí donde nos encontramos. Actuemos en consecuencia. Demos gracias al Señor porque nos trate todavía como lo hace para salvarnos de nuestros errores y de nuestros peligros, para protegernos de cursos de acción equivocados y para derramar sobre nosotros la lluvia tardía a fin de que podamos ser trasladados. Eso es lo que significa el mensaje para vosotros y para mí: TRASLACIÓN. Hermanos, recibámoslo con todo el corazón y demos gracias a Dios por él.

El mensaje del tercer ángel (nº 10)
A.T. Jones

Te aconsejo que compres de mí oro refinado en el fuego para que seas rico, y vestiduras blancas para vestirte, para que no se descubra la vergüenza de tu desnudez. Y unge tus ojos con colirio para que veas. Yo reprendo y castigo a todos los que amo; sé, pues, celoso y arrepiéntete. Yo estoy a la puerta y llamo; si alguno oye mi voz y abre la puerta, entraré a él y cenaré con él y él conmigo (Apoc 3:18-20).

Ese es el consejo que queremos estudiar esta noche. "Yo te aconsejo". ¿Quién aconseja? [congregación: 'Cristo']. ¿Cómo se lo identifica en el versículo 14? [congregación: 'Testigo fiel y verdadero']. Un buen Consejero, ¿no os parece? El Testigo fiel y verdadero, el Principio de la creación de Dios, viene y te aconseja a ti y a mí. ¿No os parece una gran condescendencia, considerando de dónde viene el Consejero? Lo que hemos estado estudiando en las lecciones anteriores, lo que se ha presentado ante nosotros con plenitud e insistencia en los días pasados, la palabra enviada a la iglesia de Laodicea (que nosotros constituimos), ¿no nos ha venido desde todo ángulo y de toda boca que haya hablado; y el Señor mismo, junto a lo anterior, nos ha hablado directamente a nosotros en la palabra que leímos ayer al respecto? Creo que todos están hoy dispuestos a confesar que lo que él dice, es así. Por lo tanto, no voy a repetirlo esta noche.

Él lo ha afirmado, y si confesamos que es así, estamos preparados para recibir su consejo, apreciarlo y sacar provecho de él, puesto que es sólo a tales personas a las que él aconseja. Aconseja a los que son pobres, desgraciados, miserables, ciegos, desnudos, *y no lo saben.* Tales son los únicos que pueden recibir su testimonio, son los únicos a quienes va dirigido: a los que son tibios. Pues bien, habiendo sido llevados a este punto por la palabra y el testimonio, y por todo medio que el Señor ha empleado en estos días pasados en todas las lecciones que se nos han dado, ahora condesciende a aconsejarnos. ¿No es así? Por lo tanto, hermanos, no seamos tardos en aceptar su consejo, tal como lo fuimos en la ocasión precedente. No seamos tardos en alcanzar una posición que nos permita recibir su consejo ahora, tal como lo fuimos para recibir el otro.

Así pues, a partir de ahora viene como consejero. ¿Es así? [congregación: 'Sí']. Bien. Cuando estás en necesidad de saber si has de vender tu propiedad, ¿habrás de preguntarle a tu hermano para saber qué hacer? [congregación: 'Pregunta al Consejero']. A fin de saber qué tienes que hacer, habrás de ir a preguntarlo a algún otro hombre, ¿es así?... Ved el problema: ¿cómo es posible que otro hombre me indique lo que he de hacer, siendo que en caso de encontrarse él en mi situación, tendría que hacer a su vez idéntica pregunta para saber qué decisión tomar...? ¿Cómo puedo obtener ayuda alguna de él, siendo que él no sabe qué decisión tomar a menos que estuviera en mi lugar, e incluso entonces estaría en necesidad de pedir ayuda encomendándose a otro?

Quizá esta otra forma de actuar os parezca mejor... Puesto que no soy más que un miembro de iglesia del común, acudiré al anciano, o a algún otro en postura más prominente, a preguntarle qué debo hacer. Ahora bien, siguiendo esa lógica, es de suponer que este querrá a su vez preguntar a otro, digamos al presidente de la Asociación... [Pastor Boyd: '¿No hay sabiduría en la multitud de consejeros?']. Pero supongamos que el presidente de la Asociación necesita preguntar a otro. Entonces se supone que habrá de dirigirse al presidente de la Asociación General. Ahora, ¿a quién podrá preguntar dicho presidente? ... [congregación: 'Preguntemos al Señor']. Supón que estás en la duda sobre si vender o no tu propiedad, o alguna otra decisión. ¿A quién preguntarás? ¿A algún otro? [congregación: 'Al Señor']. Puedes preguntar al Señor, ¿no es así? ¿Acaso no podemos obtener nuestra sabiduría del Señor, sin tener que cansar a media docena de personas, como es preceptivo para un católico? [congregación: 'Podemos']. ¿Podemos? [congregación: 'Sí']. En la iglesia católica las personas del común no pueden ir al Señor excepto a través del sacerdote, y el sacerdote a través del obispo, el obispo mediante el arzobispo; este a través del cardenal y el cardenal a través del papa. ¿Es esa la forma en la que ha de actuar el pueblo del Señor?—¡No ciertamente! No es ese el método divino. Cuando quieres saber algo, preguntas al Señor. Él es tu consejero y el mío. Y cuando hacéis de él vuestro consejero, *entonces*, hermano Boyd, y *sólo entonces*, "hay sabiduría en la multitud de consejeros"; porque entonces recibimos consejo del gran Consejero. Cuando él es el consejero de cada uno y nos reunimos para tomar consejo, si *él* está en medio de nosotros, *entonces* hay sabiduría en la multitud de consejeros.

En *Obreros Evangélicos* encontraréis declaraciones como estas:

Debemos aconsejarnos mutuamente y estar sujetos unos a otros; pero *al mismo tiempo* debemos ejercer la capacidad que Dios nos ha dado para saber cuál es la verdad. Cada uno de nosotros debe mirar a Dios en procura de iluminación divina.

Tras haber recibido consejo de los sabios y prudentes, *queda aún un Consejero* cuya sabiduría es infalible. No dejéis de presentar ante él vuestro caso, y suplicad su dirección. Ha prometido que si os falta sabiduría y la pedís de él, os la dará abundantemente, sin restricción (*GW* 129 y 257).

Así, pregunto de nuevo: desde esta misma noche, ¿es tu consejero?, ¿es individualmente nuestro consejero? [congregación: 'Sí']. Y tal como escuchamos del hermano Underwood sobre este mismo tema, especialmente en referencia a la puesta en venta de propiedades, "si hubiese una mayor búsqueda del Señor en procura de guía, tendríamos más de su dirección". Tendríamos más de él en nuestra obra y en nuestros consejos. ¿Con qué objeto vino a hacerse nuestro Consejero, si no es para que recibamos sus consejos? Aceptémoslos pues.

¿Cuál es su nombre? [respuesta: 'Admirable consejero']. Así está escrito:

Admirable consejero, Dios fuerte, Padre eterno, Príncipe de paz (Isa 9:6).

Ese es el nombre que se le dará. Recordaréis también ese otro lugar en el que dice: "Maravilloso en consejo". ¿Y qué añade? "Magnífico en sabiduría" (Isa 28:29). No olvidéis que cuando viene como consejero, viene con la sabiduría del obrero; y el consejo que da es el de un obrero, y un obrero sabio que llevará a cabo su obra "porque Dios es el que obra en vosotros, tanto el querer como el hacer, por su buena voluntad" (Fil 2:13).

De forma que tenemos a ese consejero, al Testigo fiel y verdadero, al maravilloso en consejo y magnífico en sabiduría. Una vez que hemos procurado y obtenido su consejo, él nos acompaña en la ejecución del mismo como si él lo hubiera asumido desde el principio. ¿Acaso no es así? Si no hemos aprendido eso, de nada sirve que avancemos en ninguna otra cosa a menos que dependamos plenamente de su poder, carácter, justicia y vida. Si hubiera otra consideración u otra forma de realizarlo, bien podríamos interrumpir aquí y dejarlo todo. Pero siendo las cosas como son, no podemos avanzar ni un paso sin él. Él es nuestro admirable Consejero, maravilloso en consejo y magnífico en sabiduría, y nos dice: 'Estoy contigo para aconsejarte, estoy contigo para realizarlo'.

Te aconsejo que compres de mí oro afinado en fuego (Apoc 3:18).

Otras escrituras, junto a ese texto, muestran que nada puede cubrir nuestra necesidad, excepto ese oro capaz de resistir la prueba del fuego. Recordaréis 1 Pedro 1:4-5, que trata de la esperanza viviente a la que Dios nos ha engendrado mediante la resurrección de Jesucristo de los muertos; y cómo somos mantenidos por el poder de Dios, mediante la fe, para salvación. ¿Cuándo? [respuesta: 'que será revelada en el último tiempo']. "Por eso rebosáis de alegría". ¿Rebosáis? Si es así, ¿por qué andáis cabizbajos lamentándoos? Es ya tiempo de que creamos las Escrituras. Abraham creyó a Dios, y le fue atribuido a justicia. El Señor lo afirmó, y él se gozó grandemente de que fuera así. ¿Es así esta noche, de forma que podamos gozarnos grandemente? [respuesta: 'Sí'].

Por eso rebosáis de alegría, aunque ahora, por un poco de tiempo, seáis afligidos por diversas pruebas (1 Ped 1:6).

Somos afligidos por diversas pruebas y rebosamos de alegría. ¿Es eso posible?—Lo es, porque Dios lo ha dicho, y es así. Es la única forma en que puedo saber que es así: lo es porque él lo ha dicho. Ahora bien, ¿con qué finalidad es así?

Para que vuestra fe, mucho más preciosa que el oro que perece, aunque sea refinado en fuego, sea hallada en alabanza, gloria y honra, cuando Jesucristo se manifieste (vers. 7).

¿Esperas que tu fe sea probada como por fuego? ¿Esperas que pase la prueba de fuego a la que se somete el oro? [respuesta: 'Sí'].

Estudiaremos eso más adelante. ¡Qué cuidado exquisito dedican los hombres en este mundo al oro que perece! Más de uno custodia su oro mediante cajas fuertes, edificios blindados y guardianes. Cientos de personas en las grandes ciudades cuidan así del oro que perece. Permitidme que os diga, hermanos y hermanas: la prueba de vuestra fe, por pequeña que esta sea, es más preciosa a los ojos del Admirable Consejero, más preciosa a los ojos de Dios, que todo el oro y joyas que custodia cualquier caja fuerte, o todas juntas las que hay en la tierra.

No temáis que pueda olvidarla. ¿Cómo la califica? Como más preciosa que el oro que perece. ¿Quién es el que afirma eso? —El Admirable Consejero, el Señor mismo. Agradezcámosle, por lo tanto, que él vea de esa forma nuestra débil y temblorosa fe. Bien, hermanos, ¿acaso no tenemos en esto uno de los mayores motivos de ánimo que el Señor puede ofrecernos? No comprendo por qué las personas se lamentan por lo débil de su fe. A veces dices: 'No tengo ninguna fe'. Bien; el Señor afirma que *la tienes*. Y añado: dale gracias por lo que tienes. No digo que no pueda ser muy pequeña; puede ser tan minúscula como un grano de mostaza. Dale gracias por la que tienes, y agradécele que sea para él más preciosa que todo el oro y riquezas de esta tierra. Así es como considera el Señor tu fe.

No debes cuestionar acerca de si tienes o no fe. Dios dice que la tienes, y es así.

Leamos Romanos 10:6-8:

Pero la justicia que procede de la fe dice: "No digas en tu corazón: ¿Quién subirá al cielo?" Esto es, para bajar a Cristo. Ni digas, "¿quién descenderá al abismo?" Esto es, para volver a traer a Cristo de los muertos. Entonces, ¿qué dice? "La palabra está cerca de ti, en tu boca y en tu corazón". Esta es la palabra de la fe, que predicamos.

Por lo tanto, ¿es correcto lamentar y preguntarse si tenemos fe o no?—Ciertamente no lo es. Dios ha implantado fe en todo corazón que nace en este mundo. Dios hará que esa fe crezca abundantemente, y nos revelará su justicia a medida que crece "de fe en fe". ¿De dónde procede la fe?—Dios nos la dio. ¿Quién es el Autor de la fe?—Cristo; y esa luz que alumbra a todo hombre que viene a este mundo es Jesucristo. Esa es la fe que está en el corazón de todo ser humano. Si cada uno emplea esa fe que tiene, nunca tendrá falta de fe; pero si no emplea la fe que tiene, ¿cómo podría conseguir más de ella?

Por lo tanto, tenemos fe, ¿no es así? Y la prueba de vuestra fe es más "preciosa" que todo el oro que jamás existiera en este mundo. Observad: a los ojos de Dios es más preciosa que el oro. No que el oro sea precioso a sus ojos; esa no es de ninguna forma la idea. Es más preciosa a los ojos de Dios de lo que sería *a los ojos de los hombres* todo el oro de la tierra. ¿Cuán precioso es el oro a los ojos del hombre? ¿Cómo se sentiría uno que poseyera todo el oro del mundo? ¿Acaso no se creería rico? ¿No se enorgullecería por ello? Así pues, no olvidéis que la prueba de esa fe que tenéis, por más pequeña que pueda ser, es más preciosa a los ojos de Dios de lo que sería a los ojos del hombre todo el oro de ese mundo. "Vuestra fe, mucho más preciosa que el oro que perece, aunque sea refinado en fuego", es preciosa a los ojos de Dios. ¿Quién es el más interesado en ese proceso? [congregación: 'El Señor']. ¡Efectivamente! Me faltan las palabras para expresar cuán preciosa es a su vista. Mi idea de cuán preciosa es a sus ojos, está tan alejada de la realidad como mis pensamientos lo están de los suyos (Isa 55:9). Por lo tanto, él es el más interesado de todo el universo en la prueba de nuestra fe, en el ejercicio de nuestra fe y en todo ese proceso. ¿No es acaso un don suyo? ¿No estará él interesado? Esta es la verdadera luz en la que debiéramos ver este asunto.

Seguimos leyendo:

Aunque sea refinado en fuego, sea hallada en alabanza, gloria y honra, cuando Jesucristo se manifieste. A quien, sin haberlo visto, lo amáis (vers. 7-8).

¿No lo hacemos acaso? Él dice que sí, y así es.

Y sin verlo por ahora, creéis en él y os alegráis con gozo inefable y glorioso (vers. 8).

¿Es así?—Ciertamente. Pero hermanos, pienso a menudo en este versículo: "A quien, sin haberlo visto, lo amáis", y me pregunto ¿qué puede llegar a ser cuando finalmente lo *veamos*? Y lo maravilloso de esto es que no habremos de esperar ya mucho para verlo [congregación: 'Alabado sea el Señor].

Hay otro pasaje al que me quiero referir, que está en 1 Pedro 4:12. Comienza así: "Amados". ¿Es así? ¿Quién lo declara?—El Consolador. Nos llama "amados" a ti y a mí. Siendo que Dios nos trata de esa manera, ¿qué otra cosa podríamos ser, excepto las personas más felices de la tierra? Viene y se constituye en el Consejero admirable; está deseoso de tener consejo y hablar con nosotros, y la primera palabra que nos dice es: "Amados". Más de una vez hemos pensado que las palabras del ángel, dichas al profeta: "Daniel, varón muy amado", son una declaración personal sólo aplicable a él. Pero no puede ser más personal que cuando viene y nos dice a ti y a mí: "Amados".

Sigue así:

No os sorprendáis por el fuego de la prueba que os ha venido, como si os hubiera sucedido algo extraño (1 Ped 4:12).

Puesto que se nos dice "amados", así es como debemos considerarnos. Amados, ¿acaso debemos considerar la prueba del fuego como algo extraño? No hay en eso nada de extraño. No nos sorprenderá cuando hayamos de enfrentarlo. Sabéis que muchos son tímidos y reaccionan con rubor ante la visita de un extraño, resultando confundidos. Si vosotros y yo reaccionamos de ese modo ante las pruebas—y vamos a tener que enfrentar algunas de ellas en breve—, resultaremos confundidos. Pero tan pronto como alguien resulta confundido por la prueba, el enemigo obtuvo ahí la victoria. Esa es la forma en que quiere sorprendernos con la guardia baja, de forma que resultemos sorprendidos y confundidos aunque sea por un momento, momento que él aprovechará para herirnos con sus saetas de fuego.

El Señor viene y nos aconseja así: "No os sorprendáis". Así pues, cuando enfrentamos esas pruebas de fuego, no estaremos ante ningún extraño. Estaremos familiarizados. Las reconoceremos. Poco importa lo tímida o introvertida que pueda ser una persona; cuando se encuentra con alguien a quien conoce bien, no resulta sobresaltada por más inesperado que sea el encuentro. No resulta confundida. Al contrario: se alegra. El Señor quiere que estemos de tal modo familiarizados con las pruebas, que por más de imprevisto que nos vengan, podamos decir: 'Buenas. Encantado de encontrarme contigo. Te conozco. Adelante'. En vista del consejo del Señor, no reaccionemos ante las pruebas "como si os hubiera sucedido algo extraño". No tenemos que tratarlas como a extraños, sino como a conocidos. No solamente eso, sino que hemos de verlas como ayudas en el viaje a Sión.

Santiago escribió:

Hermanos, tened por sumo gozo cuando os halléis en diversas pruebas (Sant 1:2).

¿Cómo nos llama ahí? "Hermanos". En otros sitios se nos llama "Amados". ¿Qué significa "diversas"?—Diferentes. ¿Qué escribió Pedro al propósito? "Diversas pruebas" (1:6). Se espera que nos alegremos, no en razón de ciertas pruebas, sino de *cualquier* clase de ellas: diversas, diferentes, de varios tipos; ¡todas ellas! No serán para nosotros algo extraño, sino que debemos verlas como a conocidos.

Seguimos leyendo: "Antes gozaos de ser participantes de las aflicciones de Cristo". Santiago nos llama "hermanos". Leemos ahora un texto que conecta los dos precedentes. Heb 2:10-12:

Convenía que Dios, por causa de quien y por medio de quien todas las cosas existen, habiendo de llevar a la gloria a muchos hijos, perfeccionara mediante aflicciones al autor de la salvación de ellos. Porque el que santifica y los que son santificados, todos proceden de uno. Por eso, no se avergüenza de llamarlos *hermanos*.

Ese es el motivo por el que nos llama hermanos, y el motivo por el que debemos alegrarnos tan grandemente al atravesar diversas pruebas: él estuvo allí, enfrentó cada una de ellas, enfrentó toda tentación hasta la plena medida de lo posible, pasó por todo ello en beneficio nuestro. Regresa ahora y nos dice: 'Voy a pasar por eso mismo *contigo*'. Primeramente pasó él solo *por* nosotros; ahora pasa *con* nosotros.

He pisado el lagar solo. De los pueblos nadie estuvo conmigo (Isa 63:3).

Pero gracias al Señor, Dios estuvo con él. Declaró: "El Padre no me ha dejado solo" (Juan 8:29). Gracias al Señor por haber tenido el regio valor de realizarlo solo, confiando únicamente en que el Padre estaría con él. Cuán grande su bondad, al no pedirnos que lo intentemos solos. No; viene y nos dice: 'Estaré con vosotros en todas esas pruebas'. Hermanos míos, él irá con vosotros. Ese es el motivo por el que no debemos considerarlas como algo extraño. Él nos llama hermanos suyos, y ha pasado por cada una de esas pruebas, de forma que estando bien familiarizado con ellas, no debemos recibirlas con extrañeza.

¿Es Cristo extraño a las pruebas?—No. ¿A cuántas pruebas se enfrentó? ¿Cuántas pruebas a las que tú tengas alguna vez que enfrentarte enfrentó él?—Todas y cada una. ¿Hasta qué punto tuvo que soportar el conflicto, en cada una de las tentaciones?—Hasta su plena medida, en todo punto. ¿Contra quién estaba contendiendo en estas cosas? Satanás conoce más astucias, pruebas y tentaciones de las que ningún hombre esté jamás obligado a enfrentar solo. Y las probó todas ellas contra mi "Hermano". Abordó a Jesús con toda tentación. ¿Cuál sería el grado del esfuerzo con el que tentaría a Jesús en cada punto?—El máximo, sin duda. ¿Acaso no debió ejercer todo el poder del que es capaz en las pruebas y tentaciones a las que sometió a Jesús? ¿No intentaría todo aquello que fuera capaz de inventar en contra de Jesús? ¿Y no debió hacerlo en la máxima intensidad a su alcance?—Ciertamente. ¿No debió acaso agotar su repertorio de astucias, tentaciones y pruebas contra Cristo? ¿No agotaría todo el poder a su disposición en esas pruebas y tentaciones?—Seguro que sí. Bien, pues cuando estoy en Jesús y él en mí, ¿cuánto poder le queda a Satanás para afectarme? [congregación: 'Ninguno']. ¿Cuántas astucias le restan, que pueda emplear con éxito contra mí?—Ninguna. ¿No veis que cuando estamos en Cristo *tenemos* la victoria? La tenemos *ahora*. Victoria no es la única palabra. Tenemos el triunfo, y lo tenemos ahora.

2 Cor 2:14: Pero gracias a Dios, que nos lleva siempre al triunfo en Cristo Jesús.

¿Cuándo? Ahora y siempre, ¿no es así? [audiencia: 'Sí'].

Nos lleva siempre al triunfo en Cristo Jesús, y por nuestro medio manifiesta en todo lugar la fragancia de su conocimiento.

¿Dónde? [audiencia: 'En todo lugar']. ¿Cómo? "Por nuestro medio". Pensad en ello: ¿Cuándo? —Ahora y siempre. ¿Cómo?—Por nuestro medio. ¿Dónde?—En todo lugar. Siendo así, querría preguntar cuál pudiera ser la razón para que no tengamos la victoria en Cristo. Quisiera saber por qué razón no habríamos de ser ahora vencedores.

Esta es la victoria que vence al mundo, nuestra fe (1 Juan 5:4).

Efectivamente, esa es la victoria. Así pues, cuando estamos en él, estamos perfectamente a salvo, ¿no os parece? ¿Estamos a salvo por tanto tiempo como estemos en él?—Así es.

Recordad cómo antaño existían las ciudades-refugio, de forma que al suceder un accidente, como por ejemplo la muerte casual de un hombre por la acción involuntaria de un compañero de trabajo, si es que había allí algún amigo del fallecido que se sentía irreflexivamente movido a tomar venganza, ¿qué debía hacer el causante del accidente? Tenía que huir tan raudo como pudiera hacia la ciudad de refugio, quizá seguido por el que procuraba su mal. Pero una vez que había llegado allí, ¿qué sucedía?—Estaba a salvo, y el perseguidor no podía tocarlo: estaba perfectamente seguro. Pero supongamos que salía de la ciudad. Si el perseguidor daba sobre él, su sangre sería sobre su propia cabeza, y sería el único responsable. Pero estaba seguro mientras no abandonara la ciudad. Había de permanecer en ella hasta que muriera el sumo sacerdote. Una vez que se hubiera producido ese hecho, quedaba perfectamente libre de regresar, y el perseguidor no podía tocarlo en absoluto, por más que así lo deseara.

Referente a Abraham, leemos:

Por dos actos inmutables, en los cuales es imposible que Dios mienta, tengamos un fortísimo consuelo, los que nos hemos refugiado en la esperanza propuesta (Heb 6:18).

Hemos cometido maldad. Hemos pecado. ¿Cuál es la paga del pecado?—La muerte. ¿Quién nos persigue?—La muerte. ¿Quién tiene el poder de la muerte? —Satanás. Por lo tanto, ¿quién va tras nosotros?—Satanás. Pero huimos a refugiarnos en esa esperanza que nos es propuesta. ¿Dónde está esa esperanza? [respuesta: 'En Cristo']. ¿Quién es nuestro refugio? [respuesta: 'Cristo']. ¿Quién es nuestra ciudad de refugio? [respuesta: 'Cristo']. ¿Y quién nuestro enemigo? [respuesta: 'Satanás; la muerte'].

Ahora, estando en nuestro refugio, en Cristo, ¿puede Satanás tocarnos?—No puede. ¿Cómo lo sabemos?—Porque así está escrito. Suponed que salimos del refugio antes que finalice el sacerdocio. ¿Qué sucede entonces?—Satanás puede golpearnos, y lo hará sin duda, y nuestra sangre será sobre nuestra cabeza. Si salimos antes de que finalice el sacerdocio, quedamos sin protección, y Satanás nos alcanzará. Si aquel hombre, tras haber permanecido en la ciudad diez o quince años, creyera que había desarrollado ya las fuerzas necesarias para enfrentarse a su enemigo, ¿qué os parece?, ¿podría enfrentarse a su enemigo en esas condiciones? ¿Cuál es el único lugar en el que puede estar seguro al enfrentarse a su enemigo?—En la ciudad. Y en la ciudad, *él* no se va a encontrar nunca con el perseguidor. ¿Por qué? [respuesta: 'La ciudad sale al encuentro y lo defiende']. Los muros de la ciudad salen efectivamente al encuentro. Ese escudo de la fe apaga todos los dardos encendidos del maligno. Es el escudo de la fe en Jesucristo: esos son los muros de nuestra ciudad de refugio, que es inexpugnable a las saetas ardientes del enemigo.

Así pues, nuestra fuerza y seguridad se encuentran únicamente dentro de nuestro refugio. Y cuando finaliza el sacerdocio, podemos ir a cualquier parte en el universo, pero no fuera de Cristo. Entonces podemos ir a cualquier parte, y el enemigo no puede nada contra nosotros. Permanezcamos en la ciudad, hermanos. Permanezcamos en la ciudad a la que hemos huido, en la ciudad que significa nuestra seguridad. Y estando en ella, ¿no tenemos acaso la victoria?—Sí: en él tenemos la victoria.

Entonces podemos afrontar la tentación con gozo. ¿Por qué? Porque tenemos la victoria antes ya de enfrentar la tentación. ¿No hay motivo para alegrarse? ¿No estarías feliz yendo a una batalla, si sabes que tienes la victoria antes de comenzarla? ¿Preferirías no ir? Peleemos pues ese tipo de batalla. ¿Hay alguna justificación para el miedo? La victoria *es* nuestra.

Desde luego, si vamos calculando que seremos barridos, mucho mejor quedarse sin luchar. Ese no es el tipo de batalla en el que el Señor espera que nos impliquemos. No fue esa la batalla de nuestro Hermano, y no es esa la que nos propone a nosotros. Quiere que conozcamos nuestra victoria, nuestra confianza, nuestra fuerza. Quiere que conozcamos el poder a nuestro alcance, y también cuál es nuestro deber. Entonces, al llegar la prueba, sabremos cómo hacerle frente. La afrontaremos en él y por él. Lo haremos con el escudo de la fe, y los dardos encendidos del enemigo se apagarán en la nada. Pero es en el sufrimiento donde encontraremos el poder, la victoria y la presencia elevadora de Cristo. Al llegar las pruebas estamos con él, y sabemos que no podemos permanecer sin él. "Tened por sumo gozo". Tengámoslo por tal.

No os sorprendáis por el fuego de la prueba que os ha venido, como si os hubiera sucedido algo extraño. Antes gozaos de ser participantes de las aflicciones de Cristo, para que también os gocéis en la revelación de su gloria (1 Ped 4:12-13).

Así pues, necesitamos oro purificado en fuego a fin de hacer frente a esas pruebas, ¿no es así? Necesitamos aquello que resistirá la prueba que ha de sobrevenir, tal como hemos aprendido ya.

Los que resisten en cada punto, que soportan cada prueba y vencen, a cualquier precio que sea, han escuchado el consejo del Testigo fiel y recibirán la lluvia tardía, y estarán preparados para la traslación (1 *JT* 66).

Hermanos, ¿no hay ahí un grandísimo ánimo al saber que es para eso, para que la lluvia tardía nos prepare para la traslación? Ahora, ¿dónde y cuándo ha de ser derramada la lluvia tardía?—Ahora es el tiempo para la lluvia tardía, y ¿cuándo es el tiempo para el fuerte pregón? [voz: 'Ahora']. ¿Para qué cosa nos ha de preparar? [voz: 'Para la traslación']. Me anima grandemente saber que las pruebas que nos da ahora el Señor tienen por objeto prepararnos para la traslación. Cuando él viene y nos habla a ti y a mí, es porque quiere trasladarnos. *Pero no puede trasladar el pecado,* ¿comprendéis?, por lo tanto, el único propósito que tiene al mostrarnos la profundidad y amplitud del pecado, es para poder salvarnos de él y trasladarnos. Así pues, ¿nos desanimaremos cuando él nos muestra nuestros pecados?—No. Agradezcámosle que nos quiera trasladar, y lo quiere hasta tal punto, que desea que nos desembaracemos de nuestros pecados lo antes posible. Hermanos, creamos al Señor al pie de la letra, creámosle siempre.

Necesitamos, pues, aquello que soporte la dureza de la prueba cuando esta llegue, tanto como el oro soporta el proceso de purificación en el fuego. ¿Qué nos dice el Consolador que obtengamos? [voz: 'Oro afinado en fuego']. ¿Necesitamos eso ahora, para afrontar las pruebas que nos vendrán *después?*—No. Las pruebas están *ya* aquí. No es que estemos preocupados por lo que ha de venir; lo necesitamos ahora mismo, para las pruebas que ahora nos afligen, y se trata precisamente de lo que dice el Consolador: 'Obtenlo de mí. Poseo el recurso'. Él posee el recurso, pues es quien lo ha manufacturado. Posee aquello que soportará la prueba, puesto que la soportó en su día: resistió toda prueba a la que cualquiera pueda ser sometido alguna vez. Soportó la prueba en los sufrimientos de Cristo. En el sufrimiento, el oro resulta purificado, emblanquecido, comprobado y perfeccionado para ser el genuino artículo. El Espíritu del Señor nos proporciona su definición. El oro afinado en fuego es el amor, es "la fe y el amor". Leed Gálatas 5:6:

Porque en Cristo Jesús ni la circuncisión vale algo, ni la incircuncisión. Lo que vale es la *fe* que obra *por el amor.*

En otros lugares leemos "fe y obediencia". ¿Qué es la obediencia? [voz: 'La expresión del amor']. En *El Camino a Cristo,* p. 60 leemos que "la obediencia no es un mero cumplimiento externo, sino un servicio de amor". Así pues, cuando el testimonio nos habla de "fe y obediencia", equivale a "la fe que obra por el amor". Las expresiones "fe y obediencia", o "fe y amor" que encontramos en el testimonio, significan lo mismo que la expresión de la Escritura: "La fe que obra por el amor". Son formas distintas de referirse a la misma fe genuina, espiritual, pues en Cristo Jesús "lo que vale es la fe que obra por el amor".

La obediencia es un servicio de amor, y Jesús nos invita a comprar de él oro afinado en fuego, que es fe y amor: el tipo de fe que obra por el amor, o lo que es equivalente: la fe genuina. ¿Qué es lo que ha de ser sometido a la dura prueba del fuego? —Vuestra *fe,* que es más preciosa que el oro, aunque sea refinado en fuego. Y tenemos el testimonio: "¡Aquí está la paciencia de los santos, los que guardan los mandamientos de Dios" ¿*y tienen fe en Jesús*? ¿Es eso lo que dice?—No; "tienen" no está en el texto. "Guardan los mandamientos de Dios y [guardan] la fe de Jesús". Ese es el artículo genuino: se trata de la fe que resistió en él la prueba. Es una fe que ha soportado toda prueba de fuego que Satanás conozca, y todo el poder del que Satanás es capaz, habiendo obtenido la más absoluta victoria sobre él. Entonces, Jesús viene a nosotros y nos dice: 'Compra de mí esa fe que resistió la prueba, "oro afinado en fuego"'. ¿Acaso no es eso mismo lo que leemos en esta otra Escritura?

Haya pues en vosotros el mismo sentir que hubo en Cristo Jesús (Fil 2:5).

Cuando en mí hay el mismo sentir, la misma mente que hubo en él, ¿acaso no hará en mí lo que hizo en él? ¿Con qué servimos a la ley de Dios? "Con la mente sirvo a la ley de Dios" (Rom 7:25). Cuando Cristo estuvo en este mundo, sirvió a la ley de Dios continuamente. ¿Cómo lo hizo?— Con la mente. ¿Mediante qué proceso de la mente lo realizó?—Por la fe. ¿No nos está diciendo acaso a ti y a mí que le compremos esa fe que él tuvo? ¿Acaso no guardó la fe de Cristo los mandamientos de Dios, perfecta y continuamente? ¿No es precisamente esa la fe que obra por el amor? El amor es el cumplimiento de la ley. ¿Acaso no se trata del mensaje del tercer ángel, cuando dice: 'Ven y compra de mí oro refinado en fuego (fe y amor) y vestidos blancos (justicia de Cristo) para cubrir la vergüenza de tu desnudez'? Vemos pues que la mente que hubo en Cristo resistirá hoy todas las pruebas que este mundo pueda traer. ¿No es acaso la mente de Cristo la misma ayer, hoy y por los siglos? (Heb 13:8). ¿Tendrá la mente de Cristo un resultado en mí o en cualquier otro, diferente del que tuvo en él?—No. ¿Cuál fue la mente de Cristo? [voz: 'La mente de Dios']. Dios fue en él en la carne.

¿Cómo compraremos? Leamos Isaías 55:1: "Todos los sedientos". Hermanos, ¿no nos ha dejado sedientos lo que el Señor nos ha dicho en los últimos pocos días? Algunos han venido a mí y me han hablado: estaban pereciendo de sed. Por lo tanto, esas palabras son para vosotros y para mí. "¡Todos los sedientos, venid a las aguas!" "Venid, comprad".

Cuando dijo a Pedro: "Ven", ¿pudo Pedro ir? —Sí. ¿Sobre las aguas? [voz: 'Sobre su palabra: "Ven"'].—Sí, mediante esa palabra Pedro caminó sobre el agua. Después, cuando olvidó la palabra y temió hundirse, clamó: "Señor, sálvame". No podía alcanzar a Jesús. Comenzó bien, pero olvidó el poder de la palabra, su fe flaqueó, sintió que no podía llegar hasta él y clamó: "Señor, sálvame". El Señor lo tomó de la mano. No esperó que Pedro fuera hasta él, sino que extendió su mano y lo levantó. Mi hermano y hermana, si reuniste el valor suficiente para comenzar sobre la palabra "Venid", y olvidaste después el poder que tiene, de forma que tu fe se tambaleó debido a la tormenta que sobre ti se cierne, puedes decirle: "Señor, sálvame", y él extenderá su mano y salvará.

Venid a las aguas. Y los que no tenéis dinero, venid.

Nos dice que compremos. Y el artículo está al alcance de aquel que carece de dinero. Eso mismo es lo que dice a los que creían que tenían dinero, y no sabían que en realidad no tenían ninguno. Se refiere a nosotros: a ti y a mí. Y viene a nosotros con estas palabras: "Amados", y "hermanos".

Los que no tenéis dinero, venid, comprad y comed. Venid, comprad sin dinero y sin precio, vino y leche (Isa 55:1).

Leemos lo mismo en Isaías 52:3: Así dice el Eterno: "De balde fuisteis vendidos. Por tanto, sin dinero seréis rescatados".

¿Podemos retroceder hasta el momento en el que fuimos vendidos? ¿Cuánto obtuvimos vendiéndonos?—Nada. Si él nos pidiese ahora alguna cosa por nuestro rescate, ¿cómo podríamos pagárselo? Nos vendimos por nada, y si se nos requiere algo por nuestro rescate, eso significaría la ruina eterna, ¿lo comprendéis? Así, hemos de aceptar ese hecho de que no nos cuesta nada nuestro rescate. "De balde fuisteis vendidos. Por tanto, sin dinero seréis rescatados". Sin embargo, para *el Señor* tuvo un costo: le costó todo. Pero todo eso nos lo da a nosotros, de forma que a nosotros no nos cuesta nada. Se pagó el precio, pero no lo pagamos nosotros.

¿Por qué gastáis el dinero no en pan, y vuestro trabajo en lo que no satisface? Oídme con atención y comed del bien, y os deleitaréis con algo sustancioso. Inclinad vuestro oído y venid a mí. Oídme y viviréis (Isa 55:2).

¿Qué es lo que tenéis que hacer para que viváis? [voz: 'Oír']. ¿Estáis *oyendo*, hermanos? ¿Habéis oído la invitación? ¿Vivís? Habéis oído sobre el poder creador que hay en Jesucristo para obrar maravillas. Habiéndolo oído, ¿estáis viviendo por él?, ¿vivís en él, por él y para él?

Moisés levantó la serpiente en el desierto, y ¿qué tenían que hacer? "Mirad y vivid". Y como la serpiente fue levantada en el desierto, haciendo que los que miraban vivieran, así fue necesario que el Hijo del hombre fuera levantado a fin de hacer que viva todo el que lo mire. Pero aquí leemos: "*Oídme* y viviréis". Dios tenía el plan de *hablar* y que viviésemos, pero Moisés lo estropeó.

En el capítulo 20 de Números leemos que el Señor dijo a Moisés—en aquella segunda ocasión en que el pueblo estaba murmurando por falta de agua—: "*Hablad* a la roca … y ella dará agua". Entonces Moisés les dijo: "¡Oíd, rebeldes! ¿Os haremos brotar agua de la roca?", y *golpeó* la roca dos veces. Estropeó con ello la espléndida ilustración provista por Dios para grabar el hecho de que todo cuanto se requería es *la palabra*. La roca *ya había sido golpeada* cuando entraron en el desierto (Éxodo 17).

Dice el relato que cuando el pueblo estuvo sediento, el Señor indicó a Moisés que subiese a Horeb, ya que estaría ante él sobre la roca. Le ordenó que golpease la roca con la vara que llevaba en la mano a fin de que el pueblo pudiese beber. Así lo hizo, y brotó el agua. ¿Quién era aquella roca? [voz: 'Cristo'].

¿Por qué, entonces, volvió a golpear la roca la segunda vez? Cristo no ha de morir una segunda vez por ti y por mí. Era la voluntad del Señor mostrarnos esa verdad mediante una espléndida figura, pero Moisés desoyó su palabra. No lo creyó, y pensó que tenía que hacer lo mismo que hizo la primera vez. Olvidó que el Señor le había dicho que *hablara* a la roca, y en lugar de ello la *golpeó*, inutilizando la ilustración. Dios dijo entonces a Moisés y Aarón:

Por cuanto no creísteis en mí para santificarme ante los israelitas, por eso no introduciréis a esta generación en la tierra que les he dado (Núm 20:12).

Hermanos, ni el Señor mismo puede guardarnos de pecar cuando no creemos en él. Nunca olvidéis eso. No era la voluntad del Señor que Moisés actuara como lo hizo, pero Moisés no creyó al Señor. ¿Por qué no lo guardó el Señor de pecar?—No podía, siendo que Moisés no lo creía. Por lo tanto, ¡qué importante es que vosotros y yo creamos al Señor exactamente en lo que nos dice, tal como nos lo dice! Entonces nos guardará de pecar.

Cierta noche Cristo dijo a sus discípulos que todos ellos lo abandonarían y huirían. Ellos replicaron: 'No, no lo haremos'. ¡Qué equivocados estaban! Pedro le aseguró que aunque todos lo negaran, él no lo haría. Antes que el gallo cantara ya lo había negado tres veces, a pesar de que había dicho, "aunque tenga que morir contigo, no te negaré". ¿Quién tenía razón?—Cristo. Y todos habían dicho lo mismo, pero huyeron todos debido a su incredulidad. Si todos hubieran creído lo que les había dicho, ¿habrían huido?, ¿no habría podido él salvar el rebaño? Hermanos, lo que queremos hacer es creer al Señor. Sin lugar a dudas, Moisés supuso que cuando el Señor le dijo que hablara a la roca, *quería decir* que tenía que hacer como en la ocasión anterior: *golpearla*.

Moisés debió haber escuchado atentamente lo que el Señor le *dijo*. Es una lección para vosotros y para mí.

Considera lo que *digo*, y el Señor te dé entendimiento en todo (2 Tim 2:7).

Así pues, hemos de *mirar* y vivir; *escuchar* y vivir; *hablar* y vivir. Hagámoslo. La Roca fue ya golpeada; háblale, y de ella manará agua de vida. Hermanos, esto lo dice nuestro Consejero:

Oídme, y viviréis. Y haré con vosotros un pacto eterno, las amorosas y fieles promesas hechas a David (Isa 55:3).

Y tenemos más: "Que compres de mí: oro afinado en fuego, para que seas rico; vestidos blancos, para cubrir la vergüenza de tu desnudez".

Recordáis la descripción que se nos ha dado ya de ese vestido:

Este manto, tejido en el telar del cielo, no tiene un solo hilo de invención humana (*PVGM* 253).

Hermanos, ese manto fue tejido en un cuerpo humano. La carne de Jesús fue el telar. Fue tejido en Jesús, en la misma carne que vosotros y yo tenemos, ya que él participó de la misma carne y sangre que nosotros tenemos. La carne vuestra y mía, que Cristo llevó en este mundo: ese fue el telar donde Dios tejió el manto para que vosotros y yo lo vistamos en la carne, y quiere que lo llevemos ahora, tanto como cuando recibamos finalmente la inmortalidad.

¿Cuál fue el telar?—Cristo en su carne humana. ¿Qué fue lo que allí se tejió? [voz: 'El manto de justicia']. Y es para todos nosotros. La justicia de Cristo, la vida que él vivió, para ti y para mí: eso es lo que estamos considerando esta noche, ese es el vestido. Dios el Padre, estaba en Cristo, reconciliando el mundo a sí. "Y lo llamarán Emmanuel, que significa: Dios con nosotros". Él quiere ahora que ese manto sea nuestro, pero no desea que olvidemos quién es el que lo tejió. No somos nosotros mismos, sino él, que está con nosotros. Fue Dios en Cristo. Cristo ha de morar en nosotros, de igual forma en que Dios estuvo en él, y su carácter ha de estar en nosotros tal como Dios estuvo en él; su carácter ha de ser tejido y transformado en nosotros mediante esos sufrimientos, tentaciones y pruebas que enfrentamos. Y Dios es quien teje, pero no sin nosotros. Se trata de la cooperación de lo divino con lo humano: el misterio de Dios en vosotros y en mí, el mismo misterio que hubo en el evangelio y que hay en el mensaje del tercer ángel. Esa es la palabra del Admirable Consejero.

[voz: '¿No fue tejido el carácter sin nosotros'?] —Sí, pero no será nuestro sin nosotros. De forma que somos llevados a través de esas pruebas de fuego y tentaciones a ser hechos participantes del carácter de Cristo, y esas pruebas y tentaciones que afrontamos nos revelan nuestros caracteres y la importancia de poseer el suyo, de forma que mediante esas mismas tentaciones por las que él pasó, nos hacemos participantes de su carácter, llevando en el cuerpo la justicia de la vida del Señor Jesucristo.

Desde luego, el carácter fue tejido sin nosotros, y la belleza de ello consiste en que hemos de poseer ese manto en su plenitud. Hemos de crecer en Cristo hasta llegar a la unidad de la fe. Sigue siendo el mismo mensaje hasta que lleguemos a la unidad de la fe y del conocimiento del Hijo de Dios, a un varón perfecto, "a la madurez de la plenitud de Cristo" (Efe 4:13).

¿Qué altura de carácter debemos alcanzar, antes que dejemos este mundo?—La altura del carácter de Cristo. ¿Cuál ha de ser nuestra estatura?—La de Cristo. Hemos de llegar "a un estado perfecto, a la madurez de la plenitud de Cristo".

¿Quién es el tejedor? [voz: 'Dios']. ¿En los ojos de quién está el patrón?—En los de Dios. Algunas veces, al mirar las hebras, nos parecen enmarañadas. Nos parece que la red está deformada, falta de simetría. Nuestra vista es incapaz de apreciar allí belleza alguna. Pero el patrón no es de nuestra manufactura. No somos quien teje. Aunque las hebras parezcan enredadas y la lanzadera en su excursión las encuentre trabadas, de forma que no sepamos en qué va a terminar aquello, ¿quién envía la lanzadera?—La envía Dios, y él no yerra. No os preocupéis si las hebras os parecen enredadas y si no podéis apreciar ninguna belleza ahí. Dios es

quien teje; ¿será capaz de desenredarlas?—Lo hará ciertamente.

Cuando buscamos la simetría en el patrón y en lugar de ello lo vemos sesgado, con los colores mezclados y las hebras corridas hacia aquí y hacia allá, pareciéndonos que el diseño se ha malogrado, ¿quién está haciendo el diseño? —Dios, por supuesto. ¿Qué telar contiene el modelo del diseño en su perfección?, ¿y quién es el modelo? —Cristo es el modelo, y recordad: "Nadie conoce bien al Hijo, sino el Padre" (Mat 11:27). Vosotros y yo no podemos dar forma a nuestras vidas según el modelo. No lo conocemos "bien". No podemos ver con la claridad suficiente para discernir la forma del modelo, ni sabríamos darle la forma necesaria si es que fuésemos nosotros quienes tejiéramos. Hermanos, es Dios quien teje. Él llevará adelante el proceso. Dios ve el modelo en su plenitud antes que sea realizado. Ante su vista aparece perfecto aquello en lo que nosotros sólo podemos ver defecto e imperfección.

Hermanos, permitámosle que teja. Dejemos que lleve a cabo su bendito plan de tejer en toda nuestra vida y experiencia el precioso modelo de Jesucristo. El día viene, y no está muy lejano, en que la lanzadera recorrerá su pista por última vez; se habrá pasado la última hebra, se habrá anudado el último punto del modelo y habrá recibido el sello del Dios viviente. Entonces esperaremos sólo en él y seremos semejantes a él, puesto que lo veremos como es él (1 Juan 3:2).

Hermanos, ¿no es un Admirable Consejero? ¡Recibamos esta noche su consejo! Tomemos la preciosa fe que fue probada y todo lo que él nos dice, pues es todo nuestro. Dios lo ha dado. Es mío. Es vuestro. Démosle gracias y alegrémonos.

***

Quizá el lector esté interesado en saber si Ellen White expresó claramente esa misma verdad en sus escritos. Reproducimos a continuación fragmentos de un artículo que ella escribió 3 años después de que A. T. Jones pronunciara ese sermón. Se lo encuentra en *Youth's Instructor*, 16 de enero de 1896 (*AFC* 353):

Que nadie siga el ejemplo de las vírgenes necias. … Ahora es el momento de revestirse de la justicia de Cristo. … En la parábola, las vírgenes necias aparecen pidiendo aceite, sin que lo consiguieran. Esto es un símbolo de los que no se han preparado desarrollando un carácter para permanecer en el tiempo de crisis. Es como si fueran a sus vecinos y les dijeran: 'Deme su carácter, o me perderé'. … El carácter no es transferible. … El Señor ha dado a cada uno la oportunidad de obtener un carácter recto mediante las horas de prueba. …

El día viene, y está cercano, cuando cada fase del carácter se revelará por medio de tentaciones especiales. Los que permanezcan fieles a los principios, que ejerzan fe hasta el fin, serán los que habrán permanecido fieles bajo las pruebas durante el tiempo de gracia, y que habrán formado caracteres a la semejanza de Cristo. Los que han cultivado una estrecha relación con Cristo mediante su sabiduría y gracia, son los participantes de la naturaleza divina.

El mensaje del tercer ángel (n° 11)
A.T. Jones

¿Recordáis el lugar en donde estábamos en las Escrituras, en esta serie de lecciones? Es en el consejo del Testigo fiel, en el segundo artículo que nos amonesta a comprar. La otra noche estudiamos el primero: "Te aconsejo que compres de mí oro afinado en fuego, para que seas rico". En eso consistió nuestro estudio anoche. Hoy continuamos con lo que sigue: "Vestidos blancos, para cubrir la vergüenza de tu desnudez".

¿Cuál es el vestido? [congregación: 'La justicia']. ¿Qué justicia? [congregación: 'La justicia de Cristo']. ¿Cuál es? [congregación: 'La de Dios']. ¿Qué debemos, pues, procurar? [congregación: 'La justicia de Dios']. ¿Qué es justicia? [congregación: 'La práctica del bien']. ¿Estáis seguros? [congregación: 'Sí'] [una voz: "Todos tus mandamientos son justicia"] (Sal 119:172). ¿Qué son para nosotros? ¿Qué nos dicen? [alguien en el auditorio: 'Haz …']. Los mandamientos requieren que *hagamos*, ¿no es así? [congregación: 'Sí']. El primero de los mandamientos es:

"Amarás al Señor tu Dios con todo tu corazón, con toda tu alma y toda tu mente". Y el segundo es semejante a este: "Amarás a tu prójimo como a ti mismo". De estos dos mandamientos dependen toda la ley y los profetas (Mat 22:37-40).

Por lo tanto, la justicia es la práctica del bien. No hay duda al respecto.

¿La justicia de quién hemos de buscar? [congregación: 'La justicia de Dios']. ¿Cuál es la práctica del bien que hemos de poseer? [congregación: 'La de Cristo']. Pero ¿cuál fue la práctica del bien que hubo en Cristo? [congregación: 'La de Dios']. Cristo no hizo nada por sí mismo. Afirmó: "De mí mismo nada puedo hacer" (Juan 5:30). ¿Cuál fue la rectitud de Cristo? [congregación: 'La de Dios'].—Sí; "Dios estaba en Cristo" (2 Cor 5:19). ¿Cuál es la práctica del bien que hemos de poseer? [congregación: 'La de Dios']. ¿Estáis seguros? [congregación: 'Sí']. ¿Os queréis adherir a ella por una semana? [congregación: 'Sí'] [el pastor Hutchinson dijo: 'Por toda la vida']. ¡Bien! Pero si algunos en esta audiencia lo quieren hacer por una semana, eso ya me alegra, y también pueden alegrarse ellos, ya que hay algunos aquí que no la quieren en absoluto. Son muchos los que no la quieren, no la conocen. Por esa razón queremos comprender claramente desde el principio qué clase de vestimenta es la que hemos de comprar, cuál es el artículo que buscamos. ¿Cuál es la práctica del bien que hemos de poseer? [congregación: 'La de Dios']. ¿Cuál es la justicia que se espera que busquemos? Ese es hoy el centro de nuestra lección.

Prestemos de nuevo atención a un pensamiento que hemos considerado antes, y que abrirá nuestro tema esta noche: ¿Qué significa para nosotros esa justicia? Abramos las Biblias en Joel 2:23:

Vosotros también, hijos de Sión, alegraos y gozaos en el Eterno vuestro Dios; porque os dio la primera lluvia a tiempo, y os enviará lluvia temprana y tardía, como al principio.

Estudiamos eso en el *Bulletin* n° 7, p. 183. ¿Qué dice la traducción alternativa al margen, en lugar de "la primera lluvia"?—"Un instructor de justicia". "Os ha dado la primera lluvia arregladamente". ¿Qué significa "arregladamente"? ¿Qué fue la lluvia temprana en Pentecostés?—"Un instructor de justicia". "Os ha dado un instructor de justicia, según la justicia". "Os enviará lluvia temprana y tardía, como al principio". ¿Qué será, pues, la lluvia tardía? También "un instructor de justicia". ¿Según qué? (congregación: 'Según la justicia'). ¿Cuál es otra expresión para la lluvia tardía? (congregación: 'Derramamiento del Espíritu Santo'). ¿Qué otra expresión recordáis? (congregación: 'Tiempos del refrigerio'). ¿Qué es la lluvia tardía con respecto al mensaje del tercer ángel? (congregación: 'El fuerte pregón'). ¿Cuál es la lluvia tardía, en relación con la caída de Babilonia?—Es el otorgamiento de ese poder y gloria con los que el ángel de Apocalipsis 18 alumbra la tierra.

Recordaremos algunos de los pasajes que hemos visto hasta aquí, a fin de establecer definidamente la relación. En la *Review [and Herald]* del 22 de noviembre [de 1892], leemos estas palabras [de Ellen White]:

El fuerte pregón del tercer ángel ya ha comenzado en la revelación de la justicia de Cristo, el Redentor que perdona los pecados. Este es el comienzo de la luz del ángel cuya gloria llenará toda la tierra (1 *MS* 425).

En otro lugar de ese mismo *Testimonio* leemos:

Sin embargo, la obra será abreviada en justicia (2 *JT* 374).

¿Qué obra va a ser abreviada en justicia? [congregación: 'La obra de Dios'].

El mensaje de la justicia de Cristo ha de resonar de un extremo de la tierra hasta el otro para preparar el camino del Señor. Esta *es la gloria de Dios* que termina la obra del tercer ángel (*Id.*).

¿Cuál es el mensaje de la justicia de Cristo, tal como hemos leído antes? "Este es el comienzo de la luz del ángel cuya gloria llenará toda la tierra". "Esta es la gloria de Dios que termina la obra del tercer ángel". Así, habiendo llegado a esta hora, ¿en qué tiempo estamos? [congregación: 'En el fuerte pregón del mensaje']. Hemos llegado al tiempo en que Dios va a terminar la obra. Es la gloria que termina la obra del mensaje.

¿Qué significa esta expresión que hemos leído: "La obra será abreviada en justicia"? [lit: "Él abreviará la obra en justicia"]. Cuando ese mensaje de la justicia de Dios—que es por la fe de Jesús: la práctica del bien de parte de Dios—, es recibido y se le da libre curso, y su pueblo se aferra a él, ¿qué significa eso en relación con la obra de Dios en la tierra? Que no pasará sino un tiempo muy *corto* hasta que todo sea completado.

Entonces, cuando estudiamos el tiempo de la lluvia tardía, del fuerte pregón, del ángel que desciende del cielo teniendo gran poder, cuando estudiamos cómo han de suceder conjuntamente todas esas cosas tal como establecen las palabras del Señor, desembocamos en el mismo punto al que nos llevó el estudio de las cosas que están ante nosotros, y que nos hizo ver lo que se cierne sobre nosotros. Esa línea de estudio—cuando examinamos lo que está ante nosotros a fin de conocer lo que está a punto de sobrevenirnos—, nos emplazó delante de seis o siete eventos diferentes que nos llevan al

mismo hecho: que estamos ahora en ese tiempo en el que todo ha de ser concluido con brevedad, y que estamos en medio de las escenas que ponen fin a la historia de este mundo. Tenemos esas diferentes expresiones en el *Testimonio* del Espíritu de Dios, y al reunirlas, nos indican lo mismo desde ese otro punto de vista.

La lluvia tardía es el fuerte pregón del mensaje del tercer ángel: es el comienzo de ese mensaje glorioso que alumbra la tierra. Pero la lluvia tardía es la instrucción en la justicia. ¿Cuándo nos vino ese mensaje de la justicia de Dios, como pueblo? [congregación: 'Hace cuatro años']. ¿Dónde? [congregación: 'En Minneapolis'].—Sí. Consideramos ese punto la pasada noche, y se lo puede encontrar en el *Bulletin* nº 7, p. 183. No veo cómo podríamos establecerlo más claramente de lo que lo hicimos entonces.

Ese mensaje de la justicia de Cristo es el fuerte pregón. Es la lluvia tardía. Hemos estado ya orando en esta Asamblea por la lluvia tardía. ¿Lo habéis hecho? [congregación: 'Sí']. ¿Qué estabais esperando en respuesta a vuestras oraciones? ¿Estáis ahora preparados para recibir la lluvia tardía? Hemos estado orando aquí por la lluvia tardía. He aquí la relación. Los testimonios nos dicen lo que es, y también lo hace Joel. Hago ahora una sencilla pregunta: ¿Estáis dispuestos a recibir la lluvia tardía? Es decir: ¿estáis dispuestos a recibir el mensaje de la justicia de Dios según la justicia? Veamos eso más detenidamente. Joel dice (traducción marginal) que se trata de un instructor de justicia: el que nos trae la enseñanza de la justicia, *según la justicia*. ¿Qué idea trae sobre la justicia? [congregación: 'La idea de Dios'].—No: es mi idea … [congregación: 'No'].—¡Sí: mi idea funcionará! … [c: 'No']. ¿Por qué no? Si yo recibo la justicia de Cristo según mi idea, ¿acaso no bastará eso? ¿No es eso en lo que consiste recibir la lluvia tardía? ¿No es recibir la justicia de Cristo? [congregación: 'No: eso sería su propia justicia']. Pero ese es precisamente el problema con muchos de los que han oído el mensaje de la justicia de Cristo *de acuerdo con su propia idea* de lo que es la justicia, no habiendo recibido la justicia de Cristo en absoluto.

Preguntémonos una vez más: ¿cómo hemos de recibirla? ¿Cómo nos es dada? "De acuerdo con la justicia". ¿Cómo, pues, habremos de recibirla? "De acuerdo con la justicia". Hemos de recibirla precisamente de la forma en que se nos da.

Avancemos en ese pensamiento; en todo caso, no siento prisa alguna por terminar con ello. Cuando recibimos la enseñanza de la justicia "de acuerdo con la justicia", hemos de recibirla según la idea de Dios sobre la justicia, y no según nuestra propia medida. Aquel que piensa en recibir el mensaje de la justicia de Cristo según su propia idea sobre él, perderá la totalidad del mismo. Debemos recibirlo de acuerdo con la idea de Dios, y nada es justicia fuera de eso.

Hay otro pensamiento que consideramos anoche, que al ser presentado hace cuatro años y a partir de entonces, algunos lo aceptaron tal como fue dado y se alegraron en las nuevas de que Dios tenía justicia que sería aprobada en el juicio, que sería acepta ante él. Una justicia que es muy superior a la que el ser humano es capaz de manufacturar en años y años de ardua labor. Los hay que se han esforzado casi hasta el agotamiento en procura de un grado suficiente de justicia como para atravesar el tiempo de angustia y hallarse en paz con el Salvador cuando él regrese, pero no lo han alcanzado. Se sintieron tan aliviados cuando supieron que Dios había manufacturado ya un manto de justicia y lo había ofrecido como un don gratuito a todo el que quisiera tomarlo, que responderían ahora, en el tiempo de las plagas, en el tiempo del juicio y por toda la eternidad, que lo recibieron gustosamente tal como Dios lo dio, y agradecieron profundamente al Señor por ello. Otros no quisieron tener nada que ver en absoluto: lo rechazaron totalmente. Otros parecieron tomar una postura moderada. No lo aceptaron plenamente ni lo rechazaron tampoco abiertamente. Prefirieron adoptar una postura intermedia y seguir a la multitud si es que esta lo aceptara. *Esa* es la forma en la que esperaban recibir la justicia de Cristo y el mensaje de la justicia de Dios. Aun otros más descontaron deliberadamente del mensaje un cincuenta por ciento, y a *eso* que quedaba lo consideraron la justicia de Dios. Y así,

entre la entrega y aceptación abierta—franca y sin titubeos—y el rechazo abierto y declarado, se ha ido posicionando desde entonces una franja dispersa de personas acomodaticias; y los que adoptaron esa posición de compromiso no están hoy mejor preparados que hace cuatro años para discernir cuál es el mensaje de la justicia de Cristo.

A algunos de esos hermanos, desde el encuentro de Minneapolis, les he oído decir "amén" a predicaciones en que se hacían afirmaciones enteramente paganas, convencidos de que se trataba de la justicia de Cristo. Algunos de aquellos que se tuvieron tan abiertamente en oposición en ese tiempo y que votaron a mano alzada en contra, desde ese tiempo les he oído decir "amén" a declaraciones que eran tan abierta y decididamente papales, que ni la propia iglesia papal las podría articular mejor. Eso lo consideraré en una de estas lecciones, y traeré a vuestra atención la declaración y doctrina de la Iglesia católica sobre la justificación por la fe. Deseo que veáis cuál es la doctrina de la Iglesia católica sobre la justificación por la fe. '¡Cómo!', dirá alguien, 'no sabía que la Iglesia católica crea en la justificación por la fe'. —Oh, sí; lo hace. Cree realmente, y es posible leerlo en sus libros. Alguien dirá: 'Yo pensaba que creía en la justificación por las obras'.—Cree en eso y en ninguna otra cosa, pero lo hace pasar como justificación por la fe. Y los miembros de la Iglesia católica no son los únicos en el mundo que proceden así.

Por lo tanto hago un llamamiento a todos a cerrar ahora las filas y a abandonar todas y cada una de las ideas preconcebidas, todo pensamiento acerca de cuál debiera ser esta y aquella opinión, y a venir juntos a oír el mensaje de la justicia de Cristo, a estudiarlo en el temor de Dios, orando de todo corazón porque él pueda concedernos en esta asamblea el Instructor de justicia, de acuerdo con su propia idea de la justicia. Eso es lo que queremos.

Y hermanos, si oramos pidiéndoselo, ciertamente nos lo concederá. Entonces, cuando él nos envíe mediante su Espíritu la enseñanza del mensaje de su justicia, tomémoslo exactamente tal como él nos lo da, sin descontarle ni una partícula, aunque eso signifique desechar todo lo que antes hubiéramos podido pensar que era la idea correcta al respecto; no tengamos nada que ver con ello. Al inicio de este instituto, cuando vinimos aquí a estudiar, acordamos que nos tendríamos sobre esta plataforma: "Si alguno imagina que sabe algo, aún no sabe nada como conviene" (1 Cor 8:2). Eso es aplicable a este tema, a quienes lo han recibido y a los que no lo han hecho (aunque quizá en distinto grado). Porque los que lo han recibido no pueden ahora jactarse, levantarse y decir: 'Estoy en lo correcto. Ya no necesito aprender nada'. Si alguien llega a esa conclusión, viene a ser, de entre todos, el más necesitado en aprender.

Así, lo que vosotros y yo queremos, es desechar todo pensamiento semejante, toda deducción que hayamos podido hacer al respecto, todo descuento, toda forma que hayamos podido darle; queremos dejarlo todo ello y venir, tal como dijo Cristo, "como niños", preguntando en qué consiste el reino de Dios; puesto que el reino de Dios es justicia, paz y gozo por el Espíritu Santo (Rom 14:17). Los que no reciban el reino de Dios como niñitos, el propio Jesús afirma que no pueden entrar en él. Y si venimos con aquello que aprendimos anteriormente y pretendemos amoldarlo a eso, no encajará de ninguna forma. Si acudimos tratando de amoldar lo que él nos dará ahora a las concepciones que teníamos ya previamente, lo echaremos todo a perder y quedaremos enteramente excluidos. Por lo tanto, el texto sigue diciendo: "Si alguno se imagina que sabe algo, aún no sabe nada como conviene". Eso se nos aplica.

Avancemos un poco más en ese pensamiento. La lluvia tardía, ese mensaje, es la justicia de Dios que es por la fe de Jesucristo. Es el fuerte pregón. Pero ese mensaje es la enseñanza de la justicia *según la justicia*—según la idea de Dios sobre la justicia, y no según la nuestra—. ¿Es *mi idea* sobre la justicia de Dios—mi idea en su mayor amplitud— la misma idea de Dios sobre la justicia? [congregación: 'No']. Entonces, cuando obtengo *mi idea* más amplia posible sobre la justicia de Dios, me siento satisfecho con ella y me digo que en eso radica mi salvación, ¿cuál es la justicia sobre la que estoy basando mi salvación? [congregación: 'Mi propia justicia'].—Ciertamente, puesto que cuando mido sus ideas y las mías, y lo hago a él como a mí, lo estoy confinando a mi propia comprensión y pretendo hacerme mi propio salvador, ya que eso lo hace a él tan pequeño como a mí. ¿Comprendéis eso? [congregación: 'Sí'].

Hemos de recibir este mensaje, esta lluvia tardía, esta justicia de Dios, de acuerdo con sus propias ideas y del modo en que él dispone; y cuando él lo dice, cuando él lo da, hemos de tomarlo y darle gracias por ello. No hemos de cuestionar la forma en la que viene ni cosas parecidas, sino recibirlo tal como lo pronuncia, tal como lo da, y permitirle que él obre de acuerdo con su voluntad en llevarlo al mundo. ¿En qué consiste la justicia?—En la práctica del bien. ¿Cuál es la justicia que hemos de tener? [congregación: 'La de Dios']. Por lo tanto, es la práctica del bien propia de Dios la que hemos de tener; no es nuestra propia práctica del bien. No se trata de nuestra idea, sino de la suya. Se trata, de hecho, de su propia práctica del bien cuando él hace las cosas. Esto nos emplaza a vosotros y a mí a entregarle a él todo cuanto hay en nosotros, y a permitirle que sea él quien actúe con aquello que es suyo. Ha de ser él quien lo efectúe. Nosotros hemos de ser sus instrumentos.

Ofreced vuestros miembros a Dios por instrumentos de justicia (Rom 6:13).

¿Permitiréis que Dios los emplee? [congregación: 'Sí']. ¿Lo vais a hacer durante esta semana? [congregación: 'Sí'].

Ahora, otro pensamiento al hilo del precedente. Sabemos que se trata sólo de la idea de Dios. Esa es la verdadera idea de la justicia de Dios. Pregunto: ¿Puedo comprender su idea sobre la justicia *con mi propia mente*? [congregación: 'No']. ¿Puedo tener una mente que lo capte?—Sí. ¿Hay alguna mente en el universo, capaz de captar la idea de Dios sobre la justicia?—Sí. ¿Cuál?—La mente de Cristo. ¿Acaso no nos indica eso que sin la mente de Cristo no tenemos ni podemos tener la justicia de Dios? Poco importa cuánto de la teoría pueda alguien tener sobre la justicia de Dios; poco importa cuánto profese creer sobre la justicia de

Dios y cuánto diga creer en la justificación por la fe: si no tiene la mente de Cristo, no comprende la idea de Dios sobre la justificación por la fe ni puede explicarla.

Nadie puede comprender la justicia de Dios sin la mente de Jesucristo, única mente en todo el universo capaz de captarla, comprenderla o conocerla. ¿Estáis de acuerdo? [congregación: 'Sí']. ¿Puedo amoldar mi mente a la mente de Cristo? ¿Puedo adaptar y transformar así mi mente? [congregación: 'No'] [alguien en la audiencia citó el texto: "Haya pues en vosotros la mente que hubo en Cristo"].—Efectivamente. ¿Habéis permitido que sea así? [congregación: 'Sí']. Siendo que queda ya poco tiempo para que finalicemos este estudio, permitamos que ese concepto permanezca claramente ante nosotros. La única forma en que alguien en este mundo puede conocer la justicia de Dios, puede recibir la justicia de Dios, puede recibir la enseñanza de su justicia de acuerdo con la justicia, es teniendo la mente de Cristo.

Recordaremos aquí una afirmación intrínsecamente correcta, referente a que los mandamientos de Dios son el reflejo—la trascripción, la expresión—de la justicia de Dios. Los diez mandamientos son la manifestación escrita, literal, de la voluntad de Dios. Rom 2:17-18:

> Tú que te llamas judío, te apoyas en la ley, y te glorías en Dios; tú conoces su voluntad, e instruido por la ley, apruebas lo mejor.

Puesto que la ley de Dios es la expresión de su voluntad, expone cómo se debe actuar de conformidad con él en lo referente a la práctica del bien. ¿Aprobarán los diez mandamientos la acción de alguien que no alcance la idea de Dios referente a la práctica del bien?—No. Los diez mandamientos requieren simplemente la misma medida de bondad que requiere la propia mente de Dios, tal como expresa su voluntad. Siendo que los diez mandamientos requieren eso, y que no se conformarán con menos que eso, ¿de qué forma podría satisfacer las demandas de los diez mandamientos la vida de cualquiera en este mundo, si no es teniendo la mente de Cristo? —Es la única forma.

¿Dónde obtenemos esa mente? [congregación: 'En Cristo']. Así pues, ¿es posible para alguien, por el medio que sea, cumplir lo requerido por los diez mandamientos—y lo único que aceptarán—, sin tener la propia mente de Cristo? [congregación: 'No']. Bien. ¿Puedo tener la mente de Cristo sin tener el resto de él?—No, no puedo. La única forma de tener la mente de Cristo es teniendo la presencia personal de Cristo mismo.

¿Qué es lo que nos trae a vosotros y a mí la presencia personal del propio Cristo?—El Espíritu de Dios. Examinemos dos textos: uno en Juan y el otro en Efesios (y creo que el tiempo que nos resta esta noche no va a dar para leer más). Juan 14:18:

> No os dejaré huérfanos, volveré a vosotros.

No nos dejará sin consuelo. Cuando él viene a nosotros, no estamos ya desconsolados, porque él viene como el Consolador, que es el Espíritu Santo.

Leamos juntos la oración de Efesios 3:16-17:

> Que os dé, conforme a la riqueza de su gloria, el ser fortalecidos con poder en el hombre interior por su Espíritu. Que habite Cristo por la fe en vuestro corazón.

Recibimos la promesa del Espíritu mediante la fe, pero ¿quién nos la trae?—El Espíritu de Dios; y cuando tenemos eso, Cristo mora en el corazón. Por lo tanto, es el Espíritu Santo quien trae la presencia personal de Jesucristo; y al traernos su presencia personal lo tenemos a él mismo. Así, es con la mente de Cristo con la que podemos comprender, investigar y revelar las cosas profundas de Dios que él trae a nuestra comprensión y expone claramente ante nosotros. Eso es lo que hemos de tener, a fin de disfrutar de la presencia de Cristo, a fin de tener la justicia de Cristo, a fin de que podamos tener la lluvia tardía, a fin de que podamos dar el fuerte pregón.

El mensaje del tercer ángel (nº 12)
A.T. Jones

La última noche concluimos que a fin de poseer la justicia de Dios—que es la lluvia tardía, que es la preparación para el fuerte pregón—es imprescindible que tengamos la mente de Cristo. Sólo así es posible.

Ese es precisamente el consejo que se nos da en las Escrituras:

Haya en vosotros el mismo sentir [mente] que hubo en Cristo Jesús (Fil 2:5-8).

Según ese pasaje, ¿cuál es el efecto que produce la mente de Cristo?, ¿a qué lo llevó a él?—A vaciarse de sí mismo. Cuando su mente esté en nosotros, ¿cuál será el efecto?—El mismo: vaciarnos del yo. El primer pensamiento proporcionado por ese texto es que la mente de Cristo hace que se vacíe de sí mismo aquel que la posee.

Cuando esa mente estuvo en Cristo, se vació de sí mismo. ¿Qué vino después?—Dios lo llenó. Cuando esa mente que estuvo en él está en nosotros, haciendo en nosotros lo mismo que hizo en él—vaciarnos del yo—, ¿qué va a ocupar el lugar?—Dios, en Cristo, nos llenará. Entonces mora en nosotros Dios en Cristo. Pero eso expulsa al yo del camino.

Para comenzar, ¿cuál es la mente que hay en nosotros? —La mente del yo. ¿Qué hace esa mente? —Exaltarse. ¿Cuál es la mente con la que partimos? —La mente natural. El hombre posee una mente natural, pero necesita poseer otra mente.—la mente que hubo en Cristo. Ahora bien, esa mente que hubo en Cristo vacía del yo solamente a la persona en quien mora. Por lo tanto, puesto que de partida tenemos una mente, pero *necesitamos* tener *otra*, y dado que esa otra mente vacía del yo a aquel en quien mora, ¿no es inevitable deducir que la mente natural que poseemos de partida *es una mente del yo*?

Dios, en el Edén, dio al hombre su mente. ¿Puso Dios en él la mente del yo? [congregación: 'No']. ¿Qué mente había en ese hombre?—La mente de Dios. El hermano Haskell nos ha ilustrado sobre la maravillosa sabiduría que había en Adán. En la vida de Adán se reflejaba esa sabiduría que provenía de Dios. Su mente, sus ideas, su esquema de pensamiento, reflejaban al Hacedor. Cuando Dios dijo: "Hagamos al hombre a nuestra imagen", se refería a mucho más que la mera *forma*. Significa que si vosotros y yo hubiéramos podido conocer a Adán y Eva tal como salieron de la mano de Dios, habríamos visto reflejada la imagen de Dios, e inmediatamente habríamos pensado en Alguien detrás de ellos, Alguien muy anterior y en mucho superior a ellos: en Dios.

Pero no permanecieron como Dios los había creado. Dios les había hablado ciertas palabras, las palabras *de él*, la expresión de *su mente*: su *pensamiento* concerniente a ellos. Si hubiesen recibido esas palabras, si hubiesen retenido esas palabras y los pensamientos de Dios en esas palabras, ¿la mente de quién habrían retenido? —La de Dios. Cuando Satanás vino y les dijo otras palabras expresando sus pensamientos y el producto de su mente, y ellos aceptaron y cedieron, ¿qué pensamientos recibieron?, ¿qué mente recibieron? [congregación: 'La de Satanás'].

No necesitamos adentrarnos mucho en la experiencia de Satanás. Bien sabemos lo que causó su caída. ¿Qué fue?—El orgullo. Pero el yo está en la raíz del orgullo, está en la raíz de cualquier mal. Sólo el yo produce el fruto del orgullo. Satanás se miró a sí mismo antes de enorgullecerse de sí mismo. Si hubiese mirado al rostro de Aquel que se sienta en el trono, nunca se habría vuelto orgulloso. Habría reflejado la imagen del que se sienta en el trono, de igual forma en que esa imagen se manifiesta en Jesucristo. Pero cuando desvió su mirada del rostro del que se sienta en el trono y la volvió hacia sí mismo, fue entonces cuando se sintió orgulloso de sí mismo, fue entonces cuando consideró su hermosura y su corazón se exaltó debido a *su* belleza, comenzando a darse crédito por lo que *él* era. Lo que él era procedía de Dios. Pero Lucifer se atribuyó a *sí mismo* el crédito por todo lo que era. ¿Acaso en ello no se consideró como si existiese por sí mismo, poniéndose de hecho en el lugar de Dios? Pero procedió del yo, que es el resumen de todo lo que importa. Dijo: 'Seré como Dios. Seré semejante al Altísimo'.

Ocuparía el lugar de Cristo, y todo el que ocupa el lugar de Cristo se coloca en el lugar de Dios, porque Dios está en Cristo.

Siendo eso así, siendo esa la mente de Satanás, cuando vino a nuestros primeros padres y ellos recibieron esa mente, ¿de qué mente se trataba? —De la mente del yo, puesto que es la mente de Satanás, quien encarna al yo. Y les presentó la misma ambición que presentó ante sí mismo y que le hizo ser lo que es:

No moriréis. Sino que Dios sabe que el día que comáis de él serán abiertos vuestros ojos, y seréis como Dios, conocedores del bien y del mal. Cuando la mujer vio que el árbol era bueno para comer, agradable a los ojos y codiciable para alcanzar sabiduría. …

Codiciable, ¿para qué?—Para alcanzar sabiduría. Para alcanzar sabiduría, ¿cómo quién? —Como Dios. "Seréis como Dios", sabiendo más de lo que ahora sabéis, conociendo tales y tales cosas. Oh sí, ese árbol es deseable para proporcionarme ese conocimiento, esa sabiduría; y ese árbol es el canal mediante el cual puedo alcanzar ese objetivo de ser como Dios. Así, ¿cuál es la mente que hay en nosotros? [congregación: 'El yo']. La mente natural es la mente de Satanás: la del yo.

El Señor no los abandonó. De haberlo hecho, nunca habría podido haber en la mente de ningún ser humano en este mundo otro impulso diferente al de Satanás mismo, ya que la mente natural es toda ella del yo y de Satanás. Pero Dios dijo: 'Voy a deshacer eso'.

Enemistad pondré entre ti y la mujer, y entre tu descendencia y su descendencia (Gén 3:15).

Dios puso allí la enemistad, el odio contra el poder de Satanás, el aborrecimiento hacia las cosas que caracterizan esa mente. Dios ha implantado allí esa enemistad, y esa es la fuente de todo impulso hacia el bien, hacia la rectitud o hacia cualquier cosa noble que exista en la mente de hombre alguno en este mundo.

Pero cuando Dios pone allí ese odio al mal, pone asimismo el *deseo* de algo superior al mal que aborrecemos. ¿Qué es ese algo mejor? ¿Cuál es el objeto de ese deseo? [congregación: 'Jesucristo']. Jesucristo y su presencia, la mente de Dios, vuelven al lugar del que fueron desalojados. La imagen de Dios vuelve al lugar del que fue borrada por ese engaño de Satanás. Cristo es la imagen de Dios, la imagen expresa de su persona, y cuando recibimos a Jesucristo en su plenitud, la imagen de Dios retorna al lugar que le corresponde. Por lo tanto, cuando Dios implanta esa enemistad, devuelve a la voluntad su libertad de elección, de forma que el hombre puede elegir esa otra mente. Se trata de la Luz que alumbra a todo hombre que viene a este mudo. Si el hombre sigue esa luz, encontrará a Jesucristo tal como hizo Abraham, Cornelio y cualquiera que haya seguido ese rayo de Luz. Así, él es el Deseado de todas las gentes (Hageo 2:7). Ese es Cristo.

El que encuentra ese odio al mal, ese deseo de algo mejor, ese deseo de hacer el bien, ¿está ya haciendo el bien? [congregación: 'No']. ¿Es capaz de efectuar el bien al que es impulsado? [congregación: 'No']. Leamos en Romanos lo que sucede. Rom 3:10: No hay justo, ni aun uno.

Y el versículo 12: Todos se desviaron, se echaron a perder. No hay quien haga lo bueno, no hay ni aun uno.

¿Es eso cierto? [congregación: 'Sí']. Entonces, ¿cómo podemos hablar de un pagano haciendo el bien? ¿*Hace* el bien? "No hay quien haga lo bueno, no hay ni aun uno" [una voz: 'Si un hombre tiene a Cristo, puede hacer el bien'].—¡Pero si tiene a Cristo ya no es pagano! Estamos hablando de los paganos.

Realmente, incluso eso es innecesario. No necesitamos ir a los paganos a inquirir. Nos basta con ir a los judíos. Aquí hay uno que fue judío, como vosotros y yo. Rom 7:14: Sabemos que la ley es espiritual, pero yo soy carnal, vendido al pecado.

La mente carnal es la mente natural. ¿Qué mente es esa?—La de Satanás, la del yo. Leamos más:

Lo que hago, no lo entiendo, pues no hago lo que quiero, sino lo que detesto, eso hago.

¿Qué es eso que hace, aun detestándolo? ¿El bien?—No. Es el mal: la injusticia.

¿Qué es lo que quiere hacer? [congregación: 'El bien']. ¿Qué es lo que en realidad hace?

[congregación: 'El mal']. ¿Qué es lo que detesta? —El pecado. Detesta el mal, el error, la iniquidad. Pero, ¿qué es lo que hace?—El mal: lo incorrecto.

Así, ¿cuánto *bien* es capaz de realizar el hombre natural?—Ninguno. Aunque odia el *mal*, ¿cuánto *bien* hace?—Ninguno. Desearía hacerlo, pero ¿cuánto del bien que desea logra hacer?—Nada. ¿Es así? [congregación: 'Así es']. Así lo declara la Biblia. Entonces, ¿qué sentido tiene que alguien hable de un pagano haciendo el bien, o del judío haciendo el bien, o de cualquier hombre que tenga sólo la mente natural, y que por lo tanto es un hombre natural? ¿Podrá hacer el bien? No estamos hablando aquí de lo que el hombre *conoce*. Tampoco de si tiene o no impulsos hacia el bien. No es esa la cuestión. Sintió esos impulsos todo el tiempo, ¿no es así? Tuvo el conocimiento del bien, en la medida en que aborreció las cosas malas que hacía.

Ahora pensad en esto. Aquí está el hombre natural: un hombre como vosotros y yo, y como cualquier otro que haya nacido en este mundo. Tenía impulsos hacia el bien, tenía el conocimiento del bien, aborrecía el mal, pero ¿qué es lo que hacía? La pregunta no es qué es lo que pensaba, ni qué es lo que conocía, sino ¿qué es lo que *hacía*? —El *mal*. ¿Hacía alguna otra cosa que no fuese el mal?—No. Sabía que había algo mejor, ¿no es así? [congregación: 'Sí']. Pues bien, no intentemos hacer pasar nuestro buen *saber* como si fuese buen *hacer*. No confundamos lo que conocemos con lo que hacemos. *Conocer* lo recto no es lo mismo que *obrar* rectamente. Así pues, no hacía ningún bien. ¿De quién se trata?—De vosotros y de mí, del hombre natural. ¿Soy yo? ¿Soy yo desprovisto de la mente de Cristo?—Sí. Por lo tanto, aunque profese creer en Cristo, si no tengo la mente de Cristo, ¿soy yo?—Sí. ¿Sois vosotros? [congregación: 'Sí']. Bien; entonces avancemos juntos.

> Y si lo que no quiero, esto hago, apruebo que la ley es buena. De manera que ya no soy yo quien hace aquello.

Dije que no lo *quería* hacer. Dije que lo detestaba, y aseguré que nunca volvería a hacerlo… Pero lo hice. Así, cuando lo detesté y decidí y volví a decidir que nunca más lo haría, y sin embargo lo *hice*, ¿qué me estaba sucediendo?—Que tenía

el *conocimiento*, pero no el *poder*. El evangelio de Cristo, "que es Cristo en vosotros" (Col 1:27), eso es poder. Es el *poder* de Dios para salvación de todo aquel que cree (Rom 1:16).

Resulta, pues, que el hombre natural no es libre, ¿os parece que lo es? [congregación: 'No']. No está en la condición de poder hacer aquello que querría, incluso según el intelecto entenebrecido que posee. No puede vivir ni siquiera a la altura de su propia norma. Pero eso que él quisiera hacer, *tal como él lo ve*, ¿es *eso* lo que Dios quiere que él haga? [congregación: 'No']. ¿Y de la forma en que Dios quiere que lo haga? [congregación: 'No']. ¿Cuál es la práctica del bien que hemos de tener? [congregación: 'La de Dios']. Sí, puesto que es la justicia de Dios la que hemos de tener, y la justicia es la práctica del bien. Incluso con la luz que Dios ha hecho brillar en nuestros corazones, nuestra comprensión es extremadamente limitada. Por lo tanto, ¿dónde está la *práctica del bien* de cualquier hombre en este mundo, si no tiene la mente de Cristo?

> Yo sé que en mí, esto es, en mi carne, no habita el bien, porque el querer el bien está en mí, pero no el hacerlo.

¿Qué es lo que está en nosotros?—El *querer* hacer el bien. ¿Qué fue, pues, lo que logró la implantación de esa enemistad contra Satanás? ¿No es acaso poner al hombre en libertad para elegir?—Sí. ¿Fue algo más que eso? [congregación: 'No']. Pensad detenidamente en este punto. Por supuesto, hay otras cosas más, pero, ¿logró eso capacitar al hombre para *hacer* lo correcto y glorificar a Dios, logró algo más que no fuera devolverle la libertad para que pudiera *elegir* a qué amo serviría? [congregación: 'No']. {Dios} puso allí la enemistad, y le dio el conocimiento de algo mejor. Proporciona el odio al mal, lo guía hacia lo bueno, pero ¿lo capacita para *hacer* lo bueno? [congregación: 'No'].

Ahora otro pensamiento. Odia el mal y declara que no volverá a hacerlo, sin embargo, en contra de su voluntad y de todo cuanto se propone, lo practica. Entonces, ¿qué es y quién es el que lo comete realmente? [congregación: 'El pecado que mora en mí']. ¿Quién es el que rige?

[congregación: 'Satanás']. ¿Quién es el amo de ese hombre? [congregación: 'Satanás'].

Cuando el hombre es liberado de esa mente carnal, de esa mente del yo y de Satanás, ¿quién controla su mente? ¿Quién es ahora su amo? [congregación: 'Cristo'].—Sí. Él es quien lo libera. Es Cristo Jesús. Cuando somos liberados de la servidumbre a Satanás, somos hechos siervos de otro Amo. La servidumbre a Satanás es esclavitud y ruina. La servidumbre a Cristo es libertad y vida eterna, alegría eterna y prosperidad eterna.

Avancemos algo más en ese pensamiento. Cuando teníamos la mente de Satanás y él era el amo, decíamos que no haríamos esas cosas malas, pero es precisamente lo que hacíamos. ¿Quién obraba? [congregación: 'El pecado que mora en mí']. Decíamos que haríamos este y aquel bien, pero no lo llegábamos a hacer. ¿Quién lo impedía? [congregación: 'Satanás']. Pero ahora, en Cristo, estamos libres de él: tenemos la otra mente. Decimos que haremos esto. ¿Quién lo efectúa? [congregación: 'Cristo']. Cuando estábamos en nuestra mente natural y no queríamos hacer el mal, Satanás lo hacía en nosotros; cuando tenemos la mente de Cristo y decidimos hacer el bien, ¿quién lo efectúa? [congregación: 'Cristo'].

Dios es el que en vosotros produce así el *querer* como el *hacer*, por su buena voluntad (Fil 2:13).

Volveremos en otra ocasión al tema en mayor amplitud, pero ahora quisiera exponer el pensamiento ante vosotros.

No hago el bien que quiero, sino el mal que no quiero, eso hago. Y si hago lo que no quiero, ya no lo hago yo, sino el pecado que está en mí. Así que, queriendo yo hacer el bien, hallo esta ley: que el mal está en mí, pues según el hombre interior, me deleito en la ley de Dios; pero veo otra ley en mis miembros, que se rebela contra la ley de mi mente, y que me lleva cautivo a la ley del pecado que está en mis miembros. ¡Miserable de mí! ¿Quién me librará de este cuerpo de muerte?

¿Cuál es la condición del hombre que tiene sólo la mente natural? [congregación: 'Miserable'].
—Sí, y en cautividad. Cuanto mayor sea el odio al mal, más miserable su condición, ya que no existe liberación de ese estado en cualquier cosa que el hombre pueda hacer por sí mismo. ¿Quién librará?

¡Gracias doy a Dios, por Jesucristo Señor nuestro! (Rom 7:25).

Ahora pues, ninguna condenación hay para los que están en Cristo Jesús, los que no andan conforme a la carne, sino conforme al Espíritu (Rom 8:1).

Ahora Romanos 8:6-7: La intención de la carne es muerte. ¿Cuál es la condición de ese hombre que posee solamente la mente natural? [congregación: 'La muerte']. Mas la intención del espíritu, vida y paz.

¿*Está* la mente carnal—la mente natural— en enemistad contra Dios? [congregación: 'No. *Es* enemistad contra Dios']. No es sólo que *esté* enemistada contra Dios, sino que *es en ella misma enemistad*.

¿Acaso "la intención de la carne es enemistad contra Dios, porque no se sujeta a la ley de Dios" hasta que el hombre se convierte? [congregación: 'Ni tampoco puede']. ¿No puede? ¿No puede Dios sujetar esa mente carnal a su ley? [congregación: 'No']. ¿No puede Dios sujetar esa mente natural que está en mí y en vosotros a su ley? [congregación: 'No']. ¿Qué es esa mente?—*Es enemistad* contra Dios. ¿No puede Dios hacer que eso que *es* enemistad *contra* él se convierta en amor hacia él? [congregación: 'No'].

Ese es el punto importante: si estuviera enemistada, entonces cabría la reconciliación, ya que se podría identificar el elemento causante de la enemistad. Una vez eliminado, se podría reconciliar lo que había estado enemistado. *Nosotros* estamos enemistados, estamos *en* enemistad. Cuando Dios quita la enemistad, quedamos reconciliados. Pero en este asunto de la mente carnal, no se trata de que haya algo interpuesto: *es la mente misma* la que es enemistad. Esa es la raíz.

Así, la intención de la carne es enemistad contra Dios, porque no se sujeta a la ley de Dios ni tampoco puede. Lo único que cabe hacer con la mente de "la carne" es *destruirla, desarraigarla, barrerla, aniquilarla*. ¿De quién es esa mente?

[congregación: 'De Satanás']. Es la mente del yo, y eso proviene de Satanás. Así, ¿qué puede hacer un hombre en lo relativo a la justicia? ¿Qué se puede hacer en él, incluso en el terreno de la justicia, mientras esa otra mente no esté allí? [congregación: 'Nada'].

Pues bien, esa es la mente que posee toda la raza humana. Veamos ahora cómo esa mente carnal—ese hombre natural— pera en lo relativo a la justicia o justificación.

En Romanos 1:20-22 leemos esto:

Lo invisible de él, su eterno poder y su deidad, se hace claramente visible desde la creación del mundo y se puede discernir por medio de las cosas hechas. Por lo tanto, no tienen excusa, ya que, habiendo conocido a Dios, no lo glorificaron como a Dios ni le dieron gracias. Al contrario, se envanecieron en sus razonamientos y su necio corazón fue entenebrecido. Pretendiendo ser sabios, se hicieron necios.

¿Quién fue el primer habitante de este mundo que profesó seguir la sabiduría según el impulso del yo, por sugerencia de Satanás?—Eva. Fue la primera en procurar un tipo de sabiduría como ese. ¿Qué obtuvo con ello? [congregación: 'Necedad']. *Y todos estamos allí.* ¿Quién dirige la mente natural?—Satanás. ¿Quién opera en ella?—Satanás. Entonces, cuando aquellos de los que habla aquí Pablo se apartaron de Dios "y cambiaron la gloria del Dios incorruptible por imágenes de hombres corruptibles, de aves, de cuadrúpedos y de reptiles", lo que hicieron fue establecer el paganismo.

En el capítulo XV de '*Declive y caída del Imperio Romano*', de Gibbon, leo (párrafo 17):

En su elevada búsqueda, su razón fue frecuentemente guiada por su imaginación, y su imaginación motivada por su vanidad.

Observad eso. La "razón" ¿de qué tipo de mente? [congregación: 'De la mente carnal']. Guiados por la imaginación ¿de qué tipo de mente? [congregación: 'De la mente carnal']. Y su imaginación motivada ¿por qué tipo de mente? [congregación: 'La mente carnal']. ¿Acaso no es esa exactamente la mente de Satanás? La vanidad fue

la raíz de su búsqueda, y el yo la raíz de la vanidad. El que sigue es uno de los mejores comentarios que podréis encontrar sobre ese texto de la Biblia:

Cuando percibieron *complacidos* las dimensiones de *sus poderes mentales*, cuando ejercieron las diversas facultades de la memoria, de la imaginación y del juicio según las más profundas especulaciones o los empeños más importantes, y cuando reflejaron el *deseo de fama* que los transportó a las edades futuras, más allá de los límites impuestos por la muerte y el sepulcro, estaban rechazando que se los pudiera confundir con las bestias del campo, estaban rechazando la suposición de que *un ser hacia cuya dignidad profesaban la más sincera admiración* pudiera no ser más que un diminuto punto sobre la tierra, de unos pocos años de duración.

¿Qué es lo anterior, sino una descripción de la carrera que emprendió Satanás? Su imaginación motivó a su raciocinio, y su vanidad motivó a su imaginación. Vio con complacencia las dimensiones de los poderes de su propia mente. Su deseo de fama eclipsó a su anterior búsqueda de la gloria de Dios, y no estuvo dispuesto a aceptar que un ser [él mismo] hacia cuya dignidad cultivaba una admiración tan sincera, pudiera ser confinado y estar subordinado en un lugar del universo de Dios. ¿No es esa una descripción exacta de la raza humana en su paganismo, según la pluma de un filósofo, según el punto de vista meramente del hombre? ¿Podéis imaginar una descripción más clara del proceder de Satanás en su curso original?

Seguimos:

Animado por esa favorable impresión, convocó en su ayuda a la ciencia, o más bien al lenguaje de la metafísica. Descubrieron pronto que, puesto que ninguna de las propiedades de la materia se aplicaba a las operaciones de la mente, el *alma humana* debía *en consecuencia* ser una *sustancia distinta del cuerpo*, algo puro, simple y espiritual, no sujeto a la disolución, susceptible de un grado mucho mayor de virtud y felicidad *tras haberse liberado de su prisión corporal*. A partir de esos sofisticados y nobles principios, los filósofos que andaban en las huellas de Platón dedujeron una conclusión muy injustificada, puesto que aseveraron, no sólo la futura inmortalidad, sino *la eternidad pretérita del alma humana*, que estuvieron prestos a considerar como *una porción del espíritu infinito que existe por sí mismo, el cual impregna y sustenta el universo.*

¿Qué es eso, sino la mente de Satanás? Existir por él mismo, como Dios. Ser igual a Dios. ¿Qué es eso, sino la acción en el hombre de esa misma mente que desarrolló Lucifer en el cielo, al codiciar la igualdad con Dios? Tal es la mente natural. Es el tipo de mente que es natural en todo ser humano en el mundo. Y es la mente de Satanás. Se trata de la operación de esa mente natural en abierto y desafiante paganismo. Por lo tanto, ¿no están todos necesitados de otra mente—la mente de Cristo—que lejos de ambicionar la igualdad con Dios, se caracteriza por la abnegación, por el vaciarse de uno mismo? Por eso Dios exaltó a Cristo hasta lo sumo (Fil 2:5-8).

Hemos examinado la idea pagana en su realidad y crudeza. Analicemos ahora eso mismo, tal como se lo presenta ante el mundo bajo el disfraz de "justificación por la fe". Y es así como se manifiesta en el papado, dado que el papado es la encarnación misma de Satanás y su mente del yo.

Se opondrá y exaltará contra todo lo que se llama Dios, o que se adora (2 Tes 2:4).

Y todo ello bajo el nombre y la forma del cristianismo, una real falsificación de la verdad.

Tengo un libro titulado '*Creencia católica*'. Lleva este sello: John Cardinal Mc Closkey, arzobispo de Nueva York, y Henricus Eduardus, Card. Archiep. Westmonastery. Lo ha escrito el "muy reverendo Joseph Faª di Bruno, D.D.", rector general de la Sociedad Pía de las Misiones, Iglesia de Ssmo Salvatore en Onda, Ponte Sisto, Roma, y La Iglesia Italiana de San Pedro, Hatton Garden, Londres E.C; Editado por el reverendo Louis A. Lambert, autor de "Notes on Igersoll", etc. Llega con la aprobación de la Jerarquía en este país.

Leeré algunas cosas de él, y a fin de que podáis tener ambas—la verdadera justificación por la fe y la falsificación de la misma—una al lado de la otra, leeré también lo que Dios dice en '*El Camino a Cristo*'. También está en los Testimonios y en toda la Biblia. Quiero que conozcáis cuál es la idea

Católica Romana sobre la justificación por la fe, ya que he tenido que hacerle frente entre profesos adventistas del séptimo día en los pasados cuatro años. Esas cosas, esas mismas expresiones que contiene el libro católico que os traigo acerca de la justificación por la fe y de cómo obtenerla, son las mismas expresiones que profesos adventistas del séptimo día me han manifestado, como siendo justificación por la fe.

Quiero saber cómo podemos vosotros y yo llevar un mensaje a este mundo, advirtiéndole contra la adoración de la bestia, mientras que abrazamos en nuestra propia profesión las doctrinas de la bestia. ¿Será eso posible? [congregación: 'No']. Así, llamo esta noche vuestra atención a fin de que podáis verlo tal cual es. Y de ese modo, viendo de qué se trata, viendo que es papal, que es de la bestia, lo deséchéis totalmente, incluso si no estáis preparados para creer en la justificación por la fe; incluso aunque no podáis verla—tal como sucede con algunos—de la forma en que Dios la da. Si queda demostrado que es papal, espero que aquellos que la han sostenido o expresado de algún modo, estén dispuestos a desecharla. Leo en la página 74 del libro:

En el caso de las personas mayores, se requieren ciertas disposiciones de parte del pecador a fin de que esté preparado para obtener esa gracia habitual y permanente de la justificación.

'Se ha de preparar a sí mismo para ello. Tiene que hacer algo a fin de estar preparado para recibirla'. Tras leer las declaraciones de ese libro, leeré también las opuestas. Así, leo ahora en la página 31 de '*El Camino a Cristo*':

Si percibís vuestra condición pecaminosa, no aguardéis hasta haceros mejores a vosotros mismos. ¡Cuántos hay que piensan que no son bastante buenos para ir a Cristo! ¿Esperáis haceros mejores por vuestros propios esfuerzos? … Únicamente en Dios hay ayuda para nosotros. No debemos permanecer en espera de persuasiones más fuertes, de mejores oportunidades, o de tener un carácter más santo. Nada podemos hacer por nosotros mismos. Debemos ir a Cristo tales como somos ["Id a él con vuestra alma manchada tal cual está", p. 34]. También Romanos 4:5.

Eso es justificación por la *fe*. Lo precedente era justificación por las obras. Esto es de Cristo; aquello del diablo. Esta es la doctrina de Cristo sobre la justificación por la fe, la otra es la del diablo. Y es tiempo de que los adventistas del séptimo día lo comprendan [congregación: 'Amén'].

Del libro católico:

Un hombre puede disponerse a sí mismo, sólo mediante la ayuda de la gracia divina, y las disposiciones que muestra no efectúan ni merecen de ningún modo la justificación: sirven sólo para prepararlo para ella.

'No. No creo en la justificación por las obras; pero hemos de hacer algo a fin de estar preparados para la justificación. Hemos de mostrar nuestras buenas intenciones. Hemos de tomar ciertas resoluciones saludables antes de comenzar, nos hemos de preparar para la justificación …'

¿Qué dice Dios? Leo en la página 35-36 de '*El Camino a Cristo*':

Por su tierno amor [Dios] está atrayendo a sí los corazones de sus hijos errantes. Ningún padre según la carne podría ser tan paciente con las faltas y los yerros de sus hijos, como lo es Dios con aquellos a quienes trata de salvar.

¿Cuál es su actividad? "Trata de salvar". Ese es el camino de Dios. '¡Oh, no!, espera hasta que el hombre se prepara a sí mismo para ser salvo': ese es el camino de Satanás.

Sigo leyendo en '*El Camino a Cristo*':

Nadie podría argüir más tiernamente con el pecador. Jamás enunciaron los labios humanos invitaciones más tiernas que las dirigidas por él al extraviado. Todas sus promesas, sus amonestaciones, no son sino la expresión de su amor inefable. Cuando Satanás acude a decirte que eres un gran pecador, alza los ojos a tu Redentor y habla de sus méritos. Lo que te ayudará será mirar su luz. Reconoce tu pecado, pero di al enemigo que 'Cristo Jesús vino al mundo para salvar a los pecadores' (1 Tim 1:15), y que puedes ser salvo por su incomparable amor. También Juan 3:16.

Eso es justificación por la fe; aquello, justificación por las obras. Esto es de Jesucristo; aquello de Satanás.

En este libro católico sigue a continuación una serie de cosas que uno debe hacer, a fin de tener esas disposiciones: "Un *acto* de fe …, un *acto* de temor de Dios … un *acto* de esperanza…, un *acto* de arrepentimiento …, una *resolución* de aproximarse al sacramento de la *penitencia*".

'Esas son cosas que preparan a uno para ser justificado, a fin de ser salvo' … Leo en la página 76 del mismo libro:

Estamos en continua necesidad de las gracias actuales a fin de efectuar buenas acciones, *tanto antes* como *después* de haber sido justificados.

Es, pues, necesario efectuar buenas acciones antes de ser justificados, a fin de estar preparados para esa justificación.

Las buenas acciones, no obstante, efectuadas con ayuda de la gracia antes de la justificación, no son *en sentido estricto* meritorias, pero sirven para *allanar el camino* a la justificación, para *mover* a Dios.

Sirven "para mover a Dios". Precisamente el espíritu duro e implacable que el diablo aseveró que caracterizaba al Señor cuando se rebeló contra él, aduciendo que Dios era un tirano, que Dios no quiere que sus criaturas sean libres, que él toma asiento con indiferencia y quiere que todo se haga a su antojo, sin razón, sin juicio, libertad ni ninguna cosa parecida. Es necesario que sus criaturas lo "muevan". Esa es la doctrina que Satanás ha introducido en la idea de sacrificio desde entonces hasta hoy. Dios instituyó sacrificios para mostrar lo que Dios está dispuesto a hacer a favor del hombre: que Dios hace un sacrificio por él. Pero Satanás lo tergiversó, y según él, el hombre ha de efectuar eso a fin poner a Dios de buen humor; Dios está airado contra él y deseoso de castigarlo, y hemos de recurrir al sacrificio para apaciguarlo, de forma que no nos hiera. Hemos de "moverlo" a justificarnos.

Veamos lo que el Señor nos dice al respecto, en '*El Camino a Cristo*', páginas 53-54. Refiriéndose a la parábola del hijo pródigo, y a cómo, estando aún lejos, el padre tuvo compasión de él y corrió a abrazarlo, dice:

Mas ni aun esta parábola tan conmovedora alcanza a expresar la compasión de nuestro Padre celestial. El Señor declara por su profeta: 'Con amor eterno te he amado, *por tanto te he extendido mi misericordia*' (Jer 31:3). Mientras el pecador está todavía lejos de la casa de su Padre desperdiciando su hacienda en un país extranjero, el corazón del Padre se compadece de él; y todo anhelo de volver a Dios que se despierte en su alma no es sino una tierna súplica del Espíritu, que insta, ruega y atrae al extraviado al seno amorosísimo de su Padre.

Teniendo tan preciosas promesas bíblicas delante de vosotros, ¿podéis dar lugar a la duda? ¿Podéis creer que cuando el pobre pecador desea volver y abandonar sus pecados, el Señor le impide con severidad que venga arrepentido a sus pies? ¡Desechad tales pensamientos! Nada puede perjudicar más a vuestra propia alma que tener tal concepto de vuestro Padre celestial.

¿Quién procura perjudicar nuestras almas? [congregación: 'Satanás']. ¿Qué podría herir más al alma, que lo expresado en ese libro acerca de la necesidad de que nos dispongamos de cierta manera, que pongamos nuestra mente en una determinada situación, que tomemos buenas resoluciones y hagamos cosas a fin de "mover" a Dios a que se apiade de nosotros y nos salve? ¿Qué podría herir más el alma, que pensar que Dios rechaza al pecador hasta que la pobre alma perdida hace algo para moverlo? ¿Qué creencia podría sostener una persona, que fuera más dañina que esa? El Señor responde: "Nada puede perjudicar más a vuestra propia alma que tener tal concepto de vuestro Padre celestial". Por lo tanto, ¿de dónde puede únicamente proceder esa doctrina? [congregación: 'De Satanás']. Sin embargo, ¡eso se hace pasar como justificación por la fe! No hay ahí fe alguna. Desechadlo, dice el Señor, y que todos puedan decir 'Amén'.

Leo de '*Creencia católica*':

Pero si, con la asistencia de la gracia actual, la persona que está en un estado de gracia justificadora hace buenas obras, son aceptables a Dios, y *merece* un incremento en la gracia en la tierra y de la gloria en el cielo.

¿Qué dice el Señor? '*El Camino a Cristo*', página 57. El capítulo se titula 'La prueba del discipulado' [en español, 'Cómo lograr una magnífica renovación']. Está hablando a los que son discípulos, a los mismos a los que se refería el otro libro. ¿Qué dice?

Si bien no podemos hacer cosa alguna para cambiar nuestro corazón ni para ponernos en armonía con Dios; si bien no debemos confiar para nada en nosotros mismos ni en nuestras buenas obras, nuestra vida demostrará si la gracia de Dios mora en nosotros.

Veis entonces que cuando Dios está allí, se da a conocer a sí mismo por medio nuestro. Pero según la idea de Satanás, cuando hemos logrado que el Señor se convierta [de su intransigencia], hacemos alguna buena obra que "merece", que es meritoria, y entonces podemos estar salvos en este mundo, gozando aquí de un incremento en la gracia y de la gloria en el cielo. Ese es el fundamento mismo de los méritos de los "santos", de donde el papa deriva la concesión de indulgencias para beneficio de quienes no tienen por ellos mismos méritos en la cantidad requerida.

Todo esto que he leído del libro católico, está en un capítulo sobre la justificación: 'Predicación de la doctrina verdadera sobre la justificación'. Aquí (en la página 365) analiza la doctrina de la justificación por la fe para *condenarla, tal como la creen los protestantes*. Veamos, hermanos, si seremos protestantes o católicos; si hemos de ser cristianos o papistas; si creemos en Cristo o en Satanás. Eso es lo que necesitamos ahora comprender, y saber que lo comprendemos, antes de comenzar a dar el mensaje del tercer ángel. Leo:

De igual modo que en las revoluciones los líderes procuran ganarse a la gente mediante el señuelo de una prometida independencia, con ocasión de la así llamada Reforma —que fue una revolución contra la autoridad y orden de la iglesia en religión— es evidente que fue el objetivo de los reformadores seducir al pueblo con el pretexto de hacerlos independientes de los sacerdotes, en cuyas manos colocó nuestro Salvador la administración de los siete sacramentos de perdón y de gracia.

Comenzaron, pues, por descartar cinco de esos sacramentos, incluyendo el de la ordenación, según el cual son ordenados los sacerdotes, y el sacramento de la penitencia, en el que se otorga el perdón de los pecados al penitente. ... Redujeron entonces evidentemente a un mero asunto de forma los dos sacramentos que profesaron retener, que son el santo bautismo y la santa eucaristía. A fin de lograr ese rechazo, y para *capacitar a cada individuo* a prescribir para sí mismo y *procurar por sí mismo* el perdón de los pecados y la gracia divina, *independientemente de los sacerdotes.* ...

¿Es esa doctrina verdadera? ¿Es cierto que el humano puede acudir a Dios por sí mismo, independientemente de los sacerdotes? [congregación: 'Sí']. ¿Qué dice el Señor? *'El Camino a Cristo'*, página 101:

Las relaciones entre Dios y cada una de las almas son tan claras y plenas como si no hubiese otra alma por la cual hubiera dado a su Hijo amado.

Gracias al Señor. Vuelvo a leer del libro católico:

Independientemente de los sacerdotes y de los sacramentos, inventaron un *medio exclusivo*, nunca antes visto en la Iglesia de Dios y rechazado hasta hoy por todas las iglesias de Oriente y por los católico-romanos en el todo el mundo, según el cual los seguidores de Lutero se aventuraron a declarar que cada individuo puede asegurarse el perdón y la justificación independientemente de los sacerdotes y de los sacramentos.

Dieron forma a un nuevo dogma, que es imposible encontrar en ninguno de los credos, cánones o concilios generales; me refiero al nuevo dogma de la justificación por la sola fe.

Ese es el "nuevo dogma" que el papado condena: no figura en ninguno de sus credos. Sigo leyendo en la página 366:

Al añadir la palabra 'sola', los protestantes profesan excluir todas las obras exteriores, ceremoniales, pías, las obras caritativas, las de obediencia o de penitencia, y cualquier acto moral, como medio para aprehender la justificación, o como condición para obtenerla.

'Oh, sí: has de hacer algo para pavimentar el camino, algo para salir de esa situación en la que estás, a fin de poder ser justificado. Te has de elevar por ti mismo parcialmente, y entonces el Señor resultará movido, te recibirá y justificará'. Tal es la doctrina de Satanás. ¿Seremos protestantes, o católicos? Esa es la pregunta. [congregación: 'Protestantes']. ¿Proclamaremos el mensaje del tercer ángel, que advierte contra la adoración de la bestia y su imagen? ¿O seremos nosotros mismos una parte de la bestia y su imagen? Esa es la cuestión. Porque la imagen de la bestia *es la bestia* en ese punto como en cualquier otro, por más que profese ser protestante. En la página 367 del libro católico leo lo siguiente:

Hacer todas esas obras con la finalidad de ser justificado es, dicen, como dar una moneda a la reina para obtener de ella un favor real.

¿Qué dice el Señor? Página 50 de *'El Camino a Cristo'*:

Esta es la lección que el Señor Jesús enseñó mientras estuvo en la tierra. Debemos creer que recibimos el don que Dios nos promete, y *lo poseemos.*

¿Cuál de esas dos declaraciones es cristiana? [congregación: 'La segunda']. Pero la Iglesia católica dice que eso es protestantismo. Y es cierto. ¡Alabado sea el Señor!

Leo más del libro católico:

Ven tal como eres, añaden; es imposible que resultes demasiado malo para Jesús.

Gracias a Dios porque esa no sea la doctrina católica. Gracias a él porque no forma parte de la bestia o su adoración, ni de la imagen de ella. Reunámoslas. ¿Qué dice el Señor? Página 31 de *'El Camino a Cristo'*:

No podemos hacer nada por nosotros mismos. Debemos ir a Cristo tales como somos.

Ahora en la página 52: El Señor Jesús se complace en que vayamos a él como somos: pecaminosos.

¿Qué significa "pecaminosos"? [congregación: 'Llenos de pecado']. ¿Se complace Jesús en que vayamos a él tal como somos, llenos de pecado? [congregación: 'Sí']. Seamos cristianos, seamos protestantes. Tengamos el mensaje del tercer ángel, que es el evangelio de Jesucristo.

El Señor Jesús se complace en que vayamos a él como somos: pecaminosos, sin fuerza, necesitados. Podemos ir con *toda* nuestra debilidad, insensatez y maldad, y caer arrepentidos a sus pies. Es su gloria estrecharnos en los brazos de su amor, vendar nuestras heridas y limpiarnos de toda impureza. … Nadie es tan pecador que no pueda hallar fuerza, pureza y justicia en Jesús, quien murió por todos.

Ese es el don de Dios. Es su don gratuito, sin dinero, sin precio; lo tomo gozoso y le agradezco eternamente por ello. Esa es la justificación por la fe según el Señor. La idea opuesta es de Satanás. Leamos más del libro católico:

Mediante la sola fe en su promesa, aseveran ellos [los protestantes] que puedes y debes aceptar los méritos de Cristo, abrazar la redención de Cristo y su justicia; apropiarte personalmente de Cristo, creer que Cristo está contigo, que es tuyo, que perdona tus pecados, y todo ello sin preparación alguna ni realizar nada por tu parte.

¡Bien! Gracias a Dios, eso es protestantismo. Y los católicos lo saben. ¿Lo sabéis vosotros? Veamos lo que dice el Señor en la página 51 de '*El Camino a Cristo*':

Es la voluntad de Dios limpiarnos del pecado, hacernos hijos suyos y habilitarnos para vivir una vida santa. De modo que podemos pedir a Dios estas bendiciones, creer que las recibimos y agradecerle por haberlas recibido. Es nuestro privilegio ir a Jesús para que nos limpie, y subsistir delante de la ley sin confusión ni remordimiento. Efesios 1:3.

[congregación: 'Amén']. ¿Sin ninguna necesidad de penitencia?—Desde luego. Vuelvo a leer del libro católico [que intenta presentar como absurda la postura protestante]:

De hecho, por más deficiente que puedas ser en toda otra disposición requerida por los católicos, y por más cargado de pecados {que puedas estar}, si confías solamente en que Jesús perdonará tus pecados y te salvará, en esa sola confianza serás perdonado, personalmente redimido, justificado y colocado en un estado de salvación.

Leamos ahora en las páginas 35-36 de '*El Camino a Cristo*':

Cuando Satanás acude a decirte que eres un gran pecador, alza los ojos a tu Redentor y habla de sus méritos. Lo que te ayudará será mirar su luz. Reconoce tu pecado, pero di al enemigo que 'Cristo Jesús vino al mundo para salvar a los pecadores' (1 Tim 1:15) y que puedes ser salvo por su incomparable amor. El Señor Jesús hizo una pregunta a Simón con respecto a dos deudores. El primero debía a su señor una suma pequeña y el otro una muy grande; pero él perdonó a ambos, y Cristo preguntó a Simón qué deudor amaría más a su señor. Simón contestó: 'Aquel a quien más perdonó' (Luc 7:43). Hemos sido grandes deudores, pero Cristo murió para que fuésemos perdonados. Los *méritos de su sacrificio* son *suficientes* para presentarlos al Padre en nuestro favor.

¿Lo son? [congregación: 'Sí']. Hay muchas más cosas en ese libro, que no tomaremos el tiempo en leer ahora. Más adelante define lo que es la *fe*. Considerad cuidadosamente el asunto, porque he encontrado a muchos que creen que lo que este libro católico llama fe, es realmente fe. Página 368:

La palabra "fe", en la Escritura, algunas veces significa *confianza* en la omnipotencia y bondad de Dios, en que él puede y está deseoso de cuidarnos o beneficiarnos mediante alguna interposición milagrosa. Se refiere sobre todo a verdades reveladas, y significa *creencia* en ellas como tales. *Nadie en el mundo tiene derecho* a dar a la palabra fe un significado nuevo y *tomarla*, por ejemplo, *significando confianza en Jesús* para ser *personalmente salvo* mediante esa sola confianza, a no ser que Jesucristo o los apóstoles hubieran atribuido *claramente* en alguna ocasión un significado tal a la palabra fe, y hubieran enseñado la doctrina de la *confianza en Cristo para la salvación personal* como único requisito para la justificación. Nadie debiera atribuir a la palabra *fe* un significado particular, sin poseer una sólida autorización en las Escrituras o en la tradición divina.

En muchos pasajes de las Escrituras en los que se habla con llaneza de la fe salvadora, *fe* no significa *confianza en Cristo para la salvación personal*, sino evidentemente una firme creencia en que Jesús es el Mesías, el Cristo, el Hijo de Dios, que lo que el evangelio registra sobre él es cierto, y que lo que él enseñó es cierto.

En la página 370 define la fe:

Esos textos, referidos todos ellos a la fe salvífica, prueban más allá de toda duda que *no es confianza en Cristo para la salvación personal*, sino la *fe del credo*, la fe en las verdades reveladas.

Según lo anterior, ¿qué es fe? "La fe del credo". Redactan simplemente una declaración a la que llaman doctrina de Dios; entonces la crees y haces lo mejor que puedes, y eso pasa como justificación por la fe. Sea que el credo esté redactado en forma escrita en algún lugar, o sea que se lo apruebe por votación en una asamblea de la Asociación General, no hace diferencia alguna en lo que respecta al principio: el credo está allí, y la aceptación del mismo constituye esa clase de fe. Hay aquí algunos que recuerdan la ocasión—hace cuatro años—y el lugar—Minneapolis—, en que se hicieron tres intentos directos por lograr precisamente eso, acotando así el mensaje del tercer ángel mediante un voto de la Asociación General. Aquello que son creencias de algunos, lo establecemos como siendo los hitos, y posteriormente votamos que nos vamos a mantener en los hitos, sea que sepamos cuáles son los hitos o que no lo sepamos. Después acordamos guardar los mandamientos de Dios y un cúmulo de otras cosas que vamos a hacer, y pasamos todo ello como siendo justificación por la fe.

¿Acaso no se nos advirtió en aquella ocasión que el ángel del Señor dijo: "No deis ese paso; no comprendéis lo que eso implica"? No puedo tomar el tiempo en deciros lo que eso implica, pero el ángel dijo: 'No lo hagáis'. *Allí estaba el papado*. Eso es lo que el Señor estaba intentando decirnos y quería que comprendiéramos. El papado estaba en eso. Así ha sucedido con toda otra iglesia que haya salido del papado: corrieron durante un tiempo por la fe en Dios, y después establecieron alguna idea humana sobre la doctrina y votaron mantenerse en ella; votaron que esa sería la doctrina de la iglesia, de forma que "esa es la fe del credo" que se debe seguir mediante el propio esfuerzo.

¿Hay aquí alguien de los que estuvieron en aquella ocasión, que no pueda ver ahora lo que

entonces sucedió? Así, hermanos, ¿no es tiempo de desecharlo, puesto que nos priva de la propia vida? Nos va a privar de la vida. {Desecharlo} nos crucificará con Jesucristo, lo que causará una muerte tal al pecado como la que jamás soñamos en nuestras vidas. Quitará de nosotros esa mente papal, ese espíritu endurecido, para poner en su lugar la mente divina, tierna y amante de Jesucristo, que no quiere credo, ya que tiene a Cristo mismo.

Bien, permitidme que os lea en este libro algo más, y luego en este otro su contraparte. Se diría que esos libros están escritos el uno para el otro. Hermanos, ¿cuál de los dos seguiremos? Os recomiendo seguir *El camino a Cristo*. Eso es lo que es, y una vez que lo transitáis, es el camino *con* Cristo. Repito del libro católico:

En muchos pasajes de las Escrituras en los que se habla con llaneza de la fe salvadora, *fe* no significa *confianza en Cristo para la salvación personal*, sino evidentemente una firme creencia en que Jesús es el Mesías, el Cristo, el Hijo de Dios, que lo que el evangelio registra sobre él es cierto, y que lo que él enseñó es cierto.

Esa es la "fe" católica. ¿Cuál es la idea verdadera, cuál la definición que el Señor da? '*El Camino a Cristo*', página 63:

Cuando hablamos de la fe debemos tener siempre presente una distinción. Hay una clase de creencia enteramente distinta de la fe. La existencia y el poder de Dios, la verdad de su Palabra, son hechos que aun Satanás y sus huestes no pueden negar en lo íntimo de su corazón.

¿Acaso no dijeron los malos espíritus a Jesús que él era el Cristo? [congregación: 'Sí']. El diablo, Satanás y sus huestes, creen en la existencia y poder de Dios, en que su palabra es verdadera, y en que Jesús es el Mesías, el Cristo, el Hijo de Dios. Satanás y sus huestes creen todo lo anterior, pero eso no es fe. ¿Cuánto poder hay en su creencia, como para obrar el bien en sus vidas?—Absolutamente ninguno. No tienen fe. Pero esa es precisamente la "fe" católica, ¿no es así? ¿Qué tipo de fe es, pues, la suya?—La fe de Satanás. Es todo cuanto es; es la creencia satánica ni más ni menos. Sin embargo, el papado la hace pasar por fe. Y cualquiera que lo da por fe es papista, aunque pueda hacer profesión de ser adventista del séptimo día. Leo de '*El Camino a Cristo*':

La Escritura dice que "los demonios creen y tiemblan" (Sant 2:19), pero *esto no es fe*. Donde no sólo existe una creencia en la Palabra de Dios, sino que *la voluntad se somete* a él; donde *se le entrega el corazón y los afectos se aferran a él*, ALLÍ HAY FE.

Esa es la verdad de la fe que justifica; esa es la justicia por la fe; esa es fe que obra, gracias al Señor. No una fe que cree algo alejado, que mantiene la verdad de Dios en el atrio exterior, para procurar por sus propios esfuerzos cubrir lo que falta. No es esa fe, sino la fe que *obra*. Obra en ella misma; posee en ella un poder divino para manifestar en el hombre la voluntad de Dios ante el mundo. Eso es justicia por la fe, la justicia que la fe obtiene, recibe y retiene; la justicia de Dios.

Continúo leyendo de '*El Camino a Cristo*':

Allí hay fe, una fe que obra por el amor y purifica el alma. Mediante esa fe el corazón se renueva conforme a la imagen de Dios.

No necesito leeros más, pues lo leído basta para mostrar el contraste, y la hora es ya avanzada. Lo presentado evidencia que la doctrina papal sobre la justificación por la fe es doctrina de Satanás; se trata sencillamente de la mente natural dependiendo del yo, obrando por sí misma, exaltándose a sí misma; cubriéndolo todo con una profesión de creer en esto, en aquello y en lo de más allá, pero careciendo del *poder de Dios*. Por lo tanto, hermanos, que quede para siempre desarraigada.

En el paganismo, Satanás llevó al hombre a situarse a sí mismo en igualdad con Dios sin ningún tipo de encubrimiento. Cristo vino entonces al mundo, revelando el verdadero evangelio como nunca antes—Cristo en el hombre, el hombre justificado por la fe en él, y por la fe sola; una fe que tiene en ella vida divina; una fe que tiene en ella misma poder divino; una fe que vive y obra; una fe que trae todas las cosas a aquel que la posee, y que restaura la imagen de Dios en el alma. Entonces Satanás tomó esa misma mente carnal que en el paganismo se había hecho a sí misma igual a Dios, y maquilló ahora su propia idea de la fe, haciéndola pasar como justificación por la fe, exaltando a su principal representante por encima de todo lo que se llama Dios o que se adora, hasta hacerlo sentar en el templo de Dios como si fuese Dios.

¡Oh, que podamos tener la mente de Cristo y no la mente carnal! ¡Que podamos tener la mente de Cristo y no la de Satanás! ¡Que podamos tener la idea del Señor sobre la justificación por la fe y no la idea de Satanás! Entonces recibiremos en verdad la lluvia tardía, "el instructor de justicia de acuerdo con la justicia".

Hermanos, creamos el mensaje del tercer ángel. Espero que el camino esté ahora abierto ante nosotros para estudiar la justicia de Dios que es por la fe de Jesucristo para todo el que cree. Avancemos en el temor de Dios, procurando que su Espíritu Santo nos lo aclare, de forma que ese Instructor de justicia pueda enseñarnos justicia de acuerdo con la justicia.

El mensaje del tercer ángel (nº 13)
A.T. Jones

En el último estudio hemos intentado aclarar para nuestro pueblo, hasta donde sea posible, la diferencia entre la creencia satánica y la fe de Jesucristo; la diferencia entre justificación por las obras disfrazada de justificación por la fe, y su contraparte genuina. Ese ha sido el objetivo, y recordaréis cómo lo presentamos. Eso nos llevó al tema que está ahora siempre ante nosotros: que hemos de tener la enseñanza de la justicia, de acuerdo con la justicia. Eso puede darse, como vimos ya, solamente según la idea de Dios sobre la justicia, y no según la nuestra. Hemos de poseer la mente capaz de comprenderla, que es sólo la mente de Jesucristo. Quien no tiene la mente de Cristo, quien no se ha negado a sí mismo, a todo lo que es y tiene, recibiendo la mente de Cristo en lugar de ello, y no sabe—ni *puede* saber—en qué consiste la justicia o justificación por la fe. Puede profesarla, puede asentir, puede pretenderla, *pero siempre sin conocerla*, ya que nadie la puede conocer con la mente natural. Vayamos a la Biblia y leamos dónde habla al respecto. 1 Cor 2:14:

El hombre natural no percibe las cosas que son del Espíritu de Dios, porque para él son locura.

Esa es la precisa manera en que han tratado la justicia por la fe cientos de personas que profesan creer en ella.

Pastor Lewis Johnson: Los sacerdotes de la Iglesia del Estado en Escandinavia la predican de ese modo.

Sí, los católicos la predican así. Con la mente natural no puede ser de otra forma. Y eso sucederá siempre con aquel que no posea la mente de Cristo. Pero el que no posee esa mente, no se da cuenta. Cree que está en lo correcto; cree que ha captado la justicia de Dios que es por la fe. Lo que tiene no es tan bueno como para librarlo de estar siempre necesitado de añadirle parches y remiendos, pero aun así piensa que eso es justicia por la fe:

El hombre natural no percibe las cosas que son del Espíritu de Dios, porque para él son locura; y

no las puede entender, porque se han de discernir espiritualmente.

Por lo tanto, ¿puede alguien conocer la justicia de Dios con la mente natural? Apelo a vosotros. No presto atención a quiénes sois o a si habéis oído jamás sobre Cristo en vuestra vida anterior; tomad ahora ese versículo, analizando qué es lo que dice. ¿Cómo puede alguien conocer la justicia de Dios con la mente carnal, con la mente de Satanás? ¿Podrá? [congregación: 'No']. ¿Puede la mente de Satanás conocer la mente de Dios?

La ley de Dios es la justicia de Dios expresada en la letra, en palabras, en los diez mandamientos. No sé de ningún adventista del séptimo día que esté en desacuerdo con eso. El problema es que muchos *procuran obtener* la justicia de Dios a partir de la ley, *mediante* la ley. Otros, por el contrario, *la obtienen* sin la ley,

por medio de la fe de Jesucristo, para todos los que creen en él, porque no hay diferencia

Ahora [¡y significa *ahora*!], aparte de la Ley, se ha manifestado la justicia de Dios, testificada por la Ley y por los Profetas: la justicia de Dios por medio de la fe de Jesucristo, para todos los que creen en él, porque no hay diferencia (Rom 3:21-22).

El que la obtiene de esa forma, la posee realmente; no obstante, todos estarán de acuerdo en que los diez mandamientos expresan la justicia de Dios en palabras.

Los designios [mente] de la carne son enemistad contra Dios, porque no se sujetan a la Ley de Dios, ni tampoco pueden (Rom 8:7).

¿Cómo podría entonces la mente carnal conocer la justicia de Dios? ¿Cómo podría la mente carnal sujetarse a ella? *No puede*, dice el Señor. Por lo tanto, el que tiene sólo una mente carnal, el que conoce únicamente el nacimiento natural y carece de la mente de Jesucristo, no puede conocer la justicia de Dios que es por la fe de Jesucristo. Y ahora, cuando el Señor quiere revelarnos la justicia de Dios de acuerdo con la justicia, cuando desea darnos la enseñanza de la justicia de acuerdo con la justicia, ahora como nunca antes en la tierra, debemos poseer sólo la mente de Jesucristo.

Los designios [la mente] de la carne son enemistad contra Dios, porque no se sujetan a la Ley de Dios, ni tampoco pueden.

¿Se sujeta la mente de Cristo a la ley de Dios? [congregación: 'Sí']. ¿Sucedió en algún tiempo de otra forma? [congregación: 'No']. La mente de Cristo siempre estuvo sujeta a la ley de Dios. Toda la Biblia, por supuesto, es la exposición de la ley de Dios tal cual es en Cristo. Por lo tanto, ¿acaso no estuvo siempre la mente de Cristo sujeta a la ley, a la palabra de Dios?—Sin duda alguna. Allí donde fuera leída la palabra de Dios, ¿cómo la recibía la mente de Cristo?—De forma instantánea. Nunca decía: 'Me pregunto cómo es posible que sea así …' Nunca dijo: 'Bien, pienso que eso significaría tal cosa …' No lo podéis imaginar diciendo: '¿No exageras en la lectura de ese texto?', '¿no podrías modificarlo un poco?' ¿Se sintió alguna vez contrariado por lo que la Biblia declaraba sobre alguna cosa, o por lo que el Señor dijese?—No. Allí donde se presentara la palabra del Señor, la mente de Cristo respondía instantáneamente.

Hermanos, podéis—y todo hombre en el mundo puede—conocer y tener ese preciso tipo de mente. Sé que podéis tener ese tipo de mente que responde instantáneamente a la palabra de Dios, sin cuestión, duda ni señal de rechazo. Podéis saber si la tenéis: si vosotros y yo tenemos una mente como esa, al leer u oír la palabra de Dios, no nos levantaremos en contra, no objetaremos ni disentiremos. ¿Es esa la mente de Cristo? [congregación: 'Sí']. Así pues, es bien fácil saber si tenemos o no la mente de Cristo.

Si vuestra mente y la mía, si nuestra disposición no está en esa situación de entrega a Dios, de tal forma que cuando él habla, mediante la palabra aquí o mediante sus profetas, y hay algo en esta mente o en este corazón que se levanta objetando y disintiendo, entonces, ¿qué mente tenemos? [congregación: 'La mente carnal']. Esa es la mente que comenzó a objetar en el principio. Ha llegado el tiempo de que nos deshagamos de ella.

Pero afirmo que podemos tener ese preciso tipo de mente que responde inmediatamente de forma positiva allí donde hable la palabra de Dios. No hay nada en esa mente que se levante en oposición contra la palabra. Esa no es la mente natural para el hombre, pero el hombre puede tenerla, y puede saber que la posee. Esa es la mente que hemos de tener. Es la mente a la cual el Señor puede revelar su justicia de acuerdo con la justicia; porque es la mente que recibe de Dios exactamente lo que Dios tiene para darle, en la precisa forma en que se lo quiere dar, y no en ninguna forma en la que yo pueda arreglarlo, modificarlo o descontar de ello.

Así pues, el hombre que recibe la idea, la *verdad*, la justificación por la fe o justicia por la fe de acuerdo con su propia idea o punto de vista sobre ella, simplemente no la puede recibir. *No la obtiene*, ni más ni menos. Es la misma idea satánica sobre la justicia por la fe; es el mismo sistema católico romano de justificación por las obras camuflado como si fuese justificación por la fe. Ha llegado el tiempo en el que, en un sentido mucho más profundo del que soñamos la mayoría de nosotros, necesitamos estar seguros de que poseemos la justicia de Dios y la justificación por la fe en otro sentido del que la entienden los católico-romanos. Eso es seguro.

Leeré uno o dos pasajes que nos conectarán con lo que consideramos anoche. En '*Testimonies for the Church*', vol. 1, p. 186, leo acerca de cuál es el objetivo del mensaje a Laodicea:

Está previsto a fin de despertar al pueblo de Dios, mostrarle sus reincidencias y llevarlos a un arrepentimiento celoso, a fin de que sean favorecidos con la presencia de Jesús y sean hechos idóneos para el fuerte pregón del tercer ángel.

¿Quiénes serán idóneos para el fuerte pregón del tercer ángel?—Los que tienen la presencia de Jesucristo. Aquellos a quienes el mensaje laodicense ha traído la presencia de Jesucristo. Eso significa la presencia *personal*; en ningún caso un tipo imaginario de presencia. Leamos cómo lo explica '*El Camino a Cristo*', p. 73-75:

Cuando Cristo ascendió a los cielos, el sentido de su presencia permaneció con los que le seguían. *Era una presencia personal* impregnada de amor y luz. Jesús, el Salvador que había andado, conversado y orado con ellos, que había dirigido a sus corazones palabras de esperanza y consuelo, había sido llevado de su lado al cielo mientras les comunicaba un mensaje de paz, y los acentos de su voz: "He aquí, yo estoy con vosotros todos los días, hasta el fin del mundo", les llegaban todavía cuando un coro de ángeles le recibió. Había ascendido en forma humana, y ellos sabían que estaba delante del trono de Dios como Amigo y Salvador suyo, que sus simpatías no habían cambiado y que seguía identificado con la humanidad doliente. Estaba presentando delante de Dios los méritos de su sangre preciosa, estaba mostrándole sus manos y sus pies traspasados, para recordar el precio que había pagado por sus redimidos. Sabían que había ascendido al cielo para prepararles lugar y que volvería para llevarlos consigo. Al congregarse después de la ascensión, estaban ansiosos de presentar sus peticiones al Padre en el nombre de Jesús.

Magnífica reunión de oración, ¿no os parece? Ciento veinte personas, todas ellas *ávidas* por presentar sus peticiones al Padre en el nombre de Jesús.

Con solemne reverencia se postraron en oración repitiendo la promesa: "Todo cuanto pidiereis al Padre en mi nombre, él os lo dará. Hasta ahora no habéis pedido nada en mi nombre: pedid, y recibiréis, para que vuestro gozo sea completo". Extendieron cada vez más alto la mano de la fe presentando este poderoso argumento: "¡Cristo Jesús es el que murió; más aun, el que fue levantado de entre los muertos; el que está a la diestra de Dios; el que también intercede por nosotros!" *El día de Pentecostés les trajo la presencia del Consolador*, de quien Cristo había dicho: "*Estará en vosotros*". Les había dicho además: "Os conviene que yo vaya; porque si no me fuere, el Consolador no vendrá a vosotros; mas si me fuere, os lo enviaré". Y desde aquel día, mediante el Espíritu, Cristo iba a morar continuamente en el corazón de sus hijos. Su unión con ellos sería *más estrecha* que cuando estaba personalmente con ellos.

Eso es lo que él quiere que tengamos ahora. Quiere que tengamos lo que ellos tuvieron en Pentecostés: la presencia personal de Jesucristo. Y si la tenemos, su unión con nosotros será más estrecha que si estuviese aquí corporalmente.

Quiere venir más cerca de vosotros y de mí de lo que estaría si acudiera a estas reuniones cada noche y se sentara entre nosotros. Ese es *ahora* su deseo.

La luz, el amor y el poder de la presencia de Cristo resplandecían de tal manera por medio de ellos, que los hombres, al mirarlos, se maravillaban; y al fin los reconocían, que eran de los que habían estado con Jesús.

Observad esta declaración en el '*Testimonio*' nº 31, p. 156:

El mensaje, llevado en el amor de Cristo, teniendo siempre ante nosotros el valor de las almas, arrancaría, hasta incluso de los mundanos, el reconocimiento: "Son como Jesús".

Ha llegado el tiempo en el que él desea que demos el mensaje de ese modo, y él hará que así suceda. Si los que profesan hoy su nombre no le permiten venir en su plenitud a fin de que puedan llevar de esa forma el mensaje, él encontrará un pueblo que lo haga. Es el punto en el que ahora estamos. No podemos perder más el tiempo.

Todo lo que Cristo fue para sus primeros discípulos desea serlo para sus hijos hoy, pues en su última oración, que elevó estando junto al pequeño grupo reunido en derredor suyo, dijo: "No ruego solamente por estos, sino por aquellos también que han de creer en mí por medio de la palabra de ellos". Oró por nosotros y pidió que fuésemos uno con él, como él es uno con el Padre. ¡Cuán preciosa unión! El Salvador había dicho de sí mismo: "No puede el Hijo hacer nada de sí mismo"; "el Padre, morando en mí, hace las obras". Si *Cristo* está en nuestro corazón, *obrará* en nosotros.

Aquel que está tan ansioso y lleno de temor porque no se le permita tener obras que realizar, porque se vayan a destruir todas sus obras, si Cristo mora en su corazón, encontrará obras por hacer. Hermanos, no estéis ansiosos acerca de las obras; encontrad al Señor Jesucristo y encontraréis labor; más de las que podéis realizar [congregación: 'Amén']. Pero el problema viene cuando las personas lo pervierten todo fijando sus mentes en las obras, obras, obras, en lugar de fijarlas en Jesucristo a fin de obrar. A Satanás poco le importa cuánto profese una persona creer en la justificación por la fe y la justicia por la fe, con tal que su mente esté puesta en las obras. Ese es precisamente el pensamiento puesto ante nosotros anoche, que quisiera hoy recordar respecto a la definición de la fe (*'El Camino a Cristo'*, p. 63):

Cuando hablamos de la fe debemos tener siempre presente una distinción. Hay una clase de creencia enteramente distinta de la fe. La existencia y el poder de Dios, la verdad de su Palabra, son hechos que aun Satanás y sus huestes no pueden negar en lo íntimo de su corazón.

Ellos creen en eso, pero ¿qué poder les trae su creencia para hacerlos justos o para capacitarlos para realizar buenas obras? ¿Qué poder hay en su creencia? ¿Qué poder les da? [congregación: 'Ninguno']. El poder está alejado, mantenido lejos a modo de teoría, retenido a fin de ser observado desde la distancia, sostenido como un credo; y así, un espíritu puede creer en la existencia y poder de Dios; puede creer en la verdad de la Biblia; puede creer que Jesús es el Mesías, el Hijo de Dios, el Santo de Dios, *y ser el diablo*. Y en la forma de un papista, puede creer todo eso tal como hemos dicho y profesar al mismo tiempo la justificación por la fe; puede ser un gran defensor de lo que llaman "buenas obras". Sí, puede esforzarse sin medida a fin de ser bueno, de ser justo, a fin de mover a Dios, tal como leímos en el tema anterior. Sabéis que lo hacen, que hacen peregrinaciones y penitencias, que se flagelan literalmente, privándose de toda comodidad terrenal.

Pero ¿quién hace las obras? ¿Quién es el que obra en todo ello?—El *yo* obra, a fin de hacerse justo, a fin de obtener ese tesoro del mérito que asegurará "un incremento en la gracia en este mundo, y de la gloria en el cielo". Ese es el objetivo, ¿no es así? [congregación: 'Sí']. ¿Quién es, entonces, el que está obrando? [congregación: 'El yo']. ¿Se han sometido la mente y el corazón a Dios? ¿Han sido puestos en él los afectos? ¿Existe una entrega completa a él?—No. Por lo tanto, el *yo* sigue estando en todo.

¿Quién ha de efectuar la obra a fin de que puedan ser siempre buenas obras? Leamos de nuevo: "Si Cristo está en nuestro corazón, él obrará en nosotros 'así el querer como el hacer, por su buena voluntad'". *Obraremos* en la medida en que él obra; manifestaremos *el mismo* espíritu. Y así, amándole y estando en él, creceremos "en todo en aquel que es la Cabeza, esto es, Cristo" (Efe 4:15). Eso es lo que desea el Señor, y es eso en lo que consiste la mente de Cristo. Tal como razonamos en la pasada reunión, no puedo tener la mente de Cristo separadamente de él. *No puedo tener la mente de Cristo sin tenerlo a él personalmente.* Pero la presencia personal de Jesucristo es precisamente lo que él quiere darnos mediante el Espíritu Santo en el derramamiento de la lluvia tardía, justamente ahora. La presencia personal de Cristo es lo que él desea darnos.

Y ahora, el resto de esa definición de creencia: Una persona puede creer en la existencia y el poder de Dios; puede creer la verdad de la Biblia; puede creer y decir que Jesucristo es el Mesías, el Hijo de Dios, el Santo de Dios, y aún así ser un diablo; pero eso *no es fe*. No hay poder en ese tipo de creencia para auxiliar a nadie. ¿Acaso no se trata de la clave en todas esas exhortaciones que hemos ido recibiendo en los *Testimonios* todos estos años, a propósito de que no debemos mantener la verdad en el atrio exterior, sino que hemos de llevarla al santuario interior del alma? ¿No es eso lo que significa? [congregación: 'Sí']. ¿No se trata de la idea humana de mantener la verdad alejada, de verla como una teoría, poniendo nuestra propia interpretación sobre ella, para ir después por nosotros mismos a *hacer* aquello que creemos? Eso no es fe.

Donde no sólo existe una creencia en la Palabra de Dios, sino que *la voluntad se somete* a él; donde *se le entrega el corazón* y los afectos se aferran a él (*El Camino a Cristo*, 63).

Las anteriores son expresiones llenas de significado, dignas de ser tomadas en consideración. "La voluntad se somete a él" ¿Lo hacéis? ¿Habéis sometido a él vuestra voluntad, de modo que nunca retrocedéis y la ejerzáis a vuestra propia manera o por vosotros mismos? ¿Tiene él vuestra voluntad? Alguien dirá 'Pienso que la tien ...' Dudas, ¿no es así? Dirá algún otro: 'He *intentado* someterle mi voluntad ...' Bien, pues pon fin a tus intentos, *somete* a él tu voluntad de una vez por todas, y conoce que lo has hecho realmente.

"La voluntad se somete a él": ¿La has sometido a él? ¿La has sometido de forma que puedas saber que es así, y hasta el punto en que tus deseos, impulsos o inclinaciones no te lleven en ninguna situación a emplearla por ti mismo? Puedes *saber* que es así. Puedes *saber* cuándo sucede tal cosa [voz: '¿Cómo?'] ¿Cómo?—Muy fácil: *sometiendo tu voluntad a él*. Dile al Señor que tu voluntad es suya, y ¡es suya! Si no sabes si tu voluntad es suya o no, es que no es suya.

Aquel que entregó su voluntad al Señor, tiene conocimiento del hecho. Se vuelve una persona espiritual y conoce lo que nunca antes en toda su vida conoció. El hombre natural no puede recibirlo, jamás puede comprenderlo. ¿Cómo iba a poder comprender lo que encierra un acto que nunca he realizado? Nunca puedo saber cómo sucede, a menos que permita que suceda en mí. Lo contrario no sería razonable, y aun menos en este asunto. Es algo que se conoce—y puede solamente conocerse—entre Dios y la propia persona.

Todos serán enseñados por Dios (Juan 6:45; Isa 54:13).

Uno puede decir a otro que eso es un hecho; puede manifestar a otro que sabe que es así. Pero nadie puede *darlo* a otro, de forma que mi hermano pueda obtenerlo de mí. Le puedo asegurar que es un hecho y que es su privilegio saberlo, pero él sólo puede aprenderlo de Dios. Lo logras, sencillamente, sometiéndote a Dios. Es la única forma en que cualquiera puede lograrlo y saber que es así. Hay muchísimos que no comprenden cómo; pero su gran dificultad estriba en que cuando les expliques cómo, *no lo querrán hacer.*

Pregunto de nuevo: ¿Le has sometido tu voluntad? ¿Lo has hecho? ¿Has atravesado esa barrera y llegado al lugar en el que puedes saber que le has sometido la voluntad, de forma que él pueda usarla sin reparos ni cuestiones sin albergar en ningún sentido disensión alguna con su voluntad? ¿Está vuestra voluntad sometida a Dios, de forma que él pueda hacer su voluntad en vosotros sin que hagáis objeción alguna, de forma que jamás una inclinación o pensamiento vuestro tengan libre curso obrando a vuestra manera, sino que deseáis que él obre a su manera, siendo eso todo lo que deseáis? ¿Es así? ¿Es esa la situación de vuestra voluntad? [congregación: 'Sí'].

¿Hay alguien aquí en quien no sea así? Acude al Señor y háblale acerca de eso. Dile: 'Señor, lo someto todo a ti. Lo someto todo sin reservar nada. No retengo ni una sola cosa. Todo lo entrego a ti, incluida mi voluntad, a fin de que puedas producir así el querer como el hacer, por tu buena voluntad' [congregación: 'Amén']. Hermanos, cada uno de nosotros necesitamos hacer así, aquí, cada día. El Señor anhela venir aquí en la medida en que se lo permitamos.

Pero por tanto tiempo como reserve algo en mi voluntad, me resultará inevitable seguir por mi propio camino. Dios no puede emplearme plenamente. No puede venir plenamente; Cristo no puede venir plenamente a menos que haya una plena sumisión a él. Ha de suceder aquí una cierta muerte. El *yo* ha de morir. Eso es lo que significa: muerte. Y desde luego, las personas no suelen morirse a gusto: luchan por vivir, si es que luchan.

Tened presente que no basta con "querer" morir. Dad el paso y morid al yo: eso es lo que el Señor quiere. Alguien dice: '¿Cómo he de hacerlo?' —Dios dice cómo:

Así también vosotros consideraos muertos (Rom 6:11).

El hermano Durland leyó ayer para todos: "El que ha muerto ha sido justificado del pecado" (vers. 7). Así es. "Consideraos muertos al pecado" y Dios proveerá el hecho. El asunto, hermanos, es que estamos en necesidad de conocer al Señor. El problema es que las personas no conocen personalmente al Señor y no saben cómo actúa.

"Donde se le entrega el corazón". ¿Cuánto del corazón? [congregación: 'Todo']. ¿Ya lo habéis hecho? [congregación: 'Sí']. ¿Todo el corazón? Alguien dice: 'He entregado todo lo que sé' … Bien; ahora da el siguiente paso y entrégale también todo lo que *no sabes.*

[**Pastor O.S. Ferren**]: Cuando una persona hace así, ¿es pobre y miserable?

[**Pastor Jones**]: Efectivamente.

[**Pastor O.S. Ferren**]: ¿Y ciego y desnudo?

[**Pastor Jones**]: Sí.

[**Pastor O.S. Ferren**]: ¿Y no lo sabe?

[**Pastor Jones**]: Así es. Pero gracias al Señor, posee riquezas que abarcan todo el universo. Alguien dirá: 'No lo puedo entender'. Tampoco yo puedo, pero sé que es un hecho.

Recordad esto, hermanos, tenedlo siempre presente: cuanto más avancéis, mayor evidencia tendréis de que es un hecho. Cuando nos aferramos al evangelio de Jesucristo en su pureza, a cada paso y en cada fase encontraremos *el misterio de Dios*. Cada vez, y en todo lugar, encontraréis aquello que nadie puede explicar, excepto Dios mismo. Y todo cuanto podéis hacer es creer que Dios está en eso. Es así, y podéis reconocer el hecho; permitidle que sea él mismo quien lo explique. Eso tomará la eternidad. Lo que él quiere es que vosotros y yo nos alegremos por tener ante nosotros la eternidad en la que él pueda explicárnoslo. Me alegraré sabiendo que tengo una eternidad en la que vivir; no os preocupéis si entiendo esto, lo otro o lo de más allá. Nunca suceda que despreciemos la vida eterna debido a que no entendemos todo lo que Dios entiende. Pero sigue hoy prevaleciendo el mismo espíritu que tuvo Satanás: el de ser igual a Dios y no someternos a nada, a menos que lo comprendamos todo. Desechemos esa mente y creamos al Señor; permitámosle que nos lo explique a su propio tiempo y manera.

Entonces, ¿le habéis entregado vuestro corazón? Ahora ese pensamiento del que os hablaba hace un momento: Muchos dicen: 'Me he sometido al Señor hasta donde sé' … —No es suficiente. Has de someterte a él hasta donde sabes, y también hasta donde *no sabes*. Cuando le entrego solamente aquello que sé, hay muchísimas cosas que *no sé*; una considerable cantidad de situaciones en las que voy a encontrarme, cosas que han de sobrevenirme y algunas de ellas me resultarán muy atractivas y deseables. Si no lo he sometido todo, ¿qué entonces? Habrá un conflicto en cuanto a si he sometido o no ese particular. Estaré así constantemente en aguas tormentosas, sin saber realmente si estoy o no sometido al Señor. Es su voluntad que salgáis de esas aguas revueltas. Someteos a él en todo cuanto sabéis y en todo cuanto no sabéis. Encomendaos en todo a él, sin reservar nada ahora ni nunca, y entonces no tendréis nada que temer; ni siquiera si habéis de caer hasta el fondo del mar en el próximo minuto. Os habéis entregado totalmente a él, estáis en sus manos: entonces tenéis algo; el que así hace, tiene algo que no poseía anteriormente. Algo que jamás habría podido tener de no haberse sometido precisamente en esa plenitud.

"Los afectos se aferran a él". ¿Es ese el estado de vuestros afectos, de modo que él tenga la preferencia en todo, de modo que ocupe siempre el primer lugar y nada se interponga en ninguna circunstancia? ¿Es así? Cuando alguien hace así, ciertamente logró algo, y sabe que es así. Bien, dice alguien, ¿no se espera que ese hombre cuide de su esposa e hijos?—No hay problema: los encomendó igualmente al Señor, ¿acaso no podrá el Señor cuidarlos mucho mejor de lo que podríais si no os hubierais entregado a él? Cuando mis afectos están aferrados a él, lejos de resultar separado de los que me son queridos, esos afectos resultan *intensificados*, *profundizados* y glorificados en relación con aquellos que están tiernamente ligados a mí. Las personas se confunden totalmente cuando temen que fijar sus afectos en Dios significará separarse de alguien a quien aman en esta tierra. Al contrario: es la única forma de amar realmente a quienes sienten que son sus allegados aquí.

¿Le habéis sometido vuestra voluntad? ¿Habéis entregado a Dios vuestro corazón, de forma que vuestros afectos estén puestos en él? ¿Lo habéis hecho, de forma que podéis estar ante su presencia y agradecerle porque sea así? No me refiero a levantaros en la congregación y manifestar que es así, sino a decírselo al Señor. Las personas se levantarán en la congregación y dirán cosas que no se atreverían a decirle al Señor. Decídselo a él. Decidle que le sometéis enteramente vuestra voluntad. Someteos a él sin reservas y decidle que le dais vuestro corazón, pues es inservible, y queréis su corazón en lugar del vuestro. Entonces vuestros afectos estarán fijos en él, y así permanecerán. Decídselo en todo tiempo, cada día, vayáis donde vayáis. Vivid con él, hermanos, vivid con él. Esa es su voluntad. Él ha resucitado de entre los muertos, y hemos sido resucitados con él a fin de que vivamos con él (Rom 6:8). Su presencia personal nos acompañará. Eso es lo que el mensaje a Laodicea ha de hacer por nosotros: trae la presencia de Cristo para que viva en nosotros.

Sólo vosotros podéis hacer eso. Nadie puede hacerlo en vuestro lugar. Hermanos, procedamos así. Vayamos a ese sitio. Cuando alguien está ahí espera simplemente la dirección del Señor; aguarda el tiempo oportuno del Señor. Y cuando el Señor disponga derramar su Espíritu Santo, nada habrá que lo impida. Si es que hubiera algo que ese alguien no supiera, no supone problema alguno: eso fue igualmente sometido ya con anterioridad. Aunque hubiese sido tan querido como el ojo derecho, fue entregado ya hace tiempo. Partió, gracias al Señor, de forma que no hay nada entre vosotros y él, y puede derramar abundantemente su Espíritu cuando juzgue oportuno. Ese es el punto en el que quiere que estemos vosotros y yo en esta asamblea, esperando que él nos enseñe justicia de acuerdo con la justicia.

Ahora, ¿cuánto de Cristo hemos de tener? Cuando la presencia personal de Cristo venga a nosotros, él estará más cercano que si viniera de forma visible a reunirse con nosotros cada día. ¿Es así? [congregación: 'Así es']. Bien, pues eso es el evangelio, ¿no os parece? Se trata de la justicia de Dios que es por la fe de Jesucristo. En eso consiste el evangelio, ya que en él la justicia de Dios se descubre de fe en fe (Rom 1:17). ¿No dice de fe en *obras*? ¡Oh, no! La justicia de Dios se descubre de fe EN FE, gracias al Señor.

La presencia de Cristo, la presencia personal de Cristo, "Cristo en vosotros, la esperanza de gloria": en eso consiste el evangelio. Ahora observad (y no tiene por qué haber una partícula de confusión o duda en esta cuestión de la fe y las obras): Cristo estuvo una vez en el mundo, ¿no es así? [congregación: 'Sí']. No hizo nada por sí mismo. "No puedo yo hacer nada por mí mismo" (Juan 5:30). El Padre moraba con él, y es quien hacía las obras. "El Padre, que vive en mí, él hace las obras" (Juan 14:10). "Como me envió el Padre, así también yo os envío" (Juan 20:21).

Cristo ha de estar en nosotros tal como Dios estuvo en Cristo. ¿Está sucediendo? [congregación:

'Sí']. ¿Es Cristo el mismo ayer, hoy y por los siglos? [congregación: 'Sí']. ¿Cómo actuó cuando estuvo en la tierra, en nuestra carne? Fue mi carne la que tuvo; fue la vuestra, y anduvo haciendo bienes: asistió a los enfermos, simpatizó con ellos. "Ciertamente llevó él nuestras enfermedades y sufrió nuestros dolores" (Isa 53:4).

Los lleva aún. Su simpatía por los dolientes era tan entrañable que cuando ministraba en su favor, entraba realmente en los sentimientos de ellos, llevaba en verdad sus enfermedades. ¿Cómo actuará al venir ahora a nuestra carne? [congregación: 'De la misma manera']. ¿Cómo actuará al estar en vuestra carne? [congregación: 'Igual que entonces'].

¿No veis la manera en que las obras surgen por ellas mismas en aquel que tiene *fe* en Jesucristo? No me estoy refiriendo a ese tipo de creencia satánica, sino a la auténtica *fe*. ¿No veis lo que pierden los que fijan su mente en las obras, en lugar de fijarla en Cristo? Pierden el origen y poder mismos que son lo único que puede obrar el bien, que puede alcanzar y ministrar a los enfermos y a los pobres en el espíritu correcto. ¿No habéis visto nunca a personas que ministran a los pobres y enfermos de forma que les hacen sentirse peor que si nunca hubieran ido allí? No es ese el tipo de ministerio que Jesucristo realiza, no. Es *Cristo en vosotros*. Y cuando él va con vosotros y en vosotros, da el testimonio que arrancará "hasta incluso de los mundanos, el reconocimiento: 'Son como Jesús'".

¿Qué quiere Dios que vea el mundo en nosotros? [congregación: 'A Cristo']. Él quiere que el mundo vea a Cristo en nuestras vidas, la vida de Cristo: Cristo en vosotros, la esperanza de gloria, y ellos lo sabrán y vosotros lo sabréis. Aseguraos de que Cristo está ahí, y el Espíritu del Señor traerá convicción a las mentes de que es así. Pero tan ciertamente como vosotros y yo aparezcamos en lugar de Cristo, eso es todo cuanto aparecerá, y eso es todo cuanto verá el mundo.

Ahora, hermanos, ¿hay alguna necesidad de que dudemos que la justicia por la fe—la justificación por la fe—lleva en ella misma la virtud viviente de Dios obrando según su voluntad? Ninguna mente que se haya sometido a Dios albergará dudas al respecto. No será el caso con quienes sometieron su mente a Dios, buscando su voluntad, procurando que Cristo sea el primero y el último, en todo, en todos y sobre todo. Quien así procede, adquiere un conocimiento tal de Cristo, que le permite saber que esa fe en Jesucristo trae la presencia divina, el poder divino, la virtud divina y la gracia de Dios. Sabe que tendrá un poder motivador de tal intensidad en quien lo recibe, como para que el que tiene más fe sea, de entre todos, el que una mayor obra realice. No podéis separar la una de la otra. Allí está la vida divina, el poder divino, la palabra divina.

¿No luchó Pablo—dirá alguien, y no dijo el Señor: "Esforzaos por entrar por la puerta estrecha"?—Sí, efectivamente, y Pablo nos explica cómo hacerlo. Leámoslo en Colosenses 1:25 y siguientes:

> De ella fui hecho ministro, según la administración de Dios que me fue dada para con vosotros, para que anuncie cumplidamente la palabra de Dios, el misterio que había estado oculto desde los siglos y edades, pero que ahora ha sido manifestado a sus santos. A ellos, Dios quiso dar a conocer las riquezas de la gloria de este misterio entre los gentiles.

¿Qué es lo que Dios quiere darnos ahora a conocer a vosotros y a mí? Nos quiere dar a conocer "las riquezas de la gloria de este misterio". Es algo grandioso, ¿no os parece? ¿Cuán grandes son las riquezas de la gloria del misterio de Dios? Tanto como Dios mismo. Siendo así, ¿cómo podemos conocerlas, si no es por la mente de Cristo, cuya presencia nos trae el Espíritu Santo?

> Que es Cristo en vosotros, esperanza de gloria. Nosotros anunciamos a Cristo, amonestando a todo hombre y enseñando a todo hombre en toda sabiduría, a fin de presentar perfecto en Cristo Jesús a todo hombre. Para esto también trabajo, *luchando según la fuerza de él*, la cual *actúa* PODEROSAMENTE *en mí*.

¿Cómo podría luchar, si no tengo nada con qué luchar? "Sin mí nada podéis hacer". Por lo tanto, ¿cómo podríamos luchar sin Cristo? {Sin Cristo, estamos} "muertos en delitos y pecados". ¿Podrá luchar un muerto? "Cuando aún éramos débiles"

(Rom 5:6). ¿Éramos débiles? [congregación: 'Sí']. En efecto. ¿Cómo puede luchar aquel que es débil? ¿No comprendéis, entonces, que pensar que hemos de esforzarnos, luchar y consumirnos *a fin de obtener* de Cristo el don de la justificación es el colmo de la perversión de la idea divina? —No es así. Se trata del don *gratuito* de Dios a todo hombre, y todo aquel que lo reciba, recibe ciertamente al mismo Jesucristo. El evangelio es el poder de Dios para salvación a todo aquel que cree. Por lo tanto, aquel que lo somete todo, que se entrega totalmente y obtiene ese poder de Dios, obtiene ese Salvador viviente a quien fue dado todo poder en el cielo y en la tierra, y tiene *algo con qué luchar*; tiene poder que puede emplear con un buen propósito.

Así pues, ¿dónde entra en juego el esfuerzo?, ¿en encontrar al Señor?, ¿o en *emplear* el poder que el Señor da, el poder que él pone en nosotros? ¿Qué os parece? [congregación: 'En emplear el poder']. —Ciertamente. Siendo así, no nos pongamos del lado equivocado, sino del correcto.

"Luchando según la fuerza de él, la cual actúa poderosamente en mí" (Col 1:29). Como dice en este otro lugar: "El amor de Cristo nos constriñe" (2 Cor 5:14). Constriñe, motiva, impulsa, mueve con una fuerza irresistible. Esa es la idea contenida en la expresión "esforzaos". Otras versiones traducen "agonizad" por entrar en la puerta estrecha, y agonizan literalmente consumiéndose en penitencias, como hace cualquier otro católico, y lo hacen a fin de mover al Señor para que se apiade de ellos. No es esa la idea.

Sin embargo, sí que se trata de *agonizar*; pero todos saben que esa palabra proviene de las competiciones deportivas griegas. El que participaba en la competición era un *agonistes* que se disponía a disputar la carrera. ¿Qué hacía entonces? Tensaba cada fibra de sus músculos y esforzaba toda facultad de su ser, dedicándola al logro del objetivo propuesto. Se trata de una "agonía", de un ejercicio, de una lucha *corporal*. ¿Es ese el tipo de lucha de la que nos habla Cristo? [congregación: 'No']. ¿De qué lucha nos habla? —De la *espiritual*. Llevando esa ilustración al terreno espiritual, ¿qué significa? ¿No se trata acaso de la *entrega completa de la voluntad a Cristo, de la entrega del corazón y los afectos sin reserva alguna?* Lo somete todo a él; cada fibra del ser está dedicada a un único objetivo: la gloria de Dios. Ahí está ese divino poder que nos motiva, que nos urge. Lo repetiré aún otra vez: el que cree en Jesucristo es el que hará una obra plena y aceptable para él.

Leamos ahora esta palabra, y será la mejor conclusión para el tema de esta noche. '*El Camino a Cristo*', p. 71: El corazón que más plenamente descansa en Cristo es el más ardiente y activo en el trabajo para él.

Amén [congregación: 'Amén']. Nunca olvidéis eso. Jamás penséis que aquel que decide reposar totalmente en Jesucristo es una persona física o espiritualmente ociosa. Si su vida demuestra una ociosidad tal, es porque no está en absoluto reposando en Cristo sino en sí mismo.

El corazón que más plenamente descansa en Cristo será el más ferviente y activo en el servicio a él. Tal es la auténtica fe; una fe que traerá sobre vosotros el derramamiento de la lluvia tardía; nos traerá a vosotros y a mí la enseñanza de la justicia de acuerdo con la justicia—la viva presencia de Jesucristo—a fin de prepararnos para el fuerte pregón y para que llevemos el mensaje del tercer ángel de la única forma en que desde esta asamblea podemos llevarlo.

El mensaje del tercer ángel (nº 14)
A.T. Jones

Hemos visto la manifestación de la mente natural—o mente carnal—en dos de sus formas: paganismo y papado. Pero actualmente existe otra forma de reciente aparición, otro mecanismo diseñado por el autor de la mente carnal, por medio del cual engañará a un sinnúmero de personas si están desprovistas de la mente que hubo en Cristo. ¿A quién pertenece realmente la mente carnal? [congregación: "A Satanás"]. ¿De qué se ocupa la mente carnal? [congregación: "Del yo"]. En Satanás está el *yo*; en nosotros está el *yo*. Hemos visto cómo el paganismo—el paganismo declarado y desafiante—puso al *yo* en el lugar de Dios, haciéndolo igual a Dios, mediante su concepto de la inmortalidad natural del alma (1 Tim 6:15-16). Hemos visto también cómo, cuando el cristianismo vino a este mundo, esa misma mente carnal tomó el nombre y la forma del cristianismo, viniendo a ser una falsificación del verdadero, y llamó "justificación por la fe" a lo que en realidad era justificación por las obras: la misma mente carnal. Hablamos del papado, del misterio de iniquidad.

Pero hay otro desarrollo de la obra de Satanás en estos últimos días, separado del paganismo y también del papado en su forma habitual de manifestarse hasta el momento. ¿De qué forma obra especialmente Satanás en los últimos días? ¿Qué nombre tiene? [congregación: "Espiritismo"]. Efectivamente; y el espiritismo exaltará al yo. ¿Obrará siempre el espiritismo en el nombre de Satanás? [congregación: "No"]. Cuanto más nos acerquemos a la segunda venida del Salvador, tanto más hará el espiritismo profesión de cristianismo. ¿Quién ha de venir? O mejor, ¿quiénes han de venir antes del regreso del Salvador? [congregación: "Falsos cristos"]. Vendrán muchos diciendo: "Soy Cristo". Y por último vendrá el mismo Satanás. ¿Se presentará como tal? [congregación: "No; se presentará como Cristo"]. Vendrá como Cristo, se lo recibirá como a Cristo. Así pues, el pueblo de Dios ha de conocer de tal forma al Salvador, como para no aceptar ni recibir ninguna profesión del nombre de Cristo que no sea la genuina y verdadera. Pero cuando el falso cristianismo se presente al mundo, cuando aparezcan toda clase de falsos cristos, ¿de que única forma podrá una persona estar segura?, ¿cómo podrá saber que son una falsificación?—Solamente mediante Aquel que es el verdadero: sólo teniendo la mente de Cristo.

Os quiero leer ahora una expresión de esta última fase de la mente carnal. Hemos leído ya acerca de las otras dos: la pagana y la papal. Al leer ahora sobre esta última forma, dispondremos de una visión de las tres: el dragón, la bestia y el falso profeta. Y no habrá entonces excusa para que ninguno de nosotros dude acerca de la clara y singular mente de Jesucristo y la justicia de Dios de acuerdo con su idea de la justicia. Cuando tenemos ante nosotros la expresión directa del camino de la falsedad en sus tres formas, incluso aun si no fuéramos capaces de comprender o ver plenamente lo verdadero, rechazaremos la falsedad y nos quedaremos con lo opuesto. ¿No estaremos acaso prestos a desechar al diablo a quien *vemos*, y a aceptar al Señor a quien *no podemos ver* de la forma en que desearíamos? ¿A quién preferiréis? Yo me quedo con el Señor a ojos *cerrados*, más bien que a Satanás con los ojos *abiertos*.

He traído una publicación mensual. Luego os diré de lo que se trata, pero quiero leeros primeramente uno o dos pasajes de ella. Está proponiendo una rutina para la semana, una especie de entrenamiento particularizado para cada uno de los días.

Sea el jueves el día en el que declares tu fe.

Y veamos en qué consiste la fe.

Di: "Creo que Dios está ahora obrando conmigo, a través de mí y en favor mío". Dilo con segura confianza, pues es cierto.

El viernes sé valiente, fuerte y poderoso; vence todo obstáculo por tu palabra; di: "Todo lo puedo en Cristo que me fortalece"; dilo con toda la fuerza de tu ser, y te aseguro que puedes realizar todo aquello que desees hacer, incluso milagros.

Tiene apariencia de piedad, pero se trata una mentira. A fin de que podáis ver claramente que se trata de una mentira, os leeré el ejercicio propuesto para los miércoles:

Los miércoles ejercita las afirmaciones; no solamente las afirmaciones en la ciencia: afirma más bien todas las buenas cosas que hay *en ti mismo*.

[alguien en la congregación: "Eso demuestra la mentira"].

¿Pero acaso no afirman que Dios está obrando en mí, por mí y para mí? Una vez que hemos venido a Jesús y que hemos recibido su justicia y su bondad, ¿no podemos acaso entonces afirmar que *nosotros* somos buenos? [congregación: "¡No!"] ¿Por qué no? [alguien en la congregación: "Es en Cristo; no en nosotros"]. ¿Queréis con ello decir que, incluso habiendo encontrado a Jesús, con toda la riqueza, el honor, poder y dones que hay en él, ni siquiera entonces podemos confiar en *nuestra* bondad? ¿Es eso lo que queréis decir? [congregación: "Así es"] ¿Estáis seguros? [congregación: "Sí"]. ¡Bien! No termina ahí; hay más:

Afirma todas las buenas cosas que hay en *ti mismo*. Felicítate por ser tan cortés y amable, y por ser tan sincero en tus intenciones de servir al bien; felicítate por ser tan firme en esos mismos propósitos; felicítate por ser tan fuerte y gozar de una situación tan saludable.

Quizá también: 'Felicítate porque vives siguiendo estrictamente los principios de la reforma en la alimentación, y en consecuencia disfrutas de una excelente salud'

Felicítate por tener una disposición tan caritativa.

¿Es una actitud recomendable? [congregación: "No"]. Pero una vez que vuestros pecados han sido perdonados y sois liberados de todas esas cosas por el poder de Cristo, entonces, ¿no podéis felicitaros por vuestra *disposición tan caritativa*, porque *vosotros* habéis logrado una cosa tan buena como esa? [congregación: "No"]. Bien. Continúo leyendo:

Felicítate porque ves solamente lo bueno en los demás y en todo el mundo. Felicítate por todo lo bueno que ves *en ti mismo*, y por todo lo bueno

que quieres ver *en ti mismo* … Debes felicitarte por las buenas características que allí hay para fortalecerte, y da las gracias por poder hacer que aparezca aquello que pareciera faltar, pues sabes que aquello que pronuncien tus labios vendrá a la existencia.

Bien, a eso le llaman "ciencia cristiana". Podéis leer el título (sosteniendo el libro en la mano). Un hermano me facilitó una copia hace unos días. Se titula "Ciencia cristiana", y en la cubierta hay una cita de la Escritura: "Mis palabras no pasarán". ¿No os parece, hermanos, que es tiempo de que comencemos a creer en las Escrituras y en los Testimonios? ¿No es precisamente ahora cuando debiéramos tener la mente de Cristo? [congregación: "Amén"]. Necesitamos esa mente que confiesa la veracidad de lo dicho en los Testimonios, eso que ha molestado a tantos hermanos cada vez que ha sido leído. Leámoslo ahora una vez más y veamos si estamos de acuerdo en que eso es así, sea que lo creamos o que no. *Testimonio* nº 31, p. 44: "¿Estáis en Cristo?—No, si no os reconocéis como errados, desamparados y condenados pecadores."

No estáis en Cristo a menos que os reconozcáis todo lo dicho. ¿No es así? [congregación: "Así es"]. ¿Estáis resueltos a aceptarlo ahora, sea que comprendáis o no cómo sucede? [congregación: "Sí"]. ¿Lo aceptaréis frente al paganismo, el papado y el espiritismo en sus diversas fases? Entonces no hay razón para que carezcamos de esa mente que rechaza totalmente aseveraciones como las que he leído en la publicación "Ciencia cristiana". Sigo leyendo del *Testimonio*:

¿Estáis en Cristo? —No, si no os reconocéis como errados, desamparados y condenados pecadores. No si estáis exaltando y glorificando al yo.

Así, a pesar de que citen las palabras de Cristo, se trata de una falsificación. Sabéis que el volumen IV {precursor de *El conflicto de los siglos*} nos dice que cuando el propio Satanás personifique e imite las palabras de gracia que pronunció el Salvador, las dirá en un tono similar, y confundirá a quienes no tienen la mente de Cristo. Hermanos, no hay salvación para nosotros, no hay antídoto ni seguridad, excepto que tengamos la mente de Cristo.

Eso afecta también a nuestras obras. El Testimonio no es simplemente para el pastor, sino para todos. ¿Recordáis en la charla que nos dio el hermano Kellogg sobre la obra médica misionera, lo que nos dijo a propósito de que el conocimiento médico secular tiene una gran laguna en cuanto a alcanzar y curar *la mente*? ¿Recordáis cómo nos refirió esa gran carencia en la práctica médica habitual? Explicó que el conocimiento científico médico de hoy carece de un remedio eficaz para alcanzar la mente y tratar el alma enferma, de forma que el cuerpo reaccione positivamente y sane, ayudado por los remedios aplicados por los médicos.

Hermanos, ¿no ha suplido Cristo ese gran defecto que hay en todos los sistemas médicos, mediante su propio sistema médico que nos ha dado a través de su Espíritu? El enfermero y el médico pueden aliviar al angustiado y al enfermo, al que sufre y al que perece, trayendo a la mente del sufriente a Jesús, a fin de que reciba la mente de Cristo y para que la aparte del *yo*. Entonces, cuando el paciente logra el reposo, el médico puede avanzar en el cuidado de su cuerpo, y tendrá un resultado saludable a la vez que disfruta de las bendiciones y la paz de Jesucristo, así como de la mente de Cristo que él da.

¿Podéis ver que está presente en todo vuestro quehacer, manifestándose en todo lugar? No es la primera vez que el doctor nos lo expone. Pero en ese reconocimiento del defecto existente en el sistema médico, quiero que comprendáis que la mente de Cristo es lo único que puede suplir ese defecto.

Sigo leyendo del Testimonio: "No estáis en Cristo si estáis exaltando y glorificando al yo."

Ahora observad: "Si es que hay algo bueno en vosotros, se debe totalmente a la misericordia de un Salvador compasivo."

Y ved lo que sigue:

Vuestro nacimiento, vuestra reputación, vuestra riqueza, vuestros talentos, vuestras virtudes, vuestra piedad, vuestra filantropía o cualquier otra cosa en vosotros, o relacionada con vosotros, *no formará un nexo de unión entre vuestra alma y Cristo.*

¿Es así? [congregación: "Sí"]. [hermano Underwood: "Por favor, lea eso de nuevo"].

Vuestro nacimiento, vuestra reputación, vuestra riqueza, vuestros talentos, vuestras virtudes, vuestra piedad, vuestra filantropía o cualquier otra cosa en vosotros, o relacionada con vosotros [incluyendo vuestras buenas obras], *no formará un nexo de unión entre vuestra alma y Cristo.*

Vuestra relación con la iglesia, la forma en la que vuestros hermanos os ven, carecerán de todo valor a menos que creáis en Cristo.

Y ahora os recalcaré las palabras escritas en cursiva:

No es suficiente con creer *acerca* de él, sino que habéis de creer *en* él.

"En él". ¿Qué significado tiene?

Habéis de reposar totalmente en su gracia salvadora.

Eso es cristianismo. Es la mente de Cristo. Es lo contrario al satanismo. Uno y otro son mutuamente excluyentes. Lo encontraréis también en *El Camino a Cristo*, si bien no exactamente en las mismas palabras. Leeré algunos párrafos del libro, en las páginas 62 a la 71:

La condición para alcanzar la vida eterna es ahora exactamente la misma de siempre, tal cual era en el paraíso antes de la caída de nuestros primeros padres: la perfecta obediencia a la ley de Dios, la perfecta justicia.

Si vosotros y yo no la tenemos, jamás alcanzaremos la vida eterna; ni ahora, ni en ninguna ocasión posterior. Si no tenemos "perfecta obediencia a la ley de Dios" desde nuestro primer suspiro hasta el último, entonces estamos desposeídos de la vida eterna. Pero tan ciertamente como tengamos "perfecta obediencia a la ley de Dios", tenemos vida eterna ya desde ese mismo momento. Ahora bien, como ya he dicho, esa "perfecta obediencia" ha de extenderse *desde el primer suspiro que dimos al nacer, hasta el que estamos dando ahora y hasta el último que demos*, aunque se tratara de miles de años en las profundidades de la eternidad futura. No pido que lo comprendáis: creedlo y lo comprenderéis. Alguien pensará quizá:—'¿Acaso no contradice eso lo que ha venido predicando anteriormente?' —No. *No* contradice lo que he venido predicando.

Precisamente *es* lo que he venido predicando todo el tiempo, y lo ha venido predicando todo el que haya estado predicando el evangelio.

La condición para alcanzar la vida eterna es ahora exactamente la misma de siempre, tal cual era en el paraíso antes de la caída de nuestros primeros padres: la perfecta obediencia a la ley de Dios, la perfecta justicia. Si la vida eterna se concediera con alguna condición inferior a esta, peligraría la felicidad de todo el universo … No podemos obedecer perfectamente una ley santa. *No tenemos justicia propia* con que cumplir lo que la ley de Dios exige.

Es así. Entonces, ¿de que forma vamos a poder alcanzar la vida eterna? [congregación: "Mediante Cristo"]. ¡Amén! La dádiva de Dios es vida eterna en Cristo Jesús, Señor nuestro (Rom 6:23).

Pero no podemos recibir ese don sin recibir antes la "perfecta justicia", ¿lo comprendéis? El Señor nos dice: 'En Cristo hay perfecta justicia, hay perfecta obediencia a ley de Dios desde el nacimiento hasta la tumba; acéptala y satisfará plenamente la condición ineludible bajo la cual es posible obtener la vida eterna'.

¿No os alegra que sea sí? [congregación: "Sí"]. A mí me alegra sobremanera. No hay nada que desee más que eso. Dios quiere que tenga vida eterna. Nada hay que me haga merecedor de ella. No poseo nada de lo que se requiere, nada que cumpla la gran condición bajo la que puede únicamente ser otorgada. Todo lo que yo tengo significaría la ruina para el universo de Dios, si fuera la base sobre la que se me otorgara la vida eterna. Dios no puede dármela de esa manera, pero lo cierto es que él quiere dármela, y tan intenso es su deseo de que tenga la vida eterna, que murió para poder dármela [congregación: "¡Amén!"]. Podemos afirmar que es como si Dios, quien es amor, viniera y nos dijera: 'Aquí, en Cristo, tenéis perfecta obediencia desde la primera respiración que disteis, hasta la última. Tomadlo a él y a su justicia, y tendréis su perfecta obediencia'. Esa es la condición. ¡Alabado sea Dios!

No tenemos justicia propia con que cumplir lo que la ley de Dios exige. Pero Cristo nos preparó una vía de escape.

¡Gracias sean dadas al Señor!

[Cristo] vivió en esta tierra en medio de pruebas y tentaciones como las que nosotros tenemos que arrostrar. Sin embargo, su vida fue impecable. Murió por nosotros, y ahora ofrece quitar nuestros pecados y vestirnos de su justicia.

¡Magnífico intercambio! ¿No es increíble que los hombres duden, se lo piensen tanto y demoren someterlo todo en ese bendito intercambio? ¿No es pasmoso?

Si os entregáis a él y lo aceptáis como vuestro Salvador, *por pecaminosa que haya sido vuestra vida, sois considerados como justos debido a él.* El carácter de Cristo reemplaza el vuestro, y *sois aceptados por Dios como si no hubierais pecado* [traducción revisada].

Efectivamente, una vez que hemos procedido así, quedamos ante Dios como si nunca hubiésemos cometido un pecado en este mundo, como si hubiéramos sido ángeles todo el tiempo. Tal es la bondad de Dios. Así de maravilloso es nuestro Salvador [congregación: "Amén"]. Permitámosle que obre según su voluntad.

"Más aún". ¿Podría haber aún más? Efectivamente: así lo afirma el Señor. Más aún, Cristo *cambia el corazón*. Habita en vuestro corazón por la fe (p. 63).

Esa es la gran bendición. ¿De qué serviría la vida eterna con un corazón irregenerado? No se detiene en ese punto: cambia el corazón.

Debéis mantener esta comunión con Cristo *por la fe* y la *sumisión continua de vuestra voluntad a él.*

A ese particular dedicamos la meditación de ayer. La lección se repite una y otra vez. "Mientras lo hagáis, él obrará en vosotros para que queráis y hagáis conforme a su beneplácito. Así podréis decir …"

Dios nos ha dado permiso para decir:

"Aquella vida que ahora vivo en la carne, la vivo por la fe en el Hijo de Dios, el cual me amó, y se dio a sí mismo por mí". Así dijo el Señor Jesús a sus discípulos: "No sois vosotros quienes habláis, sino el Espíritu de vuestro Padre que habla en vosotros". De modo que si *Cristo obra en vosotros*, manifestaréis el mismo espíritu y haréis las mismas obras que él.

No podéis hacerlo de otra manera. Cristo es el mismo ayer, hoy y por los siglos. Es el mismo aquí, en nuestra carne ahora, como lo fue en los días de su carne.

… las mismas obras que él: obras de justicia y obediencia. Así que no hay en nosotros mismos cosa alguna de que jactarnos.

Gracias al Señor. No vayáis a jactaros diciendo: 'Soy rico y estoy enriquecido; ahora soy sabio; ahora sí que estoy en lo correcto'. No. ¿Acaso quien pretendiera tal cosa no sería la criatura más errada del universo? ¿Cabría concebir una situación peor que la suya? Aquel que estaba enteramente perdido y desamparado, confesó, y el Señor tiene una compasión tan maravillosa como para darle todas las riquezas del universo. Tras haberlas recibido, la persona comienza a jactarse de lo bueno y digno que es. ¿Cabe imaginar una conducta más ofensiva hacia la bondad del Señor?

El que se gloría, gloríese en el Señor (2 Cor 10:17). [congregación: "Amén"].

Así que no hay en nosotros mismos cosa alguna de qué jactarnos. No tenemos motivo para ensalzar*nos*.

Aquel que recibe a Jesús tal como es, será siempre humilde. Recibir a Cristo por la fe hace humilde a la persona. Ahora bien, si no lo recibiera por la fe, sino que se lo *ganara*, entonces sí tendría algo de qué jactarse.

El *único* fundamento de nuestra esperanza es la *justicia de Cristo* que nos es *imputada* y …

¿Qué pensáis que seguirá después del "y"?

El único fundamento de nuestra esperanza es la justicia de Cristo que nos es imputada y la que *produce su Espíritu* obrando en nosotros y por nosotros.

El único terreno de nuestra esperanza es la justicia de Cristo que nos es imputada, y la justicia que trae el Espíritu Santo a las obras que realizamos. Y el siguiente párrafo pone de relieve la diferencia entre la creencia satánica y la fe genuina, tal como hemos visto con anterioridad. Todo forma parte del mismo tema.

Cuanto más cerca estéis de Jesús, más imperfectos os reconoceréis; porque veréis tanto más claramente vuestros defectos a la luz del contraste de su perfecta naturaleza. Esta es una señal cierta de que los engaños de Satanás han perdido su poder (p. 64-65).

¿Cuál es, pues, la condición de aquel que comienza a considerarse a sí mismo con satisfacción por haber alcanzado una bondad encomiable y se felicita a sí mismo? Está siendo presa de los engaños de Satanás. Incluso si ha estado viviendo con el Señor quince o veinte años; si comienza ahora a pensar que es bastante bueno, ¿cuál es la condición del tal?—Cayó bajo el engaño de Satanás; así de sencillo. Hubo un hombre que vivió con Jesucristo treinta años. Al inicio, en los primeros años de su andadura con Cristo, dijo:

Con Cristo estoy juntamente crucificado, y ya no vivo yo, mas vive Cristo en mí; y lo que ahora vivo en la carne, lo vivo en la fe del Hijo de Dios, el cual me amó y se entregó a sí mismo por mí (Gál 2:20).

Unos treinta años después, próximo ya a su muerte, declaró: "Palabra fiel y digna de ser recibida por todos: que Cristo Jesús vino al mundo para salvar a los pecadores, de los cuales … [*fui*] el primero."

[congregación: "*Soy* el primero"].—No: Pablo *había sido* el primero [congregación: "No: *Soy* el primero"]. ¡Oh, no! Cuando Pablo era Saulo de Tarso, cuando perseguía a los santos, *entonces* sí que fue el principal de los pecadores … [congregación: "No: *Soy* el primero"].—Así es. Exactamente.

Cristo Jesús vino al mundo para salvar a los pecadores, de los cuales yo *soy* el primero (1 Tim 1:15).

¿Cuándo? [congregación: "Ahora"]. ¿Después de haber estado viviendo treinta años con Jesucristo? [congregación: "Sí"]. Efectivamente: "Soy el primero". Pablo tenía una visión tan clara del Señor, de su santidad, de su perfecta pureza, que al mirarse a sí mismo, al verse a sí mismo separado de Cristo, se reconoció como el peor de todos los hombres. Eso es cristianismo. Tal es la mente de Cristo. Lo opuesto es la mente de Satanás.

Por consiguiente:

Esta es una señal cierta de que los engaños de Satanás han perdido su poder, y de que el Espíritu de Dios os está despertando. No puede haber amor profundo hacia el Señor Jesús en el corazón que no comprende su propia perversidad. El alma transformada por la gracia de Cristo admirará el divino carácter de Él; pero cuando no vemos nuestra propia deformidad moral damos prueba inequívoca de que no hemos vislumbrado la belleza y excelencia de Cristo.

Eso es cristianismo. Estudiemos ahora lo que declara la Biblia. ¿Qué os parece? Hermanos, nuestra situación es terrible en esta asamblea, en esta reunión. Terrible. Lo dije ya en una ocasión anterior, pero ahora soy más consciente que entonces. No puedo evitarlo, hermanos. Ni uno solo de entre nosotros ha podido soñar cuál es el terrible destino que está en juego en los días en los que nos encontramos [hermano Olsen: "Así es"]. Sí, hermanos: mientras que los días pasan, ¿está creciendo nuestra búsqueda ferviente de Dios?, ¿o más bien está languideciendo?

Las primeras lecciones, cuando comenzamos aquí, fueron frescas y nuevas; trajeron la verdad en líneas claras y enérgicas, y pudimos ver su efecto. Fueron tocados los corazones "como se estremecen los árboles del monte a causa del viento" (Isa 7:2).

Pero hermanos, ¿cesó la brisa?, ¿qué sucede ahora? Si nuestras impresiones, nuestro sentido de la necesidad, si nuestro fervor no están profundizándose, entonces hay motivo para que cada uno de nosotros se preocupe. No estoy refiriéndome a nosotros como una comunidad, de forma colectiva; la única forma en que podemos lograrlo es de forma individual; si no lo estoy haciendo, si no lo estáis haciendo, entonces algo anda mal.

Ahora, hermanos, otro pensamiento: el Espíritu de Dios nos ha conminado a que examinemos las obras de la mente carnal, y a que veamos lo que harán por el hombre, cómo lo engañarán de toda forma posible: el paganismo, el papado y la imagen del papado: el dragón, la bestia y el falso profeta. Lo hemos visto, y el Señor tiene en ello una lección para nosotros. Ahora, hermanos, liberemos toda restricción para que nuestra alma pueda rehusar todo lo que impide que recibamos aquello que Dios tiene para darnos con la presta disposición

de un niño [congregación: "Amén"]. Permitamos que avancen el examen del corazón y la confesión del pecado. ¿Acaso no nos dice Jesús: "Sé, pues, celoso y arrepiéntete"? ¿Qué significa ese "pues" causal? Es como decir: 'Por lo tanto, sé celoso y arrepiéntete'. El 'por lo tanto' obedece a las causas o razones que han sido expuestas previamente a esa disposición, y que vamos a examinar.

¿Qué dijo antes el Testigo Fiel?

Yo conozco tus *obras*, que ni eres frío ni caliente. ¡Ojalá fueras frío o caliente! Pero por cuanto eres tibio y no frío ni caliente, te vomitaré de mi boca. Tú dices: Yo soy rico, me he enriquecido y de nada tengo necesidad. Pero no sabes que eres desventurado, miserable, pobre, ciego y estás desnudo. Por lo tanto, yo te aconsejo que compres de mí oro refinado en el fuego para que seas rico, y vestiduras blancas para vestirte, para que no se descubra la vergüenza de tu desnudez. Y unge tus ojos con colirio para que veas. Yo reprendo y castigo a todos los que amo; sé, PUES celoso y arrepiéntete (Apoc 3:15-19).

¿Cuánto abarca ese "pues" causal? ¿Lo abarca todo? [congregación: "Sí"]. Lo primero que dice es: "Yo conozco tus obras", y lo último: "Sé, pues, celoso y arrepiéntete". ¿Estáis ahora dispuestos a arrepentiros de vuestras obras? ¿Lo estáis realmente? ¿Estáis dispuestos a admitir que las obras que habéis realizado no son tan buenas como las que Jesús hubiera hecho si hubiera estado aquí en lugar de vosotros? [una voz: "Sí. Mil veces sí"]. Bien. ¿Cuánto bien van a haceros esas obras? ¿Son perfectas? ¿Son justas?

Todo lo que no proviene de fe, es pecado (Rom 14:23).

¿Hay—o ha habido—obras en vosotros que no sean de fe? ¿Ha habido obras en las que exista el *yo*?

No olvidéis cuál es la vestidura que debemos comprar; esa vestidura ha sido confeccionada "en el telar del cielo, no tiene ni una sola hebra de invención humana" en ella. Por lo tanto, si vosotros y yo hemos incluido, aunque sea una sola hebra de nuestra propia invención en esa vida que hemos profesado vivir en Cristo, hemos arruinado la vestidura. Hermanos, ¿suponéis que vosotros y yo hemos estado andando en los pasados quince o veinte años de forma tan absolutamente perfecta como para no haber incluido nunca una hebra de invención humana en nuestros caracteres y en nuestro proceder? [congregación: "No"]. Así pues, podemos arrepentirnos por ello, ¿no os parece? [congregación: "Sí"]. Quiero que esta noche reflexionéis en eso.

Y ahora, en los pocos minutos que nos restan, leamos algunos pasajes de las Escrituras. Isaías 59:6. Ese capítulo de Isaías está precedido por el 58. ¿Cuándo tiene su aplicación el capítulo 58? [congregación: "Ahora"]. Bien. Entonces, ¿cuándo tiene su aplicación el capítulo 59?: ¿setecientos años antes de Cristo, o ahora? [congregación: "Ahora"].

> Sus telas no servirán para vestir *ni de sus obras serán cubiertos*; sus obras son obras de iniquidad y obra de rapiña está en sus manos.

¿Qué ha estado procurando ese pueblo? ¿Qué ha estado intentando hacer con sus obras? [congregación: "Cubrirse con ellas"]. Cuando afirma que no serán cubiertos de sus obras, la implicación es que eso es precisamente lo que han estado pretendiendo. ¿Está diciendo la verdad? [congregación: "Sí"]. Por lo tanto, cuando afirma que vosotros y yo hemos estado procurando cubrirnos con nuestras propias obras, ¿acaso no está en ello afirmando que sea cual haya sido nuestra profesión, en realidad hemos estado poniendo nuestra confianza en la justicia o justificación *por las obras*? [congregación: "Sí"]. ¿No es ese precisamente el mensaje a Laodicea? "Yo conozco tus obras". ¿Qué han hecho nuestras obras por nosotros? Nos han hecho desgraciados, miserables, pobres, ciegos y desnudos. Por contraste, ¿qué quiere el Señor que tengamos? "Vestiduras blancas para vestirte, para que no se descubra la vergüenza de tu desnudez".

¿Cuál es nuestra condición? Sabéis bien que nuestros esfuerzos al efecto no han logrado gran cosa. Cada uno ha procurado hacer lo mejor que podía; y sabéis por vosotros mismos que eso ha sido más descorazonador que cuanto hayáis procurado hacer jamás en este mundo. Sabéis que hemos tenido que gemir y clamar debido a que nos hemos dado cuenta de que no podemos hacerlo suficientemente bien como para enfrentarnos al juicio [voz en la congregación: "Ni siquiera nos satisfaría a nosotros mismos"].—Efectivamente. Pudimos ver nuestra propia desnudez al procurar hacer lo mejor que sabíamos para cubrirnos a nosotros mismos. Sabéis que es así. Así lo afirma el Señor, ¿no es cierto? [congregación: "Sí"]. ¿No es ya tiempo de que confesemos: "Señor: es así"? Leo de nuevo:

> Sus telas no servirán para vestir *ni de sus obras serán cubiertos*; sus obras son obras de iniquidad y obra de rapiña está en sus manos.

El Señor desea que estemos cubiertos, de forma que no aparezca la vergüenza de nuestra desnudez. Él quiere que poseamos su perfecta justicia, de acuerdo con su propio ideal perfecto de la justicia. Quiere que poseamos ese carácter que resistirá la prueba del juicio sin contratiempo, cuestión o duda. Aceptémoslo de él como el bienaventurado y gratuito don que es.

Ahora, hermanos, en la próxima lección mi objetivo es que entremos de lleno en las Escrituras, de la forma exacta en que nos hablan a vosotros y a mí en cuanto a cómo podemos tener a Jesucristo y la plenitud de su justicia con todo lo que trae consigo, sin descontar ni una partícula. ¿Qué decís a esto? [congregación: "Amén"].

El mensaje del tercer ángel (nº 15)
A.T. Jones

Esta noche comenzaremos donde terminamos la pasada tarde, y con la intención de estudiar el tema tal como lo expone la Biblia. Podría predicar lo mismo a partir de los *Testimonios* y de *El Camino a Cristo*, en lugar de hacerlo a partir de la Biblia. Pero hay un gran problema: los hermanos parecen estar muy prestos a contentarse con lo que leen en esas publicaciones y no van a la Biblia para encontrarlo allí. Ahora bien, ese es precisamente el objetivo de los *Testimonios* y de *El Camino a Cristo*: llevarnos a la Biblia a fin de encontrarlo en ella. Así pues, evitaré intencionadamente esos materiales, no como si contuvieran algún error, sino porque queremos razonarlo a partir de la Biblia y saber dónde se encuentra en ella. Ese es el camino que el propio Señor ha dispuesto, tal como los mismos *Testimonios* declaran. Leeremos ahora en ellos:

La palabra de Dios basta para iluminar la mente más oscurecida, y puede ser comprendida por los que tienen deseos de comprenderla. Pero no obstante todo eso, algunos que profesan estudiar la Palabra de Dios se encuentran en oposición directa a sus más claras enseñanzas. Entonces, para dejar a hombres y mujeres sin excusa, Dios da testimonios claros y señalados *a fin de hacerlos volver a la Palabra* que no han seguido. La Palabra de Dios abunda en principios generales para la formación de hábitos correctos de vida, y los testimonios, generales y personales, han sido calculados *para traer la atención* más especialmente *a esos principios* …

No estáis familiarizados con las Escrituras. *Si os hubieseis dedicado a estudiar la Palabra de Dios* con un deseo de alcanzar la norma de la Biblia y la perfección cristiana, *no habríais necesitado los Testimonios*. Es porque habéis descuidado el familiarizaros con el Libro inspirado de Dios por lo que él ha tratado de alcanzaros mediante testimonios sencillos y directos, llamando vuestra atención a las palabras de la inspiración que habéis descuidado obedecer …

No son sacadas a relucir verdades adicionales; sino que Dios ha simplificado por medio de los Testimonios las grandes verdades ya dadas, y en la forma de su elección, las ha presentado a la gente para despertar e impresionar su mente con ellas, a fin de que todos queden sin excusa…

Los Testimonios no han de empequeñecer la Palabra de Dios, sino exaltarla, y atraer los ánimos a ella, para que pueda impresionar a todos la hermosa sencillez de la verdad (2 *JT* 279-281).

Hay otra razón importante por la que queremos referirnos a la Biblia y ver las cosas a partir de ella. Al acabar esta reunión pastoral y esta asamblea deberemos ir y predicar precisamente eso, y hemos de predicarlo a personas que no creen en los Testimonios. Las Escrituras declaran que las profecías son, no para los incrédulos, sino para los que creen (1 Cor 14:22). Cuando vamos a predicar este mensaje a quienes nada saben sobre los Testimonios, hemos de enseñar lo que dice la Biblia, y lo hemos de hacer sólo a partir de ella. Si predicásemos a nuestro propio pueblo, sería útil recurrir a los Testimonios y a esas otras ayudas, pero si aun entonces las mentes fueran conducidas a estas fuentes y no fueran llevadas en ello a la Biblia, entonces no se habría dado a los Testimonios el uso correcto que el Señor ha dispuesto.

He observado un fenómeno parecido en otra área. Hay un libro, *The Christian's Secret of a Happy Life* [el secreto cristiano para una vida feliz] al que muchos parecen dar gran importancia. He conocido a personas que han leído ese libro, y que creen haber obtenido considerable beneficio a partir de su lectura. Sienten que los ha iluminado y alentado, pero son incapaces de encontrar eso en la Biblia y obtenerlo de ella. Hermanos, quiero que cada uno de vosotros comprenda que hay en la Biblia mucho más sobre el secreto cristiano para una vida feliz, que en diez mil copias de ese libro [congregación: "¡Amén!"]. Creo que lo vi por primera vez hace unos cinco o seis años. Alguien que lo poseía y lo estaba leyendo me preguntó si lo conocía. Le respondí que no. Me preguntó si lo quería leer, a lo que respondí afirmativamente. Pero al leerlo me di cuenta de que ya había encontrado mucho más sobre el secreto cristiano para una vida feliz en la Biblia, que en aquel libro. Quisiera que las personas aprendieran a encontrar directamente en la Biblia lo que esta contiene [congregación:

"Amén"]. Si el libro es útil para ayudar a las personas a encontrar ese secreto en la Biblia, bien está; pero supe que ese libro no contiene nada comparable al secreto cristiano para una vida feliz que todos pueden obtener de la Biblia.

En cierta ocasión oí a alguien decir que yo había obtenido mi luz a partir de ese libro. Aquí está el Libro del que obtuve mi secreto cristiano para una vida feliz (sosteniendo en alto la Biblia), y de ninguna otra parte. Y lo obtuve antes de haber leído el otro libro, incluso antes de saber sobre él. Y repito que al leerlo supe que ya había encontrado mucho más sobre el secreto cristiano para una vida, de lo que encontré en aquel libro. Y lo mismo sucederá con todo el que lea y crea la Biblia.

Ahora quisiera hacer algunas preguntas sobre asuntos que ya hemos tratado. ¿Qué es la lluvia tardía? [alguien en la congregación: "La enseñanza sobre la justicia, de acuerdo con la justicia"]. ¿Qué es el fuerte pregón? [congregación: "El mensaje de la justicia de Cristo"].

> El fuerte pregón del tercer ángel ya ha comenzado en la revelación de la justicia de Cristo (1 *MS* 425).

¿De quién procede la lluvia tardía? [congregación: "De Dios"]. ¿Enteramente? [congregación: "Sí"]. ¿Quién lo personifica? "El Espíritu de Dios".

Ahora reunamos ambas cosas. La enseñanza de la justicia de acuerdo con la justicia—el mensaje de justicia—es el fuerte pregón, es la lluvia tardía, es la justicia de Cristo. ¿Es así? [congregación: "Sí"]. La lluvia tardía proviene del Cielo. ¿Cuánto de la lluvia tardía proviene de mí? [congregación: "Nada"]. ¿Cuánto de ella puedo manufacturar? [congregación: "Nada"]. Puesto que proviene del cielo, ¿la tomaréis tal como viene?, ¿la recibiréis del cielo? [congregación: "Sí"].

En este punto estábamos anoche. ¿Estáis dispuestos a tomarla del cielo? [congregación: "Sí"]. ¿Está cada uno de los aquí presentes dispuesto a tomar la justicia del cielo? [congregación: "¡Amén!"]. ¿Estáis dispuestos a que sea de acuerdo con la voluntad de Dios, sin pedirle que alguna parte venga de nosotros? [congregación: "Sí"]. Todo el que esté dispuesto a tomar la justicia del cielo, puede recibir la lluvia tardía [congregación: "¡Amén!"]. El que no lo está, y desea que el Señor tome algo de uno mismo, no puede tener la lluvia tardía, no puede tener la justicia de Dios, no puede tener el mensaje de la justicia de Cristo.

¿Qué constituye la lluvia tardía? [congregación: "La justicia"]. ¿Estamos en el tiempo de la lluvia tardía? [congregación: "Sí"]. ¿Qué debemos pedir? [congregación: "Lluvia"]. ¿En qué consiste? [congregación: "La enseñanza de la justicia, de acuerdo con la justicia"]. ¿De dónde ha de proceder? [congregación: "Del cielo"]. ¿La podemos tener? [congregación: "Sí"]. ¿La podemos tener ahora? [congregación: "Sí"]. La lluvia tardía es la justicia de Dios, su mensaje de justicia, el fuerte pregón, y ha de descender del cielo. Ahora estamos en el tiempo de la lluvia tardía; hemos de pedirla y recibirla. ¿Qué podría impedir que recibiéramos ahora la lluvia tardía? [congregación: "La incredulidad"].

Leeré un pasaje de este folleto. Ya lo hemos citado en una ocasión anterior. Lo encontraréis en la página 8 de *El peligro de adoptar los métodos mundanos* (en la obra de Dios):

> Como Intercesor del hombre y su Abogado, Jesús guiará a todos los que estén dispuestos a ser guiados, diciendo: "Seguidme hacia arriba, paso a paso, adonde brilla la clara luz del Sol de justicia". Pero no todos están siguiendo la luz. Algunos se están apartando del camino seguro, que a cada paso es una senda de humildad. Dios ha encomendado a sus siervos un mensaje para este tiempo... No quisiera repasar ahora ante vosotros las evidencias dadas en los dos años anteriores [ahora cuatro] de la forma en que Dios ha obrado por medio de sus siervos escogidos; pero ante vosotros está la evidencia actual de que él está obrando, y tenéis ahora la obligación de creer (*TM* 465. Entre corchetes, comentario de A.T. Jones)

"Creer ..." ¿qué? ¿Cuál es el mensaje al que se refiere como habiendo sido dado por Dios a sus siervos para este tiempo? [congregación: "El mensaje de la justicia"]. El mensaje de la justicia de Jesucristo. Se trata de un testimonio que había sido despreciado, rechazado y criticado por dos años, y desde entonces han pasado otros dos años más. Pero ahora queda revelada la evidencia de su obra, y ¿qué nos dice ahora Dios a cada uno de nosotros? "Tenéis ahora la obligación de creer" ese mensaje. Por lo tanto, todo aquel que no crea, simplemente ha de responder ante Dios, ¿no os parece? Comencemos, pues.

Hay, no obstante, otra palabra a la que quisiera llamar vuestra atención. Recordaréis que en la pasada reunión leímos Isaías 59:6, que trata de los que están procurando cubrirse a sí mismos con sus obras. En el versículo 4 leemos: "No hay quien clame por la justicia". Después de la reunión el hermano Starr me llamó la atención a ese versículo en su traducción al alemán, que viene a ser: "Nadie predicó la justicia". En las diversas traducciones existentes consultadas, la idea es que nadie procura o busca la justicia. ¿No es eso lo que está diciendo el Señor? Están procurando cubrirse a sí mismos con sus obras, y eso no es en absoluto "justicia".

La última frase del capítulo 54 de Isaías, dice: "Esta es la heredad de los siervos de Jehová, y su justicia de por mí, dice Jehová."

¿De dónde procede su justicia, por lo tanto?, ¿de ellos mismos? [congregación: "Del Señor"]. ¿Procede de sus obras?—No: "Su justicia de por mí, dice Jehová". ¿Qué decimos a eso? [congregación: "Amén"]. Por lo tanto, todo aquel que espere o busque cualquier justicia que no proceda de Dios, ¿en qué condición se encuentra? [voz en el auditorio: "Cubierto con trapos de inmundicia"]. Lo que implica que está absolutamente desprovisto de justicia. Aquellos que pretenden obtenerla de sus propias obras, ¿la tendrán?, ¿proviene eso de Dios? [congregación: "No"].

La única forma en que Dios puede estar en nuestras obras es teniéndolo a él y a su justicia desde el principio; y la única base de nuestra esperanza se encuentra en la justicia de Cristo que nos es imputada y en la que nos trae el Espíritu Santo. Esto nos lleva exactamente al punto en el que terminó el hermano Prescott. ¿Podéis ver que es Cristo en nosotros, su presencia viviente, la que obra justicia por medio del Espíritu Santo? Eso es lo que trae el Espíritu Santo: el derramamiento de la lluvia tardía. Veis que no podemos estudiar ninguna otra cosa. Ese es ahora el mensaje para nosotros. ¿Lo

recibiremos? Cuando recibimos el mensaje, ¿qué recibimos? [congregación: "A Cristo"]. Cuando recibimos a Cristo, ¿qué tenemos? [congregación: "El Espíritu Santo, la lluvia tardía"]. Después lo veremos en mayor amplitud.

Ahora otra cosa, hermanos. No quiero que demoréis su recepción hasta el final de la reunión. No tenéis por qué demorarlo. Lo que quiere el Señor de mí y de vosotros es que vengamos aquí cada noche y que lo recibamos exactamente tal como él lo da. Exactamente tal como él lo dice. Abrís vuestra mente y corazón al Señor, y le decís: 'Señor, es así' [congregación: "Amén"]. No esperéis hasta salir de este lugar. 'Bien', dice alguien, '¿se espera que nos sentemos aquí y que recibamos todo lo que se nos dice, sin preguntar para nada?—No; no es esa la idea. Pero nos hemos de sentar y tener una medida tal del Espíritu de Dios como para que veamos lo que él da mediante esa palabra que es la verdad, y para que la tomemos entonces porque es la verdad de Dios [congregación: "Amén"].

Hermano D.C. Babcock: 'Hermano Jones, lea por favor Job 29:23'.

Hermano Jones: Muy al punto: "Me esperaban como a la lluvia; abrían su boca como a la lluvia tardía."¿Qué haremos? ¿Qué desea el Señor que hagamos? Que esperemos su Espíritu como la lluvia. Abrid vuestra mente; esperad como para la lluvia tardía. ¿Qué dijo el Señor mediante David? "Abre tu boca y yo la llenaré" (Sal 81:10).

Nuestra actitud estando aquí sentados ha de ser como la de los pajarillos que abren sus picos para recibir la comida. Ya sabéis cómo hacen los pollitos: ¡se diría que hay más pico que animal! Eso es lo que el Señor quiere que hagamos.

¿No podremos confiar en Dios, de forma que nos dé lo que desea darnos? En relación con lo dicho hay una pregunta que os quiero hacer: cuando llegamos a un lugar como este, en donde cientos de personas están buscando al Señor, buscando el camino a Sión, con nuestros rostros elevados a lo alto, ¿necesitamos albergar sospechas y fruncir el ceño al Señor como si no nos atreviéramos a confiar en él respecto a aquello que él nos daría? ¿Hay sinceridad en esa actitud? [congregación: "No"]. ¿Es correcta? [congregación: "No"]. Creo en el Señor y confío en que cuando venimos en unidad, con corazones que le buscan, todo aquel que le abra el corazón no recibirá otra cosa que no sea lo que Dios da. Y aquel que acude a un lugar como este albergando sospechas y recelos, con una disposición a desconfiar del Señor, no lo está tratando como se debe tratar al Señor, sino de la precisa manera en que debiera tratarse al diablo, ¿no os parece?

Hermanos, tratemos al Señor con sinceridad; seamos francos con él, y él lo será con nosotros. "Limpio te mostrarás con el limpio y severo serás para con el tramposo" (Sal 18:26). No necesitamos venir a esta casa con una partícula de desconfianza en cuanto a si Dios nos dará fielmente las cosas. Ciertamente lo hará. Esperaré que lo haga, y haciendo así voy a recibir abundantes bendiciones sin duda alguna.

Leemos ahora en Romanos 5:17:

> Si por la transgresión de uno solo reinó la muerte, mucho más reinarán en vida por uno solo, Jesucristo, los que reciben la abundancia de la gracia *y el don de la justicia.*

¿Cómo presenta ese versículo a la justicia? [congregación: "Como un don"]. "Su justicia de por mí, dice Jehová". Se trata del *don* de la justicia. ¿Cómo nos viene, por lo tanto, la justicia? [congregación: "Como un don"].

Relacionad ahora ambas cosas: "Su justicia de por mí, dice Jehová", y el hecho de que la justicia es un don. Quien recibe la justicia, ¿qué recibe en ello? [congregación: "Un don"]. Quien lo recibe como el don que es, ¿qué recibe? [congregación: "La justicia"]. ¿Cómo la recibe? Según la idea de Dios sobre la justicia. ¿Nos daría el Señor acaso algo que no fuera rectitud, algo que no acordara con su propia mente? ¿Comprendéis el punto? El que no recibe la justicia de Dios *como un don gratuito de Dios,* ¿tendrá acaso la justicia? [congregación: "No"]. No la puede obtener de otro modo, puesto que es un don, y puesto que viene de Dios. Procede de Dios como el precioso don que es. Siendo de Dios y siendo que él la da a su propia manera—como su don—, lo que se espera es que yo la reciba precisamente de la manera en que Dios ha dispuesto. Dios da lo que es suyo, y lo

da de la forma en que él dispone, según su propia mente. Entonces se trata del artículo genuino, de la justicia *de Dios.*

¿Podéis ver con claridad que no puede haber ahí ni una sola hebra de invención humana? No podemos intervenir ahí para nada. ¿Podéis comprender cuán amplia provisión ha hecho el Señor, a fin de que podamos poseer la perfecta vestidura que él mismo ha tejido y que es la propia justicia de Dios, justicia que nos hará completos ahora, en el tiempo de las plagas, en cualquier otro tiempo y por la eternidad? Hermanos, me alegro de que sea así. Nada podría alegrarme más que eso.

No hace mucho tiempo me dijo una hermana que en época anterior a estos últimos cuatro años había estado lamentándose por su estado y se había estado preguntando si llegaría alguna vez el momento en el que el Señor regresara, si es que tenía que esperar hasta que su pueblo estuviera preparado para encontrarse con él. Me dijo que a pesar de haber puesto el mayor empeño—y creía haberse esforzado como nadie en el mundo—, no estaba progresando al ritmo requerido para que el Señor pudiera regresar en un tiempo razonable de la forma que fuera; y que le era imposible imaginar cómo habría de darse el regreso del Señor.

Eso la había preocupado; no obstante me dijo que cuando los que regresaron de Minneapolis afirmaron: "La justicia del Señor es un don, podemos tener la justicia del Señor como un don, y podemos tenerla ahora", "¡eso me llenó de gozo!", me trajo luz, porque ahora veía que el Señor podría regresar muy pronto. Siendo que es él mismo quien nos pone el ropaje, nos viste, nos da el carácter, preparándonos así para el juicio y para el tiempo de angustia, comprendí ahora que el Señor podría regresar con la prontitud que él deseaba". "Y—añadió la hermana—, eso me trajo la felicidad; he sido siempre feliz desde entonces". Hermanos, también a mí me hace feliz todo el tiempo.

Hoy eso es muy significativo. Sabéis que todos hemos estado en ese mismo sitio. Sabéis que hubo un tiempo en el que nos sentamos y clamamos por no ser capaces de hacer el bien requerido según nuestra propia estimación sobre la práctica del bien; y mientras que por un lado esperábamos el pronto regreso del Señor, por otro lado temíamos que fuera demasiado pronto … ¿cómo íbamos a llegar a estar preparados alguna vez? Gracias al Señor porque él puede prepararnos [congregación: "Amén"]. Él mismo proporciona las vestiduras de boda. El director del festejo proveía siempre las vestiduras de boda. El Señor es ahora el Director de la cena de bodas, y va a regresar muy pronto. Nos dice: 'Aquí está la vestidura que os calificará para ocupar ese lugar'. Algunos no podrán asistir a esa fiesta por no ir provistos de las vestiduras de boda, pero el Señor las ofrece ahora a todos como un don gratuito; por lo tanto, ¿quién será el culpable si alguien no las lleva?

Antes de avanzar dejemos clara una cosa: ¿creéis en toda sinceridad que Dios quiere decir lo que dice? [congregación: "Sí"]. Siendo así, cuando vosotros y yo leemos lo que dice, de la precisa forma en que lo dice en la Biblia, ¿os parece que es un sano proceder ir a la caza de alguna otra parte de la Biblia, por si contradijera lo que leímos primeramente? ¿Os parece que el Señor es capaz de expresarnos su propio relato, a su propia manera, sin contradecirse a sí mismo? [congregación: "Sí"]. Bastante tiempo hemos perdido ya en las dudas. Así, en los estudios que habré de presentar aquí en esta asamblea no es mi propósito armonizar los textos de la Escritura. Estoy persuadido de que el Señor se ha expresado con llaneza y exactitud. No pienso que necesite para nada mi ayuda. Al contrario: soy yo quien necesita su ayuda, para que me permita ver que no hay absolutamente contradicción alguna. Y pienso que si a mí me parece que las hay, es porque necesito más de su Espíritu, a fin de que comprenda que no hay ni una sola contradicción. Más bien que procurar armonizar la supuesta contradicción, reconoceré que el Señor lo sabe todo sobre eso, y esperaré hasta que el Señor me conceda amplitud de mente para que pueda ver que no hay ahí contradicción alguna.

Así, lo que quiero aquí que quede decidido ahora y por siempre, es que cuando leéis algo en la Biblia, eso quiere decir exactamente lo que dice, y no tenéis necesidad de ir a la caza de algo en la Biblia que constituya el reverso de la moneda. No

hay reverso. Sólo hay una cara.—'Bien, ¿cómo va a explicar cada pasaje en la Biblia, al ser requerido por alguien?' Ahí está el problema. Muchos salen a predicar el evangelio considerando que si no son capaces de explicar todo lo que la gente pueda preguntarles, eso va a significar un gran descrédito para su ministerio. No es así. Será bueno que reconozcamos que hay en la Biblia cosas que aún no hemos comprendido plenamente.

En 2 Timoteo 2:7 está reflejado lo que el Señor pide de vosotros y de mí, y es la clave de todo estudio de la Biblia. Son las directrices de Dios para el estudio de la Biblia. "Considera lo que digo, y el Señor te de entendimiento en todo."

Lo único que nos amonesta a considerar es *lo que el Señor dice*; y si hubiéramos de considerarlo durante diez, veinte o treinta años a fin de descubrir lo que dice, ese no sería ciertamente tiempo perdido, valdría la pena esperar todo ese tiempo. No tenemos ninguna razón para resultar chasqueados. Tened presente que cuanto más tiempo os lleve considerar un texto a fin de saber lo que encierra, de tanto más valor será una vez que lo hayáis descubierto. Por lo tanto, no hay ahí lugar para el desánimo. Así, no puedo medir sus profundidades, pero puedo alegrarme de que sea tan profundo que una vez descubierto pueda alegrar cada día de mi vida.

Todo cuanto hemos de hacer en estas lecciones es considerar lo que el Señor dice, y depender de él para que nos proporcione la comprensión de lo que él dice. Eso es todo. Es todo cuanto puedo hacer, y todo el que así proceda, obtendrá más de ello que aquel que no considera lo que afirma su Palabra.

"Su justicia de por mí, dice Jehová". Eso es lo que afirma. Se trata del don de la justicia. ¿Cómo recibimos un don? "De por mí, dice Jehová". Es su don gratuito. ¿Cómo lo da? [congregación: "Por la fe"].—Efectivamente. Tengamos presente la definición de fe que ya estudiamos: no se trata de una creencia satánica; eso no es fe en absoluto. La sumisión de la voluntad a Dios, la entrega del corazón, fijar en él nuestros afectos, eso es fe. Esa es la noción de Dios sobre la fe. Al leer en su Palabra sobre la fe, recordemos que ese es su significado.

Observad esto: se la recibe por la fe, se la conoce por la fe. Pero leamos el texto y veamos que es así. Rom 1:17: "Porque en el evangelio la justicia que viene de Dios se revela de fe en fe."

Por lo tanto, ¿de qué única manera se la puede obtener? [congregación: "Por la fe"]. No 'de fe en obras', sino "de fe *en fe*". Ahora bien, ¿qué es fe? —Es la sumisión de la voluntad al Señor, la entrega del corazón a él, es fijar en él nuestros afectos. Se trata de entregar el yo, y de tomar como un hecho lo que Dios dice. Dicho de otro modo: la fe consiste en que cuando Dios dice algo y vosotros y yo lo leemos, clamamos de corazón: "Amén. Es así". Eso es fe.

La fe viene por el oír, y el oír por la palabra de Dios (Rom 10:17). ¿Cuál es, pues, la fuente de la fe? [congregación: "La palabra de Dios"]. ¿Cómo nos viene la fe? [congregación: "Por el oír la palabra de Dios"]. Esa es la fuente, el origen. Al leer esa Palabra, os sometéis a ella y decís: 'Es así. La tomo tal cual es, sin intentar explicarla, ni siquiera a mí mismo. La tomo tal como Dios la dice. La recibo tal como él me la da. Reposo en su palabra, en la precisa forma en que el Señor me la proporciona, según la comprensión de ella que él mismo me da'. Haciendo así puedo tener la seguridad de que en esa palabra y a partir de ella recibiré lo que la palabra tiene para mí. Además, eso evita que entretejamos en ella hebras de invención humana.

Así pues, es un asunto de fe; viene por la fe; la recibimos de esa manera. Por lo tanto, es evidente que aquel que no comprende, el que comienza a cuestionar la justicia por la sola fe, en realidad es porque no ha sometido su alma a Dios, porque no le ha entregado su corazón ni ha fijado en él sus afectos. ¡Ese es su problema! Todo problema que alguien pueda tener en este mundo a propósito de la justificación por la fe, radica en el corazón, en la negativa a someterse a Dios. Se trata de la mente carnal. Tal como leímos la otra noche, la mente carnal es incapaz de comprenderla y de conocerla.

Ahora leamos en Romanos 3, comenzando en el versículo 20:

Por las obras de la Ley ningún ser humano será justificado delante de él.

"Justificado" significa "hecho justo"; allí donde leáis "justificado", lo podéis sustituir por "hecho justo" sin que cambie el significado.

Ya que por medio de la Ley es el conocimiento del pecado. Pero ahora, aparte de la Ley, se ha manifestado la justicia de Dios, testificada por la Ley y por los Profetas: la justicia de Dios por medio de la fe en Jesucristo, para todos los que creen en él … y luego hacen lo mejor que pueden [congregación: "No: 'porque no hay diferencia'"]. Para todos los que *creen* en él, porque no hay diferencia, por cuanto todos pecaron y están destituidos de la gloria de Dios.

Y ahora el versículo al que quería llevaros (24): "Y son justificados" [son hechos justos]. ¿Cómo? [congregación: "gratuitamente"]. ¿Hechos justos gratuitamente? [congregación: "Sí"].—Así es. Demos gracias al Señor por ello, y tomémoslo ahora mismo. 'Siendo hechos justos gratuitamente por su gracia'. Detengámonos ahora en este punto, en la "gracia", y volvamos a Romanos 11:6, donde leemos: "Y si es por gracia, ya no es por obras; de otra manera la gracia ya no sería gracia."

Y si la gracia dejara de ser gracia, ¿qué sería de las personas en este mundo?, ¿qué sería de nosotros? [voz: "Dejaríamos de ser"].—Efectivamente. Hermanos, entreguémonos, sometámonos. "Y si es por obras, ya no es gracia; de otra manera la obra ya no sería obra."

Dado que no es por obras, las obras del hombre quedan reducidas a la nada. ¿Comprendéis cuál es la situación del que confía en las obras?

Seguimos leyendo en Romanos 3, a partir del versículo 24:

Son justificados gratuitamente por su gracia, mediante la redención que es en Cristo Jesús, a quien Dios puso como propiciación por medio de la fe en su sangre, para manifestar su justicia.

¿Qué justicia? [congregación: "La justicia de Dios"]. ¿A quién ha establecido Dios para declararla? [congregación: "A Cristo"].—Así es.

A causa de haber pasado por alto, en su paciencia, los pecados pasados, con miras a manifestar en este tiempo …

¿Cuándo es "este tiempo"? [congregación: "Ahora"]. ¿Es ahora, es esta noche? [congregación: "Sí"]. ¿Ahora mismo, a las nueve menos cuatro minutos? [congregación: "Sí"]. ¿Qué es lo que ha de manifestar?, ¿*su* justicia? [congregación: "Sí"]. ¿A vosotros? [congregación: "Sí"]. Gracias al Señor por ello.

A causa de haber pasado por alto, en su paciencia, los pecados pasados, con miras a manifestar en este tiempo [ahora] su justicia.

¿Saldréis de esta reunión habiéndoos dado cuenta de ello? Si alguno saliera de este lugar sin eso, ¿cuál podría ser la única causa? [voz: "La incredulidad"]. ¿Quién sería el responsable? [voz: "La propia persona"]. Que no suceda a nadie. El Señor quiere que recibamos la lluvia tardía. Después de haberla pedido, ¿acaso no la querremos recibir, debido a que no viene exactamente de la forma en que esperábamos que vendría? No es el cometido de nadie el decidir cómo ha de venir. Es el Señor quien la da, y a nosotros toca discernir que es así.

Con miras a manifestar en este tiempo su justicia, a fin de que él sea el justo.

No se altera la justicia del Señor. Eso no va a entramparle, no lo va a degradar.

A fin de que él sea el justo y el que justifica al que es de la fe de Jesús.

Y cuando es Dios quien justifica, ¿podrá alguien en el mundo condenar? Dios justifica; es poderoso para hacerlo; lo ha establecido así, de forma que puede ser *justo* todo el tiempo mientras justifica. Permitámosle, pues, que lo lleve a cabo a su modo. La ley de Dios queda satisfecha. Alegrémonos por ello [congregación: "Amén"]. Os puedo asegurar que me deleité al ver que el Señor resulta justificado al proceder así, y que la ley queda satisfecha.

Seguimos leyendo: "¿Dónde, pues, está la jactancia?" Queda excluida. ¿Por qué ley?, ¿por la de las obras?—No: por la ley de la fe. "Concluimos, pues, que el hombre es justificado [hecho justo] por la fe, sin las obras de la ley". ¿Os parece esa una conclusión correcta? [congregación: "Sí"]. ¿Quién hace esa conclusión? ¿A quién pertenece?

[congregación: "A Dios"]. Aceptémosla tal como él la da. ¿Osará alguien discutir con él?

¿Qué, pues, diremos que halló Abraham, nuestro padre según la carne? Si Abraham hubiera sido justificado por las obras, tendría de qué gloriarse, pero no ante Dios.

¿De qué le serviría al hombre gloriarse, si no puede gloriarse ante Dios? Necesitamos algo en qué gloriarnos, cuando el cielo se repliegue como un pergamino que se enrolla, y el rostro de Dios brille sobre los corazones de los hombres. Queremos tener algo en qué gloriarnos precisamente entonces. Dios nos lo da: su propia justicia. En ella podemos ciertamente gloriarnos.

¿Qué dice la Escritura? *Creyó* Abraham a Dios y le fue contado por justicia.

¿Qué nos dice eso? ¿Qué hizo Abraham? [congregación: "Creyó"]. ¿Cómo llamamos a eso? [congregación: "Fe"]. Su creer en Dios, ¿qué le supuso? [congregación: "Justicia"]. ¿Quién le contó su fe por justicia? [congregación: "Dios"]. ¿Se trataba de un error? [congregación: "No"]. Sea que lo entendamos o que no, el Señor lo hizo, y fue justo haciéndolo así. Fue perfectamente justo. Nosotros no estuvimos en su realización, no tuvimos que prepararlo. Si hubiera dependido de nosotros, jamás lo habríamos logrado. Recibámoslo tal como él nos lo da, y cuando le permitimos que obre a su propia manera, estamos en su camino, todo saldrá bien y no necesitamos temer nada.

¿Qué es lo que le fue contado a Abraham por justicia? Abraham *creyó* a Dios, y Dios le dijo: 'Abraham, eres justo'. La expresión se repite tres veces en ese corto pasaje. ¿Qué le fue contado por justicia?—Su creer en Dios.

Pero al que trabaja no se le cuenta el salario como un regalo, sino como deuda; pero al que no trabaja …

¿Es eso lo que dice? ¿Dice "al que no trabaja", "al que no obra"? [congregación: "Sí"].

Pero al que no trabaja, sino cree en aquel que justifica al impío.

Nos encontramos de nuevo aquí ante el mensaje a Laodicea: miserable, pobre, ciego y desnudo … Esa es la condición de la persona a la que Dios justifica. "Su fe le es contada por justicia". Al impío, su fe le es contada por justicia. ¿Acaso no es eso creer en Aquel que justifica al impío? ¿Traerá eso justicia al impío? [congregación: "Sí"]. ¿Confesar que es impío, y tener fe en que Dios hace justo al impío que cree?—Sí, ciertamente.

No puedo explicar cómo; no puedo comprenderlo. Sé que es así, y soy tan feliz porque Dios lo haya hecho así, que no me preocupa si voy a saber alguna vez cómo tiene lugar. El Señor quiere que tengamos lo que él da. Tomémoslo. El tiempo ha llegado a su fin. Retomaremos el tema en este punto, pero no olvidéis qué es lo que le fue contado a Abraham por justicia, y tampoco olvidéis que "si vosotros sois de Cristo, ciertamente descendientes de Abraham sois." (Gál 3:29).

El mensaje del tercer ángel (nº 16)
A.T. Jones

Recibí hace algún tiempo una carta que el hermano Starr escribió desde Australia. Leeré dos o tres frases que son oportunas para el punto en el que estamos en nuestro estudio:

La hermana White afirma que desde el encuentro de Minneapolis hemos estado en el tiempo de la lluvia tardía.

Eso es precisamente lo que hemos visto en nuestro propio estudio de esas lecciones, ¿no os parece? Hermanos, ¿cuánto tiempo más va a esperar el Señor antes que la recibamos? Ha estado procurando durante estos cuatro años que recibamos la lluvia tardía. ¿Cuánto tiempo más esperará? El tema converge con el del hermano Prescott, cuya predicación viene a ser el principio de la mía. Él ha hecho aquí un llamamiento para que cada uno haga lo que todos debieran haber hecho hace cuatro años.

Y la cuestión es que va a hacerse alguna cosa. Los que busquen al Señor de esa manera, los que reciban su mensaje de esa manera, obtendrán lo que él quiere dar. Los que no procedan así serán dejados a ellos mismos, y una vez que eso suceda, habrá sucedido para siempre. Esa es la situación temible en este encuentro; eso es lo que confiere a nuestra convocación su carácter solemne. El peligro consiste en que haya aquí alguno que haya resistido eso por cuatro años—quizá no por tanto tiempo—y que dejará ahora de venir al Señor de la forma en que podría recibirlo, fracasando así en tomarlo de la forma en que el Señor lo da y siendo pasado de largo. El Señor tomará una decisión; de hecho, en esta asamblea vamos a tomarla nosotros. ¿De qué lado os encontraréis?

Hay aquí otra palabra que enseña el mismo punto al que dedicamos la reunión de anoche, a propósito de recibir la palabra de Dios tal como es, tal como él la dice, sin que la cuestionemos. El hermano Starr relata que un día estuvo hablando con la hermana White a propósito de los ángeles en Sinaí, al darse la ley, y escribe lo siguiente:

[E. White] vio que los ángeles, diez mil veces diez mil, y miles de miles, rodeaban al pueblo de Dios reunido en asamblea alrededor del monte y estaban sobre ellos, configurando así un tabernáculo viviente del que quedaba excluido cualquier ángel malo a fin de que ni una sola palabra pronunciada por Jesús resultara alterada en ningún respecto, y para que ningún alma fuera afectada por ninguna sugestión, duda o maldad.

Eso mismo es lo que aquí deseamos [congregación: "Amén"]. Lo que queremos aquí y ahora es que cada uno de por sí eleve una oración al Señor para que nos cubra en esta asamblea tal como hizo en Sinaí, a fin de que cuando se lean las palabras del Señor, ni una sola de ellas resulte alterada en la mente de nadie en relación a lo que Dios pronuncia, y para que ninguna sugestión, duda o maldad afecten a una sola alma; al contrario, que cada uno de nosotros reciba precisamente aquello que el Señor dice, de la forma en que lo dice y con el significado que tiene.

Leo más del hermano Starr:

En un testimonio tardío dado a una persona aquí, a la hermana White se le prohibió entregárselo en forma escrita. Tenía que leerlo personalmente debido a que los ángeles impíos están puestos a la obra de *sustituir* por otras *las palabras* escritas. Se pronuncian otras palabras en sus oídos, de forma que entienden un significado exactamente opuesto al que Dios ha provisto.

Si tal persona necesita eso, ¿será acaso la única en el mundo que lo necesite? Si Satanás está obrando de esa manera, ¿va a confinar su proceder a Australia? ¿No debiéramos vosotros y yo tener ungidos los oídos tanto como los ojos, a fin de que podamos oír? ¿No son para nosotros estas palabras de Cristo?:

Mirad, pues, como oís (Luc 8:18).

Prestad atención a este otro caso sucedido allí: un hermano había cedido a la seducción de implicarse en sociedades secretas, militando en ellas hasta el punto de encontrase próximo al escalafón más elevado.

Le llegó un testimonio. Dios presentó el caso a la hermana White, representando al hombre como estando en el mismo borde de un precipicio al que resultaba incluso peligroso acercarse para llamarlo. La hermana White preguntó al Señor qué podía hacer por él, y mientras oraba, el ángel dijo:

Dile la contraseña de la sociedad celestial: *"Jesucristo, y este crucificado"*.

¿Habéis oído cuál es la contraseña de la sociedad celestial? [congregación: "Jesucristo, y este crucificado"]. Eso resume todo cuanto vosotros y yo hemos de saber. Es el mensaje al mundo: "Jesucristo, y este crucificado". Es nuestro santo y seña.

Vayamos ahora al cuarto capítulo de Romanos. Queremos leer sobre la justicia de Dios, y leyendo sobre esa justicia de Dios queremos recibirla tal como el Señor la proclama. Pero no olvidéis que necesitamos la protección de los ángeles alrededor nuestro y sobre nosotros, a fin de que ninguna palabra resulte pervertida en nuestro entendimiento. Queremos recibirlo precisamente tal como él lo dio.

¿Qué, pues, diremos que halló Abraham, nuestro padre según la carne? Si Abraham hubiera sido justificado por las obras, tendría de qué gloriarse, pero no ante Dios, pues ¿qué dice la Escritura? Creyó Abraham a Dios y le fue contado por justicia.

¿Qué fue lo que se le contó a Abraham por justicia? [congregación: "Creyó a Dios"]. Cuando Dios dijo algo, Abraham lo creyó. Dijo "Así es". ¿Qué es lo que el Señor le dijo? Volvamos a leerlo, porque es de gran importancia para nosotros. Gén 15:4-6:

Luego vino a él palabra de Jehová, diciendo: —No te heredará este, sino que un hijo tuyo será el que te herede. Entonces lo llevó fuera y le dijo: —Mira ahora los cielos y cuenta las estrellas, si es que las puedes contar. Y añadió:—Así será tu descendencia. Abraham creyó a Jehová y le fue contado por justicia.

¿Creéis que Abraham fue hecho justo de esa precisa manera? [congregación: "Sí"]. Con toda sinceridad, ¿lo creéis así? [congregación: "Sí"]. ¿Lo habéis entendido bien? El Señor llamó a Abraham y le dijo "Mira ahora los cielos y cuenta las estrellas, si es que las puedes contar … Así será tu descendencia". Abraham dijo: "Amén". Esa es la palabra hebrea que pronunció Abraham: "Amén". Y el Señor le dijo: 'Eres justo'.

¿Apreciáis la sencillez de esa transacción? Es como si el Señor nos llamara fuera de este tabernáculo y nos dijera: 'Mirad las estrellas. Contadlas si sois capaces. … Pues de tal y tal forma sucederá', nosotros dijéramos: 'Amén', y él añadiera: 'Sois justos'. Suponed que el Señor nos llamara afuera esta noche. … Pero no es necesario, él puede hacerlo sin llamarnos afuera. Lo hizo con Abraham a fin de mostrarle las *estrellas*, pero él nos puede mostrar nuestros *pecados* sin necesidad de que salgamos de aquí. ¿Os ha mostrado innumerables pecados? [congregación: "Sí"]. ¿Más de los que podéis contar? Bien, pues el Señor nos dice: "Venid luego… estemos a cuenta… como la nieve serán emblanquecidos". ¿Qué decís a eso? [congregación: "Amén"]. ¿Qué dice entonces el Señor? [congregación: "Eres justo"]. ¿Se obtiene la justicia de una forma tan fácil como esa? ¿Es así de simple? [congregación: "Sí"]. Amén. Gracias sean dadas al Señor. Volvamos ahora a Romanos cuatro y veamos el lugar preciso en donde lo dice. Rom 4:23-24:

Pero no sólo con respecto a él se escribió que le fue contada, sino *también con respecto a nosotros* a quienes igualmente ha de ser *contada* [imputada], es decir, a los que *creemos* en aquel que levantó de los muertos a Jesús, Señor nuestro.

Algunos hermanos referían esta mañana en la reunión social {se llamaban así a las reuniones de oración}, que anoche sintieron un gran deseo de alabar al Señor en voz alta, pero inmediatamente se inhibieron pensando que no debían hacerlo.

No apaguéis al Espíritu (1 Tes 5:19).

Si deseáis alabar al Señor por algo, el Señor os dice que lo hagáis. Bien podríamos los adventistas del séptimo día comenzar aquí a alabar al Señor, o a decir: 'Alabado sea el Señor'. Bien podría ser en este tiempo y en esta reunión.

Abraham creyó lo que el Señor le dijo. Si vosotros y yo creemos lo que el Señor nos dice, se producirá el mismo resultado. No es alguna cosa en particular, de entre las que el Señor nos dice, la que hemos de creer a fin de ser constituidos justos.

Sea lo que sea que él te diga, créelo, y entonces te dice: 'Eres justo'.

Cuando el Señor dice algo, ¿es digno de crédito?, ¿tiene razón? [congregación: "Sí"]. Así pues, cuando afirmo que es así, ¿tengo razón? [congregación: "Sí"]. ¿Qué podría impedir en este mundo que uno fuera hecho justo? Repito: cuando el Señor dice algo, es *justo* al decirlo. Así pues, cuando yo respondo diciendo "Amén", cuando digo "así sea" o "es así", ¿acaso no es de justicia que lo diga?, ¿acaso no es justo decirlo?, ¿no cuento en ello con su propia justicia? Si el Señor dice una cosa y yo digo la misma cosa, ¿puedo estar equivocado? [congregación: "No"]. Cuando os atenéis a lo mismo que el Señor dice, ¿acaso os reprenderá por estar equivocados? Bien, pues cuando estamos en esa situación en la que el Señor mismo nos aprueba, ¿qué puede haber en el mundo que impida que seamos justos? Creer a Dios nos coloca en esa precisa situación, tal como hizo con Abraham. ¿Qué, pues, puede impedirnos llegar al cielo?, ¿qué obstáculo puede negarnos la entrada al reino de Dios?

Lo único que nos puede impedir la entrada al reino de Dios es que digamos que el Señor miente; y si no decimos eso, tendremos amplia entrada en su reino. Eso es lo que las personas necesitan hacer: dejar de decir que el Señor miente.

El que no cree a Dios, lo ha hecho mentiroso (1 Juan 5:10).

Pero todo el que pretende que Dios es mentiroso, lo hace mintiendo él mismo, y los mentirosos no pueden entrar en el reino de los cielos. Todos los que aman y practican la mentira "estarán fuera", en el grupo que describe Apocalipsis 21:8, 27 y 22:15. Por lo tanto, es de importancia capital abandonar la mentira. Abandonémosla inmediatamente. Dejemos de mentir. Sea lo que sea que el Señor diga, afirmad: 'Es así'.

¿Comprendéis que eso es la suma de todo lo que importa? Es lo que el hermano Haskel ha estado tratando de inculcar aquí en sus lecciones: que hay salvación en cada renglón de las Escrituras. Es Dios quien habla, ¿no es así? Cuando Dios lo dice y nosotros lo decimos, somos justos. Es así

de sencillo. Dios habló a Abraham; Abraham dijo: 'Amén; es así; lo creo'. Hay salvación en cada línea de la Escritura, en toda palabra de Dios.

Romanos dice más en cuanto a la mente que tuvo Abraham. Romanos 4:20-22:

Tampoco dudó por incredulidad de la promesa de Dios, sino que se fortaleció por la fe dando gloria a Dios, plenamente convencido de que era también poderoso para hacer todo lo que había prometido. Por eso también su fe le fue contada por justicia.

Tal como leímos anoche—aunque sin citar de Romanos 3— es a Cristo Jesús

a quien Dios puso como propiciación por medio de la fe en su sangre, para manifestar su justicia a causa de haber pasado por alto en su paciencia los pecados pasados, con miras a manifestar en este tiempo su justicia, a fin de que él sea el justo y el que justifica al que es de la fe de Jesús.

El asunto es que Dios es justo al proceder así; hay plena suficiencia; ha satisfecho cada demanda. Es perfectamente capaz, por lo tanto, de justificar al creyente en Jesús. Es perfectamente capaz de hacer justo al que cree en Jesús. Él ha prometido hacerlo con cada uno de los que creen en Jesús. Pues bien, ¿crees que es capaz de cumplir lo que ha prometido? ¿Es cierto que lo ha prometido? [congregación: "Sí"]. ¿Creéis que es capaz de cumplir lo que prometió? [congregación: "Sí"]. —Amén. Entonces *os es contado por justicia* [congregación: "Gracias al Señor"]. Gloria a Dios. Alabado sea el Señor. Es así de sencillo [congregación: "Alabado sea el Señor"].

Es llamativa la sencillez del proceso. El problema es que permitimos la introducción de muchas estratagemas de Satanás que lo mistifican. Ahí radica el problema. El Señor no desea que suceda eso; él quiere que permanezca en la sencillez en la que él lo ha proclamado, y lo ha establecido con tal sencillez que hasta un niño puede comprenderlo y recibirlo. Quien no lo recibe como un niño, no puede recibirlo. Repito: sea lo que sea que el Señor diga—y lo diga cuando lo diga—, respondamos "Amén" como hizo Abraham. Digamos: 'Señor, lo creo; es así'. Entonces él os declara justos, y sois justos.

Sigamos ahora leyendo en Romanos 4:3-5:

Pues ¿qué dice la Escritura? Creyó Abraham a Dios y le fue contado por justicia. Pero al que trabaja no se le cuenta el salario como un regalo, sino como deuda; pero al que no trabaja, sino cree en aquel que justifica al impío, su fe le es contada por justicia.

Cree en aquel que justifica … ¿a quién? [congregación: "Al impío"]. ¿A quién, pues, justifica el Señor en este mundo? [congregación: "Al impío"]. Me alegra que sea así, pues eso me asegura eternamente la salvación. Si fuera de otra manera, no habría esperanza para mí. Si Dios justificara sólo a los que fuesen santos a medias, yo quedaría excluido. Si es que justificara a quienes tienen *una* cosa buena, eso también me dejaría fuera. Lo mismo me sucedería si el Señor justificara a los que tienen alguna pequeña bondad en ellos mismos. Pero gracias a Dios, *él* es tan *bueno*, me quiere tanto, tiene un poder tan formidable, tan grande es el divino poder de su justicia, que cuando pronuncia esa palabra sobre un pecador tan corrupto como yo, me hace enteramente justo a los ojos de Dios [congregación: "Amén"]. Eso vale la palabra "justicia" cuando Dios la pronuncia.

Y debido a su inmensa bondad; debido a la magnitud del poder divino que hay en su justicia, y debido a que él justifica al impío, tengo la perfecta seguridad de su salvación eterna. ¿Qué podría haber en el mundo, capaz de privarme de esa alegría? Pero no me basta con estar gozoso por mí. Quiero que lo estéis vosotros. Puedo participar en vuestra alegría [voz: "Mi alegría es grande"]. —Amén.

"Al que no trabaja". Si se requiriesen obras, nunca podría hacer las suficientes. Si se requiriera alguna cosa, me quedaría al margen. Pero tal como leímos una noche pasada:

De balde fuisteis vendidos; por tanto, sin dinero seréis rescatados (Isa 52:3).

"Sin dinero" pero no sin precio; ahora bien, *él* pagó el precio. Es una bendición que él tuviera la riqueza para pagar ese precio, y que tuviera también la bondad para dar todas sus riquezas en pago de ese precio a fin de poder tenerme. Cristo puede tenerme.

He oído a hermanos decir: 'Gracias a Dios, tengo confianza en él'. Pero yo doy gracias al Señor porque él confió en mí. Es muy poca cosa que el ser humano, por quien tanto hace el Señor, tenga confianza en él; pero es auténticamente prodigioso que él fíe por mí en la confianza de ver el fruto de la aflicción de su alma y resultar saciado. La confianza que *él ha puesto* en mí es algo que sobrepasa mi comprensión. Es demasiado sublime para que lo alcance. Estoy muy agradecido al Señor por haber depositado tanta confianza, por haber corrido ese riesgo por amor a mí. Es tal mi agradecimiento, que no puedo hacer nada más, excepto estarle agradecido. Hermanos, el Señor es maravilloso [congregación: "Amén"]. Confiémonos, pues, a él.

"Por eso también David habla de la bienaventuranza del hombre. …" ¿Hace falta que lo diga?

Por eso también David habla de la bienaventuranza del hombre a quien Dios atribuye justicia *sin obras* (vers. 6).

Hermanos, ¿conocéis la bienaventuranza de ese hombre?, ¿o quizá haya en esta sala algunos que conocen sólo su angustia? No hay *bienaventuranza* de esa clase. La Biblia no describe una bienaventuranza así. La angustia es sólo angustia, como bien sabéis. Pero la Escritura describe la bienaventuranza del hombre a quien Dios atribuye justicia sin obras, diciendo: "Bienaventurado el hombre", o en el lenguaje de David: 'Oh, cuán dichoso es aquel cuyas iniquidades son perdonadas, y cuyos pecados son cubiertos'.

Ese hombre es en verdad bienaventurado. ¡Cuán dichoso es el hombre a quien el Señor no imputa pecado! El Señor no le imputa pecado, debido a que recibió el don de Jesucristo junto a todo lo que Dios ha dado con él, y al mirar a ese hombre, Dios ve a su Hijo Jesucristo. A ese hombre no le imputa pecado en absoluto. ¡Grande es la dicha de aquel a quien el Señor no imputa pecado!

¿Es, pues, esta bienaventuranza solamente para los de la circuncisión, o también para los de la incircuncisión? Porque decimos que a Abraham le fue contada la fe por justicia.

Podéis ver que por tres veces en un pasaje de nueve versículos el Señor repite que la fe es contada por justicia: "Creyó Abraham a Dios y le fue contado por justicia", "al que no trabaja, sino cree en aquel que justifica al impío, su fe le es contada por justicia" y "decimos que a Abraham le fue contada la fe por justicia". Hermanos, hagamos como hizo Abraham: digamos "Amén" [congregación: "Amén"]. Estemos seguros de que Dios es capaz de cumplir lo que ha prometido. Y entonces demos gracias a Dios por imputarnos la justicia y por libertarnos.

¿Cómo, pues, le fue contada?

¿No tuvo que someterse él y toda su casa a la circuncisión antes de ser hecho justo? [congregación: "No"].

¿Estando en la circuncisión, o en la incircuncisión? No en la circuncisión, sino en la incircuncisión.

La fe de Abraham le fue contada por justicia siendo gentil, ¿es así? [congregación: "Sí"]. ¿Siendo pagano? [congregación: "Sí"]. ¿Siendo incircunciso? [congregación: "Sí"]. Oídme bien por si me equivoco: 'Y recibió la circuncisión como señal, como sello de la justicia que tuvo. ...' [congregación: "No: 'como sello de la justicia *de la fe* que tuvo'"].—Efectivamente:

recibió la circuncisión como señal, como sello de la justicia *de la fe* que tuvo.

La circuncisión fue la señal, no de la justicia que tuvo, sino de la justicia de la fe que ejerció; porque *la justicia le vino por la fe* que tuvo.

Y recibió la circuncisión como señal, como sello de la justicia de la fe que tuvo cuando aún no había sido circuncidado, para que fuera padre de todos los creyentes no circuncidados.

¿Se refiere a vosotros? Es el padre de todos *los creyentes* en Dios. ¿Es así? [congregación: "Así es"]. Esa justicia les puede ser también imputada a todos ellos. Abraham es el padre de todos los que creen, ¿con qué finalidad?

A fin de que también a ellos la fe les sea contada por justicia.

Es, pues, para nosotros. Abraham es "padre de todos los creyentes". Nada tiene pues de extraño

que le resultara imposible contarlos; sólo la mente divina puede contar la descendencia de Abraham. Sus descendientes [los que creen] son en verdad tan innumerables como las estrellas. Ahora bien, el Señor

cuenta el número de las estrellas; a todas ellas llama por sus nombres (Sal 147:4).

Él nos tiene perfectamente enumerados, nos conoce por nombre, y lo que es una bendición aun mayor: nos va a dar un nuevo nombre. Os digo, hermanos, que el Señor nos ama.

La promesa de que sería heredero del mundo fue dada a Abraham o a su descendencia, no por la Ley sino *por la justicia de la fe*.

¿Es así? [congregación: "Sí"].

Porque si los que son de la Ley son los herederos, vana resulta la fe y anulada la promesa. La Ley produce ira.

¿La produce? [congregación: "Sí"]. ¿La produce ahora? [congregación: "Sí"]. Así pues, ¿cuánta justicia podrá obtener el hombre a partir de la ley? [congregación: "Ninguna"]. La obtención de la justicia no es el objetivo de la ley. "La Ley produce ira".

Donde no hay Ley, tampoco hay transgresión. Por eso, la promesa es [por la] fe, para que sea por gracia, a fin de que *sea firme* para toda su descendencia.

El Señor desea que su promesa a nosotros sea firme, y a fin de que lo sea en verdad, ¿qué hizo para asegurarla? La dio

por la fe, para que sea por gracia, a fin de que *sea firme*.

Pensad detenidamente en ello. Lo repetiré despacio: es por la fe, *para que* sea por gracia. ¿Qué significa "para qué"? Significa con el objetivo de que ..., a fin de que ... "para que sea por gracia". Es por la fe, con el objeto de que pueda ser por la gracia, y todo ello a fin de que la promesa nos sea asegurada. Por lo tanto, aquel que recibe alguna cosa de Dios *por la fe*, ¿no os parece que puede tener la *firme* seguridad de haberla recibido? [congregación: "Sí"]. Y aquel que pretenda obtener de Dios cualquier cosa de otra forma que no sea *por la fe*, jamás podrá tener la seguridad de haberla alcanzado: en realidad no la posee en absoluto. ¿Lo comprendéis? [congregación: "Sí"]. Seamos, pues, consecuentes.

Por eso, la promesa es [por la] fe, para que sea por gracia, a fin de que *sea* firme para *toda* su descendencia.

¡Toda! [congregación: "Amén"].

Para toda su descendencia, no solamente para la que es por la Ley, sino también para la que es de la fe de Abraham. Él es padre de todos nosotros, como está escrito: "Te he puesto por padre de muchas naciones". Y lo es delante de Dios a quien creyó, el cual da vida a los muertos y llama las cosas que no son como si fueran.

¿En qué consiste eso? "Da vida a los muertos" llamando lo que no es como si fuera. Cuando el Señor llama lo que *no es* como si fuera, ¿realmente *es*? [congregación: "Sí"]. ¿Acaso no hizo eso mismo cuando creó los mundos? No había ningún mundo; el Señor los llamó a la existencia. ¿Qué sucedió? [congregación: "Existieron"]. No había luz. Llamó a la luz, "y fue la luz".

En mí no hay justicia; todo es injusticia, todo es suciedad; Dios ha establecido a ese mismo Uno que pronunció la palabra, haciendo que existieran los mundos, a Aquel que declaró "sea la luz", y fue la luz. Dios ha establecido a ese Uno para que declare la justicia en lugar de este cuerpo de pecado [congregación: "Alabado sea el Señor"]. En este lugar, en este cuerpo, en este carácter de pecado, él llama lo que no es [justicia] como si fuera, y gracias al Señor, viene a ser [congregación: "Amén"]. Dios ha establecido a Aquel que llama las cosas que no son como si lo fueran, y mediante su eterno poder, cuando declara la santidad, allí donde no había más que suciedad aparece efectivamente la santidad [congregación: "Amén"]. ¡Cuán agradecido estoy porque él llame las cosas que no son como si fueran! El pecador no es justo; el impío es realmente impío; pero Dios llama lo que no es [justicia] como si fuera, y hace que exista [congregación: "Amén"].

Él creyó en esperanza contra esperanza, para llegar a ser padre de muchas naciones, conforme a lo que se le había dicho: "Así será tu descendencia".

Y su fe no se debilitó al considerar su cuerpo, que estaba ya como muerto (siendo de casi cien años), o la esterilidad de la matriz de Sara. Tampoco dudó, por incredulidad, de la promesa de Dios, sino que se fortaleció por la fe, dando gloria a Dios, plenamente convencido de que era también poderoso para hacer todo lo que había prometido. Por eso, también su fe le fue contada por justicia. Pero no sólo con respecto a él se escribió que le fue contada, sino también con respecto a nosotros a quienes igualmente ha de ser contada, es decir, a los que creemos en aquel que levantó de los muertos a Jesús, Señor nuestro, el cual fue entregado por nuestras transgresiones y resucitado para nuestra justificación.

Resucitó para que pudiéramos ser justificados; para nuestra justificación. Le permitiré que efectúe aquello para lo que resucitó de los muertos. Él sabe cómo hacerlo y tiene el poder para hacerlo. Le permitiré, por lo tanto, que lo lleve a cabo en mí. Ahora leemos en el capítulo cinco de Romanos: "Justificados, pues, por la fe."

¿Qué decís a eso? [congregación: "Amén"]. 'Siendo hechos justos, pues, por la fe', "tenemos paz para con Dios."

Experimento su paz. ¿Vosotros no? *Tenemos* paz para con Dios. Él lo declara así, por lo tanto, así es. Incluso aunque {su paz} no existiera antes, ahora existe, siendo que él llama las cosas que no son como si fueran. No podemos explicarlo, pero podemos ciertamente saberlo. Sé que es así, y eso es todo cuanto importa.

Justificados, pues, por la fe, tenemos paz para con Dios por medio de nuestro Señor Jesucristo, por quién también tenemos entrada por la fe a esta gracia.

¿Cómo obtuvimos esa gracia?—Por la fe. La tenemos, gracias al Señor. "Esta gracia en la cual estamos firmes."

¿Estamos realmente firmes en ella? [congregación: "Sí"]. El Señor lo asegura, por lo tanto, ha de ser así, ¿no os parece? Él lo dice, y así es. Él declara que estamos firmes, y nos afirma con ello, gracias al Señor.

Esta gracia en la cual estamos firmes, y *nos gloriamos* en la esperanza de la gloria de Dios.

¿Lo hacemos? El Señor afirma que nos gloriamos, y así es. Él es justo al declararlo, y si decimos "Amén", somos justos.

Y no sólo esto, sino que también nos gloriamos en las tribulaciones.

Las tribulaciones llegarán sin duda, pero no significarán nada en contra nuestro.

Tengo por cierto que las aflicciones del tiempo presente no son comparables con la gloria venidera que en nosotros ha de manifestarse (Rom 8:18).

No solamente a nosotros, sino "en nosotros". Participaremos de su gloria, brillaremos como el sol en el reino de nuestro Padre.

Tal es la justicia de Dios; y así la recibió Abraham. ¿Cuál es, por consiguiente, la bendición de Abraham? [congregación: "La justicia por la fe"]. ¿Cómo la obtuvo? [congregación: "Por la fe"]. Sólo el que tiene fe recibe la bendición de Abraham.

Ahora vayamos al texto apuntado por el hermano Prescott. Aunque él lo citó ya, encaja perfectamente en esta lección, y es porque en realidad no hay más que una sola gran lección. Gálatas 3:13-14:

> Cristo nos redimió de la maldición de la Ley, haciéndose maldición por nosotros (pues está escrito: 'Maldito todo el que es colgado en un madero'), para que en Cristo Jesús la bendición de Abraham alcanzara a los gentiles, a fin de que por la fe recibiéramos la promesa del Espíritu.

¿Con qué finalidad se hizo Cristo maldición sobre el madero? Para que la bendición de Abraham pudiera venir a nosotros. ¿Para qué nos redimió de la maldición de la ley? Para que vosotros y yo pudiéramos recibir la bendición de Abraham. ¿Cuál es esa bendición de Abraham? [congregación: "La justicia por la fe"]. Cristo murió para que vosotros y yo pudiéramos ser hechos justos por la fe. Hermanos, ¿no os parece terrible que una persona desposea a Cristo de aquello por lo que él murió, pretendiendo obtener justicia de alguna otra forma?, ¿no os parece espantoso robarle así? Creamos en Jesucristo.

> Para que en Cristo Jesús la bendición de Abraham alcanzara a los gentiles, a fin de que por la fe recibiéramos la promesa del Espíritu.

Por lo tanto, estamos redimidos de la maldición de la ley; Cristo ha sido hecho maldición por nosotros a fin de que podamos recibir la bendición de Abraham. ¿Con qué finalidad?

> A fin de que *por la fe* recibiéramos la promesa del *Espíritu*.

Por lo tanto, cuando nosotros, como pueblo, como cuerpo, como iglesia, hayamos recibido la bendición de Abraham, ¿qué viene entonces? [congregación: "La lluvia tardía"]. El derramamiento del Espíritu. Sucede así con el individuo. Cuando una persona cree en Jesucristo y obtiene la justicia que viene por la fe, recibe el Espíritu Santo, que es la circuncisión del corazón. Y cuando todo el pueblo, como iglesia, recibe la justicia por la fe, la bendición de Abraham, ¿qué puede impedir que la iglesia reciba el Espíritu de Dios? [congregación: "Nada"]. Ahí es donde estamos. ¿Qué podría, pues, impedir el derramamiento del Espíritu Santo? ¿Cuál es el obstáculo? [congregación: "La incredulidad"]. Nuestra falta de la justicia de Dios, que es por la fe. Eso es lo que lo impide, ya que se la recibe con el objeto de que podamos recibir a su vez la promesa del Espíritu mediante la fe. Asegurémonos, por lo tanto, de tener la bendición de Abraham; entonces pidamos, y recibiremos.

El mensaje del tercer ángel (nº 17)
A.T. Jones

El último texto que consideramos en el estudio precedente fue Gálatas 3:13-14. Sea que se trate de la promesa del Espíritu a un individuo en su propia experiencia personal, o bien de la promesa del Espíritu en su derramamiento a la totalidad de la iglesia, es en realidad una misma cosa. Nadie puede gozar de ella sin tener primeramente la bendición de Abraham. Quien no tiene la bendición de Abraham, no puede tener el Espíritu Santo, ya que leemos en Romanos 4:11. "Recibió la circuncisión como señal, como sello de la justicia de la fe que tuvo cuando aún no había sido circuncidado."

Podéis ver en qué consiste realmente la circuncisión, abriendo vuestra Biblia en Deuteronomio 30:6: "Circuncidará Jehová, tu Dios, tu corazón, y el corazón de tu descendencia, para que ames a Jehová, tu Dios, con todo tu corazón y con toda tu alma, a fin de que vivas."

Relacionadlo ahora con Romanos 5:5. Después de haber afirmado que somos justificados por la fe, y que "tenemos paz para con Dios por medio de nuestro Señor Jesucristo, por quien también tenemos entrada por la fe a esta gracia en la cual estamos firmes, y nos gloriamos en la esperanza de la gloria de Dios", continúa diciendo (vers. 5):

> Y la esperanza no nos defrauda, porque *el amor de Dios* ha sido derramado en nuestros corazones *por el Espíritu Santo* que nos fue dado.

Así pues, el Espíritu Santo derrama el amor de Dios en nuestros corazones; pero hemos leído: "Circuncidará Jehová, tu Dios, tu corazón … para que ames a Jehová, tu Dios, con todo tu corazón y con toda tu alma". La única forma en la que podemos amar a Dios con todo nuestro corazón y con toda nuestra alma, es cuando el amor de Dios es implantado en el corazón y en el alma del que se convierte a Dios, y "el cumplimiento de la Ley es el amor" (Rom 13:10).

Leamos ahora otro texto: "'Amarás al Señor tu Dios con todo tu corazón, con toda tu alma y con toda tu mente.' Este es el primero y grande mandamiento. Y el segundo es semejante: 'Amarás a tu prójimo como a ti mismo'. De estos dos mandamientos dependen toda la Ley y los Profetas" (Mat 22:36-39).

La circuncisión del corazón es esa condición en la que amamos al Señor nuestro Dios con todo nuestro corazón, alma y mente. Podéis ver que la circuncisión en la carne dada a Abraham era simplemente una señal, una prenda que se le dio en una época en la que Dios le estaba instruyendo mediante ilustraciones; una señal visible para representar algo que resulta invisible. Por consiguiente, esa circuncisión en la carne fue la señal, el "sello de la justicia de la fe que tuvo cuando aún no había sido circuncidado" (Rom 4:11).

Era simplemente una marca exterior de la obra del Espíritu Santo en circuncidar su corazón. El Espíritu Santo derrama el amor de Dios en el corazón (Rom 5:5); ahora bien, nadie puede recibir la promesa del Espíritu a menos que posea la bendición de Abraham: la justicia de Dios, que es por la fe.

Así pues, quien sabe que cree en Dios, puede pedirle el Espíritu Santo en plena confianza. No así quien piensa que quizá cree en Dios; a veces cree y a veces no; en ocasiones *le parece* que cree, y en otras no sabe si cree o no. Eso no es de ninguna forma creer en Dios. El Señor desea que vosotros y yo *sepamos* que creemos en Dios. Quiere que lo sepamos positivamente, y que estemos tan seguros como de que estamos vivos. Aquel que sabe que cree en Dios puede pedirle con perfecta confianza el Espíritu Santo, y recibirlo por la fe. "Pedid y recibiréis" (Juan 16:24).

Así lo prometió él, pero hemos de pedir conforme a su voluntad. No es su voluntad conceder el Espíritu Santo a aquel que no posee la bendición de Abraham; y esto se aplica tanto al individuo como a la iglesia: cuando el pueblo de Dios alcance esa situación en la que *sepa* que cree en Dios, podrá pedir con perfecta confianza el derramamiento del Espíritu Santo, esperar en perfecta fe y confianza que lo recibirá, y así sucederá. Es un hecho.

Avancemos algo más esta noche en el estudio de cómo podemos *saber* que la bendición de Abraham nos pertenece, y como podemos tener la seguridad de que es nuestro privilegio pedir al Señor su Espíritu Santo y esperar sencillamente el tiempo que él considere apropiado para recibirlo de acuerdo con su voluntad, sin ansiedad alguna por no saber si lo vamos a recibir o no. Queremos aprender a librarnos de toda ansiedad relativa a si vamos a recibir o no el Espíritu Santo, de forma que podamos presentar nuestras peticiones al Señor con fe, esperando recibir lo que pedimos y no otra cosa distinta, y aguardando confiadamente que el Señor lo concederá en el momento adecuado, mientras nos mantenemos pidiendo y buscándolo para que pueda ser así.

Os digo, hermanos: cuando lleguemos a esa situación, no nos resultará difícil estar "todos unánimes juntos" (Hechos 2:1). Ahora, en esta reunión, cuando alcancemos esa condición, esa condición en la que sabemos positivamente que creemos en Dios y que podemos pedir con perfecta confianza el Espíritu Santo, resultará fácil para cada uno de nosotros el que estemos "unánimes juntos" cada vez que nos reunamos. Todos temerán perder la reunión, ya que si estando ausente de alguna de esas reuniones se cumpliera la promesa del Espíritu Santo, dejarían de recibirlo. Todos y cada uno estarán aquí velando y esperando a que el Señor cumpla lo dicho cuando así lo disponga. ¿Podéis ver la forma en que eso logrará que estemos "todos unánimes juntos"? Os aseguro que lo logrará.

Por supuesto, si la obra del Señor nos llamara a otro lugar según el Señor disponga, impidiéndonos asistir a alguna reunión, en el caso de producirse el derramamiento del Espíritu Santo durante nuestra ausencia, lo recibiríamos de todas formas estuviéramos donde estuviéramos. Pero no sucedería lo mismo con quienes estuvieran ausentes de la reunión debido a sus propias inclinaciones. Temo faltar a cualquiera de nuestras reuniones aquí. Temo perderme alguna de las reuniones matinales. No sé en cuál de ellas puede el Espíritu Santo ser derramado sobre nosotros. No puedo correr el riesgo de faltar.

Abramos ahora las Escrituras y veamos la forma en que el Señor ha conducido y conducirá a cada uno que lo desee hasta esa posición en esta noche. Si queréis comenzar en el punto en que empiezo a leer, el Señor nos guiará a cada paso. No cuestionemos de qué forma puede suceder. Cuando el Señor habla, ese es el final de toda cavilación. Diga lo que diga, cuando es él quien habla, termina la discusión y decimos: 'Señor, es así'. Vayamos pues juntos esta noche, y llegaremos a ese punto en el que cada uno pueda *saber* que creemos a Dios y que tenemos la bendición de Abraham. Entonces podremos pedir a Dios su Espíritu en plena confianza, esperando recibirlo cuando él lo otorgue en el debido tiempo que él disponga.

Veamos lo que hizo el Señor y cómo lo hizo, así como la forma en que nos lleva hasta esa posición. Empecemos donde él empezó. Leeremos primeramente en Efesios 1:3-6. Eso nos lleva al punto en el que Dios comenzó en lo que respecta a nosotros, y eso es todo lo que necesitamos retroceder. Versículo tres:

> Bendito sea el Dios y Padre de nuestro Señor Jesucristo, que nos bendijo con toda bendición espiritual en los lugares celestiales en Cristo.

¿Qué es lo que nos *hizo*? [congregación: "Nos bendijo"]. ¿*Fue* así? [congregación: "Sí"]. ¿Con cuántas bendiciones espirituales nos bendijo? [congregación: "Con *toda* bendición espiritual"]. ¿Fue con todas las bendiciones espirituales que poseía? ¿Nos lo dio todo? [congregación: "Sí"]. ¿Cómo fue? [congregación: "En Cristo"].—En Cristo. Según eso, al darnos a Cristo, ¿qué es lo que Dios nos dio? [congregación: "Todas las bendiciones espirituales"]. Todas las bendiciones espirituales que tenía.

Bien, cuando creemos en Jesucristo, ¿no resultamos acaso bendecidos? ¿No recibimos toda la bendición que el Señor tiene? ¿Qué podría, entonces, ser un impedimento? ¿Podrá acaso la persona así bendecida no ser feliz? [congregación: "No"]. ¿Podrá continuar en la lobreguez? [congregación: "No"]. ¿Estará enfadado porque las cosas no le salen como esperaba? [Congregación: "No"]. En realidad, las cosas van a salir bien siempre, en todo caso. Sea de la forma que sea, jamás podrán impedir que reciba las bendiciones. Sabemos que "a los que aman a Dios, todas las cosas les ayudan a bien." (Rom 8:28).

Pero el versículo cuatro es el que quisiera especialmente leer: "Según nos escogió en él …"

¿Nos *escogerá*? [congregación: "Nos escogió"]. ¿Cuándo nos escogió? [congregación: "Antes de la fundación del mundo"]. ¡Gracias sean dadas al Señor! Nos escogió a vosotros y a mí, "antes de la fundación del mundo" [congregación: "Alabado sea el Señor"]. ¿Diréis "Amén" a eso en todo tiempo? [congregación: "Amén"]. No os pregunto si lo diréis ahora. … ¿Lo diréis *siempre*? [congregación: "Sí"].

¿Por cuánto tiempo va a permanecer esa Escritura? [congregación: "Por siempre"]. Entonces, ¿por cuánto tiempo será verdad que "nos escogió en él antes de la fundación del mundo"? [congregación: "Por siempre"]. Siendo así, ¿por cuánto tiempo vais a cavilar en cuanto a si sois del Señor o no lo sois? ¿Acaso no os escogió? [congregación: "Sí"]. ¿Por qué lo hizo? ¿No fue porque nos quería tener? [congregación: "Sí"]. Me escogió porque quiso tenerme, y me tendrá. No voy a robarle ni a chasquearlo en su deseo. Él nos escogió, ¿no es así? Y fue "antes de la fundación del mundo …"

Ahora el resto del texto: "para que fuéramos santos y sin mancha delante de él."

Su bendito propósito consiste en que seamos santos y sin mancha delante de él en amor. Podemos, por lo tanto, permitirle que lo efectúe tal como él mismo disponga, sabiendo que eso significa nuestra salvación eterna.

Versículo siguiente: "Nos predestinó". Fijó de antemano el destino que quiere que alcancemos. El destino que Dios establece para el hombre es sobremanera deseable.

Nos predestinó para ser adoptados hijos suyos por medio de Jesucristo, según el puro afecto de su voluntad.

¿Por qué razón lo hizo así? No por nuestra bondad, sino por la suya. No porque le complaciéramos, sino exclusivamente por su buena voluntad y deseo. Esa es la razón. Es su obra de principio a fin.

Versículo 6: "Para alabanza de la gloria de su gracia, con la cual nos hizo aceptos en el Amado."

¿Qué decís a eso? [congregación: "Amén"]. ¿Cuándo nos hizo aceptos en el Amado?

[congregación: "Antes de la fundación del mundo"]. En efecto. Eso responde a toda esa cuestión de si podemos o no hacer alguna cosa, a fin de ser justificados. Él lo hizo todo, antes que tuviéramos la oportunidad de hacer lo que fuere. Mucho antes de que naciéramos. Antes de la creación del mundo. ¿Veis que es el Señor quien realiza la obra, a fin de que podamos ser salvos, y de que podamos tenerlo?

Observad lo que realizó:

1. "Nos bendijo con toda bendición espiritual" en Cristo.

2. "Nos escogió en él antes de la fundación del mundo".

3. "Nos predestinó para ser adoptados hijos suyos por medio de Jesucristo".

4. "Nos hizo aceptos en el Amado".

¡Cómo me alegra que sea así! *Sé* que es así. ¿También vosotros? [congregación: "Sí"]. Así lo afirma él, por lo tanto tenemos ante nosotros cuatro cosas de las que podemos estar eternamente seguros.

Una palabra más a propósito de esas bendiciones que el Señor nos ha dado. Tenemos todas las bendiciones que tiene el Señor cuando creemos a Jesucristo. Entonces son nuestras. No se espera de una forma particular que oremos pidiéndole bendiciones. ¿No os parece que emplearíamos mejor nuestro tiempo *agradeciéndole* por las bendiciones a nuestro alcance, más bien que pidiéndole bendiciones? ¿Qué os parece mejor? ¿Creéis más razonable agradecer al Señor por las bendiciones que ya ha concedido, o por el contrario, pedirle bendiciones—siendo que no tiene más para darnos—? ¿Qué será mejor? [congregación: "Agradecerle"].

Dios nos dio en Cristo todas las bendiciones que tiene. Cristo dice: "He aquí, yo estoy con vosotros". Hermanos, apropiémonos de las bendiciones. Las tenemos. Son nuestras.

Por lo tanto, podemos estar *seguros* en todo tiempo de que tenemos *toda bendición espiritual*.

Podemos estar siempre seguros de que nos ha escogido. Así lo afirmó.

Podemos estar siempre seguros de que nos ha

predestinado a ser adoptados como hijos.

Podemos tener siempre la seguridad de que nos ha hecho aceptos en el Amado.

De todo lo anterior, podemos estar totalmente seguros, pues es Dios quien lo afirma, y es así. ¿Acaso no reconoceremos esa gran fiesta espiritual?

El Señor lo hizo todo, y gratuitamente. ¿En favor de cuántos lo hizo? [congregación: "De todos"]. ¿De toda alma? [congregación: "Sí"]. Dio a toda alma en este mundo todas las bendiciones que tiene; escogió a cada uno en este mundo; lo escogió en Cristo antes de la fundación del mundo; lo predestinó para que fuera adoptado como hijo, y lo hizo acepto en el Amado. ¿Es así? [congregación: "Sí"].

Leeremos más versículos al respecto. Lo que quiero ahora recalcar es que nadie puede tener las cosas referidas y saber que son suyas, al margen de su propio consentimiento. Aunque el Señor las dio ya, no forzará a nadie a que las tenga. ¿Creéis que lo haría? [congregación: "No"]. Como veis, se trata de una cooperación: Dios lo derrama todo en un don inefable, pero si el hombre no lo desea, el Señor no va a compelerlo a que tenga ni una partícula de ello. Para todo aquel que quiera tenerlo, es suyo. Ahí es donde entra en juego la cooperación. El Señor quiere contar en todo con nuestra cooperación.

En Tito 2:14 leemos acerca del Señor, que "se dio a sí mismo por nosotros". Lo expresa en tiempo pasado, ¿no es cierto? Se trata de algo que ya fue hecho. ¿Por cuántos se dio? [congregación: "Por todos"]. ¿Cuántas personas en este mundo pueden leer el texto y decirse: "Se dio por mí"? Toda alma sobre la tierra. Allá donde vayamos, pues, y nos encontremos con alguien, podemos leerle que el Señor "se dio a sí mismo por" él. ¿No es así? [congregación: "Sí"]. Por lo tanto, se dio por vosotros. Ese es el precio al que se refiere Pedro en 1 Ped 1:18-20:

> Ya sabéis que fuisteis rescatados de vuestra vana manera de vivir (la cual recibisteis de vuestros padres) no con cosas corruptibles, como oro o plata, sino con la sangre preciosa de Cristo, como de un cordero sin mancha y sin contaminación. Él estaba destinado desde antes de la fundación

del mundo.

Queremos que cada uno comprenda dónde está: "Se dio a sí mismo por mí". Leemos en Gálatas 2:20: "Lo que ahora vivo en la carne, lo vivo en la fe del Hijo de Dios, el cual me amó y se entregó a sí mismo por mí."

¿Cuántos en este mundo pueden leer eso, sabiendo que se aplica a ellos? [congregación: "Todos"]. "Me amó y se entregó a sí mismo por mí". Tal fue el precio que pagó. Por lo tanto, me compró. ¿Me compró a mí y a vosotros? [congregación: "Sí"].

La cuestión no es en este punto si vosotros o yo vamos a permitirle que nos tenga. La pregunta es: ¿Qué hizo el Señor? [congregación: "Pagó el precio"]. Me compró antes de la fundación del mundo, ¿no es así? ¿Qué hizo también con vosotros? ¿A quién pertenecéis? [congregación: "Al Señor"].

¿Tendríais alguna excusa para dudar acerca de si sois del Señor? ¿Cómo es posible que alguien que quiera ser del Señor y que haya confesado sus pecados … cómo es posible que viva en la duda de si es del Señor o no lo es? Es sólo posible si da la espalda a la palabra de Dios, si no la cree en absoluto y si sostiene que el Señor mintió. ¿Acaso veis otra forma? "El que no cree a Dios, lo ha hecho mentiroso" (1 Juan 5:10).

Por lo tanto, la única forma en que uno puede dudar en cuanto a si es del Señor o no, es desoyendo la palabra de Dios y afirmando que el Señor miente. Sólo así puede dudar. El dudar equivale a eso; quizá no lo exprese con todas las palabras, pero cuando alguien se instala en la duda acerca de si es del Señor, ha hecho precisamente eso. Ha permitido que la incredulidad lo venza, permitiendo que Satanás tome ventaja y lo arrastre.

Ahora bien, aunque el Señor nos compró, no va a tomar sin nuestro permiso aquello que compró. Hay una línea que el propio Dios ha trazado a propósito de la libertad de todo ser humano, y jamás traspasará esa línea ni en el grosor de un cabello sin nuestro permiso. El Señor respeta la libertad y dignidad con que dotó a sus criaturas inteligentes, se trate de seres humanos o de ángeles. Lo respeta y nunca traspasará ese límite sin el permiso de la persona. Pero si obtiene el permiso, vendrá con todo lo que encierra. Cuando uno hace eso, está abriéndole la compuerta, y el Señor lo llena.

Así pues, os compró, ¿no es así? [congregación: "Sí"]. ¿Queréis ser del Señor? [congregación: "Sí"]. Ahora, amigos, convirtamos eso en algo práctico, tangible. Nos ha comprado, ¿no es así? Ha pagado el precio por nosotros. Somos suyos en lo que respecta a su voluntad. Cuando nuestra voluntad coincide con la suya, ¿de quién somos? [congregación: "Del Señor"]. Él mostró su voluntad al respecto pagando el precio, ¿no es así? Cuando manifestamos nuestra voluntad, diciendo: 'Señor, esa es también mi elección; así lo decido yo también', quisiera saber qué cosa en el universo podría evitar que seamos suyos. ¿Podéis entonces *saber* que sois del Señor? [congregación: "Sí"].

Bien. Suponed que amanecéis con dolor de cabeza y que habéis tenido una mala digestión durante la noche, de forma que os encontráis realmente mal. … No os sentís nada bien. ¿Cómo sabéis que sois del Señor? [congregación: "Porque él lo dice"]. Pero imaginad ahora que amanecéis llenos de vitalidad y optimismo. Os sentís muy bien. ¿Cómo sabéis que sois del Señor? [congregación: "Porque él lo dice"]. Al preguntarles si se les han perdonado los pecados, algunos responden así: 'Sí, por un tiempo estuve convencido de que lo fueron'.—¿Qué te convenció? '*Sentí* como si se me hubieran perdonado'. No *supieron* nada acerca de ello. De hecho, no tuvieron ni una partícula de evidencia de que les hubieran sido perdonados sus pecados. Hermanos, la única evidencia que podemos tener de que eso es así, es que DIOS LO AFIRMA. *Esa* es la evidencia. No prestéis atención a los sentimientos. Son tan variables como el viento. Bien lo sabéis. No les prestéis la más mínima atención. No es vuestra obra cavilar al pairo de vuestros sentimientos. Cuando Dios lo dice, es así, sea que lo sienta o que no.

Repetiré aquí la ilustración. Ya la he utilizado antes, pero sirve para enfatizar este punto: el de que los sentimientos no tienen nada que ver con los hechos. Dos veces dos son cuatro, ¿no es cierto? Sabéis que es así. Pero hay algunas personas en este mundo que no lo saben. No saben que dos por dos son cuatro. Imaginad que se lo podéis comunicar a alguno que lo ignoraba, y que os cree. ¿Cómo pensáis que va a *sentirse* después de creerlo? ¿Os imagináis que se sentirá como elevado y transportado a una nueva realidad? ¡No! ¿Qué tienen que ver los sentimientos con esa verdad? ¿Qué trascendencia tiene cuál sea el sentimiento?

Eso no es negar que como fruto de eso tendrá lugar una experiencia. La cuestión es que si consideráis los sentimientos como una evidencia, nunca tendréis la evidencia. Ahora bien, si tomáis la palabra de Dios como la evidencia, entonces obtendréis la evidencia que Dios proporciona en su palabra. Eso significa su propio poder divino obrando eficazmente en aquel que cree.

Bien. El Señor nos compró, ¿no es cierto? En lo relativo a vosotros y a mí, no tenemos la menor necesidad de dudar en cuanto a si somos o no del Señor. ¿Estamos de acuerdo? [congregación: "Sí"]. Pero hay algunos en el mundo que no comparten esa experiencia, al menos en lo referente a la consumación del asunto: no se han entregado al Señor, y en términos prácticos no son de él. El Señor los hizo suyos al comprarlos, ¿cómo pueden ahora saber que son de él, en la práctica y en verdad?—Por su palabra; eligiendo por ellos mismos aceptar que es así; por su elección. En la página 47 y 48 de *El Camino a Cristo* encontramos expuesta la filosofía de todo esto; explica cómo hemos de entregarnos a Dios; declara que vuestras promesas y resoluciones son como cuerdas de arena, y que el conocimiento de vuestras promesas no cumplidas y de vuestros votos quebrantados debilita la confianza que tuvisteis en vuestra propia sinceridad, y por último:

> Lo que debéis entender es el verdadero poder de la elección. … No podéis cambiar vuestro corazón … pero podéis escoger servirle [traducción revisada].

Cuando el ser humano elige poner su voluntad del lado de la voluntad de Dios, el hecho se cumple. Por lo tanto, corresponde a la elección del ser humano el que venga a ser realmente del Señor en la práctica, en su propia experiencia. Por lo tanto, ¿no es acaso mediante el permiso que da el propio ser humano cuando elige el camino del Señor, como se hace suyo en la experiencia práctica?

Habiendo hecho así, podéis saber que por tanto tiempo como persistáis en vuestra elección, por tanto tiempo como sea vuestro deseo ser del Señor, sois realmente suyos. ¿Lo comprendéis? Siempre que nos entreguemos a él, sucede así. Ahora bien, algunos de vosotros os entregasteis hace tiempo, pero con posterioridad os habéis desanimado, llegando a preguntaros si sois realmente del Señor o no.

Esta noche queremos que esa duda quede despejada por siempre, de forma que pase lo que pase permanezcáis libres de la duda en cuanto a si sois del Señor. *Lo sois*, tan ciertamente como sea esa vuestra elección, puesto que os compró hace mucho tiempo. Esa es la cuestión. Si lo comprendéis, lo querréis para vosotros [congregación: "Amén"]. Por lo tanto, podemos *saber* que somos del Señor.

Ocasionalmente oímos a algunos expresarse como si eso fuera a significar una aprobación hacia el pecado.—No; no lo será: os *salvará* de pecar. Cuando alguien llega a esa posición en la que su elección consiste en ser del Señor, Dios obra en él el querer y el poder según su buena voluntad; y viene a ser un cristiano. Dios lo convertirá en un cristiano. Tal es el poder divino que lo asiste. No hay en ello ninguna contemporización con el pecado. De hecho, es la única forma de rechazar el pecado. Cualquier otra profesión *significa* una aprobación al pecado. Cualquier otra profesión logra precisamente aquello contra lo que el Señor protesta: "Pusiste sobre mí la carga de tus pecados, me fatigaste con tus maldades" (Isa 43:24).

Pongamos fin a eso. Estén siempre nuestra voluntad y elección de parte del Señor a cada instante, y el hecho será una realidad.

Leámoslo en las últimas palabras de 1 Cor 6:19: "no sois vuestros". ¿Está claro? No me preocupa ahora quién sea el sujeto. ¿Es de él mismo? [congregación: "No"]. El Señor lo compró, y si no permite que el Señor lo tenga, está robando al Señor aquello que es legítima posesión de Él. Es así de terrible. Aun no siendo conscientemente y en la práctica del Señor, no obstante el Señor compró a cada uno, y aquel que rehúse permitir que el Señor lo tenga, está robándole aquello que compró, aquello por lo que pagó el precio, considerando en ello el precio con el que lo compró como cosa indigna. ¿No es ese el mismo espíritu satánico que procuró en el cielo exaltarse por encima de Dios? El Señor se dio a sí mismo por nosotros; entonces, cuando no le permito que me tenga, inevitablemente me estoy considerando de un precio superior al que pagó por mí; es decir, me estoy considerando más digno que el Señor, y ese es precisamente el *ego* que se exalta a sí mismo por encima de Dios todo el tiempo. Haya pues en nosotros esa mente que hubo en Cristo, quien se vació de sí mismo a fin de que Dios y el hombre pudieran estar unidos de nuevo en uno.

"No sois vuestros" ¿Lo sois? [congregación: "No"]. ¿Os alegra no ser vuestros? El Señor dice que no os pertenecéis a vosotros. ¿Cuál es la razón? "Habéis sido comprados por precio". Nos compró. Por lo tanto, no somos nuestros, y ante todos los que habitan el mundo—que no son de ellos mismos—permanece aquel que se entregó al Señor que lo compró.

Glorificad, pues, a Dios en vuestro cuerpo y en vuestro espíritu, los cuales son de Dios (vers. 20)

¿De quién es vuestro cuerpo y vuestro espíritu? [congregación: "De Dios"]. Pero no es necesario que me detenga ahora en esos versículos. Estudiadlos por vosotros mismos. ¿Lo haréis? Meditad en ellos. "Hemos leído que "se dio a sí mismo por nosotros" (Tito 2:14).

Nos compró. ¿A cuántos de nosotros? [congregación: "A todos"]. ¿Cuándo lo hizo? [congregación: "Antes de la fundación del mundo"]. ¿Qué tipo de personas éramos antes de la fundación del mundo? ¿Cómo éramos cuando Dios nos compró?—Éramos simplemente nosotros, tal como éramos en este mundo. ¿Y nos compró, pecadores como éramos? [congregación: "Sí"]. En total sinceridad, ¿creéis que lo hizo? Esto nos lleva a otro pensamiento. ¿Pagó ese precio y nos compró, tal como éramos? ¿Pecadores? [congregación: "Sí"]. ¿Malvados y dispuestos a transitar por malos caminos? ¿Dispuestos a hacer lo malo? ¿No haciendo profesión alguna de religión y no estando particularmente interesados en ello? ¿Nos compró entonces? [congregación: "Sí"].

¿Qué fue entonces lo que compró?—Nos compró con *todo* lo que había en nosotros. Y al comprar todo lo nuestro, compró nuestros pecados. Isaías lo describe así: "No hay en él cosa sana … herida, hinchazón y podrida llaga" (Isa 1:6).

¿Qué os parece? Leamos otro texto; Tito 3:3-7: "Nosotros también éramos en otro tiempo insensatos, rebeldes, extraviados, esclavos de placeres y deleites diversos, viviendo en malicia y envidia, odiados y odiándonos unos a otros. Pero cuando se manifestó la bondad de Dios nuestro Salvador y su amor para con la humanidad, nos salvó, no por obras de justicia que nosotros hubiéramos hecho, sino por su misericordia, por el lavamiento de la regeneración y por la renovación en el Espíritu Santo, el cual derramó en nosotros abundantemente por Jesucristo nuestro Salvador, para que, justificados por su gracia, llegáramos a ser herederos conforme a la esperanza de la vida eterna."

Lo hizo. Así lo declara. Por lo tanto, ¿podéis saber que es así? [congregación: "Sí"].

Avancemos algo más en esta línea: se dio a sí mismo por nuestros pecados; ahora bien, aunque los compró, no va a tomar nuestros pecados sin *nuestro consentimiento*. Examinadlo más de cerca. Se entregó por nuestros pecados. Siendo que se trataba de *nuestros* pecados, *¿a quién* se dio él cuando los compró?—A nosotros. ¿Puedo decir que se me dio a mí, por mis pecados? [congregación: "Sí"]. Por lo tanto, la gran cuestión es si prefiero tener mis pecados o si prefiero tenerlo a él. Esa es la elección vital que ante mí se presenta. ¿Acaso no es vuestra elección? [congregación: "Sí"]. ¿A quién querréis: a vuestros pecados o a Cristo? [congregación: "¡A Cristo!"]. Si es así, ¿debiera existir la menor duda a partir de ahora en cuanto a expulsar todo aquello que Dios muestre que es pecado? Cuando se os señale el pecado, decid: 'Prefiero a Cristo antes que al pecado'. Y expulsad el pecado [congregación: "Amén"]. Decid al Señor: 'Señor, hago ahora la elección; cierro el trato; tú eres mi elección; adiós al pecado; poseo algo superior'. ¡Gracias sean dadas al Señor! ¿Habrían de ser nuestros pecados la causa de nuestro desánimo?

Eso es precisamente lo que ha sucedido con algunos de los hermanos aquí reunidos. Llegaron aquí en libertad; pero el Espíritu de Dios trajo a su conocimiento algo en ellos que nunca antes habían visto. El Espíritu de Dios avanzó en mayor profundidad que antes, revelando cosas desconocidas hasta entonces para ellos. Entonces, en lugar de agradecer al Señor por ello y permitir que la iniquidad fuera expulsada, agradeciendo al Señor por haber tenido más de él que nunca antes, lo que hicieron fue comenzar a desanimarse. Dijeron: '¿Qué voy a hacer? ¡Son tan grandes mis pecados!' Permitieron que Satanás arrojara una densa nube en torno a ellos hundiéndolos en el desánimo, y no obtuvieron beneficio alguno de las reuniones diarias.

¿No es lamentable? ¿No es penoso que una persona a la que el Señor amó tanto como para darse a sí mismo por ella, reaccione de esa forma cuando el Señor le revela más acerca de sí misma? Hermanos, si alguno de vosotros cayó en el desánimo, desechémoslo. Si el Señor ha traído a nuestro conocimiento pecados en los que nunca antes pensamos, eso no hace más que mostrar que está avanzando en profundidad, y llegará por fin al fondo; y cuando encuentre lo último que sea sucio o impuro, que no esté en armonía con su voluntad y lo traiga al conocimiento mostrándonoslo, si decimos: 'Prefiero tener al Señor que a eso', entonces la obra será completa, y se podrá fijar sobre el carácter el sello del Dios vivo [congregación: "Amén"]. ¿Qué vais a preferir: un carácter … ? [alguien en la congregación se puso a alabar al Señor, mientras que otros comenzaron a mirar alrededor]. No hay que preocuparse. Si muchos más de vosotros agradecieseis al Señor por cuanto ha hecho en vosotros, habría más gozo esta noche aquí.

¿Qué elegiréis, tener la perfecta plenitud de Jesucristo, o conformaros con menos que eso, permaneciendo encubiertos algunos de vuestros pecados de forma que no sepáis de ellos? [congregación: "La plenitud de Cristo"]. Pero recordad: los Testimonios nos han dicho que si quedan vestigios de pecado, no podemos recibir el sello de Dios. ¿Cómo podría suceder que el sello de Dios, que es la impronta de su perfecto carácter revelado en nosotros, nos fuera puesto siendo que todavía retenemos pecados? El Señor no puede poner su sello, la impronta de su carácter perfecto, hasta tanto no vea tal cosa en nosotros. Por lo tanto, ha tenido que cavar profundo hasta los lugares remotos en los que no habíamos soñado, debido a que no podemos comprender nuestros corazones. Pero el Señor sí conoce el corazón. Él pone a prueba la conciencia. Limpiará el corazón, y traerá al conocimiento hasta el último vestigio de maldad. Permitidle que lo lleve a cabo, hermanos; permitidle que avance en su obra de escrutinio. Y cuando el Señor ponga en nuestro conocimiento nuestros pecados, que el corazón diga: 'Señor, tú te diste por mis pecados; te tomo a ti en lugar de mis pecados'. Los pecados son quitados, y me gozo en el Señor. Seamos sinceros con el Señor y tratémoslo en correspondencia a cómo nos trata él.

Se dio a sí mismo para nosotros, por nuestros pecados. Repito: se trata simplemente de vuestra elección vital y de la mía, en cuanto a si preferimos al Señor o a nosotros mismos: su justicia o nuestros pecados, el camino del Señor o el nuestro. ¿Cuál vamos a querer? [congregación: "El camino del Señor"]. No hay problema en hacer la buena elección, una vez que sabemos lo que hizo el Señor, y lo que él es para nosotros. La elección es entonces fácil. Que la entrega sea completa. Ahora bien, ¿cómo pueden aflorar esos pecados a los que hace tiempo se renunció? Esa es la causa por la que se los trae, para que podamos hacer la elección. Es la bendita obra de la santificación. Y podemos saber que esa obra está avanzando en nosotros. Si el Señor nos quitara los pecados sin nuestro conocimiento, ¿qué bien nos haría? Eso sería convertirnos en autómatas. No es ese su propósito, por lo tanto quiere que vosotros y yo sepamos cuándo son expulsados nuestros pecados a fin de que sepamos cuándo viene su justicia. Tenemos al Señor en el momento en que nos entregamos a él.

Es cierto que las Escrituras nos caracterizan como instrumentos de Dios; pero no olvidéis que somos siempre instrumentos inteligentes. No somos como el pico y la pala utilizados por el hombre; eso carecería de sentido aplicado al ser humano. Somos instrumentos *inteligentes* que el Señor empleará de acuerdo con nuestra elección vital. Si nuestra elección está de su parte y decidimos que él obre en nosotros, será un hecho cierto, puesto que es el Todopoderoso quien realiza la obra.

Se dio a sí mismo por nuestros pecados, y ahora viene y dice: hay pecado. ¿Qué hacer? Decidle: 'Señor, hay pecado'. Eso es la confesión. La idea fundamental de la 'confesión' consiste en coincidir en lo que se declara. El significado básico de la palabra griega traducida como 'confesión', es decir una misma cosa. En eso consiste la confesión. El Señor dijo a David: 'Has pecado, has cometido esta maldad'. David dijo: 'He pecado'. Eso es confesión. Dice la Biblia: "Si confesamos nuestros pecados, él es fiel y justo para perdonar nuestros pecados y limpiarnos de toda maldad" (1 Juan 1:9). ¿Por qué los muestra Dios? La única causa por la que muestra al humano sus pecados, es a fin de poder quitárselos. Cuando él me muestra los pecados, le digo: 'Señor, son pecados'. ¿Qué sucede entonces?—Son perdonados; son expulsados.

Vosotros habéis confesado vuestros pecados desde que llegasteis aquí. Todos los que el Señor os ha mostrado. ¿Es así? [congregación: "Sí"]. A todo aquel que haya hecho así, sus pecados le son perdonados. El Señor lo afirma. ¿Qué decir a eso? [congregación: "Amén"]. Pero Satanás dice: 'No es cierto'. Satanás es mentiroso, pero algunos han sostenido aquí que Satanás dice verdad en ese punto. Le han estado diciendo a Satanás que tenía razón en eso. Él afirma: 'No han sido perdonados', y ellos repiten: 'No, no lo han sido'. *Desechemos tal cosa.* Confesamos nuestros pecados para que puedan ser perdonados, y el Señor declara que lo son. Por lo tanto, digamos en el nombre del Señor que es así.

"Creyó Abraham a Dios y le fue contado por justicia". "Y recibió la circuncisión como señal, como sello de la justicia de la fe que tuvo" (Rom. 4:3 y 11)."Venid luego, dice Jehová, y estemos a cuenta: aunque vuestros pecados sean como la grana, como la nieve serán emblanquecidos; aunque sean rojos como el carmesí, vendrán a ser como blanca lana" (Isa 1:18). ¿Qué decís a eso? [congregación: "Que es así"]. ¿Cómo lo sabéis?

[congregación: "Porque el Señor lo ha dicho"]. Muy bien. Sabéis que es así.

Miqueas 7:19: "Él volverá a tener misericordia de nosotros; sepultará nuestras iniquidades y echará a lo profundo del mar todos nuestros pecados."

¿Dónde están, pues, nuestros pecados? [congregación: "En lo profundo del mar"]. ¿Cómo lo sabéis? [congregación: "Porque el Señor lo dice"]. Si es así, ¿qué hay en el mundo que pudiera inquietaros en cuanto a la posibilidad de que vuestros pecados vuelvan a vosotros?

Salmo 103:12: "Cuanto está lejos el oriente del occidente, hizo alejar de nosotros nuestras rebeliones." ¿Cuán lejos están de vosotros, tras haberlas confesado? [voz: "Tanto como el oriente del occidente"]. ¿Por qué, entonces, no lo decís? Satanás viene y afirma: 'No han sido perdonados; cada uno de los pecados permanece ahí, delante de vuestro rostro; ¿es que no los veis?' ¿Están donde Satanás dice? [congregación: "No"]. Alguien pensará: 'Yo los he visto donde Satanás dice. …' Pero no hay nada de eso. Satanás es un mago, y puede hacer que parezcan ser las cosas que no son. Algunos las miráis, y decís: 'Sí, es verdad'. Pero *no es* verdad. El Señor dice que están tan lejos de nosotros como el oriente y el occidente. Están en lo profundo de la mar, y son tan blancos como la nieve. Gracias al Señor por ello.

Isaías 38:17 (y será nuestro último versículo por esta noche): "He aquí gran amargura me sobrevino en la paz, pero a ti te agradó librar mi vida del hoyo de la corrupción, porque echaste tras tus espaldas todos mis pecados."

¿De cuántos pecados se trata? [congregación: "De todos"]. Tras sus espaldas. ¿Dónde acabamos de leer que se encuentran? [congregación: "Tras sus espaldas"]. Nosotros estamos ante su rostro, y nuestros pecados están tras sus espaldas. Según eso, decidme: ¿Quién hay entre nosotros y nuestros pecados? [congregación: "Dios"]. Y él está sobre su trono, ¿no es así? Por lo tanto, una vez que he confesado mis pecados al Señor, él mismo y su eterno trono viviente se interponen entre mí y esos pecados, y ni Satanás ni ningún otro en este mundo puede traerlos de nuevo. Para lograrlo tendría que quitar primero al Señor y a su trono del camino. ¡Cómo me alegra que sea así!

¿Podemos saber esas cosas? ¿Cómo podemos saberlas?—Porque el Señor lo afirma. Cuando él lo dice y nosotros lo creemos, *eso es fe*. Cuando Satanás dice: 'No, vuestros pecados no están tras las espaldas del Señor', decimos: 'Sabemos que sí están'. Cuando Satanás dice: 'Están ante vuestro rostro', decimos: 'No. No están ahí, sino en lo profundo de la mar' [alguien en la congregación: "Alabado sea el Señor"].

Cuando la persona alcanza ese punto, Dios puede poner su sello sobre él. Pero si el Señor dice: "Tus pecados te son perdonados"; si dice que los ha echado tras sus espaldas y la persona no lo cree, ¿podrá Dios poner su sello sobre ella?—No podrá.

[Alguien pidió que se leyera Isaías 43:25, cosa que hizo el pastor Jones.] "Yo, yo soy quien borro tus rebeliones por amor de mí mismo, y no me acordaré de tus pecados."

Hay muchos textos como ese, que podríamos leer. Uno de ellos lo encontramos en Hebreos 8:12: "Nunca más me acordaré de sus pecados." Ezequiel 33:16: "No se le recordará ninguno de los pecados que había cometido." Dice el Señor que no va a recordar nuestros pecados; nunca los mencionará: mencionarlos es la obra de Satanás. Hermanos, creamos al Señor.

Creyendo así, el Señor os otorgará a vosotros y a mí la circuncisión del corazón, el sello de la justicia por la fe que tenemos, y él encuentra entonces aquello sobre lo que puede poner su sello. Cuando el individuo llega a ese punto, recibe el sello de la justicia; y cuando nosotros, como un cuerpo, como una iglesia, creemos eso, podemos pedir con perfecta confianza el derramamiento de su Espíritu Santo, y esperar paciente y confiadamente sabiendo que llegará en el momento en que el Señor juzgue oportuno.

El mensaje del tercer ángel (nº 18)
A.T. Jones

Nuestro estudio tuvo ayer por objeto que sepamos por nosotros mismos cómo tener la seguridad de poseer la bendición de Abraham, de forma que podamos pedir confiadamente el Espíritu Santo de Dios. Hay más sobre el particular. El Señor nos ha proporcionado mayor evidencia aun, mayor prueba en la que basar nuestra perfecta confianza en él, en su justicia; mayor evidencia de que es nuestra, de que tenemos la justicia que es por la fe, de manera que podamos pedir en perfecta confianza su Espíritu Santo y agradecer al Señor porque sea nuestro. Recordad, el versículo dice así:

Cristo nos redimió de la maldición de la Ley, haciéndose maldición por nosotros (pues está escrito: 'Maldito todo el que es colgado en un madero'), para que en Cristo Jesús la bendición de Abraham alcanzara a los gentiles, a fin de que por la fe recibiéramos la promesa del Espíritu (Gál 3:13-14).

La bendición de Abraham es la justicia por la fe; hemos de poseerla a fin de poder recibir y tener la promesa del Espíritu, que *también* viene *por la fe*. Cuando tenemos la evidencia, la prueba, la perfecta obra de Dios demostrándose en nosotros plenamente, diciéndonos que podemos pedir en perfecta confianza el Espíritu Santo, ¿no será nuestro privilegio que lo recibamos por la fe? ¿No podremos entonces agradecer a Dios por dárnoslo, y porque falte solamente que él lo manifieste cuando disponga, cuando en su providencia la ocasión lo requiera?

Estudiemos, pues, otra evidencia que el Señor nos ha proporcionado; consideradla juntamente con la que estudiamos anoche, de forma que podamos refrescar la memoria a propósito de lo que él nos ha enseñado ya, y podamos fundamentar nuestra confianza estando seguros de nuestra posición, y para que podamos pedirle en plenitud de fe. Cuando oramos conforme a su voluntad, pidiéndole que nos dé aquello que nos prometió, él nos oye.

Esta es la confianza que tenemos en él, que si pedimos alguna cosa conforme a su voluntad, él nos oye. Y si sabemos que él nos oye en cualquiera cosa que pidamos, sabemos que tenemos las peticiones que le hayamos hecho (1 Juan 5:14-15). Así es como podemos agradecerle por habérnoslas concedido.

Comencemos en Romanos 5:20. El punto principal, o más bien uno de los puntos principales del estudio de hoy, es la comprensión de cuál es el lugar que ocupa la ley en la justicia por la fe; qué lugar ocupa la ley de Dios en nuestra obtención de la justicia (que sólo viene por Jesucristo). Esto no es más que otra fase de la misma idea que ayer consideramos en cuanto a la prueba que el Señor nos ha dado para que tengamos confianza al reclamar por la fe la promesa del Espíritu Santo.

"La Ley, pues, se introdujo para que el pecado abundara." En otras palabras, según el texto que ya conocéis bien de Romanos 3:20: "Por medio de la Ley es el conocimiento del pecado."

¿Por qué se dio la ley en tablas de piedra? ¿Cuál fue el primer propósito de darlas así? [alguien en la congregación: "Para mostrarnos lo que es el pecado"]. "Para que el pecado abundara", para que hubiera un "conocimiento del pecado". Para que el pecado se hiciera patente, para que se lo viera tal cual es. Pablo, en el capítulo 7 de Romanos (versículos 12-13) expone cuál fue su propia reacción:

De manera que la Ley a la verdad es santa, y el mandamiento santo, justo y bueno. Entonces, ¿lo que es bueno, vino a ser muerte para mí? ¡De ninguna manera! Más bien, el pecado, para mostrarse como pecado, produjo en mí la muerte por medio de lo que es bueno, a fin de que el pecado, por medio del *mandamiento*, llegara a ser *extremadamente pecaminoso*.

Así pues, el primer propósito por el que se dio la ley fue el de hacer que el pecado abundara, el de permitir que se lo viera tal como es: "extremadamente pecaminoso".

Leamos más en Romanos 5: "La Ley vino para que se agrandara el pecado. Y donde se agrandó el pecado, sobreabundó la gracia" (vers. 20). Pregunto: ¿Vino la ley con el único fin de hacer evidente el pecado y nada más que eso? [congregación: "No"]. Vino como un medio para conseguir un fin; un fin que permite a su vez alcanzar algo que va más allá del conocimiento del pecado. ¿Es así? [congregación: "Sí"]. Al agrandarse el pecado, *dónde* hemos leído que sobreabunda la gracia? [congregación: "en el mismo sitio"]. ¿Allí mismo? [congregación: "Sí"]. ¿Dice el texto simplemente que donde el pecado abundó, la gracia también *abundó*? [congregación: "no: *sobreabundó*"]. Habría sido ya una buena cosa que la gracia abundara allí donde el pecado abundó, pero sabéis que no es esa la forma en que el Señor hace las cosas; las hace absolutamente bien, las hace en toda su excelencia y grandeza.

Así, "donde se agrandó el pecado, sobreabundó la gracia" [congregación: "Amén"]. Por lo tanto, hermanos, cuando el Señor nos da mediante su ley el conocimiento del pecado, entonces, en ese preciso momento, la gracia es aun mucho más abundante que el conocimiento del pecado. ¿No es así? [congregación: "Sí"].

Seguimos: "Por medio de la Ley es el conocimiento del pecado" (Rom 3:20). Hemos visto que cuando la ley proporciona el conocimiento del pecado, en ese mismo momento y lugar, la gracia de Dios es mucho más abundante que el conocimiento del pecado. Ahora bien, cuando la ley proporciona el conocimiento del pecado, ¿quién trae la *convicción*? [congregación: "El Espíritu de Dios"]. Antes de leer el texto que lo confirma, repasemos lo que hasta aquí tenemos a la luz de lo que hemos leído: ¿Qué vamos a obtener, tras lograr el conocimiento del pecado? [congregación: "Gracia sobreabundante"].

Por consiguiente, no hay razón alguna por la que hubiéramos de desanimarnos a la vista de nuestros pecados, ¿no os parece? Jamás debiera suceder así. No importa qué alcance tenga el conocimiento del pecado, cuántos pecados nos sean revelados —traídos a nuestro conocimiento—porque allí mismo y en ese mismo lugar, en el hecho mismo y en ese punto de nuestra experiencia, la gracia de Dios sobreabunda más que todo nuestro conocimiento de los pecados. Repito: ¿Os parece que nos habríamos de desanimar ante una cosa así? ¿No os parece que el Señor espera y desea que

tengamos buen ánimo? [congregación: "¡Amén!"]. Tened, pues, buen ánimo.

Juan 16:7-8 nos enseña la misma lección: "Yo os digo la verdad." Nos dice la verdad, y el Señor nos prometió: "Conoceréis la verdad y la verdad os hará libres" (Juan 8:32). "Os conviene que yo me vaya, porque si no me voy, el Consolador no vendrá a vosotros."

¿De quién está hablando? [congregación: "Del Consolador"]. ¿Es ese su nombre, el Consolador? [congregación: "Sí"]. "Pero si me voy, os lo enviaré." Os enviaré, ¿a quién? [congregación: "al Consolador"]. "Y cuando él venga, convencerá al mundo de pecado."

Ahora pregunto: ¿Es el Consolador, el que convence de pecado? [congregación: "Sí"]. ¿Es todavía el Consolador, *cuando hace eso*? [congregación: "Sí"]. Prestadme atención: ¿no se trata del Reprochador cuando convence de pecado, y del Consolador en las otras ocasiones? [congregación: "No"]. Se trata del *Consolador* que *reprocha*, ¡gracias a Dios por ello! Gracias a Dios, el Consolador reprocha: convence de pecado. Así, pues, ¿qué vamos a obtener, cuando nuestro pecado es objeto del reproche? [congregación: "Consuelo"]. ¿Qué clase de consuelo? [congregación: "El consuelo del Señor"]. El Señor nos consuela en el preciso momento en que lo necesitamos. ¿Por qué, entonces, nos habríamos de desanimar ante el conocimiento de nuestro pecado? ¿No se trata de lo mismo que hemos visto en el capítulo 5 de Romanos?

¿Comprendéis que en el momento y lugar en el que el pecado abunda, la gracia sobreabunda; y que en el momento en que el Espíritu Santo está trayendo convicción de pecado, es el *Consolador* quien lo hace? ¿Comprendéis que tener eso presente significa una victoria eterna sobre Satanás? ¿Obtendrá Satanás alguna ventaja sobre aquel que cree a Dios al pie de la letra?—No. Satanás se presenta diciendo: 'Mira qué gran pecador eres'. Gracias al Señor, "donde se agrandó el pecado, sobreabundó la gracia". [congregación: "¡Amén!"]. Alguno dirá: 'Tengo una convicción tan profunda de pecado ... siento como si nunca antes en mi vida hubiera tenido una convicción tan intensa'. Bien, pues cabe dar gracias al Señor, ya que eso significa que nunca antes en nuestra vida habíamos tenido tanto consuelo. ¿Lo comprendéis? Debiéramos alabar al Señor continuamente porque así sea.

Pero hay más en Romanos 5:20. ¿Cuál es su finalidad? Hemos visto primeramente que la ley hace que el pecado se magnifique a fin de que la gracia sobreabunde, de forma que esa gracia nos lleve a Cristo. ¿Qué utilidad tienen ambas cosas? *"Para que,* así como el pecado reinó para muerte. ..." Sabemos que es así, ¿no es cierto? La ley hace que el pecado abunde, *a fin de que* la gracia sobreabunde, *para que* "así como el pecado reinó para muerte, la gracia reine."

¿Qué significa "así como"? Significa "tan ciertamente", "de igual manera". ¿No quiere acaso eso decir que Dios va a hacer que esa sobreabundancia de gracia reine en nuestras vidas "tan ciertamente" como el pecado reinó en el mundo? [congregación: "Sí"]. Pero observad: cuando la gracia reina de esa forma sobreabundante, ¿cuál es la comparación entre la liberación del pecado actual y la esclavitud precedente? La libertad es ahora mucho más abundante aun de lo que fue la esclavitud.

Para que, *así como el pecado reinó* para muerte, *la gracia reine* por medio de la *justicia* para *vida eterna* mediante nuestro *Señor Jesucristo.*

Veámoslo ahora en su conjunto. "La Ley ... se introdujo para que el pecado abundara", a fin de que pudiéramos acceder a la gracia sobreabundante que allí mismo se manifiesta, y esa gracia abunda "por la justicia para vida eterna mediante Jesucristo, Señor nuestro". Por lo tanto, ¿con qué finalidad se introdujo la ley? [congregación: "Para llevarnos al Señor"]. ¿Para qué se introdujo la ley? [congregación: "Para llevarnos a Cristo"]. —Sí. ¿Lo comprendéis? Por lo tanto, si alguien, si algún pecador en este mundo utiliza los diez mandamientos con otro propósito que no sea llevar a Jesucristo, ¿qué tipo de propósito será ese? [congregación: "Equivocado"]. Está pervirtiendo el designio de Dios al dar su ley, ¿no os parece? [congregación: "Sí"]. Emplear la ley dada por Dios al hombre con cualquier otro propósito distinto al de alcanzar a Jesucristo, es por consiguiente utilizar la ley de una forma en la que nunca fue la voluntad de Dios que fuera utilizada.

Bien: la ley nos lleva a Cristo. No hay duda. ¿Con qué propósito? [congregación: "Para que seamos justificados"]. ¿Qué exige la ley de vosotros y de mí? ¿Nos exige algo, antes de que lleguemos a Jesucristo? [congregación: "Exige justicia"]. ¿Qué clase de justicia? [congregación: "Justicia perfecta"]. Justicia... ¿de quién? [congregación: "Justicia de Dios"]. ¿Exclusivamente la justicia que Dios manifiesta en su propia vida, en su proceder? [congregación: "Sí"]. ¿Estará la ley satisfecha con menos que eso, de vosotros y de mí? ¿Aceptará algo que sea inferior a eso aun en el espesor de un cabello? [congregación: "No"]. Si no llegamos por el espesor de un cabello, nos habremos quedado irremediablemente atrás; no lo habremos alcanzado.

Vayamos a Timoteo. Allí Pablo nos dirá qué es lo que la ley demanda *de* nosotros y *en* nosotros. 1 Tim 1:5: "El propósito de este mandamiento es el amor." ¿Qué clase de amor? [congregación: "El amor de Dios"]. "Nacido de corazón limpio, de buena conciencia y fe no fingida."

Eso es lo que la ley quiere encontrar en nosotros, ¿no os parece? ¿Os va a aceptar a vosotros y a mí sin que alcancemos lo que pide, sin que tengamos un amor perfecto brotando de un "corazón limpio, de buena conciencia y fe no fingida"?—No; nunca. Lo que pide se resume en una palabra: *perfección.*

¿La tenemos? ¿Tiene alguien en el mundo un amor como ese, que pueda satisfacer la ley? [congregación: "No"]. ¿Posee el hombre por naturaleza una conciencia como esa? [congregación: "No"]. ¿Tiene esa clase de fe? [congregación: "No"]. Desde luego que no. Bien, pues la ley demanda eso de cada persona que puebla la tierra. Sin excepción. Lo demanda de vosotros y de mí; de los habitantes de África y de todo ser humano en el mundo. No va a aceptar de nadie algo menor que eso. Pero ahora nos referimos principalmente a nosotros, así que la ley viene a vosotros y a mí, y nos dice: 'Quiero amor; amor perfecto; al amor de Dios. Lo quiero ver en vuestra vida en todo momento, y quiero verlo manifestado procediendo de un corazón limpio, de buena conciencia y de fe no fingida'. En ese punto estamos.

Alguno dirá: 'Desde luego que no lo he alcanzado, pero hice lo mejor que podía'. La ley le responde: 'Eso no es lo que yo pido. No pido lo mejor que puedes hacer. Pido la perfección. Lo que pido no es lo que tú puedes hacer; no es tu justicia lo que pido, sino la justicia de Dios en ti; no es tu obra, sino la obra de Dios en tu vida'. Eso es lo que la ley dice a todo ser humano. Así pues, aunque hubiese procurado escaparme aduciendo que hice lo mejor que podía, no me queda ya nada que responder. ¿No dice la Escritura "para que toda boca se cierre"? (Rom 3:19).

Pero en este punto aparece un silbo apacible, diciendo: 'Aquí tienes esta vida perfecta: la vida de Dios. Aquí tienes un corazón puro, una conciencia limpia, una fe no fingida'. ¿De quién es esa voz? [congregación: "De Cristo"]. Es el Señor Jesús, quien vino y estuvo donde yo estoy, en la carne en la que vivo. Vivió en ella. Manifestó allí el perfecto amor de Dios, la perfecta pureza del corazón, una conciencia limpia y esa fe sin fingimiento que es propia de la mente que hubo en Cristo.

Cristo viene y me dice, sencillamente: 'Ten, tómalo'. ¿Os parece que satisfará la ley? [congregación: "Sí"]. La vida manifestada en Jesucristo satisfará ciertamente las demandas de la ley. La pureza de corazón que da Jesús satisfará la ley; lo hará la pureza de corazón que Jesucristo da, y también la limpia conciencia que él es capaz de crear, así como la fe no fingida que él da. ¿Satisfará eso lo que la ley demanda? ¿Qué os parece? [congregación: "Sí"].

¿Acaso no es eso lo que la ley quiere todo el tiempo? Es Jesucristo lo que la ley requiere. ¿Lo comprendéis? [congregación: "Sí"]. Es lo mismo que pide la ley en Romanos 5. ¿Y por qué lo pide en relación conmigo? La ley quiere ver a Cristo en mí. ¿No es pues el evangelio de Cristo precisamente el objeto de la ley de Dios? ¿No es "Cristo en vosotros, la esperanza de gloria"? (Col 1:27).

Rom 5:1 y 5. Justificados por la fe, tenemos paz para con Dios por medio de Jesucristo nuestro Señor, y el amor de Dios está derramado en nuestros corazones por el Espíritu Santo que nos es dado. Se trata del amor supremo. Hechos 15:8-9:

Dios, que conoce los corazones, les dio testimonio, dándoles el Espíritu Santo lo mismo que a nosotros; y ninguna diferencia hizo entre nosotros y ellos, *purificando por la fe sus corazones*.

Se trata de amor de Dios que procede de un corazón puro.

Heb 9:14:

¿Cuánto más la sangre de Cristo, el cual mediante el Espíritu eterno se ofreció a sí mismo sin mancha a Dios, limpiará vuestras conciencias de obras muertas para que sirváis al Dios vivo?

Significa una conciencia limpia, significa el amor de Dios procediendo de una conciencia recta. Esa fe que él nos da, capacitándonos para guardarla—la fe de Jesús, que nos permite guardar los mandamientos de Dios—consiste en el amor de Dios según una fe no fingida.

El mensaje de la justicia de Dios que viene por la fe en Jesucristo nos lleva al perfecto cumplimiento de la ley de Dios al traer a nosotros ese perfecto cumplimiento. ¿Comprendéis que es precisamente ese el único objetivo y finalidad del mensaje del tercer ángel? [congregación: "Sí"]. Se trata de Cristo; Cristo en su justicia; Cristo en su pureza, en su amor, en su amabilidad; Cristo en su ser entero; Cristo, y Cristo crucificado. Esa es la palabra, hermanos. Buena en gran manera [congregación: "Amén"].

Así, cuando tenemos a Jesús, cuando lo hemos recibido por la fe, cuando la ley está ante nosotros—o nosotros ante ella—y hace su magna demanda de amor, decimos: '¡Aquí está! ¡Está en Cristo, y Cristo mora en mí!' Procede de un corazón puro. 'Aquí está, en Cristo, y Cristo me la ha dado, me ha dado esa conciencia limpia'. La sangre de Cristo la ha creado en mí, y aquí está. Una "fe no fingida": la fe en Jesús. Él me la ha dado, y aquí está. Entonces, tal como nos dice *El Camino a Cristo*, podemos acudir a Cristo ahora y ser limpios, permaneciendo ante la ley sin una traza de vergüenza o remordimiento. Maravilloso. Hermanos, cuando tengo lo que me pone en perfecta armonía con la ley de Dios, entonces estoy satisfecho, y es la única manera en que puedo estarlo.

Vayamos ahora al tercer capítulo de Romanos, que describe todo el proceso en su conjunto para todo aquel que quiera simplemente leerlo. Rom 3:19-22. Podemos decir Amén a cada una de sus palabras ahora y aquí.

Sabemos [y ahora lo sabemos] que todo lo que la Ley dice, lo dice a los que están bajo la Ley, para que toda boca se cierre y todo el mundo quede bajo el juicio de Dios.

¿No se trata de eso mismo? Aquello que me dice que soy pecador, no puede decirme al mismo tiempo que soy justo. "Pero ahora". … ¿Cuándo? [congregación: "Ahora"]. No dudemos en afirmarlo.

Pero ahora, aparte de la Ley, se ha manifestado la justicia de Dios.

¿Es así, o no? ¿Qué os parece? [congregación: "Es así"]. La ley no puede manifestar la justicia en nosotros: no podemos verla allí. Está allí, pero somos tan ciegos que no podemos apreciarla. El pecado nos ha cegado y corrompido hasta el punto de que no podemos verla en la ley. Y si pudiéramos, tampoco lograríamos alcanzarla a partir de ella, puesto que no hay en nosotros nada de lo cuanto la ley requiere. Nuestra incapacidad es absoluta.

Así pues,

se ha manifestado la justicia de Dios … la justicia de Dios por medio de la fe en Jesucristo, para todos los que creen en él.

¿Cuál es el significado de "creer", siendo que es Dios quien lo declara? [congregación: "Fe"]. ¿Y en qué consiste la fe genuina? En la sumisión de la voluntad al Señor, en la entrega del corazón a él, en centrar en él los afectos: eso es lo que aquí significa para todos los que lo reciban, puesto que *creer* implica *recibir*, cuando es Dios quien habla. Leemos en Juan 1:12:

Mas a todos los que lo *recibieron*, a quienes *creen* en su nombre, les dio potestad de ser hechos hijos de Dios.

La justicia de Dios por medio de la fe en Jesucristo para todos los que creen en él, porque no hay diferencia.

¿Podemos esta noche tenerla todos? ¿Está a nuestro alcance? La tenemos, si creemos.

Tenemos pues ante nosotros el objetivo de la ley: llevarnos a Jesucristo a fin de que seamos justificados por la fe, a fin de que seamos hechos justos por la fe, de que pueda ser nuestra su justicia, la justicia de Dios en Cristo. Bien, y una vez que hemos alcanzado ese punto, ¿para qué sirve la ley?, ¿qué sentido tiene? [congregación: "Da testimonio"]. Exactamente. Leamos ahora la parte del versículo 21 que dejamos antes sin leer:

Pero ahora, aparte de la Ley, se ha manifestado la justicia de Dios, *testificada por la Ley*.

Es todo cuanto necesitamos leer por ahora. Así, cuando la ley proporciona un conocimiento del pecado a fin de que tengamos la abundancia de la gracia que expulsa al pecado, entonces la gracia reina mediante la justicia para vida eterna por Jesucristo, y la ley permitió que esa justicia de Dios por la fe en Cristo llegara a ser nuestra. El conocimiento del pecado nos ha llevado a Cristo y lo tenemos a él, quedando la ley satisfecha en todas y cada una de las demandas que nos hace.

Habiendo sido satisfechas todas las demandas que nos hizo, ¿seguirá afirmando que es así? Cuando la ley nos ha hecho demandas que sólo podemos satisfacer teniendo a Jesucristo en nosotros, ¿creéis que la ley de Dios, por tanto tiempo como nos mantengamos allí, afirmará: 'Lo apruebo, estoy satisfecha con eso'? [congregación: "Sí"]. Así, si alguien comenzara a cuestionarlo afirmando que no es cierto, tenemos algo que *testifica* de la veracidad del hecho, ¿no os parece?

Observad que hay diversas razones que hacen necesario el que dispongamos de testigos. Una de las razones en relación con nosotros mismos, con nuestra propia experiencia, es esta: cuando Dios habla y lo creemos, entonces sabemos—cada uno por sí mismo—que es nuestra la justicia de Dios; sabemos que estamos en la situación de recibirla, sabemos que nos pertenece y que podemos tener perfecta paz al respecto. Pero hay otros aparte de nosotros que necesitan saberlo. ¿Pueden llegar a conocerlo mediante mis explicaciones? [congregación: "No"]. ¿Pueden saberlo sobre la base de que yo lo digo, y por lo tanto ha de ser así? ¿Les convencerá eso? ¿Será para ellos prueba suficiente? [congregación: "No"]. Necesitan algo mejor que mi palabra. El Señor ha hecho provisión para esa necesidad, y nos ha dado testimonio al que ellos pueden apelar, de forma que pueden ir y preguntar a esos testigos siempre que lo deseen, para comprobar si lo que tenemos es o no genuino.

No necesitan venir a preguntarnos a nosotros. Por supuesto, si lo hacen, les podemos explicar lo que el Señor nos ha indicado que digamos. Pero si eso no es suficiente, pueden ir y preguntar a esos testigos. Podemos decir: hay ciertos amigos míos que me conocen desde el nacimiento hasta el día de hoy. Me conocen todo el tiempo, mejor incluso de lo que yo me conozco a mí mismo, y si quieres más de lo que te digo, ve y pregúntales. Ellos te lo dirán. ¿Cuántos de esos testigos hay? [congregación: "Diez"]. ¿Son dignos de crédito? ¿Dirán la verdad? ¡Son verdad en sí mismos! Son *la verdad* (Sal 119:142). Es imposible que testifiquen otra cosa que no sea la verdad. Cuando afirman que la demanda está satisfecha, quedo más que feliz; eso bastará para cualquiera en el universo.

Por lo tanto, si alguien profesa creer en Jesucristo y reclama la justicia de Dios que viene al que cree en él, ¿será su profesión suficiente testimonio para el mundo? [congregación: "No"]. ¿Bastará con nuestra palabra? [congregación: "No"]. Algunos dirán (incluso muchos): 'Creemos en el Salvador. Tenemos el derecho a su perfecta justicia y santificación. No he pecado desde hace diez años, y la tentación no tiene en mí efecto alguno. Sé que es así'.—Bien, ¿y cómo lo sabes? 'Lo *siento* en el *corazón*. Mi corazón me lo dice; me lo viene diciendo desde hace años'.

Pero eso no es evidencia en absoluto, ya que

engañoso es el corazón más que todas las cosas, y perverso; ¿quién lo conocerá? (Jer 17:9).

Dice el Señor que el corazón es engañoso más que... ¿cuántas cosas? [congregación: "Todas las cosas"]. ¿Estáis seguros? [congregación: "Sí"]. ¿Más que el propio Satanás? [congregación: "Sí"]. ¿Es el corazón realmente más engañoso que todas las cosas? [congregación: "Sí"]. Así lo declara el Señor, sea que lo entendamos o que no. Es aun más engañoso que Satanás. Mi corazón me engañará más rápidamente y con mayor frecuencia que el propio Satanás. Entonces, cuando alguien afirma

que lo *siente en su corazón*, ¿podemos tomarlo como una evidencia sólida y fiable? Cuando mi corazón me dice que soy bueno, ¿qué es lo que está haciendo? [congregación: "Engañando"]. Salomón dijo:

El que confía en su propio corazón es un necio (Prov 28:26).

Si es desgraciado que el sabio resulte engañado, ¿qué diremos cuando el engañado es el necio? Así pues, en asuntos de tal trascendencia no podemos poner nuestra confianza en cosas como esa. Necesitamos una evidencia más consistente que el corazón humano a fin de saber si realmente uno ha recibido la justicia de Dios, si vive rectamente y está preparado para el juicio, si realmente no pecó en los últimos diez años o si está santificado fuera del alcance de cualquier tentación, etc. Necesitamos un fundamento más sólido, ya que el propio Jesús vivió años en esta tierra, y mientras estuvo aquí nunca estuvo libre de tentación. Ningún cristiano lo está mientras viva aquí.

Esa evidencia no es, pues, en absoluto suficiente. Queremos algo mejor que eso. Si aquel que profesa poseer la justicia de Dios por la fe en Jesucristo no posee mayor testimonio que ese; si su testimonio no puede ir más allá que eso, ¿cuál será el valor de su profesión? [congregación: "Ninguno en absoluto"].—Nulo. Es una profesión engañosa, basada sobre la nada. Pero el Señor no nos ha dejado ahí. Anoche aprendimos en nuestro estudio que cuando uno quiere saber si esas cosas son así en nuestra experiencia no hemos de mirar hacia nuestro interior sino hacia *lo que Dios dice*. Una vez que hemos encontrado a Jesucristo y que él habita en nosotros, no es la voluntad del Señor que miremos hacia el interior de nosotros mismos para saber si él está allí. Se ha manifestado la justicia de Dios que es por la fe en Jesucristo, y cuando sucede eso, es "testificada *por la Ley*" (Rom 5:21-22).

Por lo tanto, la ley sirve primeramente para llevarnos a Cristo; y después de habernos llevado a Cristo, después de haberlo encontrado, sirve para testificar de que es realmente así. En un principio proporciona el conocimiento del pecado, después da testimonio: testifica de la justicia de Dios que viene por la fe. Por lo tanto, cualquiera que use la ley para cualquier otro propósito que no sea uno de esos dos, ¿qué está haciendo con la ley de Dios? [congregación: "Pervertirla"]. Lo pervierte todo al emplear la ley contrariamente a como Dios dispuso.

¿De dónde procede nuestra justicia? [congregación: "De Dios"].

Su justicia de por mí, dijo Jehová (Isa 54:17).

Porque Dios, que mandó que de las tinieblas resplandeciera la luz, es el que resplandeció en nuestros corazones para iluminación del conocimiento de la gloria de Dios en la faz de Jesucristo (2 Cor 4:6).

¿Dónde encontramos el conocimiento de la gloria de Dios? [congregación: "En la faz de Jesucristo"].—Así es.

Leamos ahora 2 Cor 3:18:

Nosotros todos, mirando con el rostro descubierto y reflejando como en un espejo la gloria del Señor, somos transformados de gloria en gloria en su misma imagen por la acción del Espíritu del Señor.

¿Qué es lo que vemos en el rostro de Jesús? [congregación: "La gloria del Señor"]. ¿Cuál es la gloria del Señor? Hemos leído en este lugar, nos lo ha dicho el Espíritu de Dios, que el mensaje de *la justicia* de Dios que es por la fe en Jesucristo es el comienzo de *la gloria* que ha de alumbrar toda la tierra [*Mensajes Selectos*, vol. 1, 425]. ¿Cuál es, pues, la gloria de Dios?—Su justicia, su carácter. ¿Dónde lo encontramos?—En Jesucristo. Él lo ha dicho; es a él a quien miramos.

¿Miramos a la ley, para obtener justicia? [congregación: "No"]. Incluso después que hemos sido llevados a Cristo, ¿obtendremos la justicia a partir de la ley? ¿Dónde buscamos la justicia? —En la faz de Jesucristo. Allí, "todos, mirando con el rostro descubierto y reflejando como en un espejo la gloria del Señor, somos transformados de gloria en gloria", de justicia en justicia, de carácter en carácter, de bondad en bondad, "por la acción del Espíritu del Señor".

¿Podéis ver que la justicia de Dios y el Espíritu Santo van siempre de la mano? ¿Comprendéis que cuando obtenemos la justicia que viene por la fe de Jesucristo—la bendición de Abraham—el Espíritu Santo no nos puede ser retenido? No podéis separar los dos. Van unidos. Así pues, cuando poseemos eso—y sabemos que es así por la fe en su palabra—el Señor afirma que tenemos el derecho a pedirle el Espíritu Santo y a recibirlo.

Ved lo que dice en Gálatas 4:5-6: Él vino

para redimir a los que estaban bajo la Ley, a fin de que recibiéramos la adopción de hijos. Y por cuanto sois hijos, *Dios envió* a vuestros corazones el Espíritu de su Hijo.

Dios *lo envía*. No quiere retenerlo. Lo *envía* al corazón; es un don gratuito.

¿Comprendéis que es imposible separar la justicia de Dios y el Espíritu Santo? Así, "somos transformados de gloria en gloria en su misma imagen, por la acción del Espíritu del Señor"; y cuando la imagen de Dios en Jesucristo queda reproducida en nosotros, ¿qué sucede? Recibimos la impronta, el sello de Dios. Lo hemos estudiado en lecciones precedentes. Mirar al rostro de Jesucristo y sólo allí, habiendo recibido la justicia de Dios que es por la fe en él; mirar siempre a su rostro glorioso que refleja la gloria de Dios, da por resultado ser cambiados en su misma imagen: la perfecta imagen de Dios, restaurándola en nosotros por la obra del Espíritu Santo en el alma. Y cuando eso sucede, el mismo Espíritu de Dios está allí para imprimir el sello del Dios viviente: la huella eterna de su propia imagen.

Así, después que hemos ido a Cristo, después de haberlo encontrado, no buscamos la justicia en la ley. ¿Dónde la buscamos? [congregación: "En el rostro de Jesucristo"]. Efectivamente, y mientras miramos a su rostro, ¿qué dice la ley? [congregación: "Lo aprueba"]. La ley da testimonio; testifica así: 'Es ahí donde hay que mirar; eso es lo que quiero que tengáis; estoy satisfecha, totalmente satisfecha'. ¿Qué miran los ángeles en el cielo? ¿No miran a la ley, para saber si están en lo correcto? [congregación: "Miran siempre al rostro del Padre"].

Sus ángeles en los cielos ven siempre el rostro de mi Padre que está en los cielos (Mat 18:10).

Así pues, ¿de dónde procede la justicia de los ángeles? [congregación: "De Dios"]. De Dios mediante Jesucristo. ¿Y qué hace la ley en el trono de Dios, como fundamento de su trono? ¿Qué hace allí el ejemplar original de su ley? Cuando los ángeles miran al rostro del que está en el trono, ¿qué hace allí la ley, esa ley que no fue jamás cambiada por el hombre, ni puede serlo?—Testifica de la justicia de Dios, que ellos obtuvieron "aparte de la Ley".

Ese fue siempre el concepto verdadero en cuanto a los usos de la ley de Dios. Cuando alguna persona del pueblo había pecado, cuando había hecho algo en contra de alguno de los mandamientos del Señor sobre cosas que no se han de hacer, siendo culpable, tenía que ofrecer un sacrificio con su sangre a fin de hacer expiación, y obtenía el perdón (Lev 4). Y *entonces*, tanto como *ahora*, los mandamientos testificaban de la justicia que el creyente obtenía por la fe en Jesús. Esa es la razón por la que al santuario se lo denominaba "tabernáculo del *testimonio*" (Hechos 7:44; Núm 17:7-8 y 18:2). 'Tabernáculo del testimonio' es un nombre apropiado, dado que testimonio es la evidencia aportada por un testigo. Allí estaba el arca del testimonio. Se la llamaba así porque contenía las tablas del testimonio. Las tablas de piedra, las tablas de la ley (Éxodo 31:18) eran las tablas del *testimonio*, ya que eran aquello que da fe, aquello que testifica de la justicia de Dios; justicia que según él mismo dispuso, viene aparte de la ley, viene por la sola fe de Jesucristo. Por lo tanto, es eternamente cierto en todo el universo, que

si por la Ley viniera la justicia, entonces en vano murió Cristo (Gál 2:21).

En todo lugar y en todo tiempo permanece la palabra: "Su justicia de por mí, dijo Jehová" (Isa 54:17). La ley da testimonio de la justicia que todos obtienen de Dios: no por la ley, sino por Jesucristo.

¿No es pues cierto que si un hombre o un ángel emplearan la ley de Dios para otro propósito que no fuese uno u otro de los dos nombrados, estaría pervirtiendo totalmente la ley al darle un uso que Dios jamás previó? Hemos visto que la justicia de Dios que es según la fe de Jesucristo, es

plenamente satisfactoria. Lo satisface todo, y ¿por cuánto tiempo? [congregación: "Por siempre"]. Satisface totalmente, ahora y por siempre. Así pues, podemos saber por nosotros mismos que nos pertenece, según las evidencias que Dios nos enseñó la noche pasada, y podemos tener plena seguridad de ello. Y mediante el testimonio que Dios ha dado, toda persona en este mundo puede saber que es para nosotros.

Eso nos hace idóneos para el sello de Dios, la justicia de Dios, a fin de que mediante ella podamos ser transformados de gloria en gloria en su misma imagen; y una vez que eso se haya completado, ¿qué viene después?, ¿qué testifica de ello? [congregación: "El Sábado del Señor"]. El sábado testificará de esa obra completa, acabada.

Como dijo en su sermón al profesor Prescott, es la presencia de Cristo la que santifica el lugar en el que habita; y cuando la presencia de Cristo está allí en su plenitud, ¿qué cabe decir de ese lugar?—Que está santificado. ¿Cuál es la señal de la santificación? [congregación: "El Sábado"]. Y la santificación completa significa la obra de Dios completa en el alma. Por lo tanto, cuando la obra de Dios es completa en el alma, la ley de Dios testificará ciertamente de ello. Ahora bien, ¿qué parte específica de la ley de Dios es un testimonio de ese particular, de la completa santificación de su pueblo? [congregación: "El Sábado del Señor"]. Se erige como el testigo, como el gran testigo, y testifican ambos conjuntamente; se pone el sello y la obra queda completada.

Hermanos, ¿habríamos de quedar sin el sello de Dios? ¿Acaso no estamos ahora en el tiempo del sellamiento? [congregación: "Sí"]. Y viene mediante la justicia de Dios que es por la fe de Jesucristo. Una vez que se ha recibido el sello, entonces podremos resistir en el tiempo de las plagas, podremos resistir todas las tentaciones y pruebas de Satanás aunque obre con todo poder, señales y maravillas. La promesa es:

Por canto has guardado la palabra de mi paciencia, yo también te guardaré de la hora de la prueba que ha de venir sobre el mundo entero para probar a los que habitan sobre la tierra (Apoc 3:10).

Y a continuación viene la entrada en la ciudad

celestial. Gracias sean dadas al Señor. Las pruebas por las que hemos de pasar están ante nosotros, pero hermanos, cuando tenemos la justicia de Jesucristo, tenemos lo que soportará cualquier prueba.

En ese día habrá dos grupos. Ante la puerta cerrada algunos querrán entrar y dirán:—'Señor, ábrenos; queremos entrar'. Alguien les preguntará: '¿Qué habéis hecho para entrar aquí? ¿Qué derecho tenéis para entrar en la heredad?'—'Te conocemos bien. Hemos comido y bebido en tu presencia; tú has enseñado en nuestras calles. Sí. Además, hemos profetizado en tu nombre, y en tu nombre hemos echado demonios y hemos hecho muchas maravillas. Señor, ¿no es esa evidencia suficiente? Ábrenos la puerta'.

¿Cuál es la respuesta? "Apartaos de mí, obradores de maldad". ¿Cuáles fueron sus razones? *Nosotros* hemos hecho muchas y grandes cosas. *Nosotros* somos buenos. *Nosotros* somos justos. Ábrenos la puerta.

Pero allí de nada vale el '*nosotros*'.

Habrá otra compañía en ese día: una gran multitud que nadie puede contar de entre toda nación, tribu, lengua y pueblo, dispuesta a entrar por las puertas. Y si alguien les pregunta '¿qué habéis hecho para entrar aquí?, ¿qué derecho tenéis para entrar?', su respuesta será:

'No he hecho nada en absoluto para merecerlo. Soy un pecador que dependo únicamente de la gracia del Señor. Era tan desgraciado, tan rematadamente cautivo; estaba en tal esclavitud, que nadie hubiese podido librarme excepto el Señor mismo; tan miserable, que todo cuanto podía hacer era tener al Señor siempre a mi lado para consolarme; tan pobre fui, que tuve que pedir constantemente al Señor; tan ciego, que sólo el Señor pudo hacerme ver; tan desnudo, que nadie pudo vestirme sino el propio Señor: Todo cuanto puedo presentar es lo que Jesús ha hecho por mí. Pero el Señor me ha amado. Cuando clamé en mi desesperación, él me libró; cuando en mi miseria busqué amparo, él me consoló sin cesar; cuando en mi pobreza le pedí, él me dio riquezas; cuando en mi ceguera le pedí que me mostrara el camino, él me llevó a todo lo largo de la senda y me hizo

ver; cuando estuve tan desnudo que nadie podía vestirme, me dio este manto que llevo puesto; y así, todo cuanto puedo presentar, lo único que me permite la entrada, es nada más que lo que él hizo por mí. Si eso no es suficiente, entonces me quedaré sin entrar, y eso será justo. Si se me deja fuera, no tengo ninguna queja que hacer, pero ¿acaso eso no me calificará para poseer la heredad?'

Pero él replica: 'Hay personas muy particulares aquí, y querrían estar plenamente satisfechas con cada uno de los que entran. Tenemos aquí diez examinadores. Cuando consideran el caso de alguien y dan el visto bueno, entonces puede pasar. ¿Estáis dispuestos a que examinen vuestro caso?' Entonces responderemos: 'Sí, sí, ya que deseo entrar. Estoy dispuesto a someterme al examen que sea necesario, puesto que incluso si se me deja fuera no tendré queja alguna: abandonado a mí mismo estoy perdido de todas maneras'.

'Está bien, llamaremos a los diez'. Al llegar estos, exclaman: 'Sí, estamos perfectamente satisfechos con él. La liberación que obtuvo de su desgracia es la que trajo nuestro Señor; el consuelo que siempre tuvo y que tanto necesitó, es el que dio nuestro Señor; las riquezas que posee, todo cuanto posee —pobre como era— es lo que nuestro Señor le dio; y la vista que recibió siendo ciego es la que el Señor le dio, viendo sólo lo que es del Señor; y desnudo como estaba, esta vestidura que lleva puesta es la que el Señor le dio: el Señor la tejió, es toda ella divina. Se trata tan sólo de Cristo. Sí. ¡Que entre!'

[En ese punto del sermón, de forma espontánea, dos o tres en la sala se pusieron en pie y comenzaron a entonar un himno, al que toda la congregación se añadió enseguida. La letra dice así:—

"Jesús pagó el precio
    todo lo debo a él
el pecado había dejado una
    mancha carmesí
él la hizo blanca como nieve"]

Entonces, hermanos, sobre las puertas se oirá una voz como el canto más dulce que se pueda imaginar, la voz llena de simpatía y compasión del Salvador, diciendo: '¡Venid, benditos de mi Padre!

¿Por qué estáis fuera?' Y las puertas se abrirán de par en par, y

de esta manera os será concedida amplia y generosa entrada en el reino eterno de nuestro Señor y Salvador Jesucristo (2 Ped 1:11).

¡Es un Salvador completo! Es mi Salvador. Mi alma alaba al Señor; se goza en el Señor esta noche, hermanos. Digo con David: 'Venid y alabad al Señor conmigo, exaltemos juntos su nombre'. Él ha hecho satisfacción completa; no hay nada contra nosotros, hermanos; el camino está despejado y abierto ante nuestra vista. La justicia de Cristo es perfectamente suficiente; en él hay luz, amor, gozo y excelencia eternos.

¿No son ciertas las palabras de Isaías 60:1-2?

¡Levántate, resplandece, porque ha venido tu luz y la gloria de Jehová ha nacido sobre ti! Porque he aquí que tinieblas cubrirán la tierra y oscuridad las naciones; mas sobre ti amanecerá Jehová y sobre ti será vista su gloria.

Hermanos, el Señor puede hacerlo. Es su voluntad. Permitámoselo [congregación: "Amén"]. Y alabémosle mientras lo lleva a cabo.

Que todo el que lo desee alabe al Señor en esta noche. Mi alma dirá Amén a cada palabra. Mi alma lo alaba, pues es mi Salvador. Él ha efectuado una obra completa; ha realizado su obra de gracia. Me salvó. Completamente. Démosle por siempre las gracias.

Profesor Prescott: Ha llegado el tiempo del refrigerio, hermanos. El Espíritu de Dios está aquí. Abrid vuestro corazón, abrid el corazón en alabanza y agradecimiento.

El mensaje del tercer ángel (nº 19)
A.T. Jones

Esta noche comenzaremos con el primer versículo de Apocalipsis 14:

Después miré y vi que el Cordero estaba de pie sobre el monte de Sión, y con él ciento cuarenta y cuatro mil que tenían el nombre de él y el de su Padre escrito en la frente.

Se cita ese mismo número en el capítulo 7, versículo 4; no obstante, leeré desde el versículo 1:

Después de esto vi cuatro ángeles de pie sobre los cuatro ángulos de la tierra, deteniendo los cuatro vientos de la tierra para que no soplara viento alguno sobre la tierra ni sobre el mar ni sobre árbol alguno. Vi también otro ángel que subía desde donde sale el sol y que tenía el sello del Dios vivo. Clamó a grande voz a los cuatro ángeles a quienes se les había dado el poder de hacer daño a la tierra y al mar, diciendo: "No hagáis daño a la tierra ni al mar ni a los árboles hasta que hayamos sellado en sus frentes a los siervos de nuestro Dios". Y oí el número de los sellados: ciento cuarenta y cuatro mil.

He leído esas dos escrituras relacionadas la una con la otra, a fin de mostrar que el sello y el nombre de Dios van inseparablemente unidos. Los 144.000 tenían el nombre de su Padre en sus frentes, y estaban sellados en sus frentes con el sello del Dios viviente. Más adelante en nuestro estudio, cuando consideremos en qué consiste el nombre de Dios, comprenderemos qué es el sello de Dios. El sello de Dios es precisamente aquello que nos trae su nombre, aquello que pone su nombre en nuestras mentes, sobre nosotros y en nosotros.

Vayamos ahora a Éxodo 3:13-14. Se trata del episodio en que el Señor apareció a Moisés en la zarza ardiente, enviándolo a que librara de Egipto a su pueblo.

Dijo Moisés a Dios:—Si voy a los hijos de Israel y les digo: "Jehová, el Dios de vuestros padres, me ha enviado a vosotros", me preguntarán: "¿Cuál es su nombre?" Entonces, ¿qué les responderé?

Respondió Dios a Moisés:—"Yo soy el que soy". Y añadió:—Así dirás a los hijos de Israel: "'Yo soy' me envió a vosotros'".

Hasta aquí el Señor no le había dicho más que eso, tal como leemos en el versículo 6:

Yo soy el Dios de tu padre, el Dios de Abraham, el Dios de Isaac y el Dios de Jacob.

Moisés pregunta: 'Cuando vaya a los hijos de Israel diciéndoles que el Dios de sus padres me ha enviado a ellos y me pregunten cuál es su nombre, ¿qué les responderé? Entonces Dios dijo a Moisés:

"Yo soy el que soy". Y añadió:—Así dirás a los hijos de Israel: "'Yo soy' me envió a vosotros". Además, dijo Dios a Moisés:—Así dirás a los hijos de Israel: "Jehová, el Dios de vuestros padres, el Dios de Abraham, el Dios de Isaac y el Dios de Jacob, me ha enviado a vosotros. *Este es mi nombre para siempre; con él se me recordará por todos los siglos*" (vers. 15).

¿Cuál es su nombre? "YO SOY EL QUE SOY". Dijo—y ellos lo sabían—que era "el Dios de Abraham, el Dios de Isaac y el Dios de Jacob" y el Dios de sus padres. Los israelitas sabían que sus padres tenían un Dios al que adoraban. Habían oído hablar del Dios de sus padres. Lo recordaban, aunque de forma lejana, pero ahora les es revelado que el Dios de sus padres es el Dios cuyo nombre es "YO SOY EL QUE SOY", y precisamente ese "es mi *nombre* para siempre; con él se me *recordará* por todos los siglos".

Por consiguiente, el nombre y el memorial de Dios van juntos. Pero su nombre no es simplemente "Yo soy", sino "Yo soy el que soy". 'Yo soy aquello que soy'. No consideró suficiente con decir a los hombres que él *es*, sino que a fin de que nuestro conocimiento de él nos haga un bien, necesitamos saber que él *es quien es*. No nos basta simplemente con saber acerca de la existencia de Dios, sino que necesitamos saber quién es y el sentido de su existencia en relación con nosotros. Por lo tanto, no dijo meramente "Yo soy", sino "Yo soy el que soy", o 'Yo soy lo que soy'. Ese es su nombre, y si queremos realmente conocerlo, hemos de saber, no solamente que él existe, sino que él es quien es; y no lo conocemos hasta que no sepamos quién es él.

En Hebreos 11:6 se expresa el mismo pensamiento: "Sin fe es imposible agradar a Dios, porque es necesario que el que se acerca a Dios crea que él existe *y que recompensa a los que lo buscan.*"

¿Cuál es la recompensa que Dios da al que le busca?—¡Es Dios mismo! Él mismo, todo lo que él es, con todo lo que tiene. Si tuviéramos todo lo que él tiene sin tenerlo a él, ¿qué bien nos haría? Comprendedlo: si tuviéramos todo lo que él tiene pero siguiéramos siendo *nosotros*, vendríamos a ser lo más parecido a demonios. Dar a un ser humano todo lo que Dios tiene, permitiendo que permanezca como la misma persona que era, sería algo terrible. Por lo tanto, significaría muy poco si Dios diera todo lo que tiene sin darnos lo que él es; es decir, sin dársenos *él mismo*. Así pues, cuando nos da lo que él es, cuando se nos da él mismo, su carácter, su naturaleza y disposición, entonces podemos hacer uso de lo que él es tanto como de lo que él tiene, y "es necesario que el que se acerca a Dios crea que él existe", y que es tal como realmente es.

Continuamos: ¿Qué es Dios primeramente para toda cosa y persona en el universo? [congregación: "Creador"]. ¡Ciertamente! Lo primero que él es para todo objeto, animado o inanimado, es Creador, ya que por él existen todas las cosas. Él es el autor de todo. Por lo tanto, lo primero para los seres humanos, ángeles o cualquier otra criatura inteligente, es conocerlo como Creador. Ahora dice: "YO SOY EL QUE SOY"; por lo tanto, lo primero que llega a toda criatura en lo relativo a lo que él es, es decir, en comprender su nombre, es que es su Creador. Vemos pues que su nombre es inseparable de su memorial. Por lo tanto, *"este es mi nombre para siempre; con él se me recordará por todos los siglos"*.

Vayamos a Ezequiel 20:20. El texto os es familiar: "Santificad mis sábados, y sean por señal entre mí y vosotros, para que sepáis que *YO SOY* Jehová, vuestro Dios."

¿De qué es, pues, señal el sábado?—De que *él es* Jehová: el Señor nuestro Dios. Pero el que él sea el Señor Dios simplemente desde el punto de vista de su *existencia* no es lo que constituye su nombre. Es más que eso. Siendo el sábado la señal de que él es Dios el Señor, ¿no es acaso la señal de que él es tal cual es, tanto como de que él es—existe—? [congregación: "Sí"]. Pensad en ello. Siendo que el sábado es la señal de que él es el Dios verdadero, y habiéndonos dicho que él es el que es, resulta que el sábado ha de ser la señal de cómo es Dios, tanto como de que Dios existe. ¿Lo comprendéis? [congregación: "Sí"]. Por lo tanto, dado que su nombre es "YO SOY EL QUE SOY", y que el sábado es la señal de que él es quien es, ¿veis que ese es su *nombre* por siempre, y también su *memorial* por siempre? El Señor dio el sábado—"*Acuérdate* del sábado para santificarlo"—como un memorial de que él es el Señor. En consecuencia, "este es mi nombre para siempre", ese es su memorial.

[voz: "Por favor, explíquelo de nuevo"]. Bien. Volvamos desde el principio. Del sábado, nos dice: "Lo santificaréis" y os será por señal. Meramente el séptimo día de la semana, no es una señal del verdadero Dios. El *día* séptimo no es nada en sí mismo. Un hombre puede guardar el séptimo día de la semana sin conocer al Señor para nada, tal como podría guardar el domingo o cualquier otro día. Pero nadie puede guardar *el Sábado* sin conocer al Señor. Hay en el mundo tres clases de observadores de días: (1) guardadores del día séptimo de la semana, (2) guardadores del día primero (domingo), y (3) guardadores del Sábado. Guardadores del Sábado es lo que Dios quiere. Pero demasiados guardadores del día séptimo de la semana han pretendido estar guardando el Sábado. Es un engaño de los últimos días.

"Santificad mis sábados, y sean por señal". Ese es el punto de partida. El sábado es, pues, una señal que él ha dispuesto para nosotros; una señal que él mismo nos ha dado "para que sepáis que yo soy Jehová, vuestro Dios". El sábado es la señal de que él es Dios el Señor; no simplemente de que existe, sino de que *él es quien es*, puesto que ese es su nombre. ¿Lo comprendéis? "Yo soy el que soy": —'Yo soy Aquel que es Dios el Señor'. El sábado es una señal de que él es Dios, el Señor. Por lo tanto, el sábado es una señal de que él existe, tanto como de que él es quien es. Ahora bien, su nombre —nos dice—es "YO SOY EL QUE SOY". "Este es mi nombre para siempre; con él se me recordará por todos los siglos". ¿Cuál es la señal de que él es lo que es? [congregación: "El sábado"]. Pero el Señor nos dice: 'El sábado es mi memorial'; 'hizo memorial para sus obras prodigiosas', etc. ¿Podéis ver que aquello {el sábado} que es la señal de que *él es lo que es*—siendo ese su nombre por siempre— es su *memorial* por siempre? ¿Queréis que lo repita? [voz: "No: ahora lo entiendo"]. ¿Lo comprendéis ahora? [congregación: "Sí"].

Avancemos. Dado que el sábado es la señal de que él es, y de que él es quien es, y considerando que en primer lugar es el Creador, lo primero que el sábado ha de significar es que él es el Creador. Pero ¿es eso lo único que ha de significar?—No, puesto que él es más que eso: no más en el sentido de ser diferente de eso, puesto que ahí están incluidas todas las cosas; pero lo que él es está revelado más extensamente en otros lugares, de forma que podemos saber en mayor plenitud lo que él es. Leamos Éxodo 31:17: "Para siempre será una señal entre mí y los hijos de Israel". Es una señal "para que sepáis que yo soy Jehová, vuestro Dios". ¿Y por qué es la señal? ¿No es acaso "porque en seis días hizo Jehová los cielos y la tierra, y en el séptimo día cesó y descansó"? Puesto que es una señal de eso que hizo, es una señal de él mismo, que fue quien lo hizo.

Ahora relacionad ambas cosas. Es una señal de que él es el Señor, *porque* "en seis días" hizo "los cielos y la tierra". Por lo tanto, como ya hemos visto, Creador es lo primero que Dios es; lo primero que significa el sábado es 'Creador', puesto que es señal de lo que él es. Ahora bien, el mandamiento del sábado dice:

> Acuérdate del sábado para santificarlo. Seis días trabajarás y harás toda tu obra, pero el séptimo día es de reposo para Jehová, tu Dios; no hagas en él obra alguna … porque en seis días hizo Jehová los cielos y la tierra, el mar y todas las cosas que en ellos hay, y reposó en el séptimo día; por tanto, Jehová bendijo el sábado y lo santificó.

Pensad ahora en el sábado. ¿Qué es el sábado? Tal como ya hemos leído en Ezequiel 20:20, es una "señal entre mí y vosotros, para que sepáis que yo soy Jehová, vuestro Dios". Es como si dijese: 'Recordad aquello {el sábado} cuyo significado

es que yo soy vuestro Dios. ¿No es pues ese el memorial que trae el Señor a la memoria de las personas? Porque tal es el propósito de todo memorial: traer a la memoria. Dios quiere que sus criaturas lo recuerden, y les ha dado aquello que lo hará posible. Y ahora nos dice: 'Acordaos de aquello {el sábado} que hará que me recordéis'.

Un pensamiento en este punto: hemos de acordarnos de aquello que traerá al Señor a nuestra memoria, es decir, a nuestra *mente*. Cuando él está presente en nuestra mente, no lo está meramente como Aquel que existe, sino como siendo lo que es. Pero cuando 'siendo lo que es' es traído a nuestra mente, es traído su *nombre* {"Yo soy el que soy"}. ¿Dónde está su nombre? [congregación: "En la frente"]. Dios quiere estar en las mentes de las personas, y el sábado es el que lo trae a ellas; no trae una teoría sobre Dios, sino que lo trae a él mismo a la memoria. Eso es así debido a que el sábado es la señal de que "*Yo soy* Jehová, vuestro Dios". Acordaos de la señal, acordaos de aquello que traerá a vuestra mente al Señor vuestro Dios. Y 'él es lo que es'. Acordarse del sábado lo trae a él —con todo lo que él es—a vuestra mente. ¿No es ese su memorial?

El propósito de un memorial es traer a la mente el objeto de dicho memorial. Habéis visto que el *nombre* de Dios y el *sábado* del Señor—su memorial—son inseparables. Por lo tanto, cuando el Señor dijo a Moisés "Yo soy el que soy"—que es *su nombre* por siempre—, le estaba dando en ello también *su memorial* {"con él se me recordará por todos los siglos"}, ya que su memorial lo trae a la mente, y trayendo a la mente a Aquel que 'es lo que es', eso lo trae a la mente en su auténtico *nombre*. En resumen: el nombre del Padre en las mentes de sus hijos {Apocalipsis 7 y 14}, constituye el sello del Dios viviente en sus frentes.

Lo primero que está significado en el sábado es 'Creador': su poder creador. Eso es traído a la mente mediante las cosas creadas. Es una señal de que él es el Señor, puesto que hizo todas esas cosas. En consecuencia, el sábado es la señal—el memorial—del Señor nuestro Dios tal como se manifiesta en la creación.

Estudiemos ahora brevemente cómo se

manifestó en la creación. Hebreos 1:1-2:"Dios, habiendo hablado muchas veces y de muchas maneras en otro tiempo a los padres por los profetas, en estos últimos días nos ha hablado por el Hijo, a quien constituyó heredero de todo y por quien asimismo hizo el universo."

Leamos también los primeros versículos del evangelio según Juan:

En el principio era el Verbo, el Verbo estaba con Dios y el Verbo era Dios. Este estaba en el principio con Dios. Todas las cosas por medio de él fueron hechas, y sin él nada de lo que ha sido hecho fue hecho.

Y ahora el versículo 14: "El Verbo se hizo carne y habitó entre nosotros."

Leeremos aun otro texto en esa misma línea, si bien expresado de forma diferente. Es la última parte de Efesios 3:9: "Dios, quien creó todas las cosas mediante Jesucristo" (KJV).

Dios, en la creación, se manifestó *en y a través* de Jesucristo. Por lo tanto, en la creación Dios puede conocerse solamente en Jesucristo. Así pues, aquel que no conoce a Jesucristo, ¿podrá albergar conceptos correctos sobre las cosas creadas, sobre la creación? [congregación: "No"]. No encontrará a Dios allí; no encontrará allí las ideas sobre Dios, puesto que en la creación Dios se manifestó en Cristo.

Pero hay más: ¿Cómo se manifestó Dios en Cristo en la creación?—¡Creando! ¿Cómo sucedió? Salmo 33:6 y 9: *"Por la palabra* de Jehová fueron hechos los cielos; y todo el ejército de ellos, por el aliento de su boca". "Porque él dijo, y *fue hecho*; él mandó, y existió." Existió entonces y allí.

Hebreos 11:3: "Por la fe comprendemos que el universo fue hecho por la palabra de Dios, de modo que lo que se ve fue hecho de lo que no se veía." Hemos dicho que la manifestación de Dios en la creación es lo primero que permite que se dé a conocer *lo que él es*. Pero Dios se manifiesta creando en Jesucristo, y se manifiesta creando en Jesucristo *mediante su palabra*. Esa palabra mediante la cual creó todas las cosas posee en ella misma el poder para hacer que *se vea* aquello que antes no podía de ninguna forma verse, puesto que no existía.

El universo fue hecho por la palabra de Dios, de modo que lo que se ve fue hecho de lo que no se veía.

¿Lo comprendéis? Después que Dios habló, se vieron cosas que era absolutamente imposible que se vieran antes de que él hablara. Nadie las podía ver. Por lo tanto, en la palabra que Dios habla mediante Jesucristo hay poder capaz de crear cosas. Dicho de otro modo: en la palabra está el poder para producir aquello que nombra la palabra que él declara. Por consiguiente, Dios puede llamar las cosas que no son como si fueran sin mentir. Un hombre puede hablar de las cosas que no son como si fueran, pero no hay poder en su palabra para producir aquello acerca de lo que habla, por lo tanto, miente.

Muchos hacen precisamente eso: hablan de lo que no es como si fuera (mintiendo). La razón por la cual es mentira, es porque no hay en ellos ni en sus palabras poder alguno para hacer que aparezca aquello que no existe. Les encantaría que pudiera ser así, que aquello de lo que hablan cobrara realidad. Pero no es el caso, y cuando hablan de lo que no existe como si existiera, por más que deseen que sea verdad, es mentira. Cuando pronuncian las palabras no hay en ellas poder alguno para hacer aquello que su mente desea.

Pero no sucede así con Dios. Cuando él expresa su pensamiento en la palabra, esa palabra produce lo que había en su mente. La energía creadora, el poder divino, está en la propia palabra que Dios pronuncia. Así, no existiendo los mundos en absoluto, Dios habló en Jesucristo y los mundos aparecieron. Ahí están todavía, debido a que en su día pronunció la palabra.

Ahora vamos a leer dos versículos que contienen esos pensamientos. No es simplemente que Dios, al pronunciar su palabra, produce aquello que está en su mente. Además, esa misma palabra lo mantiene en la existencia una vez que fue creado, y lo mantiene en el preciso lugar que Dios le asignó. Quiero que veáis cómo la palabra que Dios pronuncia tiene en ella misma todo ese poder.

Leamos en Colosenses 1:14-17. Se está refiriendo a Cristo, el Hijo de Dios, "en quien tenemos redención por su sangre, el perdón de pecados. Cristo es la imagen del Dios invisible, el primogénito de toda creación, porque en él fueron creadas todas las cosas, las que hay en los cielos, y las que hay en la tierra, visibles e invisibles; sean tronos, sean dominios, sean principados, sean potestades; todo fue creado por medio de él y para él. Y él es antes que todas las cosas, y todas las cosas en él *subsisten*."

¿Qué fue lo que las hizo? ¿Cómo hizo a este mundo? Por el poder de su palabra. [voz: "Él dijo, y fue hecho; él mandó, y existió"]. El mundo es grande, conteniendo innumerables elementos; pero cuando él habló, vino a existir con todos sus ingredientes. Por lo tanto, la misma palabra que lo produjo, hace que subsista en su forma actual.

Bien, vayamos ahora al segundo pensamiento, en Hebreos 1:1-3:

Dios, habiendo hablado muchas veces y de muchas maneras en otro tiempo a los padres por los profetas, en estos últimos días nos ha hablado por el Hijo, a quien constituyó heredero de todo y por quien asimismo hizo el universo. Él, que es el resplandor de su gloria, la imagen misma de su sustancia y quien *sustenta todas las cosas con la palabra de su poder*.

¿Qué es lo que sustenta todas esas cosas desde que fueron creadas? [congregación: "La palabra de su poder"]. ¿Ha tenido el Señor necesidad de continuar hablando todo el tiempo desde que pronunció la palabra en aquella ocasión, a fin de mantener en su lugar todas esas cosas? [congregación: "No"]. ¿Ha tenido que estar hablando cada día al mundo con el fin de sostenerlo? ¿Lo tiene que hacer con todos los mundos y los planetas a fin de que se mantengan en sus órbitas?—No. La palabra que los hizo existir al principio, tiene en ella el poder creador que los sustenta y preserva.

2 Pedro 3:1-7:

Amados, esta es la segunda carta que os escribo. En ambas despierto con exhortación vuestro limpio entendimiento para que tengáis memoria de las *palabras* que antes han sido dichas por los santos profetas.

¿De qué se debe tener memoria? De las *palabras* que los santos profetas dijeron. ¿Por qué hemos de recordarlas? Porque el Señor quiere que descubramos el poder de esas palabras, y que recordándolas obtengamos en nuestras mentes, en nuestras vidas, el poder y la fuerza de las palabras. Eso es así porque las palabras de los profetas eran las *palabras de Dios*, que pronunciaron por

el Espíritu de Cristo que estaba en ellos, el cual anunciaba de antemano los sufrimientos de Cristo y las glorias que vendrían tras ellos (1 Ped 1:11).

Teniendo, por lo tanto, memoria de *esas* palabras "y del mandamiento del Señor y Salvador, dado por vuestros apóstoles. Sabed ante todo que en los últimos días vendrán burladores, andando según sus propias pasiones y diciendo: '¿Dónde está la promesa de su advenimiento? Porque desde el día en que los padres durmieron, todas las cosas permanecen así como desde el principio de la creación'. Estos [es decir, los que hablan de ese modo, los que consideran que todas las cosas continúan como al principio] ignoran voluntariamente que en el tiempo antiguo fueron hechos *por la palabra* de Dios los cielos y también la tierra, que proviene del agua y por agua subsiste, por lo cual el mundo de entonces pereció anegado en agua."

¿Bajo qué orden pereció el mundo de entonces anegado en agua? [congregación: "Por la palabra de Dios"]. Dios habló. "Pero los cielos y la tierra que existen ahora están reservados *por la misma palabra*, guardados para el fuego."

¿A qué está llamando nuestra atención respecto a esa "misma palabra" que nos quiere recordar? Quiere que tengamos una consideración suprema hacia las *palabras* de Dios, ya que esa palabra creó en el principio los mundos, esa palabra los mantiene en su sitio, la misma palabra trajo el diluvio, ella misma rescató al mundo del diluvio, y es ella quien lo sostiene aún hoy. Por lo tanto, esa palabra capaz de crear mundos, de preservarlos, de destruir mundos y de rescatarlos, es la *palabra* que el Señor quiere que tengamos bien presente en nuestras mentes a fin de que comprendamos el *poder* de su palabra.

Veis pues repetida la misma idea: que la palabra que lo creó todo, es la misma palabra que lo sustenta todo—que lo preserva—hasta que Dios vuelva otra vez a hablar. Cuando lo haga, todo resultará conmovido {Heb 12:26}. Cuando llegue ese día en que saldrá "una gran voz del santuario del cielo, desde el trono", que diga: "¡Consumado es!", habrá "relámpagos, voces, truenos y un gran temblor de tierra, un terremoto tan grande cual no lo hubo jamás desde que los hombres existen sobre la tierra"; tan grande, que "toda isla huyó y los montes ya no fueron hallados", que "las ciudades de las naciones cayeron", que el propio cielo se enrolló como un pergamino (Apoc 16:17-19; 6:14). Os digo que cuando ese día llegue, todo el que haya recibido y asimilado *la palabra* que obra todos esos prodigios, estará guardado en perfecta seguridad. Cuando confío plenamente en esa palabra que produce las obras, poco importa si la tierra desaparece, porque su palabra permanece para siempre.

Así pues, Dios se manifestó en Cristo mediante su palabra en la creación, y se sigue manifestando de igual manera en las cosas creadas: por haber sido creadas, por preservarlas y por sustentarlas. La fuerza de la gravedad nos habla de Dios en Jesucristo. La ciencia nos dice que la ley de la gravedad mantiene en su trayectoria a los cuerpos celestes, pero ¿qué es la gravedad? Hay una mejor respuesta que la convencional "tendencia de los cuerpos a atraerse mutuamente, y a atraer a otros cuerpos hacia su centro". Esta es una mejor respuesta: 'Es el poder de Dios manifestado en Jesucristo en la creación'. Eso es la gravitación.

La ciencia se refiere a la cohesión como a la fuerza que mantiene unidas las partículas que componen la materia. Pero ¿qué es la cohesión? Si preguntáis a un lingüista os dirá que viene del latín *co* y *haerere*, que significa algo así como mantener coligado. Esa es su respuesta. Pero hay otra mejor: es la respuesta de Dios, y nos dice que la cohesión es el poder de Dios manifestado en Jesucristo en la creación, ya que en él todas las cosas subsisten, se mantienen en su integridad o estado de cohesión.

El origen de todas las cosas nada tiene que ver con la generación espontánea ni con la evolución. Se trata, por el contrario, del poder de Dios manifestado en Jesucristo mediante su palabra, que creó—hizo existir—todas las cosas que antes no existían, "de modo que lo que se ve fue hecho de lo que no se veía". Por lo tanto, Dios, en Jesucristo, es el origen de todas las cosas: en eso consiste la creación. Dios, en Jesucristo, es el preservador de todas las cosas: en eso consiste la cohesión. Dios, en Jesucristo, es el sustentador de todas las cosas, en eso consiste la gravitación.

El mensaje del tercer ángel (nº 20)
A.T. Jones

Comenzamos en el punto en el que terminamos anoche. El objeto de nuestro estudio era encontrar a Dios en Cristo, en su palabra, en la creación. Encontrarlo como quien crea, sustenta y preserva todas las cosas.

Estuvo seis días creando, y después, según refiere Génesis 2:1-3:

> Fueron … acabados los cielos y la tierra, y todo lo que hay en ellos. El séptimo día concluyó Dios la obra que hizo, y reposó el séptimo día de todo cuanto había hecho. Entonces bendijo Dios el séptimo día y lo santificó, porque en él reposó de toda la obra que había hecho en la creación.

Así, hizo el sábado *para el hombre*; pero permanece el hecho de que el sábado es la señal de lo que él es: Creador, y todo lo demás que él es. No obstante, todo lo demás que él es está contenido en el hecho de ser el Creador.

Cuando terminó de crear reposó y tuvo descanso; es decir, se deleitó considerando las cosas creadas, el designio de su mente, la consecución de su propósito tal como se manifestaba en la creación consumada en su plenitud. Ese es el significado de la palabra "descansó" en Éxodo 31:17. Empleó seis días en crear los cielos y la tierra "y en el séptimo día cesó y descansó", se gozó, se alegró sobre su propósito completado en la creación, propósito que estuvo en su mente antes de llamar a la existencia lo que creó. Entonces bendijo el día y lo apartó: lo santificó. Es por ello que el mandamiento nos dice:

> Acuérdate del sábado [es decir, el día de reposo] para santificarlo. Seis días trabajarás y harás toda tu obra, pero el séptimo día es de reposo para Jehová tu Dios.

¿A quién pertenece el reposo del sábado? [congregación: "A Dios"]. La persona que se toma su propio reposo, que disfruta de su propio reposo y no del reposo del Señor, ¿está guardando el sábado? [congregación: "No"]. ¿Aunque lo observe el séptimo día? [congregación: "Aun así"]. Está guardando el séptimo día, ¿no es así?

[congregación: "Sí"]. Aquel que se toma *su propio reposo* en el séptimo día, incluso aunque lo haga en el día séptimo, no está guardando el sábado: el reposo del Señor. Aunque se esté gozando en él, está guardando el séptimo día, pero no el sábado.

Aquel que recibe y se goza en el *reposo del Señor* en el séptimo día, sí que guarda el sábado, ya que está guardando el sábado del Señor. Se trata del día del reposo de Dios. "Seis días trabajarás y harás toda tu obra, pero el séptimo día es de reposo para Jehová, tu Dios", no para ti mismo. Se trata de su reposo, y cuando nos acordamos del día de reposo, ¿el reposo de quién estamos recordando? ¿El nuestro, o el suyo? [congregación: "El reposo del Señor"].—Así es. Es el reposo de Dios de principio a fin, y la idea del reposo de Dios contenida en el mandamiento coincide con las razones dadas para el mismo. Debemos trabajar seis días. La razón es esta: el Señor, al crear los cielos y la tierra, obró seis días y descansó el séptimo. Debemos reposar en el séptimo día porque el Señor reposó en ese día, lo bendijo y lo santificó.

¿Qué tipo de reposo caracterizó o caracteriza al séptimo día? [congregación: "Gozoso"]. Gozo … ¿de quién? [congregación: "De Dios"]. ¿Qué es Dios? [congregación: "Espíritu"]. Dios es Espíritu. El único tipo de reposo que pudo tener es el reposo espiritual. Por lo tanto, aquel que no obtiene y disfruta de reposo espiritual en el séptimo día, no está guardando el sábado, puesto que el reposo del sábado es reposo espiritual: es ni más ni menos que el reposo de Dios. Se trata de reposo espiritual y *el sábado es de carácter espiritual*, puesto que allí está el reposo de Dios: un reposo espiritual. Observando el día por la fe—las cosas espirituales se disciernen espiritualmente—ese reposo espiritual viene al observador del sábado. Ese reposo espiritual que Dios puso en el día, viniendo a formar parte de él, llega a la persona que guarda el sábado. Lo conoce y lo disfruta aquel que lo guarda de la única forma en que se puede guardar: por la fe en Jesús.

Dios bendijo ese día. La bendición de Dios está también en el día, así como el refrigerio, la delicia, el gozo del Señor. ¿Está la bendición en el día? [congregación: "Sí"]. Si determinada persona no lo guarda, si no le presta ninguna atención,

¿está de todas formas la bendición en el día? [congregación: "Sí"]. La bendición está en el día, pero no alcanza a la persona que no cree.

Volvemos ahora al pensamiento de anoche: el poder de la palabra de Dios. La palabra que Dios habló e hizo existir los mundos, ¿qué efecto tiene en ellos hoy y ha tenido desde aquel día? [congregación: "Los sostiene"]. La palabra que pronunció ha guardado a los mundos todo el tiempo. ¿Por cuánto tiempo lo hará? [congregación: "Por siempre"].

La palabra del Dios nuestro permanece para siempre (Isa 40:8).

Según la palabra de Dios, él bendijo al séptimo día. ¿Cuál es a partir de entonces el efecto de esa bendición que incorporó en el día? Sigue estando allí y así permanecerá por siempre, ya que por la eternidad perdurará el hecho de que Dios bendijo el séptimo día. El Señor no se puede contradecir. No puede declarar que no bendijo el séptimo día, puesto que afirmó que lo había hecho. Aun en el caso de que borrara toda la creación, permanecería el hecho de que bendijo el séptimo día cuando estuvo allí. Por lo tanto, es algo incontrovertible e inmutable. Por toda la eternidad seguirá siendo un hecho el que Dios bendijo el séptimo día. Por tanto tiempo como sea cierto que lo bendijo, será cierto que la bendición está en el día, y permanecerá el hecho de que aquel que lo guarde de la única forma en que es posible guardar el sábado—por la fe en Jesús—obtendrá y gozará en él de la bendición de Dios.

En los versículos 27 y 28 del primer capítulo de Génesis leemos: "Creó Dios al hombre a su imagen, a imagen de Dios lo creó; varón y hembra los creó. *Los bendijo Dios.*"

¿En qué día lo hizo? [congregación: "En el sexto"]. Por lo tanto, Dios bendijo al *hombre* antes de bendecir el *séptimo día.* ¿Podemos tener la misma certeza de que Dios bendijo el día, como de que bendijo al hombre? [congregación: "Sí"]. ¿Es la bendición con la que bendijo el día tan real como aquella con la que bendijo al hombre? [congregación: "Sí, igual de real"]. —Exactamente igual. ¿Cuál fue la bendición? ¿De quién provino la bendición declarada sobre el hombre? [congregación: "De Dios"]. ¿Y sobre el día? [congregación: "De Dios"]. Así pues, cuando ese *hombre bendito* llegó al *día bendito,* ¿recibió bendiciones adicionales en ese día, más allá de las que disfrutaba antes que llegara el día? [congregación: "Sí"].

Por lo tanto, el sábado había de proporcionar al hombre, quien había sido ya bendecido por Dios con bendiciones espirituales, aun mayores bendiciones espirituales. ¿Sucede así todavía? [congregación: "Sí"]. "La palabra de Dios … vive y permanece para siempre" (1 Ped 1:23). Sigue siendo cierto hoy.

Santificó el día. ¿*Qué* hizo santo al día? No necesitamos repetir ahora los textos; los recordáis por la charla que dio el hermano Prescott hace dos sábados. ¿Qué fue lo que hizo santo al día? [congregación: "La presencia de Dios"]. La presencia de Dios santifica las cosas; hace santos los lugares; hace santo al hombre; la presencia de Dios hizo santo aquel *día.* Por lo tanto, la santidad de Dios está ligada al día; la presencia de Dios, la santa presencia de Dios está asociada al séptimo día o sábado. Cuando el hombre llega a ese día de la única forma en que debiera llegar: con una mente espiritual, con la mente del Espíritu de Dios y recibe el reposo espiritual—el refrigerio espiritual que en él hay, la bendición espiritual—¿acaso no recibirá esa *presencia*?, ¿no será partícipe de esa *presencia* en la que mora la santidad de Dios para transformarlo?—Ciertamente, y en eso consiste la observancia del sábado.

Así, santificó el día. No necesitamos volver a leer los versículos para responder a la pregunta: ¿qué es lo que santifica? [congregación: "La presencia de Dios"]. Por lo tanto, la presencia de Dios, su poder santificador, está en el séptimo día. Por consiguiente, quien se acerca al sábado del Señor de acuerdo con el concepto del Señor sobre el sábado, obtiene reposo, delicia y refrigerio espiritual. Obtiene bendiciones espirituales. Aun más: obtiene la presencia de Dios con su poder santificador que transforma. Obtiene el poder santificador que lo santifica a él a partir de esa Presencia que santificó el día.

¿Con qué propósito fue hecho todo esto? ¿Para

quién fue hecho el sábado? [congregación: "Para el hombre"]. Por lo tanto, Dios reposó y puso su reposo espiritual en el día *para el hombre*. ¿No es así? [congregación: "Sí"]. El refrigerio de Dios, su gozarse en ese día, fue para el hombre; la bendición con la que lo bendijo fue para el hombre; la santidad que le confirió su presencia fue para el hombre, y su propia presencia santificadora fue para el hombre. ¿No veis que a través del sábado es el privilegio del hombre gozar de la presencia de Dios y conocer su reposo espiritual según una experiencia viviente, experimentar la bendición espiritual, la santidad, la presencia de Dios que santifica, que hace santo al hombre? ¿Acaso no fue eso lo que Dios dispuso que el sábado trajera al hombre? Aquel que obtiene todo lo dicho en el sábado, es guardador del sábado. *Y lo sabe.* Lo sabe, y saberlo es su deleite.

Ahora otro punto: ¿Cuál fue el agente directamente implicado en la creación? [congregación: "Cristo"]. ¿Quién fue el que reposó? [congregación: "Cristo"]. ¿Quién participó del refrigerio? [congregación: "Cristo"]. ¿Quién bendijo? [congregación: "Cristo"]. ¿La presencia de quién lo hizo santo? [congregación: "La de Cristo"]. ¿La presencia de quién está en el día? [congregación: "La de Cristo"]. Por lo tanto, *aquel que no resulta santificado por la presencia de Jesucristo, aquel que no es hecho santo, bendecido, y que no recibe el reposo de la presencia de Jesucristo, no puede guardar el sábado.* Observad que sólo es posible guardar el sábado cuando Cristo está en el hombre, ya que el sábado trae consigo—la lleva incorporada—la presencia de Cristo.

Así pues, cuando Dios estableció el sábado había puesto toda la creación ante el hombre, y este podía ver a Dios en la creación. Pero el Señor quería venir aun más cerca del hombre. El hombre podía estudiar la creación y hallar el conocimiento *acerca de* Dios. Pero era el propósito de Dios que el hombre conociera, no sólo acerca de él, sino que lo conociera a él. En la creación podía saber *acerca de* él; en el sábado podía conocerlo *a él*, debido a que el sábado trae la presencia viviente, la presencia santificadora de Jesucristo a aquel que lo guarda en verdad. Así, la creación estaba ante el hombre y este podía estudiar a Dios en la creación, conociendo así acerca de él; pero Dios se acercó aun más que eso y estableció lo que significa "Yo soy el que soy", de forma que cuando el hombre hallara lo que Dios es en el sábado, no solamente sabría acerca de él a partir de las cosas creadas, sino que lo conocería en *él mismo*.

Por lo tanto, el propósito original de Dios en la creación y en el sábado en tanto en cuanto señal de ella, fue que el hombre pudiera conocer a Dios tal como él es, y en lo que él es para el mundo, en y a través de Jesucristo. Ese fue su propósito original. ¿Cuál os parece que es hoy? [congregación: "El mismo"].

Otro pensamiento en este punto: el sábado fue hecho al final de la creación, y es en realidad lo que cerró la semana de la creación. El sábado, por lo tanto, fue la señal del poder de Dios manifestado en Jesucristo, y la señal de una creación acabada; la señal de Dios manifestada en Jesucristo, en una creación completa y acabada. Vio lo que había hecho en los primeros cinco días, y comprobó que era bueno, pero al llegar al sexto día vio de nuevo, y comprobó que era *bueno en gran manera* (Gén 1:31). Se había completado su propósito.

Fueron, pues, acabados los cielos y la tierra, y todo lo que hay en ellos.

Allí estaba la expresión del pensamiento de su mente, y que su palabra pronunció cuando lo llamó a la existencia. Así, el sábado—la "señal" de que "yo soy Jehová vuestro Dios" (Eze 20:20) porque en seis días hizo los cielos y la tierra, y en el séptimo reposó y tomó refrigerio—es la señal de la obra completa y acabada de Dios en la creación.

Avancemos en el estudio. ¿Tenía el hombre en ese momento, en el Edén—tal como Dios lo había creado—todo el conocimiento acerca de Dios que jamás pudiera alcanzar? [congregación: "No"]. Al ir pasando un sábado tras otro le irían trayendo conocimiento y presencia adicionales de Dios. Pero, ¿de quién se trata? [congregación: "De Cristo"]. Por lo tanto, el hombre disfrutaría de conocimiento y presencia adicionales de Cristo. Si hubiera permanecido fiel, habría crecido incesantemente en el conocimiento de Dios en su propia experiencia, creciendo más y más en el conocimiento de todo lo relativo a la naturaleza de Dios. Pero no permaneció allí. No permaneció fiel. La creación había finalizado tal como Dios la había hecho en su plenitud junto a todo lo que contenía. Era tal como su mente había dispuesto. Pero vino Satanás y arrastró al hombre y a todo este mundo, pervirtiendo totalmente el propósito de Dios. Dio la vuelta a lo dispuesto por Dios, de forma que siendo que Dios era antes reflejado ante la mente del hombre en todas las cosas de los cielos y en el hombre mismo, *ahora* es Satanás quien es reflejado en el hombre, lo que desenfoca el reflejo de Dios en cualquier cosa, con el resultado de que el hombre natural no distingue a Dios ni siquiera en la naturaleza.

Cuando Satanás lo hubo desviado del propósito divino, cuando revirtió el orden y disposición de Dios, el Señor no abandonó al hombre en ese estado. Dijo: "Pondré enemistad entre ti y la mujer, y entre tu simiente y la simiente suya."

Eso quebrantó el poder de Satanás sobre el hombre, de tal forma que lo libró de la depravación total, concediéndole libertad para que encontrara a Dios. ¿Pero en quién fue hecho todo eso? [congregación: "En Cristo"]. Nuevamente en Cristo. Dios, en Cristo, quiere traer de nuevo al hombre y al mundo de regreso a su propósito original. ¿No fue acaso el mismo poder de Cristo y por los mismos medios—su palabra—, por los que haría retornar al hombre y al mundo al propósito original por el que los creó en un principio? [congregación: "Sí"].

Fue Dios en Cristo, mediante su palabra, quien creó al mundo y al hombre al principio. Satanás lo arrebató, volviéndolo en contra del propósito original de Dios. Ahora es Dios en Cristo, mediante su palabra, quien trae de nuevo al hombre y al mundo a su propósito original. Por lo tanto, ¿no es la obra de la Salvación simplemente el poder de Dios manifestado de otra manera que aquella en la que creó todas las cosas en el principio? Dicho de otro modo: ¿acaso la salvación no consiste en creación?—Ciertamente.

Ahora otro pensamiento al mismo propósito, con el fin de verlo más claramente si es que hubiera necesidad de tal cosa. ¿Vemos ahora completado en la creación el propósito original de Dios? [congregación: "No"]. Fue completado; pero ¿es ahora completo? [congregación: "No"]. Cuando se haya consumado la salvación del hombre, ¿estará *entonces* completo su propósito original? [congregación: "Sí"]. Por lo tanto, ¿qué otra cosa es la obra de la salvación, sino Dios llevando a cabo y completando su propósito original en la creación? [voces: "Es eso mismo"].

Mi Padre hasta ahora obra, y yo obro (Juan 5:17).

Por lo tanto, ¿qué puede ser la obra de la salvación, sino la obra original de la creación? El mismo Dios, en el mismo Hijo, por los mismos medios, para conseguir el mismo propósito. Siendo así, ¿no será *la señal* de esa obra en la salvación, la misma que en aquella obra en la creación? —Ciertamente lo es.

Por lo tanto el sábado del Señor es tan ciertamente la señal del poder creador de Dios manifestado en Jesucristo mediante su palabra *en la salvación de mi alma*, como lo fue en la creación de este mundo en el principio.

Pero Dios se revela por doquier en Cristo; esa es la idea recurrente. Así, su nombre es: "Yo soy el que soy", pero sólo en Jesucristo puede conocerse lo que él es. Por lo tanto, para todo intento y propósito, para el hombre en este mundo, Cristo es Dios mismo, con todo lo que *él es*. Para todo intento y propósito. Eso no es afirmar que son idénticos, que son uno y el mismo individuo, sino que nadie puede conocer al Padre excepto el Hijo, y *aquel a quien el Hijo se lo quiera revelar* (Mat 11:27). Nadie puede conocer a Dios, excepto tal como es revelado en Jesucristo. Así, para el hombre, Cristo es Dios, y todo cuanto puede conocer de Dios está en Cristo. En la práctica, para todo intento y propósito, Cristo es Dios para nosotros. Cuando nació, Dios dijo de él: "Dios con nosotros".

Así pues, el sábado es la señal de que él es el Señor nuestro Dios. Pero es también la señal de que él *es lo que es*. Por lo tanto, dado que Cristo es Dios para nosotros, ¿no será el sábado la señal de lo que *Cristo es* para el que cree en él?

[congregación: "Sí"]. En la creación fue la señal de lo que Jesucristo es en la creación. Ahora que Cristo lleva adelante su obra en la salvación a fin de lograr su propósito original en la creación, *el sábado es la misma señal del mismo poder creador y en el mismo: en Jesucristo.* Así pues, se mantiene invariable todo el tiempo. La única diferencia es que ahora el poder se manifiesta de forma distinta a como lo fue antes, debido al orden pervertido de las cosas; pero se trata del mismo poder creador a partir de la misma Persona, empleando los mismos medios y con el mismo propósito. Por lo tanto sólo esa misma señal es la que puede estar relacionada con el hecho. No puede tratarse de otra señal distinta. Es pues literalmente cierto que el sábado del Señor, el séptimo día, el bendito séptimo día, es la propia señal de Dios de lo que Jesucristo es para aquel que cree en él. Veamos eso en mayor detalle:

Por cuanto todos pecaron y están destituidos de la gloria de Dios (Rom 3:23).

La paga del pecado es muerte (Rom 6:23).

La muerte pasó a todos los hombres, por cuanto todos pecaron (Rom 5:12).

Todos son muertos, ¿no es así? [congregación: "Sí"]. Todos se desviaron del camino, se apartaron totalmente del propósito original de Dios. ¿Qué es primeramente Jesucristo para todo el que cree en él? [congregación: "Creador"]. El que cree, es creado de nuevo en Jesucristo. Para el pecador, Dios en Cristo sigue siendo el Creador, lo primero de todo, puesto que Dios habla y el pecador vive. Vivimos por la palabra de Dios.

Somos hechura suya, creados en Cristo Jesús para buenas obras, las cuales Dios preparó de antemano para que anduviéramos en ellas (Efe 2:10).

Por lo tanto, Dios creó al hombre para que anduviera en buenas obras, pero el hombre hizo al contrario. Ahora, en Cristo, Dios lleva al hombre al lugar en que lo puso al principio. Por lo tanto, la salvación no es más que el cumplimiento del propósito original de Dios en Cristo en la creación. Por consiguiente, "si alguno está en Cristo, nueva criatura es" (2 Cor 5:17).

Lo primero que Cristo es para cualquier criatura, es lo mismo que es Dios para cualquier pecador en este mundo; es decir: Creador. Él lo hace una nueva criatura. "Crea en mí, Dios, un corazón limpio, y renueva un espíritu recto dentro de mí"(Sal 51:10). La obra de Dios en la salvación viene a resultar en una creación.

Tras haber encontrado a Jesucristo como a nuestro Creador, y habiendo sido creados de nuevo en él, ¿qué es lo primero que encontramos en Jesús? [congregación: "Reposo"]. Efectivamente, y eso es lo que él hizo primeramente tras la creación: reposó. El reposo es lo primero que encontramos en la manifestación de su poder en nosotros. ¿De qué tipo de reposo se trata? [congregación: "Reposo espiritual"]. Esta es la invitación:

Venid a mí todos los que estáis trabajados y cargados, y yo os haré descansar (Mat 11:28).

Con posterioridad dijo:

Yo estoy con vosotros (Mat 28:20).

No te desampararé ni te dejaré (Heb 13:5).

Y dirigiéndose a Moisés en el desierto, le dijo:

Mi presencia te acompañará y te daré descanso (Éx 33:14).

¿Qué proporciona su presencia? [congregación: "Reposo"].

Una vez que el hombre ha venido a ser hecho una nueva criatura en Cristo y halla ese reposo, ¿qué hace a continuación? [congregación: "Obra las obras de Dios"]. Primero se goza. Luego se pone gozosamente a la obra. ¿Qué hizo Dios?—Se gozó. ¿Qué hace el hombre? Se goza porque en él se haya cumplido el propósito de Dios. Ahora bien, ¿es ese todo el gozo existente?—No:

Os digo que habrá más gozo en el cielo por un pecador que se arrepiente, que por noventa y nueve justos que no necesitan de arrepentimiento (Luc 15:7).

Entonces Dios vuelve a gozarse nuevamente en ese reposo que nos da y que obtenemos de él. Y se vuelve a gozar, vuelve a deleitarse en su pueblo.

Lo siguiente que pertenece al sábado es la bendición. Hechos 3:26:

A vosotros primeramente, Dios, habiendo levantado a su Hijo, lo envió para que os bendijera, a fin de que cada uno se convierta de su maldad.

Por lo tanto, Cristo es una bendición para el pecador. Lo es para aquel que cree en él. Pero hay más en ese precioso texto que ya hemos leído de Efesios 1:3:

Bendito sea el Dios y Padre de nuestro Señor Jesucristo, que nos bendijo con toda bendición espiritual en los lugares celestiales en Cristo.

Dios nos ha dado todas las bendiciones espirituales que tiene. Nos las ha dado en Cristo.

El sábado nos trae bendición espiritual. ¿De dónde la obtiene? [congregación: "De Cristo"]. —Así es. Nos la trae procedente sólo de Jesucristo, y sólo mediante él. Por lo tanto, el sábado viene a ser como un conducto por el que fluye la bendición espiritual desde Jesucristo hacia el pueblo de Dios. Eso es un hecho, ya que toda bendición espiritual nos es dada en Cristo, y el sábado contiene la bendición espiritual de Dios. Por lo tanto, dado que se trata de una bendición espiritual, no puede haberla obtenido de otra forma que no sea de Cristo, por Cristo y en Cristo. El sábado es por lo tanto uno de esos vínculos a los que se refirió el hermano Prescott en los días pasados, vínculo que nos une a Cristo a fin de que podamos tener bendición espiritual.

"Mi presencia te acompañará". Su presencia hace santa a la persona en la que mora. Y ahora otro pensamiento que nos hará llegar al mismo punto, aunque por distinto camino:

No me avergüenzo del evangelio, porque es poder de Dios para salvación de todo aquel que cree (Rom 1:16).

¿Qué hemos leído que es el evangelio? [congregación: "Poder de Dios"]. ¿Qué es lo que se manifiesta en Cristo? [congregación: "El poder de Dios"]. ¿Y en el evangelio? [congregación: "El poder de Dios"]. ¿Con qué propósito? [voz: "Creación"]. El poder de Dios para *salvación* es el mismo poder en la *creación*. Se trata en ambos casos del poder de Dios. Allí donde exista la señal del poder de Dios, está la señal del poder de Dios en cualquier lugar y en cualquier forma; se trata

siempre y sólo del poder de Dios, y no puede estar jamás enfrentado con ese mismo poder suyo. Por lo tanto, no necesitamos ninguna otra señal de la manifestación del poder de Dios; es imposible que la haya.

El evangelio es el "poder de Dios para salvación". Por otra parte, el evangelio es

Cristo en vosotros, esperanza de gloria (Col 1:27).

Jesucristo mora en aquel que cree en su evangelio. La presencia de Cristo está allí, y lo hace santo. Eso es lo que hizo santo al sábado. Por lo tanto, el sábado, en lo que respecta a la santidad, es exactamente la señal de lo que Cristo es para aquel que cree en él.

La presencia de Cristo santifica. En la santificación, el sábado es la señal de lo que Cristo es para el creyente. Para aquel que cree en Jesús, Dios en Cristo crea de nuevo. Para él Dios significa reposo, refrigerio, deleite, gozo, bendición, santidad, santificación. Todo eso es Cristo para el creyente; pero Cristo fue eso mismo para el sábado hace mucho tiempo en beneficio del creyente.

En la creación hizo el sábado para el hombre. Lo instituyó entonces a fin de que el hombre tuviera, aun si hubiese permanecido fiel a Dios no pecando nunca, la señal de lo que Dios fue para el hombre en Jesucristo, y de la presencia de Cristo en el hombre. Ahora, en la nueva creación, sucede lo mismo. Es una misma cosa en la obra de la salvación.

Otro punto: Cristo Jesús nos ha sido hecho por Dios sabiduría, justificación, santificación y redención (1 Cor 1:30). Él es nuestra santificación. Recordad: envió a Pablo a que predicara el evangelio a los gentiles

para que abras sus ojos, para que se conviertan de las tinieblas a la luz y de la potestad de Satanás a Dios; para que reciban, *por la fe que es en mí*, perdón de pecados y herencia entre los santificados (Hech 26:18).

Pero la santificación y el cumplimiento de su propósito último es la plenitud de la obra de Cristo consumada en el creyente. La imagen de Cristo formada plenamente en el creyente, de forma que al mirarlo, Cristo se ve a sí mismo reflejado. Eso es santificación.

El Espíritu de profecía ha definido lo que es santificación en estos términos:

Santificación es guardar todos los mandamientos de Dios (3 *MS*, 232).

No es *procurar* guardarlos ni *hacer lo mejor que podemos* para guardarlos, sino que es *guardar* todos los mandamientos de Dios. Nadie será un guardador—en el sentido en que Dios lo espera y dispone—de todos los mandamientos a menos que Cristo esté formado en él plenamente, a menos que su imagen esté impresa en él de forma que pueda verse a sí mismo cuando mira al creyente.

La justicia de Dios en Jesucristo es la que nos hace justos, la que nos salva, nos santifica. Lo es todo para nosotros. Cuando hemos obtenido esa justicia y la tenemos de acuerdo con la idea divina sobre la justicia, ¿qué es lo que da testimonio de esa justicia de Dios que posee quien cree en Jesús? [congregación: "La ley"]. La ley de Dios. Ahí está esa obra de Cristo progresando en el creyente, una obra que avanza. Es la obra de la santificación, el proceso de santificar. Es el progreso de Cristo en la persona. Cuando Cristo alcanza en ella la plenitud, la obra de la santificación está completa.

¿Cuál es la señal de que Dios santifica? [congregación: "El sábado"]. ¿Cuál es, pues, la señal de que la presencia de Cristo está santificando a la persona? [congregación: "El sábado"]. Una vez que esa obra está completa, ¿qué será lo que testifique de ello? [congregación: "La ley"]. ¿Qué parte de la ley especialmente? [congregación: "El cuarto mandamiento"]. Toda la ley testificará acerca de la obra de la justicia de Dios completada en el creyente, pero el sábado está ahí como señal dispuesta por Dios para significar una obra completa. Es la señal de una obra completa en la creación, pero al resultar esta malograda y contrariada la voluntad de Dios, el Señor ha tenido que hacer avanzar su obra de esa manera, a fin de consumar su propósito original en la creación. Por lo tanto, el sábado señala la obra de Dios completada en la salvación. El sábado se erige como el pináculo de la ley, como el que testifica de la santificación llevada a su plenitud, de forma que es señal de la obra de Dios completada en la creación, y también en esta creación secundaria que consiste en el logro del propósito original de la creación.

Otro pensamiento: dado que el sábado es la señal de lo que Cristo es para el creyente, ¿podrá conocer plenamente el creyente lo que es el sábado a menos que conozca plenamente lo que es Cristo? [congregación: "No"]. Así pues, cuando el conocimiento de Dios en Jesucristo inunda la mente, el sábado será igualmente conocido en su plenitud por esa mente. Ahora bien, el sábado es la señal de lo que Dios es en Cristo; y cuando la mente lo capta en su plenitud, ¿de qué se trata en realidad, sino de la misma imagen de Dios, de su nombre en la mente del creyente? ¿No es eso acaso el sello del Dios viviente, mediante el sábado del Señor?

Podéis ver que cada paso del camino, cada línea de pensamiento nos lleva al hecho de que el sábado, tal cual es en Jesucristo, y tal como lo observa el que cree en Jesús, es el único sello del Dios viviente. La observancia de un día entre siete no es el sello de Dios. Cristo, tal como es reflejado en el sábado del Señor, en la mente y corazón del creyente, en la imagen viviente de Dios llevada a su consumación, es el sello del Dios viviente. Así es como el nombre del Padre queda escrito en sus frentes. Leamos en Números 6:23 a 27:

Habla a Aarón y a sus hijos, y diles: Así bendeciréis a los hijos de Israel. Les diréis: "Jehová te bendiga y te guarde. Jehová haga resplandecer su rostro sobre ti y tenga de ti misericordia; Jehová alce sobre ti su rostro y ponga en ti paz". Así invocarán mi nombre sobre los hijos de Israel, y yo los bendeciré.

Esa era la bendición que pronunciaba el sumo sacerdote una ver terminado el día de la expiación; una vez completada esa obra de expiación, al salir el sacerdote del templo para santificar y bendecir al pueblo. Y en esa bendición, ¿qué invocaban? "Invocarán mi nombre sobre los hijos de Israel". Había pasado el juicio y estaban seguros. Pero eso sucedía en los símbolos. Leed ahora en Apocalipsis 3:9-12:

De la sinagoga de Satanás, de los que dicen ser judíos y no lo son, sino que mienten, te daré algunos. Yo haré que vengan y se postren a tus pies reconociendo que yo te he amado. Por cuanto has guardado la palabra de mi paciencia, yo también te guardaré de la hora de la prueba que ha de venir sobre el mundo entero para probar a los que habitan sobre la tierra.

Se dio ese mensaje al comienzo del día de la expiación. Tuvo entonces su cumplimiento.

Al vencedor yo lo haré columna en el templo de mi Dios y nunca más saldrá de allí. Escribiré sobre él el nombre de mi Dios y el nombre de la ciudad de mi Dios, la nueva Jerusalén, la cual desciende del cielo, con mi Dios, y mi nombre nuevo (vers. 12).

Cuando resulte completada su obra de expiación, el nombre de Dios habrá sido puesto en la mente de forma final, y él proclamará que la obra está consumada. Lo que Dios significa ahí, en el creyente y en el sábado, es la señal de su obra completada en la santificación.

Isaías 58:13-14:

Si retraes del sábado tu pie, de hacer tu voluntad en mi día santo, y lo llamas "delicia", "santo", "glorioso de Jehová", y lo veneras, no andando en tus propios caminos ni buscando tu voluntad ni hablando tus propias palabras, entonces te deleitarás en EL SABADO …

[congregación: "No: "Te deleitarás en Jehová"]. ¿Por qué no en el sábado? ¿No nos dice que lo consideremos delicia, santo, glorioso de Jehová y venerable? "No andando en tus propios caminos". ¿Por qué no buscamos *nuestro propio* deleite en el sábado? Ved cuál es ahí el significado. Al guardar el sábado tal como él dispone, "te deleitarás en Jehová", puesto que el sábado es la señal de lo que el Señor significará para ti, y tú para él. Me gustaría saber por qué extraña razón alguien en el mundo habría de comprometerse con otra institución rival del sábado, siendo que el sábado es precisamente la señal de lo que Cristo es para él. Aquel que reconoce en el sábado la señal de lo que Cristo es para él, ¿estará cavilando en cuanto a si debe o no trabajar en domingo? [congregación: "No"]. ¡Desde luego que no! Sabe bien que no

puede cavilar así. Sabe que no puede aceptar componendas y tener la mitad de Cristo y la mitad de alguna otra cosa. Cristo lo es todo en todos, y el sábado es la señal de lo que Cristo es para él: lo es todo, y cualquier sugerencia en el sentido opuesto es como si le insultaran.

Así, los que se están haciendo esas preguntas no conocen lo que Cristo significa. Tanto daría que guardaran el domingo como que no lo hicieran. No están guardando el sábado.

El sábado lleva en sí mismo la imagen viviente de Jesús y la presencia de Jesucristo. Él mismo las puso en el sábado. Lo hizo así para beneficio del hombre, y el que cree en Jesucristo lo podrá encontrar allí. Además de la bendición del Señor que posee, al llegar el sábado recibe bendición adicional del Señor. Al margen de cuánto de la presencia de Cristo sea con él, cuando llega el sábado recibe presencia adicional de Cristo, y lo sabe.

No importa cuánto del reposo de Cristo esté disfrutando, al llegar el sábado—que es la señal de lo que Cristo es para el creyente y que lleva en sí mismo la presencia de Cristo—e trae reposo adicional en el Señor. No importa cuánta santidad del Señor tenga, al llegar el sábado le es revelado aun más sobre esa santidad al observarlo en el temor de Cristo y por la fe en él. No hace diferencia alguna si estuviera totalmente santificado, no teniendo nada del "yo", de forma que sólo Cristo more en él; al llegar el sábado, en las profundidades de la eternidad se le revelará aun más del maravilloso conocimiento y del poder creciente y santificador que hay en Jesucristo para todo el que cree en él.

El mensaje del tercer ángel (nº 21)
A.T. Jones

Retomamos hoy el tema en el punto en que lo dejamos anoche: en el reconocimiento de que la obra de Dios en la salvación consiste en el logro de su propósito original en la creación. Como vimos ya, cuando se completó la obra de la creación de los cielos, la tierra y todo lo que hay en ellos, quedaba allí cumplido el propósito de Dios, y por ese motivo se gozó en aquel día. Sin embargo, mediante el engaño de Satanás, este mundo resultó alejado de su propósito en la creación, viniendo a convertirse en todo lo contrario.

Por lo tanto, a fin de lograr su propósito, el Señor ha de reunir a partir de este mundo un pueblo que habitará la tierra renovada, tal como habría sucedido según su propósito original de no haber existido la caída. Y cuando lo logre mediante esa palabra de salvación, mediante el poder de Dios en la salvación, eso constituirá la auténtica realización final, el cumplimiento del propósito divino original al crear este mundo con todo lo que contiene: un universo completo en el que todo cuanto haya en el cielo, en la tierra, bajo ella y en el mar, con todo lo que hay en ellos, digan:

Al que está sentado en el trono y al Cordero, sea la alabanza, la honra, la gloria y el poder, por los siglos de los siglos (Apoc 5:13).

Por lo tanto, el Salvador, cuando estuvo aquí, dijo: "Mi Padre hasta ahora trabaja, y yo trabajo" (Juan 5:17).

La obra de Dios terminó cuando dio comienzo aquel séptimo día en lo antiguo. Reposó. Pero su obra en esta tierra y la formación del hombre quedaban aún pendientes, de manera que debió ponerse nuevamente a la labor en la obra de la salvación a fin de completar su propósito original, por lo tanto, Jesús dijo: "Mi Padre hasta ahora trabaja, y yo trabajo".

Leeré a continuación tres pasajes del Antiguo Testamento y tres del Nuevo, y podéis multiplicarlos tanto como queráis, especialmente a partir del capítulo 40 de Isaías y siguientes. Esos textos muestran que en la obra de la salvación el Señor empeña su obra original en la creación, se empeña a sí mismo como Creador y a su poder tal cual se manifestó en la creación, como la base de nuestra confianza en su poder para consumar nuestra salvación.

Ved primeramente el Salmo 111:4: "Ha hecho memorables sus maravillas." Una traducción alternativa más literal, sería: "Ha hecho un memorial para sus obras maravillosas." De eso es de lo que hemos estado hablando; era la primera parte del versículo que continúa así: "Clemente y misericordioso es Jehová."

Por consiguiente, sus obras maravillosas significadas en el memorial que estableció, quedan en ese versículo ligadas a su clemencia y misericordia, a la plenitud de su compasión hacia el ser humano en este mundo que tan necesitado está de ella.

Veamos ahora el capítulo 40 de Isaías, y podéis continuar a lo largo de todo el libro, pues lo encontraréis desde el principio hasta el fin. Comencemos en su primer versículo, que dice:

¡Consolad, consolad a mi pueblo!, dice vuestro Dios. Hablad al corazón de Jerusalén; decidle a voces que su tiempo es ya cumplido, que su pecado está perdonado, que doble ha recibido de la mano de Jehová por todos sus pecados. Voz que clama en el desierto: "¡Preparad un camino a Jehová; nivelad una calzada en la estepa a nuestro Dios!"

Es el mensaje de Juan Bautista.

¡Todo valle sea alzado y bájese todo monte y collado! ¡Que lo torcido se enderece y lo áspero se allane! Entonces se manifestará la gloria de Jehová y toda carne juntamente la verá, porque la boca de Jehová ha hablado. Voz que decía: "¡Da voces!" Y yo respondí: "¿Qué tengo que decir a voces?" "Que toda carne es hierba y toda su gloria como la flor del campo. La hierba se seca y la flor se marchita, porque el viento de Jehová sopla en ella. ¡Ciertamente como hierba es el pueblo! La hierba se seca y se marchita la flor, mas la palabra del Dios nuestro permanece para siempre".

Pedro, citando ese pasaje en los dos últimos versículos del capítulo uno de su primera epístola, declara:

Esta es la palabra que por el evangelio os ha sido anunciada.

Isaías sigue entonces refiriéndose al evangelio en otros términos:

Súbete sobre un monte alto, anunciadora de Sión; levanta con fuerza tu voz, anunciadora de Jerusalén. ¡Levántala sin temor! Di a las ciudades de Judá: "¡Ved aquí al Dios vuestro!" He aquí que Jehová el Señor vendrá con poder, y su brazo dominará; he aquí que su recompensa viene con él y su paga delante de su rostro. Como pastor apacentará su rebaño. En su brazo llevará los corderos, junto a su pecho los llevará, y pastoreará con ternura a las recién paridas.

Hasta aquí está exponiendo el evangelio mediante la palabra de Dios. Seguimos leyendo:

¿Quién midió las aguas con el hueco de su mano y los cielos con su palmo, con tres dedos juntó el polvo de la tierra, y pesó los montes con balanza y con pesas los collados? (vers. 12).

¿Quién fue? El mismo que "como pastor apacentará su rebaño", Aquel cuya voz nos habla hoy en el evangelio, Aquel que vive para siempre.

¿Quién examinó al espíritu de Jehová o le aconsejó y enseñó? ¿A quién pidió consejo para poder discernir? ¿Quién le enseñó el camino del juicio o le dio conocimiento o le mostró la senda de la prudencia? He aquí que las naciones son para él como la gota de agua que cae del cubo, y como polvo menudo en las balanzas le son estimadas. He aquí que las islas le son como polvo que se desvanece. Ni el Líbano bastará para el fuego, ni todos sus animales para el sacrificio. Como nada son todas las naciones delante de él; para él cuentan menos que nada, menos que lo que no es. ¿A qué, pues, haréis semejante a Dios o qué imagen le compondréis?

Saltamos ahora hasta el versículo 25:

¿A qué, pues, me haréis semejante o me compararéis? Dice el Santo. Levantad en alto vuestros ojos y mirad quién creó estas cosas; él saca y cuenta su ejército; a todas llama por sus nombres y ninguna faltará.

Dice el texto que no falta ni siquiera uno sólo. ¿Qué es lo que sustenta a los astros? [congregación:

"El poder de su palabra"]. Él "sustenta todas las cosas con la palabra de su poder" (Heb 1:3).

Su invitación es ahora a que abramos los ojos y veamos quién creó todas esas cosas, y "saca y cuenta su ejército".

¿Adónde nos lleva todo esto? Leamos el versículo 27:

¿Por qué dices, Jacob, y hablas tú, Israel: "Mi camino está escondido de Jehová, y de mi Dios pasó mi juicio?"

Levantad en alto vuestros ojos y mirad quién creó estas cosas; él saca y cuenta su ejército; a todas llama por sus nombres y ninguna faltará (vers. 26).

Ahora Jacob, ¿por qué sientes que Dios se olvidó de ti? ¿Por qué ese desánimo? Dios jamás ha olvidado ni a uno solo de los planetas en el universo; los conoce a todos por sus nombres. ¿Acaso se va a olvidar de tu nombre? ¿Por qué presenta aquí estas dos ideas la una junto a la otra? [voz: "Para nuestro consuelo"]. Porque el Consolador de Israel es el mismo que creó todas esas cosas. Aquel que conoce todas esas cosas es el que os pone a vosotros y a mí un nombre nuevo.

Versículo 28:

¿No has sabido, no has oído que el Dios eterno es Jehová, el cual creó los confines de la tierra? No desfallece ni se fatiga con cansancio, y su entendimiento no hay quien lo alcance. Él da esfuerzo al cansado y multiplica las fuerzas al que no tiene ningunas.

¿De quién se trata? [congregación: "Del Señor"]. Bien, levantad en alto vuestros ojos y ved quién creó todas estas cosas, y comprobad entonces que tiene el poder para dar fuerzas al cansado mediante su palabra; por lo tanto dice: 'Tened buen ánimo'; 'Consolaos'. Y sucede así. Cuando aquel que tenía semejanza de hombre tocó a Daniel y lo fortaleció, diciéndole "¡esfuérzate!", Daniel dijo: "Hable mi señor, porque me has fortalecido" (10:18-19).

Ahora el resto del capítulo:

Los muchachos se fatigan y se cansan, los jóvenes flaquean y caen; mas los que esperan en Jehová tendrán nuevas fuerzas, levantarán alas como las águilas, correrán y no se cansarán, caminarán y no se fatigarán.

El mismo poder que sostiene en sus órbitas a los planetas será el que fortalezca a los débiles y cansados, de forma que "correrán y no se cansarán, caminarán y no se fatigarán". ¿Comprendéis que el Señor establece la creación—y su poder en la creación—como el fundamento de nuestra esperanza en su salvación? ¿Veis que se trata de una y la misma cosa?

En el Salmo 147, versículos 3 y 4, encontramos otro pasaje bendito que afecta íntimamente a todos, y es por eso que lo leo:

Él sana a los quebrantados de corazón y venda sus heridas. Él cuenta el número de las estrellas; a todas ellas llama por sus nombres.

Aquel que es capaz de contar el número de las estrellas, conociendo a cada una por nombre, es quien sana y venda las heridas de los corazones quebrantados. ¿Fue herido vuestro espíritu?, ¿se quebrantó vuestro corazón y casi os desesperasteis creyéndoos olvidados de todo y de todos? El versículo es para vosotros. El pensamiento es el siguiente: no es sólo que "Él sana a los quebrantados de corazón y venda sus heridas", sino que también cuenta las estrellas y las llama por sus nombres, motivo por el cual nunca olvidará tu nombre. Así es el Señor. Así es nuestro Salvador; pero el fundamento de nuestra confianza en él como Salvador es que él creó todos esos astros y los conoce por sus nombres, sustentándolos con la misma palabra de su poder para salvar.

Yendo ahora al Nuevo Testamento, recordad lo escrito en el primer capítulo de Juan, versículos 1 al 4:

En el principio era el Verbo, el Verbo estaba con Dios y el Verbo era Dios. Este estaba en el principio con Dios. Todas las cosas por medio de él fueron hechas, y sin él nada de lo que ha sido hecho fue hecho. En él estaba la vida, y la vida era la luz de los hombres.

Y el versículo 14: "El Verbo se hizo carne y habitó entre nosotros lleno de gracia y de verdad." … "De su plenitud recibimos todos, y gracia sobre gracia" (vers. 16).

Así, el mismo que creó todas las cosas vino aquí "lleno de gracia y de verdad" tomando una carne como la nuestra, y mediante él somos participantes de su plenitud. El pensamiento que Dios quiere que alberguemos acerca de la salvación es que Aquel que nos creó es quien nos salva; que el poder por el que creó es el mismo poder por medio del cual nos salva, y el medio que utilizó para crear —su palabra—es precisamente el mismo por el que nos salva. Fue por su palabra, y

a vosotros es enviada la palabra de esta salvación (Hech 13:26).

Efesios 3 se refiere al evangelio. Versículos 7 al 12:

Del cual yo fui hecho ministro por el don de la gracia de Dios que me ha sido dado según la acción de su poder. A mí, que soy menos que el más pequeño de todos los santos, me fue dada esta gracia de anunciar entre los gentiles el evangelio de las insondables riquezas de Cristo, y de aclarar a todos cuál sea el plan del misterio escondido desde los siglos en Dios, el Creador de todas las cosas.

¿Qué es lo que había de predicar? "Las insondables riquezas de Cristo". Y tenía que hacer ver a todos el misterio escondido desde los siglos en Dios: el Creador de todas las cosas en Jesucristo. Por lo tanto, la finalidad del evangelio es permitir que el hombre comprenda cuál fue el propósito de Dios cuando creó al principio. Si el evangelio tuviera otro propósito diferente, si enseñara cosas diferentes o recurriera a algún otro poder distinto del que actuó en la creación original, su predicación no llevaría a ninguna parte. Pero puesto que es precisamente así, eso refuerza el pensamiento propuesto: que el propósito de Dios en el evangelio es restaurar en el hombre el conocimiento que había perdido de su propósito original al crear todas las cosas por Jesucristo.

Así, seguimos leyendo:

Para que la multiforme sabiduría de Dios sea ahora dada a conocer por medio de la iglesia a los principados y potestades en los lugares celestiales, conforme al propósito eterno que hizo en Cristo Jesús nuestro Señor.

Pero leemos en otro lugar que él tuvo ese propósito desde antes de la fundación del mundo. Necesariamente tuvo que ser así, dado que se trata de su "propósito eterno". Por lo tanto, en Cristo, en la salvación del mundo y del hombre, y en toda la obra de Cristo, Dios está llevando a cabo su propósito eterno tal como fue desde el principio,

en quien tenemos seguridad y acceso con confianza por medio de la fe en él (vers. 12).

Leamos nuevamente: "Conforme al propósito eterno que hizo en Cristo Jesús, nuestro Señor". Ese propósito original creador del que hablamos anoche consiste en Cristo llevando a cabo lo que resultó anteriormente frustrado. Se trataba de Cristo entonces, y de Cristo ahora. Es Cristo todo el tiempo, y es el poder de Dios en Cristo todo el tiempo. Se trata siempre del poder de Dios manifestado a través de su palabra para el cumplimiento de su propósito: al principio y también al final. Satanás vino y desbarató el mundo, poniéndolo en una complicada situación. El Señor dijo: 'Está bien, aun así lo conseguiremos'. Satanás no hizo otra cosa, excepto seguir desbaratando el mundo, lo que hizo necesario un rodeo. Pero Dios llevará a cabo su plan incluso en ese rodeo; cumplirá su propósito eterno de forma que el universo quedará atónito y el diablo destruido. Sin duda ninguna el Señor *lo hará*.

Encontramos lo mismo en Colosenses 1, a partir del versículo 9. Leeré del 9 al 17:

Por lo cual también nosotros, desde el día que lo oímos, no cesamos de orar por vosotros y de pedir que seáis llenos del conocimiento de su voluntad en toda sabiduría e inteligencia espiritual. Así podréis andar como es digno del Señor, agradándolo en todo, llevando fruto en toda buena obra y creciendo en el conocimiento de Dios. Fortalecidos con todo poder conforme a la potencia de su gloria, obtendréis fortaleza y paciencia, y, con gozo daréis gracias al Padre que nos hizo aptos para participar de la herencia de los santos en luz. Él nos ha librado del poder de las tinieblas y nos ha trasladado al reino de su amado Hijo en quien tenemos redención por su sangre, el perdón de pecados. Cristo es la imagen del Dios invisible, el primogénito de toda creación, porque en él fueron creadas todas las cosas, las que hay en los cielos y las que hay en la tierra, visibles e invisibles; sean tronos, sean dominios, sean principados, sean potestades; todo fue creado por medio de él y para él. Y él es antes que todas las cosas, y todas las cosas en él subsisten.

Creación, salvación, la bendición de Dios, su gracia, la liberación del poder de las tinieblas, todo es una y la misma historia: el poder creador de Dios, y Dios en Jesucristo.

Todo lo anterior está contenido en el primer capítulo de Hebreos. De hecho, impregna toda la Biblia. Así pues, no necesitamos insistir más en que la salvación es creación, y en que nos es dada como indicación del poder creador manifestado en Jesucristo. Y la única forma en la que dicho poder se manifiesta es en Jesucristo. La única forma en que podemos conocer a Dios es en Cristo. Él mismo ha establecido esa señal indicativa del poder creador de Dios en Jesucristo; y sea que ese poder esté en la creación original o bien en la obra de la salvación a fin de llevar a cabo el propósito original en la creación, se trata siempre del mismo poder, ejercido por el mismo, de la misma forma y con el mismo significado en cada caso.

Por lo tanto, si encontraseis otra señal para significar la obra de la salvación, si encontraseis una señal distinta de aquella que Dios dispuso, ¿podría ser esa otra señal indicativa del poder de Dios y de su salvación? [congregación: "No"]. Pensad en esto con todo detenimiento. Dios ha establecido una señal para significar su poder obrando en todo lugar y en todo tiempo, en Cristo Jesús. Si vosotros —o cualquier otro— establecéis otra señal distinta, jamás puede significar el poder de Dios, puesto que fue algún otro distinto de él mismo quien lo instituyó. Por lo tanto, es imposible significar el poder de Dios mediante cualquier otra cosa, mediante cualquier otra señal. ¿Lo comprendéis? [congregación: "Sí"].

Hay más: si alguien encontrara en alguna parte de la historia *otra* señal establecida para significar la salvación, sería salvación mediante *otro* poder distinto del poder de Dios en Jesucristo. Sólo podría ser así. Pues bien, ¿se ha dado algún esfuerzo, se ha albergado alguna pretensión en la historia a fin de salvar a las personas mediante algún otro poder diferente al de Jesucristo? [congregación: "Sí"]. ¿Acaso no ha existido en el mundo un poder llamado anticristo? [congregación: "Sí"]. "Anti" significa opuesto o contrario a Cristo. Ese poder pretende salvar a las personas, ¿no es así? [congregación: "Así es"]. Leamos primeramente la descripción de su proceder:

> Se opone y se levanta contra todo lo que se llama Dios o es objeto de culto; tanto, que se sienta en el Templo de Dios como Dios, haciéndose pasar por Dios (2 Tes 2:4).

En Daniel 8:25 leemos que "se levantará contra el Príncipe de los príncipes". Procurará regir, reinar, ejercer su poder en contra del Príncipe de los príncipes. ¿Quién es el Príncipe de los príncipes? [congregación: "Cristo"]. Se levanta contra Cristo, ejerce su poder, desarrolla su obra en oposición a Cristo. Daniel 8:11: "Aun se engrandeció *contra* el príncipe de los ejércitos."

El versículo precedente aclara que se trata del "ejército del cielo". Por lo tanto, tal como afirma Pablo, se exalta a sí mismo, se exalta y se opone contra todo lo que se llama Dios y se considera digno de adoración. Se auto-magnifica, se exalta a sí mismo contra el Príncipe del ejército celestial.

¿Cuál es ese poder? [congregación: "El papado"]. —Es el papado, la iglesia, la Iglesia católica, la Iglesia de Roma. ¿No es acaso la doctrina de esa iglesia que no hay salvación fuera de ella, o por ningún otro medio ajeno a ella? [congregación: "Sí"]. Esa iglesia, ese poder, se exalta a sí mismo y se autoproclama único medio posible de salvación, estando en completa oposición con Cristo. ¿No resulta evidente que como símbolo de su poder para salvar habrá de elegir otra señal distinta del sábado? Es un hecho.

Otro pensamiento en este punto: puesto que ha de ser una señal distinta del sábado, que es indicativo del poder de Dios en Jesucristo para la salvación, ¿no resulta claro que cualquier otro poder que establezca una señal indicativa de su poder para salvar, habrá de recurrir por necesidad a un "sábado" en rivalidad con el verdadero? No queda otra posibilidad; ha de ser precisamente así. Si eligiera como señal cualquier otra cosa que no estuviera en rivalidad con el sábado, esta señal divina permanecería destacada sin dar ocasión a que nada la desafiara. Por lo tanto, para que la rivalidad sea completa, y a fin de establecer su poder en total oposición a Cristo, el hombre de pecado ha de poseer una señal de *su* poder para salvar, y ha de estar, por el motivo descrito, en rivalidad con la señal indicativa de la salvación en Cristo.

Y ciertamente la Iglesia de Roma pretende exactamente eso. Afirma que el domingo que ella ha establecido es la señal del poder de la iglesia para poner en el camino de la salvación a los hombres sujetos al pecado. Pretende eso, ni más ni menos.

Cuando se estableció el domingo, y cuando los gobiernos terrenales obligaron a que se lo observara por la fuerza, quedó configurado el papado tal como existe hoy en el mundo. El domingo fue entonces puesto en lugar del sábado del Señor con un propósito directo y definido. El registro histórico es incontestable. Veamos lo dicho por uno de los que hicieron ese cambio. En la página 313 del libro "Two Republics" leemos:

> Hemos transferido al Día del Señor [llama así al domingo] todas las cosas que era deber efectuar en sábado–*Eusebio*.

Se aplicó entonces la ley para hacer obligatoria la observancia del domingo, ¿con qué propósito? Leo en la página 315 del mismo libro:

> Nuestro emperador, muy amado del Señor, *cuya fuente de autoridad imperial deriva de lo alto*, y que destaca en el poder de su sagrado título, ha controlado el Imperio mundial durante un largo período de años. Efectivamente, este Preservador decide en estos cielos, en esta tierra y en el reino celestial, de forma consistente con la voluntad de su Padre. *Así, nuestro emperador* amado por él, *llevando a aquellos sobre quienes rige en la tierra al unigénito Verbo y Salvador, los hace auténticos súbditos de su reino*–Eusebio.

Su propósito era, pues, salvar a las personas por esos medios, y el domingo se estableció como señal del poder que lo estaba llevando a cabo, *en lugar del sábado del Señor* que es indicativo de su poder. Sigo leyendo en la página 316:

> Ordenó asimismo que se observara un día como ocasión especial para la adoración religiosa *Id*.

Y:

¿Quién otro ha ordenado a las naciones que pueblan los continentes y las islas de este vasto mundo que se reúnan en el Día del Señor [se refiere al domingo], observándolo como festivo, no para cuidar el cuerpo sino para fortalecimiento y ánimo del alma mediante la instrucción en la verdad divina?—*Eusebio.*

Tal era su objetivo: tomar el lugar de Dios, tomar el lugar del sábado del Señor. Es lógico que hiciera así, ya que hemos visto que de suscitarse otro poder con la pretensión de salvar a las personas, habría de acuñar otra señal distinta de la que es indicativa del poder de Dios.

Eso es lo que hizo el papado, quien estableció con ello el gobierno de la iglesia, convirtiéndola en el conducto de salvación mediante el poder terrenal absoluto, compeliendo a las personas en ese camino.

Ya leímos aquí la doctrina de la iglesia, las doctrinas de la iglesia de Roma acerca de cómo han de hacer las personas para salvarse, y todo consistía en el yo del hombre; el que puede ahí salvar es solamente el poder del yo. No se trata de la salvación de Cristo. Sus doctrinas enseñan que el hombre se ha de preparar a sí mismo, que ha de lograr una bondad suficiente, y entonces el Señor hará tratos con él: 'Si haces tal y tal cosa, seré benigno contigo'. Así se lee en ese libro; no tengo tiempo esta noche de repetirlo. Su doctrina consiste en que la persona tiene que hacer cierta cosa; el problema es que no hay en ella poder alguno para efectuarla, pero su argumento es que si la hace, lo ha ganado todo. Esa no es la salvación en Cristo. No es la salvación de Dios.

Hay más: las iglesias que profesan ser protestantes en Estados Unidos han tomado ahora el mismo curso de acción y han exaltado igualmente el domingo, el día que ponen en este gobierno, tal como hizo la Iglesia católica en el Imperio romano, y con el mismo propósito.

Más aun: esas profesas iglesias protestantes saben que no hay en la Biblia mandamiento ninguno acerca del domingo. Lo admiten. Dicen que {el cambio de sábado a domingo} comenzó en la iglesia primitiva. Poco me interesa cuán atrás pretendan situar ese cambio en la iglesia primitiva: si se trata de una institución de la iglesia, si es una ordenanza eclesiástica, algo que la iglesia dispone que los hombres obedezcan, no importa cuándo comenzara: es igualmente perversa. Toda iglesia que pretenda algo semejante se convierte en una iglesia apóstata. Seguid el hilo hasta los días de los apóstoles si queréis; sea como fuere, la iglesia que hiciera así se convirtió en una iglesia apóstata, pretendiendo salvarse a sí misma y a otros al margen del poder de Dios. Por lo tanto, sea la iglesia que sea que lo hiciera, es una iglesia caída. La misión de la iglesia en el mundo es obedecer a Dios, y no dar órdenes a los hombres.

Toda iglesia, por lo tanto, que pretenda dar órdenes a los hombres, es por necesidad una iglesia apóstata. La iglesia de Dios es la que obedece a Dios. Es él quien da las órdenes; el poder es sólo suyo, y suya la autoridad. Dios estableció la iglesia para que a través de ella se pudieran reflejar su poder y gloria a los hombres. Pero no es prerrogativa de la iglesia el dar órdenes a nadie. También ella obedece *sólo* a Dios.

Ahora voy a expresarlo de otra forma, quizá con mayor llaneza. La iglesia como un todo—la católica y la protestante apóstata—ha usurpado ya el lugar de Jesucristo, puesto que cualquier iglesia que se exalte a sí misma y haga de ella misma el camino de la salvación es necesariamente una iglesia apóstata que se coloca a sí misma en lugar de Jesucristo, quien es el Salvador.

Ninguna iglesia puede exaltarse como salvadora de los hombres. Por el contrario: ha de exaltar a Jesucristo como al único Salvador. Jesucristo *en ella* como el Salvador que es, pero se trata de Jesucristo y no de *ella*, ya que es lo mismo en la iglesia que en el individuo. Tengo la justicia de Cristo; su presencia mora en mí. El cristiano puede y debe decir eso, pero jamás puede pretender: 'Soy el Salvador', o 'soy la justicia', 'soy bueno y poseo bondad que puedo conferir a otros a fin de que sean salvos'.—No. El cristiano puede decir: 'Tengo la justicia de Cristo', 'Cristo mora en mí, y cumple a través mío su bendito propósito de que otros sean alcanzados y salvos'. Pero sólo él es el Salvador, sólo él es la justicia y el poder. Él lo es todo en todos.

Como sucede con la persona, así también con la colectividad. De igual forma en que Cristo mora en la persona, lo hace también en la colectividad de personas en un sentido más profundo que en el caso del simple individuo, y la justicia de Cristo en la comunidad de personas no es otra cosa que la justicia de Cristo en mayor medida si cabe, en la comunidad de individuos que constituye la iglesia. De igual forma en que Cristo obra a través del individuo para su salvación, Cristo *en la iglesia* obra a través de toda la iglesia para salvar. Ahora bien, si la iglesia se enorgullece y se cree por encima de todo, comenzando a atribuirse crédito para gloria suya así como poder para salvar, en ese preciso momento se está colocando en el lugar de Jesucristo, pretendiendo ser el Salvador.

Se trata de la misma autoexaltación en la iglesia que en el individuo, y fue la autoexaltación de las personas la que conformó la iglesia autoexaltada, terminando en la apostasía.

Se trata, pues, de la iglesia pretendiendo ser ella misma el camino de la salvación, la salvadora realmente, la única vía de salvación, de forma que todos pueden únicamente salvarse según el camino que ella establece. De esa forma se exaltó contra Dios y contra el Príncipe de los ejércitos, contra Jesucristo, y estableció esa señal de su poder para salvar, en oposición a la que Dios había establecido. Y tal como hemos visto, lo hizo con el propósito declarado de ponerlo en sustitución del sábado del Señor.

Y la segunda iglesia apóstata, la que se ha establecido en nuestra tierra, ha obrado de la misma forma. Ha establecido mediante una disposición gubernamental de los Estados Unidos —por una decisión del Congreso—la institución del domingo, la señal del poder de la Iglesia de Roma para salvar a las personas. Las profesas iglesias protestantes lo han establecido mediante una disposición emanada del Congreso, en lugar del sábado del Señor. Así pues, *la madre y sus hijas* han desechado el sábado del Señor y han puesto en su lugar la señal de la salvación según la Iglesia católica.

Veamos ahora el significado de lo anterior. ¿Qué hemos visto que es el sábado?—La señal de lo que Cristo es para el creyente desde todo punto de vista en que quepa analizarlo; la señal de lo que es Dios para el hombre, en Jesucristo. Hemos visto que lleva en sí mismo la bendición, el espíritu, el refrigerio y la presencia santificadora de Cristo y de Dios. {El sábado del séptimo día} lleva en sí mismo la presencia de Jesucristo, y aquel que lo guarda por la fe en Jesús goza de su presencia. Al sucederse un sábado tras otro, halla presencia adicional de Jesús.

Por consiguiente, cuando la iglesia apóstata desechó todo lo anterior y puso en su lugar la señal propia de ella, ¿desechó solamente el día? [voz: "Desechó a Cristo"]. ¿Acaso no fue eso quitar a Cristo de las mentes y vidas de las personas? Cuando las iglesias apóstatas han hecho lo mismo en nuestra tierra ante nuestros ojos, ¿no han desechado también la presencia y el poder de Cristo, desterrándolo así del conocimiento y las vidas de las personas? [congregación: "Sí"].

Hay aquí un punto digno de nuestra consideración a propósito de por qué en el pasado no se ha visto el progreso esperado entre los profesos cristianos, en relación a las expectativas de Cristo. ¿Qué es lo que Dios puso en la vida del hombre cuando lo creó, a fin de que llevándolo en sí mismo progresara continuamente en el conocimiento de Dios, incluso aunque nunca hubiese pecado y hubiera permanecido fiel? Lo preguntaré de otra forma: cuando Dios creó al hombre al principio, cuando lo puso en esta tierra para que viviera, si hubiera permanecido siempre fiel y no hubiera pecado, ¿había algo que Dios puso allí ligado a él, a fin de permitirle un progreso ininterrumpido en el conocimiento de Dios en su propia experiencia? [voz: "El sábado"].

¿No lo leímos anoche vez tras vez? ¿No se puso a sí mismo, no puso su nombre, su presencia viviente, su poder santificador en el día del sábado, dándoselo al hombre aunque este había sido ya bendecido y glorificado, de forma que cuando ese hombre bendito llegara al día bendito recibiera bendiciones adicionales? [congregación: "Sí"]. Por lo tanto, ¿no puso Dios en el mundo algo que de haber sido observado y guardado según dispuso Dios preservaría al hombre, lo elevaría según un plan de crecimiento y progreso en el conocimiento de Jesucristo en él mismo? ¿Qué es? [congregación: "El sábado"].

Permanece ahí tras la caída del hombre. Así pues, cuándo la iglesia de Roma desterró el sábado de las mentes de las personas—aquello que hacía posible que reconocieran a Cristo y su poder para convertir—¿quedó alguna cosa que les permitiera avanzar en la obra santificadora de Cristo? Esa es la razón por la que iglesias que comenzaron con el conocimiento de Dios, la salvación por la fe y la justicia por la fe, llegaron a estancarse; otra iglesia tuvo entonces que sucederle, para caer presa del mismo proceso y llegar también al estancamiento. Pero al aparecer nosotros en escena somos llamados a predicar nuevamente el evangelio eterno, y hemos de constituir una iglesia que tenga esa señal que trae la presencia viviente de Jesucristo al hombre, según una obra que progrese hasta su culminación. Tal es la iglesia que tiene el sábado del Señor, y la iglesia que tiene el sábado del Señor ha de conocer la culminación de esa obra en la salvación de Cristo.

¿Quién puede medir la maldición y perjuicio que ha ocasionado al mundo esa terrible acción de las iglesias apóstatas? Nada que no sea la mente de Dios puede comprender la magnitud del daño y pérdida causados.

El efecto logrado fue quitar la presencia de Cristo; quitar a Cristo del conocimiento, de la experiencia de los corazones humanos. En su lugar instauró otro poder: un poder humano, un poder satánico, el "yo". Lo colocó en el lugar de Dios y de Cristo, quien se anonadó a sí mismo para que Dios pudiera brillar.

Hay un paralelismo histórico increíblemente apropiado en lo que acabo de exponer, y vale la pena que lo consideremos. En primer lugar, la humanidad, los hombres, perteneciendo o no a la iglesia, están sujetos a Dios. ¿Podrían existir sin Dios? [congregación: "No"]. Si algún hombre, por su propia acción, pudiera volverse independiente de Dios, ¿seguiría existiendo? [congregación: "No"]. ¿Qué comenzó Satanás a hacer en primer lugar? ¿No fue acaso procurar su independencia de Dios y existir por sí mismo? De haber logrado su propósito, ¿qué habría significado para él? [congregación: "Su destrucción"]. Necesariamente, puesto que no hubiera podido existir sin Aquel que lo creó; pero en su irrazonable ambición, en su ciego egoísmo, pensó que podría vivir al margen de Dios, quién lo había creado.

¿No es el mismo pensamiento de autoexaltación que se ha instalado en lugar de Dios? Ya se trate del hombre como tal, o bien de profesos cristianos organizados en una iglesia, son igualmente dependientes de Dios en Jesucristo y están sujetos a la ley de Dios. La ley de Dios es la ley suprema; gobierna todo el universo, y todos en la tierra le están sujetos.

Ved ahora el paralelismo: hace unos doscientos sesenta años Irlanda tenía autonomía, tal como la que ahora se esfuerza por recuperar. Tenía su propio parlamento y gobernaba en sus asuntos internos en lo que tenía que ver con Irlanda, pero estaba sujeta al gobierno supremo de Inglaterra. Leo ahora en el quinto volumen de *History of England*, de Macaulay, en su página 301:

Los *lores* y los *comunes* de Irlanda se atrevieron, no sólo a volver a promulgar una disposición de Inglaterra que tenía el expreso propósito de sujetarlos a ella, sino a promulgarla con modificaciones. Dichas modificaciones eran ciertamente menores, pero el cambio de algo en apariencia tan insignificante como una letra, llegó a constituir una declaración de independencia.

¿Fue promulgada la ley de Dios para que la iglesia y todo ser humano le estén sujetos? [congregación: "Sí"]. ¿Se ha atrevido la iglesia apóstata a alterar esa ley? [congregación: "Sí"]. ¿Qué significado tendría esa alteración en algo tan pequeño como una letra? [voz: "Una declaración de independencia"]. Pero la ha modificado en mucho más que una letra: lo ha hecho en su concepto, en la propia idea básica, en aquello precisamente que revela y trae la presencia de Dios por encima de cualquier otra parte de la ley. *Ha quitado a Dios de la ley*. ¿Qué ha hecho entonces? [congregación: "Se ha puesto a sí misma en lugar de Dios"]. Ha decretado su propia independencia de Dios, y así lo ha proclamado al mundo.

Las iglesias protestantes—las que hacen esa profesión, puesto que hace tiempo que dejaron de ser protestantes—han llevado el Congreso de los Estados Unidos a una posición idéntica; lo han llevado a una {reformulación y} nueva promulgación del cuarto mandamiento. Ha sido citado expresamente y puesto por escrito en el libro de los estatutos legislativos. Recientemente el gobernador Pattison, de Pensilvania, hablando en el Capitolio del Estado mientras argüía en favor de las leyes dominicales que figuran ya en los libros de los estatutos, dijo que esa ley no es más que una parte de ese sistema de la ley de Dios, que ahora se 'promulga nuevamente' en los estatutos de Pensilvania. Según sus propias palabras, se promulga de nuevo la ley de Dios.

Pregunto: ¿Han promulgado la ley de Dios tal cual es? [congregación: "No"]. Si lo hubieran hecho así, si la hubieran decretado por la fuerza, eso los habría puesto en un plano de igualdad con Dios; pero la han promulgado *alterándola*, y obrando así se han colocado por encima de Dios. Las iglesias de esta nación se han autoproclamado de esa forma independientes de Dios en su acción de establecer su propia ley, alterándola deliberadamente en el curso del proceso legislativo que la aprobó.

Permitidme que lea otra frase del libro que os he citado (en la misma página 301):

La colonia de Irlanda era de la forma más enfática dependiente; era una dependencia, no sólo porque lo establecía la ley del reino, sino por lógica necesidad. Era absurdo pretender la independencia de una comunidad que no podía dejar de ser dependiente sin dejar con ello de existir.

¿Podéis imaginar un paralelismo más estrecho para ilustrar ese principio del gobierno y de la ley, que este al que nos hemos referido, y que quedó registrado para nuestra instrucción?

Un pensamiento aquí: Jesucristo vino personalmente al mundo, ¿no es así? Él mismo estableció el sábado. Él es el Señor del sábado. Él,

y sólo él, conocía la verdadera noción y significado del sábado. No obstante, desarrolló ciertas actividades en ese día, dando un ejemplo del verdadero significado del sábado que no coincidía con las ideas de los sacerdotes, fariseos y políticos de sus días. Eso desencadenó el odio de ellos hacia Jesús. Fue eso lo que suscitó su odio hacia él más que ninguna otra cosa: el que Jesús no aceptara sus ideas sobre el sábado. Y ese odio de ellos expulsó a Cristo del mundo por esa razón más que por cualquier otra: porque Cristo no aceptaba las ideas de ellos sobre el sábado.

En el siglo cuarto hubo otra iglesia apóstata que también desaprobó la idea de Dios sobre el sábado. Desterró al sábado y a Dios de las mentes de las personas y del mundo hasta donde le fue posible. La iglesia precedente lo había expulsado del mundo, pero regresó, y entonces lo expulsaron del mundo hasta donde se lo permitió el poder de ellos.

Hay aquí otra iglesia apóstata—la tercera— que ha seguido el ejemplo de las dos iglesias apóstatas anteriores. Ha expulsado a Dios—en su sábado—fuera del mundo, debido a que sus ideas sobre el sábado están en desacuerdo con la de Dios, y ha decidido que no se someterá a la idea divina. Todo eso es un hecho y está ante nosotros.

Aquella primera iglesia apóstata, a fin de poder cumplir su propósito de expulsar del mundo a Cristo, manteniendo así sus propias ideas acerca de lo que es el sábado, se asoció con un poder terrenal, eligiendo a César y dando la espalda a Dios. La segunda iglesia apóstata, a fin de poder expulsar del mundo al Señor en su sábado, se asoció igualmente a César. En la tercera apostasía, a fin de hacer prevalecer su idea sobre el sábado en contra de la de Cristo, ha de deshacerse de Cristo en su sábado, pero tiene que hacerlo recurriendo igualmente a César: asociándose con los poderes terrenales, tal como hicieran las otras dos que la precedieron.

En la primera apostasía, cuando se asociaron a César para deshacerse de Cristo y sostener sus propias ideas en contra de él acerca de lo que es el sábado, el resultado, aun habiendo sido perpetrado por una minoría—una minoría tan escasa que no

GENERAL CONFERENCE DAILY BULLETIN

se atrevieron a explicar al pueblo lo que estaban haciendo por temor a que lo rescataran de sus manos—, esa minoría, por exigua que fuera, estaba compuesta en su casi totalidad, y estaba enteramente dirigida por los líderes de la iglesia; y esos dirigentes de la iglesia, mediante amenazas, compelieron al representante de la autoridad de César a que cediera a sus demandas y ejecutara la voluntad de ellos. Sabemos que lo lograron. Así quedó registrado, y significó la más completa ruina para la nación.

Por lo tanto, ¿es posible que una minoría, una *exigua minoría*, bajo la influencia de unos pocos responsables de iglesia—sus dirigentes—tome un curso de acción que ocasione la ruina de la nación de la que forma parte? [congregación: "Sí"].

La segunda apostasía repitió el mismo patrón entregándose a la influencia del poder terrenal, obteniendo de esa forma poder gubernamental para poder realizar su propósito de deshacerse de Cristo en su sábado, y de mantener sus propias ideas acerca del sábado en contra de las de Cristo.

Fue una minoría la que hizo eso. Lo protagonizaron los principales dirigentes de la iglesia, por lo tanto fue asunto de unos pocos. ¿Cuál fue el resultado de esa intriga para el Imperio romano?—Significó su ruina. Por lo tanto, es posible que una exigua minoría, insignificante al compararla con la gran masa—dirigida, eso sí, por unos pocos de los prelados de la iglesia—instaure un estado de cosas como ese y lleve al gobierno a un curso de acción que desemboque en su ruina más completa. En la historia se ha demostrado así por dos veces.

Entonces en esta región, el pasado año, ante vuestros ojos y los míos, una minoría de personas de nuestro país influida por unos pocos—una minoría de dirigentes de iglesia—logró mediante amenazas que los políticos entregaran en sus manos el poder del gobierno para cumplir su propósito de sostener sus ideas sobre el sábado, en contra de la idea de Cristo. La historia ha demostrado por dos veces que una acción como esa significó la ruina de la nación que la emprendió. ¿Significa esa doble lección alguna cosa, en relación con la tercera instancia? [congregación: "Sí"]. La

lección que enseñaron las dos primeras ocasiones se volverá a repetir en la tercera. *Eso es lo que significa*. Ruina, y nada más que ruina es lo único que puede derivarse de ello. Ni ellos mismos son capaces de prevenirla. Nadie puede hacerlo. Han puesto en marcha un tren de circunstancias que nada en el universo puede detener. Dará inexorablemente su fruto.

El ciclo de ese Congreso está próximo a su fin. Es más que probable que concluya sin que se vuelva a abordar el tema. Si el próximo Congreso lo revocara en su totalidad, eso en nada cambiaría los resultados. El proceso se ha iniciado y proseguirá a pesar de las acciones que puedan efectuar. Vosotros y yo no hemos de sorprendernos de que, en el caso de que el próximo Congreso no lo revoque, lo haga algún otro en el futuro, y cuando llegue ese día todo guardador del sábado en la tierra debiera levantarse con todo el vigor que el Espíritu de Dios pueda darle, debiera CORTAR LAS LIGADURAS CON TODO AQUELLO QUE LO ATE A LA TIERRA, dedicándolo todo a la causa de Dios. En un futuro muy próximo la marea arrasará, dejándolo todo en ruinas. No hemos de sorprendernos de que eso pueda suceder. Cuando tenga lugar, ese será su significado.

Pero quienes no han tenido una experiencia en la causa de Dios confundirán el significado del hecho y os interpelarán así: 'Ya os decíamos que estabais exagerando ese asunto. No había nada de lo anunciado'. Y volverán a su calma confiada. Pero cuando la marea arrase resultarán atrapados en la ruina. Que nada de esa naturaleza pueda engañar vuestras mentes y corazones, incluso aunque se repita en dos ocasiones. *Creedlo*. Creed lo que aquí se está diciendo. Estudiadlo por el bien de vuestras vidas, pues realmente os va la vida en ello. Tened presente que la acción emprendida significa exactamente lo que enseñan las dos pasadas lecciones de la historia: significa ruina, aun en el caso de producirse en el proceso una o dos revocaciones. Se ha puesto en marcha el proceso, y los resultados no se harán esperar a pesar de cuanto pueda hacer el universo. Por lo tanto, no hace diferencia alguna lo que alguien pueda deciros: respondedle que sobre el particular tenéis una visión de mayor alcance. No hace ninguna diferencia si el Congreso lo revoca. Podéis estar seguros de que eso significa que el desenlace está mucho más próximo que nunca, y poned en ello toda vuestra alma. Si se ríen de vosotros, recordad que Dios ha prometido que llegará el día en el que vosotros reiréis y ellos lamentarán. Se trata de un asunto vital.

Bien, estas son *algunas* de las cosas. Más adelante os llamaremos la atención a otras más.

Así pues, en cuanto a la cuestión de si el sábado del Señor es el séptimo día, o bien si es el domingo, es un tema cargado de la más vital importancia y significado. Significa mucho más de lo que nadie en la tierra soñó jamás a menos que participe personalmente en el consejo de Dios. Analicémoslo en mayor profundidad. Hemos visto que el sábado es la señal del poder de Dios en Jesucristo obrando para la salvación del hombre. Hemos visto cómo el sábado trae por sí mismo y en sí mismo la presencia de Jesucristo a la experiencia viviente de la persona como ninguna otra cosa puede lograr, manteniéndola allí. Eso es un hecho; si no encontraste esa presencia en tu propia experiencia, créelo y *la encontrarás*. Es privilegio de cada uno el saber a quién ha creído.

Hemos visto también que la intención fue desterrar al Señor del conocimiento del hombre. Así ha quedado demostrado.

La salvación del hombre depende, pues, de esa cuestión: de si el séptimo día es el sábado del Señor o no lo es. Ese es *ahora* un asunto de vida o muerte. Encontramos ejemplos ilustrativos de eso. Vamos a leer uno, y con él concluiremos por hoy. Hechos 25:19-20:

> Tenían contra él ciertas cuestiones acerca de su religión y de un cierto Jesús, ya muerto, que Pablo afirma que está vivo. Yo, dudando en cuestión semejante, le pregunté si quería ir a Jerusalén y allá ser juzgado de estas cosas.

El motivo de aquel alboroto era que cierto hombre estuviera vivo o no. Aquí está la nación judía en conmoción contra uno de su propio pueblo, y todo a raíz de si cierta persona estaba viva o muerta. ¡Eso es todo cuanto Festo era capaz de discernir! Pero vosotros y yo sabemos que

del hecho de que aquella Persona estuviera viva o muerta dependía la salvación o perdición del mundo entero. Y hoy sucede otro tanto. Oímos: '¿A qué viene todo ese revuelo en torno a si hay que guardar el sábado o el domingo? ¿Qué más dará un día que otro? ¿Qué sentido tiene que se suscite una nueva denominación y se organice todo ese alboroto en cuanto a si el sábado es el séptimo día o algún otro; en cuanto a si reposamos en un día o en el otro? No tiene importancia alguna el que sea o no el sábado' ...

De la decisión que haga la humanidad a ese respecto, individual o corporativamente, depende hoy la salvación o la destrucción de esta tierra. La salvación de los hombres depende hoy de si el día es el sábado del Señor, lo mismo que sucedió entonces. Los contemporáneos de Cristo, en su envidia hacia él y en su determinación de que prevaleciera su idea contraria a la de Dios, lo expulsaron del mundo, entregándose después a una controversia acerca de si estaba vivo o muerto. De forma semejante, personas como esas habrían de expulsar al sábado del mundo, para discutir posteriormente si se trataba del sábado o no.

Demasiado bien saben que lo es, pero como los de antaño, se aferran a sus propias ideas sobre el sábado contrarias a la de Dios, a pesar de que él les manifestó explícitamente que es el "Señor del sábado". Tan ciertamente como que de esa cuestión dependió la salvación de los hombres entonces, así sucede también hoy. Podemos afirmar categóricamente que la salvación de las personas depende de que guarden el sábado del Señor, puesto que haciendo así obtienen la presencia de Jesucristo, su vida; y el hombre no puede ser salvo sin ella.

Repito: podemos afirmar sin temor a equivocarnos que la salvación del hombre depende de su observancia del sábado del Señor tal cual es en Cristo. Jesucristo significa el sábado, y el sábado significa Jesucristo. En nuestro tiempo, cuando las personas reciban instrucción al propósito, cuando sea predicado al mundo el mensaje del evangelio eterno, al llegarles el mensaje del tercer ángel y Cristo en él—Cristo en todos y todo de Cristo— entonces los que rechacen el sábado del Señor darán la espalda a Cristo en pleno conocimiento de que en ese camino que han elegido no hay salvación alguna.

Pero ¿no vimos en nuestro estudio precedente que no hay ninguna otra cosa que hayamos de predicar a las personas en este mundo si no es a Cristo y sólo a él? ¿No hemos visto que hemos de predicarlo a él frente a cualquier consideración terrenal, frente a cualquier consideración de protección de poderes terrenales, de riqueza o influencia del tipo que sea, y hasta de la vida misma? Tal es el mensaje que hay que dar al mundo: Cristo, dado a conocer en el sábado del Señor, sábado que él nos dio

por señal entre yo y ellos, para que supieran que yo soy Jehová que los santifico (Eze 20:12).

Y su nombre es: YO SOY el que soy.

El mensaje del tercer ángel (nº 22)
A. T. Jones

¡Levántate, resplandece, porque ha venido tu luz y la gloria de Jehová ha nacido sobre ti! Porque he aquí que tinieblas cubrirán la tierra y oscuridad las naciones; mas sobre ti amanecerá Jehová y sobre ti será vista su gloria (Isa 60:1-2).

La reunión que tuvimos hoy hace una semana, terminó con ese preciso texto. Recordad la pregunta planteada tras la lectura de esa escritura: ¿No hemos llegado acaso al tiempo de su cumplimiento? ¿No es ahora el tiempo de levantarse y resplandecer, por haber venido nuestra luz, por haber nacido sobre nosotros la gloria de Jehová?

Leímos ese texto en la asamblea, texto que representa el punto culminante al que hemos llegado a través de diversas líneas de estudio. Es ahí donde nos encontramos ahora. Quien pida con fe esa luz y esa gloria, podrá tenerlas [congregación: "Amén"]. El que no lo haga, no podrá. Os voy a leer pasajes de la predicación que tuvo el hermano Prescott uno de estos días pasados, según figura en la página 444 del *Bulletin*. Se trata de una palabra de cautela e instrucción que vale la pena repetir aquí:

¡Es tan fácil llegar a ideas equivocadas con respecto a esas cosas, engañándonos a nosotros mismos! He pensado que algunos pueden haber albergado ideas erróneas acerca del significado de nuestra afirmación de que hemos de avanzar en el poder del Espíritu, y de que nuestro avance ha de ser con poder.

También yo lo he pensado, y así ha sucedido. Pero ya expresamos nuestra cautela repetidas veces al comenzar la asamblea, respecto a la necesidad de evitar establecer cualquier teoría o fijar una idea concreta relativa a la forma en que ha de venir esa bendición otorgada por Dios. Podemos estar seguros de que vendrá de forma diferente a la que hemos previsto. Precisamente así es como seguro que no vendrá: no vendrá así, y es imposible que lo haga.

No entiendo eso como significando que hemos de venir aquí con la preocupación de que antes de finalizar hayamos experimentado el sentimiento de que se nos ha otorgado un poder que está obrando en nosotros, que es nuestro y que lo llevamos allí donde vamos, pudiendo manejarlo, medirlo, observarlo y utilizarlo a nuestro arbitrio (*Id.*).

No estoy seguro de que no haya alguien en esta congregación que haya podido albergar ideas semejantes. Me sentí especialmente complacido una mañana, en una reunión ministerial —quienes estuvieron allí sabrán a qué me refiero— en la que uno de los hermanos se levantó y dio su testimonio en relación con la bendición y presencia de Dios durante los encuentros de esta asamblea: los había anotado en una larga lista. Si cada uno de vosotros hubiera guardado un registro del favor especial de Dios en esas reuniones, en lugar de esperar algo que no llegará nunca, se habría visto mucho más de lo que lo que se ha visto. Con esto quiero decir que debemos guardarnos de albergar ideas fijas relativas a que el Señor deba obrar de una determinada manera, y estar esperando alguna cosa en esa forma en que nunca ocurrirá.

"Toda potestad me es dada en el, cielo y en la tierra. Por tanto, id. … Yo estoy con vosotros" (Mat 28:18-20). El poder está en Cristo, no en nosotros, y tener el poder significa la presencia personal de Cristo en nosotros (*Id.*).

Cuando tenemos esa presencia personal de Cristo en nosotros, entonces el poder es el de Cristo y no el nuestro.

Un pensamiento aquí: los apóstoles no siempre fueron capaces de obrar milagros a su voluntad.

El Señor otorgó a sus siervos ese poder especial, en la medida en que lo requerían el progreso de su causa o el honor de su nombre (E. White, *Sketches from the Life of Paul*, 135).

Muchos piensan que cuando los apóstoles salieron investidos de poder para obrar milagros, todo cuanto debían hacer al encontrar algún enfermo era efectuar un milagro y sanarlo. Nada más lejos de la realidad. No podían realizar milagro alguno si es que el Espíritu de Cristo que estaba en ellos no les indicaba la voluntad de Dios en tal sentido. Por lo tanto, aun siendo los grandes apóstoles que eran, dependían de la instrucción directa del Espíritu de Dios en cada caso individual y en todo tiempo, y eso alcanza hasta nosotros. "El poder significa la presencia personal de Cristo en nosotros", y "eso no implica necesariamente una sensación constante de poder en nosotros, sino más bien una fe cierta de que Cristo está en nosotros". Eso implica, no sólo la creencia, sino también la conciencia de que es así, de que su poder está ahí, obrando en nosotros, con nosotros, por nosotros, a través nuestro, siempre y en todas las cosas para gloria de Dios exclusivamente; no bajo nuestro control ni sometido a nosotros en ningún sentido.

Y entonces, no importa las dificultades a las que debamos enfrentarnos, no palideceremos ante ellas debido a la fe consciente de que Cristo está con nosotros y de que es todopoderoso. Cuando está con nosotros en la plenitud de su poder, nuestra fe se aferra continuamente a él. No es cuestión de que lo *sintamos*, sino de que lo *sepamos* (W. Prescott).

Hemos visto también en nuestro estudio que Cristo nos redimió de la maldición de la ley a fin de que pudiera alcanzarnos la bendición de Abraham. ¿Cuál vimos que era la bendición de Abraham? [congregación: "La justicia"]. ¿Cómo? [congregación: "Por la fe"]. Y Cristo nos redimió de la maldición de la ley a fin de que la justicia que viene por la fe pudiera llegar a los gentiles —es decir, a nosotros—*a fin de que* pudiéramos recibir la promesa del Espíritu por la fe. ¿Cómo recibimos la justicia? [congregación: "Por la fe"]. ¿Experimentasteis algún tipo de arrobamiento o gran sensación emotiva antes de saber si esa justicia era vuestra o no? [congregación: "No"]. ¿Cómo obtuvisteis esa justicia de Dios que es por la fe de Jesucristo? [congregación: "Por la fe; creyendo en su palabra"]. Sabemos que Dios nos ha dicho en su palabra que se trata de un don gratuito para todo aquel que cree en Jesús. Aceptasteis el don gratuito y dais gracias a Dios porque su justicia sea vuestra; así es como la obtuvisteis, y eso es fe. Así pues, la recibisteis de la única manera posible: por la fe.

Se recibe por la fe con el objeto de poder obtener otra cosa más también por la fe. ¿De qué se trata? [congregación: "La promesa del Espíritu"]. Vimos que la recepción de la justicia de Dios por parte de su pueblo lo significa todo; es la condición imprescindible para que su pueblo pueda recibir la promesa del Espíritu Santo: su derramamiento según la voluntad y providencia de Dios. Hemos visto que es así, y que se lo recibe por la fe, de manera que lo segundo ha de ser recibido exactamente de la misma forma que lo primero, es decir, *por la fe*. Así, cuando Dios nos dice—tras habernos concedido su justicia y habiéndola recibido nosotros con gozo, por lo tanto habiéndola aceptado en su plenitud por la fe tal como Dios dispone que la recibamos, y habiendo sido hecha nuestra porque el propio Jesucristo nos la ha traído—, entonces, cuando Dios nos dice: "¡Levántate, resplandece, porque ha venido tu luz y la gloria de Jehová ha nacido sobre ti!", y cuando hacemos como Dios dice y nos levantamos *por la fe* en él, él nos verá resplandecer [congregación: "Amén"]. Cuando él nos dice que su gloria nació sobre nosotros, cuando nos dice que tenemos esa justicia por la fe de Jesucristo, entonces hemos de agradecerle porque así sea, porque su gloria haya *nacido sobre nosotros*. Agradezcámosle por ello y aceptemos nuestra situación cabalmente, de forma abierta, con toda franqueza y sinceridad ante Dios, bajo la protección de los ángeles de Dios y bajo la gloria que él da; entonces queda de su parte el que resplandezcamos y que él lo vea. No hemos de dudar por un momento que así lo hará.

El mensaje: "¡Levántate, resplandece, porque ha venido tu luz y la gloria de Jehová ha nacido sobre ti!" es tan ciertamente y de forma tan concreta el mensaje de Dios para vosotros y para mí, y mediante nosotros como ministros para las personas desde ahora, como lo fue hace cuatro años el mensaje de la justicia de Dios por la sola fe en Jesucristo [congregación: "Amén"]. Y los que ahora rechazan ese mensaje—que es ahora el mensaje actual—tal como rechazaron y menospreciaron el precedente hace cuatro años, están dando el paso que los dejará eternamente atrás, y que afecta de lleno a su salvación.

Dios nos ha dado un mensaje y nos ha sostenido durante estos cuatro años a fin de que podamos recibir ahora el mensaje actual. Los que no pueden recibir aquel mensaje, no están en disposición de poder recibir el actual, pues rechazaron el precedente. Cuando Dios da el anterior mensaje en una medida especial a fin de que pueda ser recibido el actual, si ambos son objeto de desprecio, ¿qué puede venir a esos ojos cegados?, ¿cuál será su final?

Así, tal como nos hemos sentido llamados a exclamar varias veces en este encuentro, estamos en un momento sobrecogedor. Cada una de las reuniones es una ocasión sobrecogedora. Pero hermanos, aunque eso haya venido siendo así en las reuniones precedentes, la de esta noche es la reunión más solemne a la que hayamos asistido.

Así, vuelvo al texto y repito que el mensaje leído es un mensaje para vosotros y para mí a fin de que lo llevemos a partir de esta reunión. Aquel que no pueda llevarlo a partir de esta reunión, es mejor que no vaya. Cualquiera que no pueda salir de esta reunión con la noción vívida de la presencia y poder de Jesucristo, estando su luz y gloria sobre él y en su vida, ese pastor haría bien en no abandonar este lugar como pastor o como profeso pastor, pues se dispondrá a una obra que no puede realizar, irá a encontrarse con personas sin estar capacitado para ello, irá a enfrentarse a responsabilidades que no puede asumir; irá a enfrentar escenas solemnes que no entenderá, se dispondrá a avanzar sin saber cuál de sus próximos movimientos va a ser un paso desastroso. Esta es ahora nuestra situación, hermanos y hermanas.

Nos corresponde ahora hacerle frente, y hacerlo *gozosamente*. Lo hemos de hacer con todas las solemnes responsabilidades que conlleva, con sus trascendentes consecuencias. Pero hemos de estar preparados para ello por la fe en Jesucristo, vestidos sólo con su propia justicia y dependiendo sólo de ella. Eso nos ha de preparar de forma que podamos hacerle frente con gozo, en la confianza de que Dios está con nosotros y que desea manifestar su poder, de forma que nos aprestemos gozosos y con buen ánimo a enfrentar las escenas que corresponda enfrentar, a emprender la obra necesaria, a hacer

frente a las solemnes responsabilidades, las escenas, las acciones y contingencias que vengan, siempre gozosos en el Señor.

Eso se nos aplica. La presente oportunidad no nos debiera atemorizar en lo más mínimo. Debiéramos ser los pobladores más felices de este mundo por el privilegio de estar aquí esta noche [congregación: "Amén"].

Permitidme que lea de nuevo el texto a fin de llamar vuestra atención a otro aspecto del mismo:

> ¡Levántate, resplandece, porque ha venido tu luz y la gloria de Jehová ha nacido sobre ti! Porque he aquí que tinieblas cubrirán la tierra y oscuridad las naciones; mas sobre ti amanecerá Jehová y sobre ti será vista su gloria.

¿Significa que veréis vuestra gloria descansar sobre vosotros? [congregación: "No"]. "Sobre ti será vista su gloria".—No es lo mismo.

No pretendáis supervisar el proceso. No corresponde a vosotros. Nada tenéis que hacer examinándolo. Puesto que es la gloria del Señor, él se encargará de que sea vista sobre vosotros. Si la vierais sobre vosotros, no seríais capaces de distinguir entre la gloria de Dios y la vuestra. En el momento en que pueda contemplar en mí la gloria, es porque caí en la autoglorificación. No es nuestra gloria lo que estamos buscando; no es nuestra gloria la que Dios va a manifestar al mundo, sino su propia gloria. Tal es la gloria que se va a ver.

Por lo tanto, el texto significa precisamente aquello que dice: "Sobre ti será vista *su gloria*". Agradecedle que sea así, pues así lo afirma el Señor. Agradezcámosle por ello y permitámosle que lo realice. Para nada hemos de supervisar el proceso. Por el contrario, asegurémonos de mantenernos a distancia. Quien se atreva a interferir, lo perderá por completo. ¿No veis que se trata de la misma obra en el corazón?

Queremos justicia, pero muchos quisieran verla en ellos mismos antes de creer que realmente la poseen. ¿Comprendéis que de esa forma no la lograrán jamás? No la lograrán hasta que se deshagan del yo; hasta que dejen de mirar a ellos mismos y aprendan a fijar su atención en la palabra del Señor. Entonces, cuando volvemos la espalda a nosotros mismos y miramos a Aquel de quien proviene la gloria—cuando miramos al lugar en donde mora la gloria—, entonces cada uno podrá tener la seguridad de que tiene esa gloria por tanto tiempo como mire al lugar del que proviene. 2 Cor 3:18:

> Por lo tanto, nosotros todos, mirando con el rostro descubierto y reflejando como en un espejo la gloria del Señor, somos transformados. ...

¿Cómo? [congregación: "De gloria en gloria"]. ¿Apareció, pues, su gloria sobre nosotros? [congregación: "Sí"].

Permitid que lea este bendito texto de 2 Cor 4:6: "Dios, que mandó que de las tinieblas resplandeciera la luz ..."

Lo hizo la primera vez, ¿no es así? Y ha vuelto a hacerlo. Densas tinieblas cubrían la tierra. Dios ordenó que fuera la luz, y fue la luz. Ha vuelto a hablar, declarando: "He aquí que tinieblas cubrirán la tierra y oscuridad las naciones; mas sobre ti amanecerá Jehová y sobre ti será vista su gloria". Sobre vosotros se verá su luz, por lo tanto, nos ordena: "¡Levántate, resplandece, porque ha venido tu luz!" Una vez más, ha mandado "que de las tinieblas resplandeciera la luz". [congregación: "Amén"]. El Señor "resplandeció en nuestros corazones" (2 Cor 4:6). Así lo afirma el Señor. ¿Lo afirmaréis vosotros? [congregación: "Sí"]. No se trata meramente de que digáis que es así porque el texto lo afirma, sino porque vuestro corazón sabe que es así. Lo sabe por haber entregado vuestra voluntad al Señor, por haberla sometido a él, por haber puesto todo a sus pies, y eso es fe.

Podemos seguir con el texto:

> Dios, que mandó que de las tinieblas resplandeciera la luz, es el que resplandeció en nuestros corazones.

¿Lo hizo? [congregación: "Amén"]. ¿Podéis estarle agradecidos porque lo hiciera así? [congregación: "Sí"]. Quien da gracias a Dios porque Él resplandeció en su corazón, le da gracias de corazón; puede agradecer a Dios por morar allí por la fe; puede darle las gracias por ello tan ciertamente como puede hacerlo por haber recibido su justicia.

Sigamos leyendo de ese versículo: "Dios, que mandó que de las tinieblas resplandeciera la luz, es el que resplandeció en nuestros corazones". Gracias al Señor por ello. ¿Cuál es la finalidad?

Para iluminación del conocimiento de la gloria de Dios.

¿Os ha concedido la luz del conocimiento de su gloria? [congregación: "Sí"]. ¿Estáis seguros? [congregación: "Sí"]. ¿Acaso no ha nacido sobre vosotros y sobre mí la gloria de Jehová? ¿No lo ha hecho en cada cual, y en cada uno de nuestros corazones? ¿No ha brillado esa la luz que Dios mandó que brillara?

El texto sigue así:

> Dios, que mandó que de las tinieblas resplandeciera la luz, es el que resplandeció en nuestros corazones, para iluminación del conocimiento de la gloria de Dios *en la faz de Jesucristo*.

Aquel que es capaz de mirar a rostro descubierto la faz de Jesús, aquel que puede dar a Dios las gracias de todo corazón porque haya hecho nacer sobre él su gloria, puede estar seguro de que Dios hará que esa gloria divina sea vista sobre él. Así es, hermanos. Ojalá que cada uno de los presentes aquí pudiera levantar su rostro descubierto en dirección hacia ese glorioso rostro que resplandece lleno de gracia sobre cada ser humano, y que nos ha salvado de nuestros pecados, transformándonos de gloria en gloria en su misma imagen como por el Espíritu del Señor.

Por lo tanto, el Espíritu *ha descendido* sobre los que son capaces de mirar al rostro de Jesucristo. Y ese Espíritu Santo que Dios da a quienes miran el rostro de Cristo nos transformará en su misma imagen y veremos reflejada su gloria, y la verán también los demás. Es así, hermanos, y esta noche debiéramos recibir la promesa del Espíritu por la fe.

Moisés estuvo en cierta ocasión con el Señor en el monte, y al regresar le resplandecía el rostro con la gloria de Dios. ¿Qué conciencia tenía Moisés de ese resplandor?—Ninguna.

> La piel de su rostro resplandecía por haber estado hablando con Dios, pero Moisés no lo sabía (Éxodo 34:29).

Aunque Moisés lo ignoraba, para el pueblo era evidente. ¿Se debía a la fe que poseían aquellos que veían la gloria en el rostro de Moisés? [congregación: "No"]. Era la fe de Moisés la que permitía que su rostro brillara, y aunque él mismo no era consciente del hecho, hasta los incrédulos que lo contemplaban podían ver el resplandor.

Esteban compareció ante el sanedrín, que estaba compuesto por hombres con corazones enemistados contra Dios y contra su Cristo. No obstante, su rostro brilló con la gloria de Dios tal como si se tratara del rostro de un ángel. Lo vieron todos los que estaban en el consejo. ¿Era Esteban consciente de ello?—No. No era la gloria de Esteban; él no tenía nada que ver con el origen de aquella gloria. La presencia de Dios estaba allí por la gran fe que Esteban tenía en Jesucristo y porque estaba mirando la faz de Jesucristo por la fe, con su rostro y su corazón descubiertos: al hacer así nació sobre él la gloria del Señor, de forma que tanto los paganos como los que eran peor que paganos —los inicuos fariseos—pudieron ver sobre él la gloria del Señor.

Hemos visto en nuestro estudio que la obra consiste hoy exactamente en lo mismo a lo que se entregaron los apóstoles. Cuando esa promesa del Espíritu vino sobre el pueblo, Dios manifestó su propio poder sobre los suyos a su propia manera, según su voluntad. Esa es la forma en que volverá a hacerlo.

Leamos de nuevo el versículo: "Dios, que mandó que de las tinieblas resplandeciera la luz". Nunca lo olvidéis. ¿Cómo podríamos hacerlo, dado que es un hecho? "Para iluminación del conocimiento de la gloria de Dios en la faz de Jesucristo". En la meditación del viernes de noche vimos que la forma en que obtenemos la justicia de Dios por la fe de Jesucristo es mirando al rostro de Jesús; y mientras lo miramos recibimos más y más de esa justicia y somos modelados cada vez más según su imagen; la ley de Dios está allí en toda su gloria, testificando que es ahí donde debemos mirar. Vimos también que esa es la obra de los ángeles en el cielo:

Sus ángeles en los cielos ven siempre el rostro de mi Padre que está en los cielos (Mat 18:10).

Hermanos, cuando nos unimos a la compañía de los ángeles y miramos adonde ellos miran, recibimos lo que ellos buscan recibir, y la ley testifica que es nuestro, ¿por qué no habría de cubrirnos esa bendita compañía? Esa es la protección que Dios dispone sobre su pueblo. Así pues, lo que se requiere es la fe que dirige el rostro al de Jesús, y no es por nuestra bondad, sino por nuestra *necesidad*.

[Con permiso del predicador, el profesor Prescott leyó lo siguiente]:

El brazo del Infinito sobrepasa las almenas del cielo a fin de tomaros de la mano con fuerza. El poderoso Ayudador está cercano, a fin de auxiliar al más errante de los humanos, al más pecaminoso y desesperado. Mirad hacia lo alto por la fe, y la luz de la gloria de Dios brillará sobre vosotros (E. White, *The Bible Echo*, 1 diciembre 1892).

Desconocía esa cita, pero hermanos, podemos estar muy agradecidos porque el Espíritu de Dios nos guíe hoy a esto. Y no olvidéis ese pasaje que por tanto tiempo hemos dejado aparcado, y que ahora viene exactamente al punto:

Ahora, aparte de la Ley, se ha manifestado la justicia de Dios … la justicia de Dios por medio de la fe en Jesucristo, para todos los que creen en él, porque no hay diferencia, por cuanto todos pecaron y están destituidos de la gloria de Dios (Rom 3:21-23).

Ya hemos estudiado antes que la justicia de Dios, aparte de la ley, es testificada por la ley. Pero el texto no termina ahí: "Testificada por la Ley *y por los Profetas*."

No olvidéis ni por un momento, no dejéis de recordar constantemente que allí donde esté la justicia de Dios que se obtiene por la fe de Jesucristo, *los profetas de Dios* estarán en aquel lugar dando testimonio a aquel que la posee [congregación: "¡Amén!"]. Eso significa ahora, pues es ahora cuando nos llega. Así pues, me alegro de que el Espíritu de Dios nos haya llevado de esta manera a este punto, y de que su profeta testifique de que el hecho es verdadero, y por lo tanto de que en eso tenemos la verdad tal como es en Jesucristo, brillando desde su rostro [por petición de algunos se volvió a leer el texto de E. White].

Por lo tanto, hermanos, *levantad vuestras cabezas*. Habiendo visto las señales en el sol, la luna y las estrellas, y en la tierra angustia de gentes, levantad vuestras cabezas. Gozaos, porque vuestra redención está cerca. Levantad vuestra vista, pues eso viene solamente mirando al rostro de quien lo ha prometido. Necesitamos *mirar hacia arriba*, pues eso trae la justicia, la gloria de Jesucristo, y es esa gloria la que nos hace inmortales. Ahora bien, esa misma gloria es también la que *consume*. Debemos mirar a lo alto. El Señor quiere que lo hagamos a fin de recibirla. Y quiere que lo hagamos antes de su gran Día, a fin de que podamos entonces mirarlo.

El Señor quiere que levantemos nuestras miradas, y nos dice con qué propósito. Mirad y alzad vuestra mano por la fe, y él la tomará. Permitidle que lo haga. Entonces, cuando Dios toma esa mano de la fe, os sostendrá a vosotros y a mí con mayor seguridad que si nos fuera posible alcanzarlo y fuéramos nosotros quienes nos asiéramos de su mano. Es así como solemos llevar a nuestros niños. Somos nosotros quienes los tomamos por la mano, de forma que cuando tropiezan no caen. En otras ocasiones son ellos los que han tomado nuestra mano, y al llegar la dificultad tropiezan y caen. Demos gracias a Dios por decirnos: "Yo Jehová … te sostendré por la mano" (Isa 42:6).

Aunque tropecemos, no somos desechados [congregación: "Alabado sea Dios"]. Grande es su bondad.

[se pidió permiso para leer el texto]:

Porque yo Jehová soy tu Dios, quien te sostiene de tu mano derecha y te dice: "No temas, yo te ayudo" (Isa 41:13).

¡Permitidle que sostenga vuestra mano!

Dios, que mandó que de las tinieblas resplandeciera la luz, es el que resplandeció en nuestros corazones para iluminación del conocimiento de la gloria de Dios en la faz de Jesucristo (2 Cor 4:6).

Por lo tanto, nosotros todos, mirando con el rostro descubierto y reflejando como en un espejo la gloria del Señor, somos transformados de gloria en gloria en su misma imagen por la acción del Espíritu del Señor (2 Cor 3:18).

¿Cuál es su gloria? Asegurémonos de saberlo. Este es un mensaje que recibimos hace ya algún tiempo. Se lo encuentra en la página 16 del *Bulletin*:

Sin embargo, la obra será abreviada en justicia. El mensaje de la justicia de Cristo resonará de un extremo de la tierra hasta el otro para preparar el camino del Señor. La gloria de Dios es la que termina la obra del tercer ángel (*GCDB* 28 enero 1893; 6 *T* 27).

Por lo tanto, la gloria es su justicia, su bondad, su propio carácter. ¿Cuál es el único lugar en el que podemos ver justicia? [congregación: "En el rostro de Jesucristo"]. Al mirarlo, ¿qué efecto tiene en nosotros? Nos cambia en su misma imagen; nos transforma en su misma imagen de justicia en justicia, de gloria en gloria, de carácter en carácter, como por el Espíritu del Señor.

Bien, levantaos y resplandeced, pues sobre vosotros ha nacido su luz. Ese es el mandamiento del Señor. Esa es la razón por la que dije al principio que este es el mensaje para nosotros a partir de ahora para todo el que lo reciba. De hecho significa lo mismo que hace cuatro años, sólo que con mayor esplendor, con mayor poder. Ahora, con la fuerza acumulada de cuatro años en acción, Dios lo presenta a su pueblo. La propuesta vuelve a ser: 'Levántate, brilla, porque ha nacido tu luz, y la gloria del Señor es sobre ti'. ¿Quién está dispuesto a hacer eso? [numerosas voces: "Yo"]. Bien. ¡Hacedlo! ¿Por cuánto tiempo lo vais a hacer? [congregación: "Por siempre"]. ¿Con cuánta constancia? [congregación: "Constantemente"].

Os digo, hermanos y hermanas: los que hagan así conocerán un poder subyugante en sus vidas como el que nunca antes tuvieron. Esa sencillez de espíritu y esa humildad del alma darán al Espíritu la ocasión de obrar en su propia forma prodigiosa. Es ahí donde estamos. Así pues, levantaos y brillad, pues *ha llegado* vuestra luz y *ha nacido* sobre vosotros la gloria del Señor. Leo de la página 137 del Bulletin:

Para aquel que se goza por recibir sin merecerlo, para el que siente que nunca podrá compensar un amor como ese, para el que desecha todo pensamiento de incredulidad y acude como un niñito a los pies de Jesús, todos los tesoros del amor eterno son para él un don gratuito permanente (*GCDB* 5 febrero 1893).

Todos esos tesoros son un don eterno y gratuito para todos aquellos que no tienen nada con qué obtenerlos. El Señor dice que son míos. Yo sé que es así, pues así lo afirma él. Y le daré gracias sin cesar.

Hay otro texto espléndido en Isaías 52:1, que viene al punto. Leámoslo:

¡Despierta, despierta, vístete de poder, Sión! ¡Vístete tu ropa hermosa, Jerusalén, ciudad santa, porque nunca más vendrá a ti incircunciso ni inmundo!

"¡Despierta, despierta!" Hemos estado durmiendo, ¿no es cierto? Sabéis que es así. "¡Despierta, despierta, vístete de poder, Sión!" ¿De qué se ha de vestir?—De poder. Examinando la situación en la que estamos hemos llegado a la conclusión de que necesitamos poder, necesitamos una fuerza mayor que la acumulación de todo el poder que este mundo conoce. Por lo tanto, si necesitamos poder, necesitamos ese mensaje ahora mismo. "¡Vístete de poder, Sión! ¡Vístete tu ropa hermosa, Jerusalén!" ¿Cuál es la ropa hermosa? [congregación: "La justicia"]. El lino fino son las acciones justas de los santos.

Se le ha concedido que se vista de lino fino, limpio y resplandeciente (pues el lino fino significa las acciones justas de los santos) (Apoc 19:7).

Tal es la justicia que viene por la fe en Jesucristo. Leo una palabra que el Señor nos ha dirigido en esta asamblea (en el *Bulletin*, p. 408):

En este tiempo ha de ponerse la Iglesia las hermosas vestiduras: Cristo, nuestra justicia (E. White, *GCDB* 27 febrero 1893).

Bien, ahí está: "¡Vístete tu ropa hermosa, Jerusalén, ciudad santa!" ¿Con qué propósito se ha de vestir así? ¿Adónde va? Se dirige a casa; va a la cena de bodas, al Señor sean dadas gracias. Los que acudían a esas fiestas de boda en los tiempos de los apóstoles habían de vestir ropas preparadas por el patrón de la fiesta; y el Señor hace aquí lo mismo. [congregación: "Amén"]. Hermanos, agradezcamos al Señor; estémosle siempre agradecidos.

Pero lo anterior es sólo una parte. Ante nosotros está la que me parece la más bendita promesa que vino jamás a la Iglesia adventista del séptimo día. "Nunca más vendrá a ti incircunciso ni inmundo". Gracias al Señor; a partir de entonces él nos va a librar de quienes no están convertidos, de aquellos que vienen a la iglesia a obrar su propia injusticia y a crear división. Se acabaron las pruebas para la iglesia, gracias al Señor; los chismosos y difamadores desaparecieron. La iglesia tiene ahora un tema mucho más importante del que hablar. Se puede entregar ahora a la salvación de los hombres y mujeres caídos. En Jesucristo tendrán una bondad, un gozo, una santidad y una gloria de las que hablar: hechos reales cuya veracidad conocemos.

Se trata de una promesa espléndida. ¿Veis cuál es la única forma en que puede hallar cumplimiento? Cuando salgamos de este lugar, no sabiendo nada sino a Cristo y a Cristo crucificado, rehusando saber nada diferente a eso, rehusando predicar nada que no sea eso, dependiendo de su poder, de su gloria; sabiendo que ha venido y que nos ha ordenado que brillemos, entonces podrá hallar cumplimiento. ¿No comprendéis que nadie lo alcanzará a menos que lo haga de corazón, con un corazón convertido? ¿Comprendéis que vosotros mismos sabréis que los que acudan estarán convertidos antes de entrar a formar parte de la iglesia? "Nunca más vendrá a ti incircunciso ni inmundo".

Hay algo que decir al respecto. Una vez que Dios haya concedido a su iglesia la gracia de su poder y gloria—el poder del Espíritu—, el lugar más peligroso en todo el mundo para un hipócrita, será precisamente la iglesia. Ananías y Safira lo pretendieron, y la lección quedó registrada para beneficio de toda persona a partir de entonces. No hay lugar en la Iglesia adventista del séptimo día para el hipócrita. Si su corazón no es sincero, se encuentra en el sitio más peligroso de cuantos pudiera ocupar en este mundo.

Así, los que no quieran avanzar en esta obra, harían mejor en abandonarla del todo. Es peligroso permanecer aquí sin estar dispuesto a avanzar; y ciertamente no podemos avanzar sin tener la gloria del Señor y su luz brillando en el corazón y en la vida. Hemos de ser llamados a comparecer ante reyes y autoridades, y habremos de enfrentar las opresiones y maldad de perseguidores que disponen su veneno contra los que aman al Señor. "¡Despierta, despierta, vístete de poder, Sión! ¡Vístete tu ropa hermosa, Jerusalén, ciudad santa, porque nunca más vendrá a ti incircunciso ni inmundo! Sacúdete el polvo; levántate y siéntate, Jerusalén; suelta las ataduras de tu cuello, cautiva hija de Sión".

Se proclama ahora libertad a los cautivos; alabado sea el Señor.

El espíritu de Jehová, el Señor, está sobre mí, porque me ha ungido Jehová. Me ha enviado a predicar buenas noticias a los pobres, a vendar a los quebrantados de corazón, a publicar libertad a los cautivos y a los prisioneros apertura de la cárcel; a proclamar el año de la buena voluntad de Jehová y el día de la venganza del Dios nuestro; a consolar a todos los que están de luto; a ordenar que a los afligidos de Sión se les dé esplendor en lugar de ceniza, aceite de gozo en lugar de luto, manto de alegría en lugar del espíritu angustiado. Serán llamados "árboles de justicia", "plantío de Jehová", para gloria de él (Isa 61:1-3).

Sacúdete el polvo; levántate y siéntate, Jerusalén; suelta las ataduras de tu cuello, cautiva hija de Sión. Porque así dice Jehová: "De balde fuisteis vendidos; por tanto, sin dinero seréis rescatados" (Isa 52:2-3).

Dadlo por hecho, "porque así dijo Jehová el Señor: 'Mi pueblo descendió a Egipto en tiempo pasado, para morar allá, y el asirio lo cautivó sin razón'" (Isa 52:4).

¿Qué hizo entonces el Señor? [congregación: "Lo liberó"]. Exactamente. Según eso, ¿en que punto se aplica?—En el tiempo de la liberación. Por lo tanto, hemos alcanzado ese tiempo. Hemos llegado al tiempo de la opresión, y por consiguiente, también al de la prodigiosa liberación de Dios. Por consiguiente, aumente la opresión en intensidad, avívese aun más la hoguera: eso es sólo indicativo de que la liberación está mucho más cercana. Gracias al Señor por ello.

Y ahora Jehová dice: "¿Qué hago aquí, ya que mi pueblo es llevado injustamente? ¡Los que de él se enseñorean lo hacen aullar, y continuamente blasfeman contra mi nombre todo el día!", dice Jehová (vers. 5).

Eso es así; ya han hecho tal cosa. "Por tanto, mi pueblo conocerá mi nombre". ¿Cuál es su nombre?—YO SOY EL QUE SOY. No es solamente que van a saber *acerca de* él, sino que van también a saber que *él es quien es*; y él es el Todopoderoso. Y su pueblo, conociendo su nombre—el Todopoderoso—, conocerá su poder manifestado en ellos, para ellos, a ellos y a través de ellos.

Por tanto, mi pueblo conocerá mi nombre en aquel día, porque yo mismo que hablo, he aquí estaré presente (vers. 6).

Es él mismo quien habla ahora:

Cuán hermosos son sobre los montes los pies del que trae alegres nuevas, del que anuncia la paz, del que trae las nuevas del bien, del que publica la salvación, del que dice a Sión: "¡*Tu Dios reina!*" (vers. 7).

Exáltense los reyes, poderes, gobiernos y estados tanto como quieran; Dios os ha dado a vosotros y a mí un mensaje para el pueblo: "¡*Tu Dios reina!*" "'¡Voz de tus atalayas!' Alzarán la voz; a una voz gritarán de júbilo". Ya hace tiempo que nos dijo que los redimidos entraríamos a Sión cantando.

"Ojo a ojo verán que Jehová vuelve a traer a Sión" (vers. 8). Mientras miramos al rostro de Jesucristo y su luz brilla en nuestras mentes y corazones, no tendremos problema alguno en ver "ojo a ojo", aunque unos y otros estuviésemos en lugares distantes del mundo. Existirá esa comunión en las ideas y en la verdad, y eso ligará nuestros corazones a todo lo ancho de la tierra. Dios está en ello, y esa es la razón por la que sucederá. Él lo hará posible. Ningún otro poder en el universo podría lograrlo.

"¡Cantad alabanzas!" ¿Qué habría de impedirlo? No hay necesidad de una reunión especial para ello, no es necesario que demos saltos de gozo, ni que golpeemos los bancos y las sillas. Se trata del gozo del Señor, y no de fanatismo. No es ningún sentimiento provocado por actitudes como las descritas.

"¡Cantad alabanzas, alegraos juntas, ruinas de Jerusalén, porque Jehová ha consolado a su pueblo, ha redimido a Jerusalén!" El Señor ha consolado a su pueblo. ¿No es así? Alabémosle por su consuelo.

"Jehová desnudó su santo brazo." Se apresta ahora a cierta acción. Cuando alguien tiene pendiente una tarea y comienza a subirse las mangas podemos saber que se dispone a la acción. El Señor nos presenta esta figura familiar para mostrar la prontitud con que va a proceder, y eso se aplica al tiempo presente. Ha descubierto su santo brazo, se ha arremangado por así decirlo, ha iniciado una obra tan sobrecogedora como aquella en los días de Samuel, cuando dijo a Elí:

Yo haré una cosa en Israel que a quien la oiga le zumbarán ambos oídos (1 Sam 3:11).

Asegurémonos esta vez de que nuestros oídos vibren de gozo. "Jehová desnudó su santo brazo ante los ojos de todas las naciones, y todos los confines de la tierra verán la salvación del Dios nuestro" (vers. 10).

Que sea así. "¡Apartaos, apartaos, salid de ahí!" Eso significa soltar amarras con este mundo. ¿Lo habéis hecho? ¿Os habéis "apartado"? ¿Os habéis desprendido de lo terreno? [congregación: "Sí"]. ¿Está el mundo sometido bajo vuestros pies? [congregación: "Sí"]. Sabéis, lo mismo que yo, que cuando nos separamos de todas las cosas de este mundo, Dios puede darnos—y nos da—la conciencia de algo que supera en valor a todo lo que este mundo encierra.

"No toquéis cosa inmunda." Eso recuerda lo que leemos en 2 Cor 6:17-18:

Salid de en medio de ellos y apartaos, dice el Señor, y no toquéis lo impuro; y yo os recibiré y seré para vosotros por Padre, y vosotros me seréis hijos e hijas, dice el Señor Todopoderoso.

¡Purificaos los que lleváis los utensilios de Jehová! Porque no saldréis apresurados ni iréis huyendo (Isa 52:11-12).

El Señor no tiene prisa. No conoce la premura. Actúa en el *tiempo* oportuno y dispone de todo el que precise. El que cree no sufrirá apresuramiento. Otras traducciones alternativas son "no será avergonzado" o "no será confundido". Nada le hará perder la compostura.

Ciertamente seréis llamados a lugares azotados por las abrumadoras tormentas de voces y lenguas provenientes de todas direcciones. No necesitáis perder la compostura ni caer en el apresuramiento. No es el momento para salir corriendo presa del pánico. ¡Al contrario! El Señor nos ha puesto en el mundo para que permanezcamos en él por tanto tiempo como sea esa su voluntad.

No saldréis apresurados ni iréis huyendo, porque Jehová irá delante de vosotros, y vuestra retaguardia será el Dios de Israel.

Magnífico prospecto. Él es la vanguardia y también la retaguardia. ¡Una buena compañía en la que militar!

Hermanos, ese es ahora el mensaje. Es el mensaje que desde aquí hemos de llevar, y nadie debiera permitirse salir de aquí sin hacerlo. No salgáis de aquí sin él. Como nos exhortó el Espíritu del Señor, que nadie se vaya sin la certeza de esa presencia permanente: el poder del Espíritu de Dios. Nadie tiene por qué resultar privado de él, pues se lo obtiene y mantiene precisamente por la fe en él, a cuyo rostro miramos para recibir por la fe la justicia de Jesús, y eso con la finalidad de estar en disposición de recibir el Espíritu de Dios por la fe.

El mensaje del tercer ángel (nº 23)
A.T. Jones

Quisiera que dispusiéramos de seis semanas más en las que poder estudiar el mensaje del tercer ángel [congregación: "Amén"]. Naturalmente, cada uno por separado disponemos de mucho más tiempo que ese: me refiero a que pudiéramos permanecer juntos por seis semanas más. De esa forma podríamos lograr una buena aproximación a lo que constituye el mensaje para este tiempo. Si guardamos aquello que el Señor nos ha dado y lo llevamos al salir de aquí, todo cuanto resta es estudiar el mensaje y predicarlo, y crecerá en la medida en que así hagamos. Si permanecemos en lo que hemos recibido aquí y lo predicamos, todos veremos las cosas de la misma forma.

La hora es ya tan avanzada, y queda tanto por decir antes que nos separemos, que todo cuanto podemos hacer esta noche es tocar algunos puntos relativos a las líneas que debemos seguir en el momento actual, y que habrán de ser a partir de ahora como líneas directrices.

Abramos la Biblia en Apocalipsis 13 y estudiemos ese pasaje de las Escrituras que hace referencia a los Estados Unidos, procurando identificar en qué parte de la profecía hace irrupción ese poder que "engaña a los habitantes de la tierra con las señales que se le ha permitido hacer en presencia de la bestia" (vers. 14).

Muchos están perdiendo de vista aquello que ya ha ocurrido, al mantener su atención anclada en algo que creen que debía haber sucedido previamente. Habiendo fijado su atención en lo que ellos pensaban que debía suceder y olvidando lo que ya ha sucedido, seguirán apartándose más y más de la luz, estando cada vez menos preparados para afrontar esas cosas, sea que hayan ocurrido ya o que estén por ocurrir.

En los versículos 13 y 14 encontramos la declaración profética que caracteriza la obra de ese poder:

Hace grandes señales, de tal manera que incluso hace descender fuego del cielo a la tierra delante de los hombres. Engaña a los habitantes de la tierra con las señales que se le ha permitido hacer en presencia de la bestia, diciendo a los habitantes de la tierra que le hagan una imagen a la bestia que fue herida de espada y revivió.

Debido al orden en que se lo expresa, no pocos me han escrito afirmando que tienen que haber sucedido todas esas cosas antes de que se forme la imagen de la bestia, y que esas manifestaciones prodigiosas son la obra del espiritismo, que será el que persuada a la gente a formar la imagen de la bestia. Al respecto es importante que estudiemos la profecía y comprobemos lo que *dice*, y hasta donde nos sea posible, lo que *no* dice.

Comencemos en el versículo 11 de ese capítulo: "Después vi otra bestia que subía de la tierra. Tenía dos cuernos semejantes a los de un cordero, pero hablaba como un dragón."

¿Cuándo hablaba como un dragón?, ¿fue cuando subió de la tierra al principio? [congregación: "No"]. ¿Cuándo comienza a hacerlo? Leamos el versículo 15:

Se le permitió infundir aliento a la imagen de la bestia, para que la imagen hablara e hiciera matar a todo el que no la adorara.

Entonces sí que habla como dragón, ¿no os parece? [congregación: "Sí"]. ¿Es la imagen de la bestia, la que habla como un dragón? [congregación: "Sí"]. ¿Estaba ya constituida la imagen de la bestia, cuando esta "otra bestia" subió de la tierra? [congregación: "No"]. ¿Hablaba entonces como un dragón? [congregación: "No"]. Por lo tanto, ese versículo no tiene su aplicación en el lugar del texto en el que aparece escrito. A fin de que lo comprendáis mejor, examinad el *Testimonio* 32, p. 208, escrito en 1885:

El movimiento dominical se está abriendo paso en las tinieblas. Los dirigentes están ocultando el fin verdadero, y muchos de los que se unen al movimiento no ven hacia dónde tiende la corriente que se hace sentir por debajo. Los fines que profesan son benignos y aparentemente cristianos (2 *Joyas de los Testimonios*, 152).

¿Tiene eso algo que ver con la bestia que tiene dos cuernos como los de un cordero? [congregación: "Sí"].

Los fines que profesan son benignos y aparentemente cristianos; pero cuando hablen se revelará el espíritu del dragón (*Id.*).

"Cuando hablen". Se escribió en 1885. Todavía no habían "hablado". ¿Cuándo subió esta bestia de la tierra? [congregación: "En 1798"]. "Tenía dos cuernos semejantes a los de un cordero" en el momento en que hizo su aparición, y los ha venido teniendo todo el tiempo, ¿no es así? [congregación: "Sí"]. "Los fines que profesan son benignos y aparentemente cristianos". Pero hay ahí una profecía: "Hablaba como un dragón", y hemos visto que es la *imagen* de la bestia la que habla, decretando la muerte de todos los que no la adoran. Es la voz del dragón. "Cuando hable se revelará el espíritu del dragón".

Así pues, el versículo 11 no halla su cumplimiento en el lugar cronológico que ocupa en el texto, en ese orden en el que aparece en la profecía. La última expresión del versículo 11 no se cumple hasta haberlo hecho lo que anuncia el 15.

Versículo 12: "Ejerce toda la autoridad de la primera bestia en presencia de ella, y hace que la tierra y sus habitantes adoren a la primera bestia, cuya herida mortal fue sanada."

¿Ha ejercido ya esa bestia que subió de la tierra todo el poder de la primera bestia, la que la precedió? [congregación: "No"]. ¿Ha obligado a los moradores de la tierra a que adoren a la primera bestia? [congregación: "No"]. Por lo tanto, ¿se cumple ese versículo 12 antes de llegar el tiempo del versículo 15? [congregación: "No"]. ¿Se cumplirá al quedar configurada la imagen de la bestia? [congregación: "Sí"].

Por lo tanto, esos dos versículos de la profecía no hallan su cumplimiento en el preciso orden en el que aparecen escritos. ¿Lo comprendéis? [congregación: "Sí"].

Versículo 13: "También hace grandes señales, de tal manera que incluso hace descender fuego del cielo a la tierra delante de los hombres."

¿Se cumple eso antes de que se forme la imagen de la bestia? [congregación: "No"]. Si habéis leído el volumen IV {precursor del actual *Conflicto de los siglos*}, sabréis que se trata de una de las últimas maniobras de Satanás antes que él mismo se personifique. Si no habéis leído ese volumen, hacedlo y veréis que hacer descender fuego del cielo es una de las últimas cosas que ocurren—si no precisamente la última—antes de la aparición personal de Satanás. De hecho, el volumen IV no especifica si sucederá antes o después de la aparición personal de Satanás, pero incluso asumiendo la posibilidad más extrema, se la encuentra entre los hechos acaecidos cuando los poderes mismos de las agencias satánicas alcanzan su máxima expresión a fin de engañar, si fuera posible, a los mismos elegidos. Ese milagro se realiza con la pretensión de demostrar a los hijos de Dios que están equivocados al guardar el sábado. Tiene categoría de prueba decisoria, y será uno de los últimos acontecimientos—quizá el último—antes del decreto de muerte. La lucha tendrá lugar entre los poderes de la tierra y el Señor; entre aquellos que se someten y se doblegan ante los poderes de la tierra, y los que obedecen al Señor.

Ahora bien, ¿se van a efectuar todos esos milagros de forma abierta y descarada *en contra del Señor*? ¿Es esa su forma de operar? [congregación: "No"]. ¿Los van a realizar quienes niegan abiertamente a Jesucristo? [congregación: "No"]. ¿Quién va a realizarlos?—Los que profesan ser Cristo ellos mismos.

Se levantarán falsos cristos y falsos profetas, y harán señales y prodigios (Mar 13:22).

Serán los que profesan ser representantes de Jesucristo quienes realizarán esos prodigios mentirosos, pretendiendo que Cristo está con ellos y que Dios está de su parte. Pero los que conocen al Señor sabrán que no es así y los rechazarán. Se va a producir ese desafío. En cierto punto en la historia se suscitó una discusión acerca de si Dios era el Señor, o si era el sol (Baal). Lo que demostró al pueblo que Elías era un hombre de Dios, y que su Dios era el verdadero—y no el sol—, fue precisamente el fuego que descendió del cielo.

Se producirá eso mismo de nuevo, pero esta vez para engañar. Y ahora serán los siervos de Baal los que harán descender fuego del "cielo". Profesan que Baal es Dios, siendo que en realidad se trata de Satanás. Os presentarán este desafío: 'Decís que la Biblia es la palabra de Dios. ¿Es así?'—Ciertamente.

'¿Afirmáis que el Dios de la Biblia es vuestro Dios?' —Sí. 'Y afirmáis que se debe guardar el sábado por ser la señal de lo que Dios es para el hombre y de lo que Cristo es para el hombre, ¿no es así?' —Efectivamente, esa es nuestra posición. 'Bien, en una ocasión anterior se recurrió a una prueba que decidió la cuestión. Consistió en hacer venir fuego del cielo. Eso decidió en aquella ocasión que el Señor era el verdadero Dios. Ahora os ofrecemos recurrir a esa misma prueba, acorde con vuestra propia posición. Os desafiamos con franqueza y sin trampa; os damos una justa oportunidad y os decimos: si nosotros somos los hombres de Dios, si es él nuestro Dios, si él está con nosotros y no con vosotros, que descienda fuego del cielo a la tierra'.

¿Qué sucederá entonces? Ese fuego descenderá ante la vista de los hombres.

> También hace grandes señales, de tal manera que incluso hace descender fuego del cielo a la tierra delante de los hombres.

Así sucederá, y será utilizado para decidir la cuestión, para demostrar que son ellos quienes tienen a Dios de su parte. Y cuando el verdadero pueblo de Dios objete que no es esa la prueba de la verdad, que eso no demuestra nada, replicarán: 'Nos basamos en vuestras propias evidencias: decís que creéis en la Biblia, que es vuestro fundamento, y admitís que esa prueba decidió la cuestión entonces. Pero ahora, cuando efectuamos idéntica prueba, negáis que eso tenga valor decisorio alguno. ¿Qué sentido tiene que intentemos seguir razonando con vosotros?' Evocarán esa evidencia probatoria sobre la que pretenderán basarse, y añadirán: '¿Qué más se puede hacer, sino matar a personas como vosotros?' Se acabarán vuestras oportunidades de dialogar con ellos, dado que el destino del mundo, las plagas, epidemias y todas esas cosas que estarán viniendo a nuestro mundo, lo serán—según ellos—por vuestra insensatez, por vuestra obcecación en no someteros, por vuestra determinación irrazonable en seguir vuestro propio camino al precio que sea. 'A fin de salvar personas cuyas vidas son preciosas, lo único que podemos hacer es deshacernos de vosotros'. Podéis fácilmente comprender que lo anterior no ha de suceder antes, sino después de que se haya formado la imagen de la bestia.

Hermanos, no es sólo tiempo de que leamos el volumen IV, sino de que lo releamos y lo volvamos a leer a fin de comprender cuál es el estado de cosas actual. Es tiempo de que lo leamos. No podemos permitirnos ignorarlo.

Podéis ver por vosotros mismos que los tres versículos que hemos leído no se han de cumplir en el orden preciso en que están escritos.

Sigamos leyendo:

> Engaña a los habitantes de la tierra con las señales que se le ha permitido hacer en presencia de la bestia.

Leamos ahora otro pasaje en el capítulo 19 de Apocalipsis referente a la venida del Señor:

> Vi a la bestia y a los reyes de la tierra y sus ejércitos, reunidos para guerrear contra el que montaba el caballo y contra su ejército. La bestia fue apresada, y con ella *el falso profeta* que *había hecho delante de ella las señales* con las cuales *había engañado* a los que recibieron la marca de la bestia y habían adorado su imagen (vers. 19-20).

Alguien me habló recientemente sobre otra versión de la Biblia—ignoro si se trata de la Revised Versión o de alguna otra—que traduce así el pasaje:

> El falso profeta que obraba milagros en su presencia, milagros con los que engañaba a quienes habían recibido la señal de la bestia y que habían adorado su imagen.

[*Pastor D. T. Bourdeau*: "También la Biblia en francés lo traduce así"]. Eso muestra, por lo tanto, que los milagros, los prodigios mentirosos, tienen por efecto engañar a quienes recibieron la señal de la bestia. Ahora bien: ¿se recibe la señal de la bestia antes de haberse constituido la imagen? Bajo la predicación del mensaje, con la responsabilidad que trae, ¿se tiene a las personas por responsables de recibir la señal de la bestia y de adorar a la bestia antes de que esta se levante y fuerce sus conciencias?—No. Ya vimos en los estudios previos que hasta haberse constituido la imagen de la bestia había una vía para escapar a la adoración de la bestia. Era aún posible rehusar adorarla; pero *una vez que se forma la imagen* de la bestia no hay manera humana de negarse a adorarla, dado que no hay lugar en toda la tierra que no esté sometido al poder de la bestia. En consecuencia, no hay ya escapatoria posible, y es entonces cuando se tiene a los hombres por responsables de adorar, bien sea a la bestia, o bien a su imagen. No hay alternativa. La única solución es volverse a Dios. Llegará, pues, un tiempo en el que la decisión será ineludible, y tendrá lugar entre Dios y los poderes terrenales.

Leed el capítulo 16 de Apocalipsis. Se advierte allí de la caída de las plagas sobre los que adoraron a la bestia y su imagen. Leemos en los versículos 13 y 14 (bajo la sexta plaga): "Vi salir de la boca del dragón, de la boca de la bestia y de la boca del …"

¿Cómo dice? ¿Dice acaso: "vi salir de la boca del dragón, de la boca de la bestia y de la boca de los engañados, lo que haría que fuera formado el falso profeta? [congregación: "No"]. ¿Cuál es otra forma de referirse al falso profeta? [congregación: "La bestia de dos cuernos"]. *La imagen de la bestia es el falso profeta*, puesto que en el capítulo 19 leemos:

Vi a la bestia y a los reyes de la tierra y sus ejércitos, reunidos para guerrear contra el que montaba el caballo y contra su ejército. La bestia fue apresada, *y con ella el falso profeta* que había hecho delante de ella las señales con las cuales había engañado a los que recibieron la marca de la bestia y habían adorado su imagen (vers. 19-20).

En el capítulo 13 leemos: "Ejerce toda la autoridad de la primera bestia en presencia de ella, y hace que la tierra y sus habitantes adoren a la primera bestia, cuya herida mortal fue sanada" (vers. 12).

Por lo tanto, ¿quién es el falso profeta?—La imagen de la bestia.

Esos espíritus son espíritus de demonios. El siguiente versículo (14) dice:

Son espíritus de demonios, que hacen señales y van a los reyes de la tierra en todo el mundo para reunirlos para la batalla de aquel gran día del gran Dios Todopoderoso.

¿De dónde proceden esos espíritus de demonios que obran milagros? Vienen de alguna parte, ¿no es así? Vienen de algún lugar para obrar esos prodigios, y con el fin de congregar a la gente para la batalla del gran día del Dios Todopoderoso. Esos espíritus de demonios hacen aparición en ese momento, con su poder para obrar milagros a fin de lograr cierto resultado. ¿De dónde vienen? —De la bestia y del falso profeta (que es lo mismo que la imagen de la bestia). Así pues, de esos testimonios y de estos dos versículos se deduce necesariamente que esos prodigios mentirosos obrados para engañar a las gentes tienen lugar *una vez que se ha formado la imagen de la bestia* y no con el fin de que esta se forme.

Veamos si estamos en lo correcto. *Testimonio 32*, p. 207:

Para obtener popularidad y apoyo, los legisladores cederán a la demanda de una ley dominical (*Joyas de los Testimonios*, vol. 2, 150).

¿Lo harán? ¡Ya lo han hecho! ¿Está ya cumplido? [congregación: "Sí"]. Efectivamente. Lo han hecho, y han afirmado públicamente que ha sido con ese expreso propósito. Encontramos la prueba, como nunca antes la habíamos visto, en el folleto "The Captivity of the Republic". Es un informe de la disertación presentada ante el Comité "World's Fair Sunday Closing Bill" (Decreto de cierre dominical de la Feria Mundial), un resumen de lo que dije aquí en mi segunda charla. Actualmente está en proceso de impresión para ser publicado. La idea fundamental consiste en que las iglesias han secuestrado a la República {de América del Norte} manteniéndola cautiva, y las propias alocuciones de los congresistas, no solamente las de Hiscock y Hawley y las del verano pasado, sino especialmente las declaraciones más recientes—procedentes de miembros de ese Comité que habían tenido que escuchar nuestros argumentos muy a pesar suyo— reconociendo que no debían avanzar más en esa dirección por temor a la lesión que podría causar el elemento eclesiástico en la feria y en el país en general. Lo encontramos ahí una vez tras otra en formas diferentes, proveyendo mayor evidencia aun de la que disponíamos el verano pasado; pero continúan afirmando que lo hicieron por esa razón, y que lo siguen manteniendo ahora por idéntico motivo. Por lo tanto, todo aquel que se aplique a observar la evidencia lo podrá ver cumplido vez tras vez.

Continuemos leyendo el *Testimonio 32*:

Los que temen a Dios no pueden aceptar una institución que viola los preceptos del Decálogo (2 *Joyas de los Testimonios*, 150).

Esa institución establecida por hombres ávidos de promoción y popularidad, ¿hace referencia a algún precepto del Decálogo? [congregación: "Sí"]. ¿Se cita en esa institución algún precepto del Decálogo? [congregación: "Sí"]. Pues en ese caso, "los que temen a Dios no pueden aceptar[la]". ¿No os parece? [congregación: "Amén"].

Los que temen a Dios no pueden aceptar una institución que viola los preceptos del Decálogo (*Id.*).

Se trata de una institución que viola tan abiertamente un precepto del Decálogo, que el gobierno no puede establecerla sin anular ese precepto {4º mandamiento} del Decálogo, alterándolo en su totalidad. No los pusieron en paralelo, uno al lado del otro. Tampoco promulgaron una ley dominical por sus propios méritos, sino que tomaron deliberadamente el precepto divino, le quitaron aquello que Dios había puesto en él e implementaron lo que la Iglesia católica había puesto en su lugar.

Sobre este campo de batalla se produce el último gran conflicto de la controversia entre la verdad y el error. (*Id.*).

La batalla ha comenzado; al terminar esta asamblea habremos de hacerle frente.

Y no se nos deja en duda en cuanto al resultado. Ahora, como en los días de Mardoqueo, el Señor vindicará su verdad y su pueblo. Por el decreto que imponga la institución del papado en violación a la ley de Dios, nuestra nación se separará completamente de la justicia (*Id*, 151).

Una cuestión en este punto: os quiero preguntar si se ha cumplido ya o no. Recordad que ese testimonio se escribió en 1885:

Cuando el protestantismo extienda la mano a través del abismo para asir la mano del poder romano. … (*Id.*).

Cuando "extienda la mano". En 1884 dijo que iba a hacerlo. Cuando llegó ese testimonio especial, ahora hace un año, afirmó que iba a suceder. Está ahora sucediendo. Sabemos positivamente que ha extendido la mano. Leamos del *Testimonio 33*, p. 240:

Cuando nuestra nación abjure de tal manera los principios de su gobierno que promulgue una ley dominical, en este acto el protestantismo dará la mano al papismo (2 *Joyas de los Testimonios*, 318-319).

Ha dado ya la mano al papismo en ese acuerdo y en el proceso de conseguirlo. Se ha dado la mano con el papado. Por lo tanto, eso se ha cumplido ya, ¿no os parece? [congregación: "Sí"]. El *Testimonio* se ha cumplido, pues, hasta ese punto. Seguimos con ese mismo párrafo del *Testimonio 33*:

Cuando nuestra nación abjure de tal manera los principios de su gobierno que promulgue una ley dominical, en este acto el protestantismo dará la mano al papismo; y con ello recobrará vida la tiranía que durante largo tiempo ha estado aguardando ávidamente su oportunidad de resurgir en activo despotismo (*Id.*).

En estudios precedentes y mediante los últimos testimonios habidos al respecto ya hemos visto que es mediante la influencia del gobierno de Estados Unidos como todas las naciones van a ser atraídas hacia el papado, y una vez que eso haya sucedido será este mismo país el que *de vida* a ese espíritu tiránico que se extenderá por todo el mundo. Así pues, ese es el punto en que nos encontramos. Veamos qué es lo que falta, lo que está por venir. En la página 207 del *Testimonio* nº 32, leemos: "Cuando se incline por encima del abismo para darse la mano con el espiritismo. …" (2 *Joyas de los Testimonios*, 151).

Todo se ha cumplido ya, justo hasta antes de este último punto. A partir de ahí está aún pendiente de cumplimiento.

Cuando se incline por encima del abismo para darse la mano con el espiritismo, cuando, bajo la influencia de esta triple unión nuestro país repudie todo principio de su constitución como gobierno protestante y republicano. … (*Id.*).

Cuando juntó sus manos con el papado fue para establecer una institución papal, tal como nos había predicho el testimonio que se imprimió en el *Bulletin*, poniendo de lado el memorial de Dios y estableciendo en su lugar el falso sábado. Procediendo así se ha dado las manos con el papado. Ha establecido la institución del papado en lugar de la institución divina. Hasta ahí se ha cumplido; se ha cumplido al darse las manos con el papado. Lo que falta es que se dé las manos con el espiritismo. Entonces, "bajo la influencia de esta triple unión" todo principio, no sólo como gobierno protestante sino también *republicano*, será repudiado. Un gobierno republicano es un gobierno del pueblo, en contraste con uno monárquico. ¿Cuál es el propósito de Satanás al obrar todos esos milagros? Leamos primeramente el resto de la frase:

Cuando se incline por encima del abismo para darse la mano con el espiritismo, cuando, bajo la influencia de esta triple unión nuestro país repudie todo principio de su constitución como gobierno protestante y republicano, y haga provisión para la propagación de las mentiras y *seducciones* papales, entonces *sabremos* que *ha llegado el tiempo en que se verá la asombrosa obra de Satanás*, y que el fin está cerca (*Id.*).

¿Cuál es el propósito de Satanás en esos milagros? ¿No pretende acaso demostrar que él es el Cristo? [congregación: "Sí"].

Se levantarán falsos cristos y falsos profetas, y harán grandes señales y prodigios, de tal manera que engañarán, si es posible, aun a los escogidos (Mat 24:24).

Satanás se pondrá a sí mismo en el lugar de Cristo.

Cristo es Rey, ¿no es así? [congregación: "Sí"]. Cuando mediante esos milagros Satanás ocupe el lugar de Cristo, será con la pretensión de ser lo mismo que él. Para cuando eso suceda, todo principio republicano habrá sido objeto de repudio, y quedará establecida una monarquía. Por lo tanto, el objeto del espiritismo es preparar el camino para la pretendida venida de "Cristo" y para el establecimiento de su reino en la tierra.

Veis que habiendo avanzado ya tanto, les va a resultar fácil dar el próximo paso y reconocer a "Cristo" como rey. Tal es el asunto que están ahora urgiendo los representantes de la Reforma Nacional, quienes han estado trabajando con éxito por lograr su objetivo, y que reconocen la fuerza de lo que se ha conseguido en cuanto a hacer de la nuestra una "nación cristiana". El proceso continuará por esos mismos derroteros. De alguna forma se reconocerá ese principio y se darán las manos con el espiritismo. Una vez que eso haya sucedido, una vez que el camino esté despejado, "Cristo" será reconocido como rey. Eso abre el camino a que Satanás venga como Cristo y establezca su reino aquí, realizando todos esos milagros y arrastrando el mundo tras de sí. Es ahí donde se levanta el clamor—tal como expresa el vol. IV—"¡Cristo ha venido! ¡Cristo ha venido!" (*El conflicto de los siglos*, 682).

¿No muestra eso que la obra de Satanás en el espiritismo, en todos esos prodigios y milagros con los que engaña a los hombres, ocurre *después del establecimiento de la imagen* {de la bestia}, tal como indica la profecía?

Diciendo a los habitantes de la tierra que le hagan una imagen a la bestia que fue herida de espada y revivió. Se le permitió infundir aliento a la imagen de la bestia para que la imagen hablara e hiciera matar a todo el que no la adorara. Y hacía que a todos, pequeños y grandes, ricos y pobres, libres y esclavos, se les pusiera una marca en la mano derecha o en la frente, y que ninguno pudiera comprar o vender, sino el que tuviera la marca o el nombre de la bestia o el número de su nombre (Apoc 13:14-17).

Podéis comprobar una vez más que hasta el versículo 15 ni uno solo de los versículos se ha cumplido en el orden en que aparece en el pasaje. 'Bien—dirá alguno—, entonces ¿cómo vamos a poder saber el *cuándo* de su cumplimiento?' En el volumen IV encontramos también respuesta a esa pregunta. Leemos en la página 443:

Para saber a qué se asemeja la imagen y cómo será formada, debemos estudiar los rasgos característicos de la misma bestia: el papado (*El conflicto de los siglos*, 496).

Hemos de aprender del cumplimiento de la profecía y ser capaces de detectarlo a partir de nuestro conocimiento acerca de lo que constituye una imagen. Dicho de otro modo: no se espera que comprendamos el cumplimiento de esa profecía a partir exclusivamente de la profecía misma; por el contrario, hemos de captarla y comprenderla a partir del registro de la naturaleza, del *modus operandi* y disposición de aquella *bestia*, de la cual esta no es más que una *imagen*. Así pues, a fin de saber cuándo han de cumplirse esas profecías, hemos de estar familiarizados con el original: con la bestia. La hemos de *conocer bien* a fin de encajar en su lugar correspondiente cada uno de los puntos que vayan apareciendo, a la luz de lo que conocemos del original. Y sabiéndolo, podremos guardarnos de ello.

Hay una peculiaridad en relación con esta profecía, que no se da en la mayoría de las otras. Hay otras profecías, como la de Daniel 7, la serie sucesiva de Babilonia, Medo-Persia, Grecia, Roma, etc, en las que el ser humano podía comprobar su cumplimiento en el suceso anunciado, y sentirse perfectamente seguro en él. ¿Estaba en terreno seguro aquel que, conociendo las Escrituras, esperaba que otro reino sucediera a Babilonia, y que esperaba que fuese Medo-Persia, reconociendo el momento en el que hallaba cumplimiento en el propio suceso?—Sí. Podía observar su cumplimiento y podía observar el evento mismo. Pero atención: en esta profecía que viene al final del mundo, y en la vorágine de los eventos que tienen lugar al final del mundo, *aquel que espere a ver su cumplimiento para ponerse en acción, comprobará que llegó demasiado tarde.*

Por lo tanto, se trata de una profecía con la que Dios quiere que estemos tan familiarizados de antemano, como para poder subsistir en ella estando en el lado correcto, y no a remolque de su cumplimiento. Y a fin de permitir que sea así, el Señor nos proporciona una figura que ya se ha cumplido en la historia; nos da el desarrollo de los eventos que ocurrieron ya, que se cumplieron ante la vista de todos en un lento proceso, de forma que estudiando a cámara lenta la forma en que tuvieron lugar, podamos llegar a estar bien familiarizados con los principios que se establecieron, con su subsiguiente desarrollo y con el resultado al que llevaron. Y nos lo da de ese modo a fin de que podamos comprender todas esas cosas con las consecuencias que acarrean, de forma que cuando se dé en el futuro el primer indicio de cosas semejantes, podamos prever cuál será su continuación con la debida antelación, teniendo así amplia oportunidad para estar alerta y no resultar sorprendidos y atrapados.

Esa es la razón por la que el Señor no quiere que analicemos el cumplimiento de esa profecía en la profecía misma; la razón es que si esperamos a hacer así, las cosas más importantes en el cumplimiento de la profecía serán precisamente aquellas de las que depende nuestra salvación en el preciso momento en que se esté cumpliendo; y si por entonces estamos en el lado equivocado, habrá sido para siempre demasiado tarde. Por lo tanto, el Señor ha hecho provisión para que comprendamos a la bestia de forma cabal en su modo de operar, a fin de que al estudiarla resultemos capacitados para detectar su imagen en todas sus fases y facetas. Puesto que la conocemos bien, nos bastará el primer indicio de cualquier cosa semejante en la que podamos reconocer esos elementos, de forma que podamos decir: 'Esto significa la imagen de la bestia; está ahí encerrada, y debo evitar cualquier conexión con ello ahora y por siempre'. Observando el desarrollo de ese germen que habremos detectado—sabiendo que es el espíritu y el principio del papado cuando comenzó—, si lo vemos, lo reconocemos y lo evitamos en cada uno de sus pasos, estamos en terreno seguro; pero en caso contrario nos hallamos en terreno peligroso.

Por lo tanto, el Espíritu de Profecía nos ha dicho que si queremos saber acerca de la imagen, hemos de estudiar su original: la bestia. Los que proceden de ese modo serán capaces de detectar la iniquidad en cada una de sus fases, no importando de qué forma se presente o de dónde venga, aunque sea solamente un comienzo incipiente de ella.

Hermanos, es de la mayor importancia que consideremos estas cosas y que las comprendamos, de forma que no resultemos vencidos, que no nos sorprendan sin la preparación necesaria en cada momento, sino que andemos siempre con antelación en la mente y en la luz del Espíritu de Dios.

Vuelvo a repetirlo: debido a la propia naturaleza de los hechos y al ritmo frenético en que se han de desarrollar los eventos en estos últimos días, a fin de permanecer en terreno seguro debemos anticiparnos al cumplimiento de esos eventos. Y a fin de prepararnos para ellos, Dios los ha ido trazando con detalle ante nosotros en la evidencia histórica de la bestia. Nos lo ha dibujado de forma que podamos estudiarlo calmadamente en su lento desarrollo hasta alcanzar la plenitud de sus ruinosos resultados en el pasado. Está de esa forma a nuestro alcance, mediante la iluminación del Espíritu de Dios, anticiparnos a lo que está ahora por venir, de forma que cuando llegue—por rápidamente que lo haga—lo afrontemos con buen ánimo debido a que conocemos de antemano su significado.

Eso es todo cuanto puedo decir sobre esa línea particular de profecía o sobre ese pasaje. Me ha parecido necesario prestarle atención antes de separarnos, debido al gran número de preguntas que he recibido al respecto.

Hagamos ahora un esbozo de lo que presenta el libro de Apocalipsis después de eso. El mensaje del tercer ángel nos advierte en relación con la bestia y su imagen, así como acerca del peligro de beber el vino de la ira de Dios. Sigue a continuación la venida del Salvador para cosechar la mies de la tierra, y se describe al pueblo de Dios de pie en el monte de Sión. Encontramos ahí un esquema de lo que ha de suceder desde el punto en el que ahora estamos hasta la victoria final.

El capítulo 16 se refiere a las plagas; el 17 a Babilonia la grande, la madre; el 18 es el mensaje de advertencia, los tiempos del refrigerio, la lluvia tardía, la tierra alumbrada por la gloria de Dios, el llamado a salir de Babilonia por haber caído y por haberse convertido en albergue de demonios y de todo espíritu inmundo, de toda ave inmunda y aborrecible, y también el llamado a no recibir *sus plagas*, dado que Dios se ha acordado de sus maldades. La Palabra avanza entonces y describe las escenas del juicio de Dios sobre la gran Babilonia, que termina en su ruina y perdición completas.

Recordaréis que el capítulo 19 es un cántico, la voz de una gran multitud en el cielo, diciendo:

Salvación, honra, gloria y poder son del Señor Dios nuestro, porque sus juicios son verdaderos y justos, pues ha juzgado a la gran ramera que corrompía la tierra con su fornicación, y ha vengado la sangre de sus siervos de la mano de ella. … Entonces los veinticuatro ancianos y los cuatro seres vivientes se postraron en tierra y adoraron a Dios, que estaba sentado en el trono. Decían: "¡Amén! ¡Aleluya!" Y del trono salió una voz que decía: "Alabad a nuestro Dios todos sus siervos y los que lo teméis, así pequeños como grandes". Y oí como la voz de una gran multitud, como el estruendo de muchas aguas y como la voz de grandes truenos, que decía: "¡Aleluya!, porque el Señor, nuestro Dios Todopoderoso, reina. Gocémonos, alegrémonos y démosle gloria, porque han llegado las bodas del Cordero y su esposa se ha preparado. Y a ella se le ha concedido que se vista de lino fino, limpio y resplandeciente" (pues el lino fino significa las acciones justas de los santos). El ángel me dijo: "Escribe: Bienaventurados los que son llamados a la cena de las bodas del Cordero". Y me dijo: "Estas son palabras verdaderas de Dios".

Lo siguiente que ve es el cielo abierto, un caballo blanco y la venida de Cristo, la destrucción de las naciones de la tierra. La bestia y su imagen son arrojadas al lago de fuego y los demás son muertos a espada.

El capítulo 20 describe entonces el apresamiento de Satanás, así como la resurrección de los justos. Transcurren los mil años y tiene lugar la resurrección, juicio y destrucción de los impíos. El capítulo 21 introduce la tierra nueva con su ciudad celestial. Y el capítulo 22 afirma: "No habrá más maldición. El trono de Dios y del Cordero estará en ella, sus siervos lo servirán, verán su rostro y su nombre estará en sus frentes. Allí no habrá más noche; y no tienen necesidad de luz de lámpara ni de luz del sol, porque Dios el Señor los iluminará y reinarán por los siglos de los siglos."

Hermanos, ¿no veis a partir del mensaje del tercer ángel de Apocalipsis 14, que una vez que se haya formado la imagen de la bestia todo el resto del libro de Apocalipsis es puramente historia, tal clara como sea posible escribirla? Desde el tiempo en que se haya formado la imagen de la bestia y progrese el mensaje del tercer ángel de la forma predicha, tal como vemos en esta asamblea, a medida que avancemos con el mensaje, el resto del libro de Apocalipsis es pura historia de principio a fin. Está ante nosotros la sucesión de los eventos en su mutua relación: en eso consiste el resto del libro.

Hay otra palabra que queremos leer en este punto. La reconoceréis sin duda. Está en *Testimonies*, vol. 1, 186. Se refiere al mensaje dirigido a Laodicea:

> Tiene por objeto despertar al pueblo de Dios, hacerles ver sus reincidencias y llevarlos a un arrepentimiento cabal, a fin de que resulten favorecidos con la presencia de Jesús y sean hechos idóneos para el fuerte pregón del tercer ángel. Al llegar este mensaje al corazón llevaba a una profunda humildad ante Dios. *Eran enviados ángeles en todas direcciones a fin de preparar los corazones incrédulos para la verdad.* La causa de Dios comenzó a levantarse y su pueblo se dio cuenta de su posición.

Ahí es donde estamos. El Señor ha dicho: "¡Levántate!" ¿No es así? [congregación: "Así es"]. Nos ha guiado al mensaje que nos dice: "¡Levántate, resplandece, porque ha venido tu luz … !" Bien, ha llegado el momento de que nos levantemos. Nos hemos levantado, pues nos lo ordenó, y así nos lo dice. Nos hemos levantado, pues no debemos olvidar que cuando él pronuncia la palabra y nos sometemos a ella, esa palabra se cumple. Él nos dice: "¡Levántate!" Nosotros le respondemos: "Señor, así sea". Y él nos levanta. Su palabra lo efectúa. Nos manda que resplandezcamos. Le respondemos: 'Señor, sea así'. Y así sucede.

En lo antiguo, cuando las tinieblas cubrían la tierra, dijo: "Sea la luz", y fue la luz. Ahora dice: "¡Levántate!" Esa palabra, cuando reposamos en ella, nos levanta. Nos dice que resplandezcamos. Cuando confiamos en esa, su palabra, nos hace resplandecer. Su palabra hoy, al decirnos "¡Resplandece!", contiene tanta luz como aquella que pronunció cuando dijo "Sea la luz" en lo antiguo. Esa palabra lleva en sí misma la luz,

y si nos sometemos a ella, el Señor verá que resplandecemos.

Pero a lo que quería llamaros especialmente la atención es a esa promesa de que se enviarán ángeles en todas direcciones a fin de preparar los corazones incrédulos para la recepción de la verdad. Los ángeles de Dios se han replegado, ¿no es así? Son enviados. ¿Qué vais a hacer? Cuando salgamos de esta asamblea dependiendo del poder de Dios, avanzando con su poder, en su presencia, con su gloria sobre nosotros, esperando que él se manifieste a sí mismo según su providencia en el tiempo y forma en que él determine, observad que el enviar primeramente a los ángeles, enviándonos después a nosotros, tiene por objeto que alcancemos aquellos corazones que los ángeles habrán preparado ya de antemano.

Por lo tanto, hermanos, nada tenemos que hacer en cuanto a ingeniar nuevos planes de acción con sus dispendios propagandísticos. El plan de trabajo está ya trazado. Dios quiere que nos sumemos a su plan operativo. No inventéis esquemas, sino más bien incorporaos al esquema divino. Es todo cuanto nos pide el Señor.

Cuando él nos envía, debemos ir con esa promesa; está ante nosotros; debemos aprestarnos a realizar la obra que Dios ha dispuesto para nosotros de toda forma, en toda dirección. Ahí es donde nos encontramos. ¿No fue acaso así como sucedió en los días de los apóstoles? Una razón por la que quisiera que pudiéramos disponer de seis semanas más en las que estudiar juntos, es para considerar el libro de los Hechos. Podríamos entonces ver la forma en que Dios obra cuando se da libre curso a su voluntad. Pero podéis estudiarlo por vosotros mismos. Ese debiera ser ahora nuestro libro de texto. Así fue como obró al derramar la lluvia temprana, y es el libro de texto para mostrarnos cómo va a obrar en el tiempo de la lluvia tardía. Aquí tenemos un ejemplo de ello:

> Al pasar por las ciudades les comunicaban las decisiones que habían acordado los apóstoles y los ancianos que estaban en Jerusalén, para que las guardaran. Así que las iglesias eran animadas en la fe y aumentaban en número cada día.

Atravesando Frigia y la provincia de Galacia, les fue prohibido por el Espíritu Santo hablar la palabra en Asia (16:4-6).

¡El Espíritu Santo les *prohibió* predicar la palabra en Asia! Y eso a pesar de que el Señor los había enviado a predicar el evangelio a toda criatura.

Y cuando llegaron a Misia, intentaron ir a Bitinia, pero el Espíritu no se lo permitió (vers. 7).

Aquellos hombres sabían lo que significa ser dirigidos por el Espíritu de Dios. ¡También vosotros y yo lo hemos de saber! [congregación: "Amén"]. Ese es así mismo el significado de los Testimonios y la finalidad de nuestras reuniones. No abandonéis este lugar hasta que estéis preparados para reconocer la dirección del Espíritu de Dios. Ese es el objeto de nuestra reunión aquí.

Bien, no podían predicar más el evangelio en Asia ni en Bitinia, y todo cuanto podían hacer era avanzar hasta donde les fuera posible, en la única dirección que quedaba abierta ante ellos, de forma que descendieron hasta Troas; allí estaba el límite. No les era dado predicar en ningún lugar a sus espaldas; no podían ir a su derecha y aun menos a su izquierda, pues estaban al borde del mar. Esa era su situación. ¿Qué sucedería entonces? El Señor les dijo lo que debían hacer.

Entonces, pasando junto a Misia, descendieron a Troas. Una noche, Pablo tuvo una visión. Un varón macedonio estaba en pie, rogándole y diciendo: "Pasa a Macedonia y ayúdanos". Cuando vio la visión, en seguida procuramos partir para Macedonia, dando por cierto que Dios nos llamaba para que les anunciáramos el evangelio. Zarpando, pues, de Troas, navegamos directamente a Samotracia, el día siguiente a Neápolis y de allí a Filipos, que es la primera ciudad de la provincia de Macedonia, y una colonia. Estuvimos en aquella ciudad algunos días. Un sábado salimos fuera de la puerta, junto al río, donde solía hacerse la oración. Nos sentamos y hablamos a las mujeres que se habían reunido. Entonces una mujer llamada Lidia, vendedora de púrpura, de la ciudad de Tiatira, que adoraba a Dios, estaba oyendo. El Señor le abrió el corazón para que estuviera atenta a lo que Pablo decía (8-14).

¿Por qué quería el Señor que fuera a Macedonia? Para atender aquel interés que los ángeles del Señor habían suscitado ya previamente.

Cornelio buscaba también al Señor. Se le apareció un ángel, indicándole que buscara a Pedro, quien le predicaría palabras por medio de las cuales sería salvo. Pedro fue, pero sólo para atender un interés que había sido ya suscitado previamente. Felipe fue igualmente enviado a través de todo el país para encontrar al eunuco y atender el interés que ya se había suscitado en su mente y en su corazón.

Dejamos aquí ese punto. Habéis visto cómo el libro de los Hechos ha de ser a partir de ahora nuestro libro de texto en la obra de Dios: la forma en que él llevará adelante su obra, y el lugar que desea que ocupemos en ella. Y hermanos, tened presente que su palabra es verdadera.

Leamos un pasaje de Isaías al respecto de lo que el Señor quiere que hagamos y lo que tiene para nosotros. Recordaréis que me referí al capítulo 60 de Isaías. Leeremos ahora los dos últimos versículos:

Todo tu pueblo, todos ellos, serán justos. Para siempre heredarán la tierra; serán los renuevos de mi plantío, obra de mis manos, para glorificarme. El pequeño llegará a ser un millar; del menor saldrá un pueblo poderoso. Yo, Jehová, a su tiempo haré que esto se cumpla pronto.

Seguimos en el capítulo 61:

El Espíritu de Jehová, el Señor, está sobre mí, porque me ha ungido Jehová. Me ha enviado a predicar buenas noticias a los pobres, a vendar a los quebrantados de corazón, a publicar libertad a los cautivos y a los prisioneros apertura de la cárcel; a proclamar el año de la buena voluntad de Jehová y el día de la venganza del Dios nuestro; a consolar a todos los que están de luto (vers. 1-2).

Y a continuación los dos últimos versículos de ese capítulo, junto con el comienzo del 62:

En gran manera me gozaré en Jehová, mi alma se gozará en mi Dios, porque me vistió con vestiduras de salvación, me rodeó de manto de justicia, como a novio me atavió y como a novia adornada con sus joyas. Porque como la tierra produce su renuevo y como el huerto hace brotar su semilla, así Jehová, el Señor, hará brotar justicia y alabanza delante de todas las naciones.

Eso es lo que el Señor va a realizar ahora.

Por amor de Sión no callaré y por amor de Jerusalén no descansaré.

¿Qué decís a eso? ¿Teméis fatigaros? 'Oh sí, he estado trabajando ya por mucho tiempo, y creo que ahora debiera ir a casa y descansar. ...' Pero no: es mejor que continuéis donde estáis y reposéis ahí. Seguid, y *obrad* mientras reposáis.

Por amor de Sión no callaré y por amor de Jerusalén no descansaré hasta que salga como un resplandor su justicia y su salvación se encienda como una antorcha (62:1).

Hermanos, os digo que si os atenéis a la reforma pro-salud y la vivís de acuerdo con la voluntad divina, no vais a necesitar descanso, puesto que estaréis obrando mientras reposáis y no necesitaréis vacaciones. Os lo puedo asegurar por experiencia. Bien sabéis como durante estos últimos tres años he estado trabajando sin interrupción, y no he tenido vacaciones; no las he necesitado ni las quiero. He estado en institutos y reuniones campestres, sin pausa entre unos y otros, sin descanso ninguno, a pesar de lo cual mi salud física no ha hecho sino fortalecerse. Y voy a acabar mi estancia en esta asamblea de la Asociación General, en la que no he cesado de trabajar minuto a minuto desde temprano por la mañana hasta la media noche en algunas ocasiones, tan fresco como estaba al iniciarlas. Y así espero seguir. Habéis de aprender a depender de lo posible, más bien que de lo imprescindible. No es posible aguantar un fuerte ritmo de trabajo basándose sólo en el aporte mínimo imprescindible, pero es posible trabajar así año tras año dependiendo de lo que está a vuestro alcance obtener. Si comprendéis la reforma pro-salud os daréis cuenta de que las vacaciones carecen de sentido. Podemos, pues, decir también: "Por amor de Jerusalén no descansaré". Me atrevo a hablar de este tema de la reforma pro-salud, pues mi ejemplo es positivo al respecto.

'Puede afirmar eso porque tiene un sistema digestivo privilegiado', dirá alguien.—No es así:

tengo desde hace años un estómago delicado. He tenido que ser continuamente cuidadoso a fin de evitar desarreglos digestivos, pero para eso está precisamente la reforma pro-salud, para que sepamos cuidar de nuestra salud.

Así pues, atengámonos a esto:

Por amor de Sión no callaré y por amor de Jerusalén no descansaré, hasta que salga como un resplandor su justicia y su salvación se encienda como una antorcha. Entonces verán las naciones tu justicia y todos los reyes tu gloria; y te será puesto un nombre nuevo que la boca de Jehová te pondrá. Y serás corona de gloria en la mano de Jehová y diadema de realeza en la mano del Dios tuyo. Nunca más te llamarán "Desamparada" ni tu tierra se dirá más "Desolada"; sino que serás llamada Hefzi-bá {Mi deleite está en ella}, y tu tierra, Beula {Desposada}; porque el amor de Jehová estará contigo y tu tierra será desposada. Pues como el joven se desposa con la virgen, así se desposarán contigo tus hijos; y como el gozo del esposo con la esposa, así se gozará contigo el Dios tuyo. Sobre tus muros, Jerusalén, he puesto guardas que no callarán ni de día ni de noche. ¡Los que os acordáis de Jehová, no descanséis! (Isa 62:1-6).

Cuando obremos sin descanso y sin dar al Señor descanso, hay algo que va a suceder:

¡Ni le deis tregua hasta que restablezca a Jerusalén y la ponga por alabanza en la tierra! Juró Jehová por su mano derecha y por su poderoso brazo: "Jamás daré tu trigo por comida a tus enemigos, ni beberán los extraños el vino que es fruto de tu trabajo; sino que quienes lo cosechan lo comerán y alabarán a Jehová; y quienes lo vendimian lo beberán en los atrios de mi santuario".

¡Pasad, pasad por las puertas; barred el camino al pueblo; allanad, allanad la calzada, quitad las piedras, alzad pendón ante los pueblos! He aquí, Jehová lo hizo oír hasta lo último de la tierra: "Decid a la hija de Sión que ya viene su Salvador [ese es nuestro mensaje]; he aquí su recompensa con él y delante de él su obra". Y los llamarán Pueblo Santo, Redimidos de Jehová. Y a ti te llamarán Ciudad Deseada, No desamparada (7-12).

¿Quién es este que viene de Edom, de Bosra, con vestidos rojos? ¿Este, vestido con esplendidez, que

marcha en la grandeza de su poder?—Yo, el que hablo en *justicia*, grande *para salvar* (63:1).

Es la venida del Señor. Los capítulos 63 al 65 de Isaías hablan de los cielos nuevos y la tierra nueva, y el 66 declara que permaneceremos por tanto tiempo como ellos,

y de mes en mes y de sábado en sábado vendrán todos a adorar delante de mí, dice Jehová (vers. 23).

¿No veis que Isaías, desde el capítulo 60 al 66, va paralelo a Apocalipsis desde el capítulo 13 hasta el final del libro? Es así como el Señor nos ha mostrado lo que está ahora a punto de hacer.

La Biblia entera rebosa de eso mismo. Creámoslo; creamos al Señor y al mensaje que nos ha dado, junto al poder del mensaje que ha dado a cada uno. Que nadie salga de estas reuniones sin él.

El mensaje del tercer ángel (nº 24)
A.T. Jones

Comenzaremos con el párrafo del "Volumen IV" que leímos anoche. Está en la página 443 de la serie *El Gran Conflicto* (edición para el colportor):

> Para saber a qué se asemeja la imagen y cómo será formada, debemos estudiar los rasgos característicos de la bestia misma: el papado (*El conflicto de los siglos*, 496).

Nunca ha sido tan importante como ahora que lo estudiemos, dado que la imagen de la bestia todavía no se ha manifestado en todos sus rasgos. La imagen de la bestia aún no se ha mostrado ante el mundo en todas sus facetas y pleno desarrollo. Cada paso, a partir de ahora y en lo que resta, ha de consistir en la manifestación de sucesivos rasgos de la imagen, configurando cada vez más la plena y perfecta semejanza con el original en todo respecto. No hemos visto más que el principio, pero tal como dijimos en estudios precedentes, ese principio ha sido de tal naturaleza, que no hay poder en la tierra o fuera de ella capaz de detenerlo. Avanzará y acabará por revelar todo lo que contiene a pesar de cuanto se haga por evitarlo. Seguirá adelante, incluso en contra de los deseos e intenciones de quienes iniciaron el proceso.

Observad la forma en que el asunto se ha desarrollado ante nosotros: hace algunos años, cuando iniciamos por vez primera la obra activa y directa en este campo particular, establecimos *American Sentinel* {publicación periódica adventista dedicada a la libertad religiosa}; de eso hace ahora ocho años, según creo. Por entonces había una sola organización en todo el país dedicada a esa labor {de introducir en la legislación americana la obligatoriedad del descanso dominical}. En muy poco tiempo esa organización atrajo a sí a otras, en número de cuatro o cinco en el primer y segundo años. El movimiento alcanzó entonces proporciones que lo situaron más allá de lo que podía administrar la organización que lo inició. Aquella organización original pasó para nosotros a un segundo plano al haberse impuesto un nuevo molde. Aquel nuevo poder asumido por los que se añadieron a la organización original, la sobrepasó y marcó su impronta sobre ella. Tuvimos entonces que cambiar la diana de nuestra oposición. Nos las teníamos que ver con esa nueva forma.

El incremento de poder derivado de esas organizaciones sobrevenidas ha permitido que todo el movimiento alcance el objetivo previsto en sus inicios, de forma que ahora ya no tenemos nada que tratar con esas organizaciones. No tenemos nada en particular que discutir con ellas. Nuestra disensión no va dirigida contra ellos ni contra su obra. Ahora hemos de tratar directamente con el gobierno de los Estados Unidos, y esos movimientos quedan como … —estaba a punto de decir, meros incidentes—. En realidad son aun menos que eso, puesto que el gobierno dará pasos, y estará obligado a dar pasos que irán directamente en contra de las intenciones, y en muchas ocasiones en contra del poder de los que planearon las cosas. Y si bien nuestra obra al comienzo tenía por diana esa primera organización, y más tarde la organización ampliada en su nueva forma debido a la obra que estaba realizando, actualmente todas esas organizaciones están fuera del camino, de forma que ahora tenemos que enfrentarnos con los resultados de su labor.

Tal es actualmente nuestra posición. Ahí es donde estamos, y si "The American Sabbath Union" {que al igual que "The National Reform Association" presionaba al Congreso para que aprobara una legislación religiosa decretando el descanso dominical obligatorio} emprende alguna acción, no nos concierne, puesto que se darán pasos, y tendrán lugar acontecimientos que "The American Sabbath Union" jamás previó de forma inteligente o consciente. Se harán cosas contrarias al deseo e intento expresos de todo ese conjunto de fuerzas que lo iniciaron.

Eso es así debido a que ellos, incluso en su intención más radical, nunca pretendieron otra cosa que no fuera influir ellos mismos en el gobierno una vez logrado lo que procuraban. Pero, para sorpresa suya, van a ser los católicos—y no ellos—quienes tendrán influencia en el gobierno, una vez logrado su objetivo inicial.

Es entonces cuando se van a encontrar

perdidos en medio de la niebla, en situación muy desventajosa. Se procederá en su contra, de formas en las que ni siquiera soñaron cuando estuvieron cegados por ese celo en alcanzar el poder que no les pertenecía, y ellos serán los únicos culpables.

El Congreso se ha disuelto ahora, y la resolución que aprobó condiciona inevitablemente al gobierno. No sólo eso, sino que se ha dado un paso más en esa dirección en los últimos días previos al cierre de la sesión. Todavía no dispongo de todos los particulares sobre el desarrollo posterior del asunto, pero conozco los hechos, que son: la noche del sábado tenía que celebrarse un baile para inaugurar Cleveland. No hace falta decir que había de durar hasta bien pasada la media noche. La música correría a cargo de la Banda Nacional de la Marina de los Estados Unidos, y estaba previsto que ofreciera igualmente conciertos el domingo siguiente. Los pastores de la ciudad de Washington elevaron una petición al Congreso, y el senador Quay la cursó, como no podía ser menos. Expongo a continuación las particularidades de dicha petición:

28 de febrero de 1893. El Sr. Quay presentó hoy en el Senado una petición firmada por pastores de muchas de las iglesias de Washington y otros lugares, en referencia al concierto previsto en el auditorio de la Oficina de Pensiones por parte de la Banda de la Marina, el próximo domingo, como parte de las ceremonias inaugurales.

Ignoro cómo se llegó a esa situación. Esta es la petición:

CONCIERTOS EN EL EDIFICIO DE LA OFICINA DE PENSIONES

Sr. Quay: Presento una petición de sesenta pastores de la ciudad de Washington. Pido que sea leída.

El vice-presidente: Que se proceda a su lectura, si no hay objeciones.

El funcionario-jefe: Esta es la petición:

Al presidente de los Estados Unidos, al secretario de Interior, al Senado y a la Casa de Representantes reunidos en el Congreso:

Petición:

Dado que el Comité inaugural ha anunciado mediante la prensa pública que, como parte del programa de las ceremonias inaugurales han de tener lugar tres conciertos ofrecidos por la Banda de la Marina en el edificio de la Oficina de Pensiones el próximo domingo 5 de marzo, y,

Dado que el Congreso de los Estados Unidos, en deferencia al sentimiento cristiano de la nación expresado en términos claros e inconfundibles por la prensa religiosa y el púlpito, y dado que tras la demanda pertinente se han cerrado las puertas de la Exposición de Columbia los domingos mediante un decreto legal,

Considerando que al permitir que tengan lugar tales conciertos, dados por una banda de músicos relacionados con uno de los grandes departamentos del gobierno en un edificio gubernamental que aloja otro gran departamento y como parte de las ceremonias relacionadas con la inauguración por parte del propio presidente de esta gran nación cristiana bajo la aprobación de sus gobernadores electos, se cometería un pecado nacional; creyendo también que una profanación como la propuesta carece de antecedentes, resultaría en un daño incalculable y sería empleada como una autoridad y ejemplo para la completa secularización del domingo,

Pedimos encarecidamente que se tomen medidas prohibiendo el uso de cualquier edificio gubernamental con un propósito como ese, en ese día.

Firmado por W.R. Graham, pastor de la Iglesia Protestante Metodista "Congress Street"; W. Sherman Phillips, pastor de la Iglesia Protestante Metodista "Pastor Mt. Tabor" y muchos otros.

Podéis comprobar cómo el Senado aprobó una resolución, en respuesta a esa petición, satisfaciéndola hasta el punto de recabar información del secretario de Interior. He leído en un documento posterior que informa sobre el subsiguiente desarrollo de ese asunto, cómo el secretario de Interior informa haber ordenado que la Banda de la Marina no actúe el domingo, habiendo expresado el presidente de Cleveland su voluntad al mismo efecto. Así, al sonar las doce de la noche del sábado, la Banda dejó de tocar, se apagaron las brillantes luces eléctricas y todos en el salón dejaron de bailar.

El motivo por el que os llamo la atención a ese hecho es para que veáis que el gobierno, el Senado de los Estados Unidos, al aprobar esa resolución ha dado al menos un paso más en apoyo del domingo.

Otro caso significativo es el ocurrido en el tribunal del juez Tuley, en Chicago, en el que las Compañías de los buques a vapor decidieron sumarse a la iniciativa de los Comisionados para la Feria Mundial a fin de evitar que el parque Jackson permaneciera cerrado los domingos para los que llegaban en los buques a vapor. Fracasaron en su intento, y el juez Tuley decidió que el gobierno de los Estados Unidos es el único que posee autoridad sobre ese parque en lo relativo a sus visitantes, y dado que dicho gobierno había determinado que se debía observar el cierre dominical, el estado de Illinois y la ciudad de Chicago carecían de toda competencia en la materia.

Veis, pues, que todo lo que de alguna forma se relaciona con ese asunto contribuye a reforzar las acciones emprendidas. Si no se convoca ninguna sesión extraordinaria del Congreso—no se ha convocado por ahora ni es probable que ocurra pronto, dado el silencio que el presidente guarda al respecto—, esa legislación se aplicará sin que nadie la cuestione ni interfiera hasta la clausura de la Feria Mundial, habiéndose logrado el fin pretendido al aprobar la resolución. Vemos pues implicado al gobierno de Estados Unidos, que ha vivido ya más de un año de su historia bajo la presente legislación dominical. Habrá quedado así establecido el precedente que irá ligado a la experiencia del gobierno, siendo una parte de su historia; y dado que no son estadistas—y muy pocos lo son hoy en día, especialmente en el Congreso—, gobernarán más según *lo que ha venido siendo*, que según *lo que debía haber sido*, y ese se convertirá en el argumento final y el gran baluarte en lo sucesivo en favor del domingo como día sagrado para el gobierno de los Estados Unidos.

Como ya hemos dicho antes, si se convocara una sesión extraordinaria en la que el Congreso rechazara esa ley dominical, eso no afectaría en lo más mínimo al principio implicado en la legislación dominical. Cualquier legislativo subsiguiente puede recusar una ley aprobada por una legislatura anterior, pero una acción tal para nada pone en cuestión el derecho de los legisladores precedentes a aprobar algo que pueda convertirse posteriormente en objeto de rechazo por un nuevo legislativo. No se estaría cuestionando el derecho que tuvieron para aprobar una legislación como esa, sino la actual conveniencia de mantenerla o abrogarla. El derecho con el que aprobaron una ley tal es exactamente el mismo que si no se hubiera rechazado con posterioridad. En consecuencia, si se convocara una sesión extraordinaria en la que se rechazara el acta de cierre dominical, el gobierno seguiría sintiéndose tan en su derecho y obligación como ahora respecto al principio de la legislación dominical.

[voz: "¿Y si fuera rechazada por declararla inconstitucional?"].

Si el Congreso la rechazara por la razón expresa de que es inconstitucional, eso cambiaría el panorama, pero no mucho más que en el supuesto anterior, dado que se trataría de la opinión de un Congreso en contra de la de otro, lo que es habitual en la alternancia política entre grandes partidos. Esa es precisamente ahora la situación de los dos grandes partidos en la discusión sobre las divisas —el partido Demócrata sostiene que la posición del partido Republicano sobre las divisas es inconstitucional—. Por lo tanto, si esta legislación dominical no fuera enteramente rechazada por su inconstitucionalidad, cualquier Congreso podría retomarla en lo sucesivo, puesto que quedó ya establecido un precedente al respecto, de forma que el asunto se convertiría en un conflicto prolongado en el tiempo, y eso es, efectivamente, lo que sucederá.

Nada de lo que se haga podrá borrar enteramente esa legislación en su principio subyacente y en el derecho del gobierno para disponer su cumplimiento. El hecho es que el gobierno está de tal modo en manos de esa jerarquía, que ya no podrá librarse de ella. Se suscitarán controversias, y tan pronto como los católicos avancen y muestren su fuerza, los profesos protestantes lo habrán de sufrir. Podemos esperarlo en cualquier momento. Puede venir de cualquier dirección y casi de cualquier lugar. Ocurrirá antes o después, y de hecho ya ha comenzado.

Cuando tuvo lugar la dedicación del recinto de la Feria Mundial, los católicos, el cardenal Gibbons y el representante del papa recibieron allí grandes honores. Debido a eso, un buen número de profesos protestantes—los predicadores—expresaron su malestar. Dijeron que ya no querían oír hablar de la Feria. Declararon: "Si los católicos han de tener la prioridad y recibir los honores, no queremos tener nada que ver con la Feria".

Pero a los católicos tanto se les da. Han recibido los honores y dispondrán del poder, y si no les gusta a los protestantes, todo cuanto tienen que hacer es quedarse al margen. Y manteniéndose así darán a los católicos lo que estos necesitan para lograr aquello que ellos pretendieron en un principio. En resumen: si se inhiben, conceden mucho más poder a los católicos; si por el contrario se implican, están reconociendo la supremacía católica. Están siendo tomados cautivos, y no pueden evitar su sumisión a ese poder.

Hay una sola cosa que pueden hacer. Pueden escapar de la cautividad y ser librados si así lo desean, pero la única forma en que pueden lograrlo es aceptando el mensaje del tercer ángel. No hay otra manera. Los protestantes, la mayor parte de ellos, se han visto implicados sin un conocimiento de lo que encerraba. Se han dejado llevar por la influencia de pastores que tienen un rango superior al de ellos en la organización, sin haber soñado siquiera lo que estaba implicado en ello. Cuando vean que han resultado atrapados en un perfecto laberinto, y que cuanto más avanzan y cuantas más vueltas dan, más perdidos están; cuando vean cuán gratuita y completamente se han vendido, procurarán su liberación buscando a Dios.

Ese es el motivo por el que el Señor eleva a su pueblo por encima del mundo y ordena a su iglesia que brille, de forma que no se pueda ocultar su luz; y cuando comiencen a clamar por liberación, verán dónde está dicha liberación, puesto que en el mensaje del tercer ángel Dios ofrece liberación

al mundo, y "una ciudad asentada sobre un monte no se puede esconder" (Mat 5:14).

Cuando Dios nos levanta, cuando nos sitúa —por así decirlo—en una cumbre elevada y hace que su luz irradie en toda dirección, es para que la gente la vea desde cualquier lugar, y al comprobar lo terriblemente perdidos que están en su situación, reciban con gozo la liberación, venga de donde venga. Comprobarán con gozo que es Dios quien libra en ese camino, y elegirán a Dios en lugar de al papado, incluso si han de acudir a los adventistas del séptimo día para encontrarlo. Lo harán.

Otra cosa: ese Congreso-iglesia, ese subrogado de la Feria Mundial que fue recientemente dedicada, o más bien inaugurada en las ceremonias de dedicación—siendo el arzobispo de Irlanda el gran magnate y orador—, fue abierta con la sanción, bendición y parabién de la Iglesia católica. Comenzando por ahí y siguiendo con las ceremonias que tuvieron lugar en los recintos de la Feria, los católicos, en razón de la preeminencia que se les dio, hicieron que los pastores protestantes se quejaran con expresiones como estas: "Si los Católicos van a manejarlo todo, que no cuenten con nosotros".

Cuando tenga lugar el Congreso Mundial de Religiones y salgan a relucir todas esas cosas, podemos esperar—aunque sin saber de qué manera—que se susciten controversias a propósito de ese reconocimiento gubernamental de la religión. Y a partir de ese día, en todo cuanto venga, podemos sólo esperar el subsiguiente desarrollo de la imagen que se formó ya. Todo cuanto cabe ahora esperar es simplemente eso mismo a cada paso, y las acciones emprendidas en el futuro revelarán nuevos rasgos que irán configurando de forma más plena la auténtica imagen de la bestia.

Vendrá en todas esas cosas, y cuando los disturbios, los motines y todos los males que esas cosas generan comiencen a manifestarse y a venir sobre esta nación, el gobierno hará un esfuerzo por librarse de ello. Se procurará rescatar al gobierno y librarlo del mal que lo afectó. Habrá persecuciones. El resultado será una opresión creciente, y se producirá una reacción; si esa reacción tiene por consecuencia una acción gubernamental, esta tenderá a devolver el gobierno a los principios originales de la Declaración {de independencia de los Estados Unidos} y de la Constitución. Tal como ya dije anoche, cuando eso suceda todos deberán estar apercibidos. Será el momento de recobrar fuerzas, de profundizar en la consagración, de volcarse al servicio de la obra junto a todo lo que uno posee reuniendo todas las fuerzas, ya que cuando se produzca la contra-reacción a esa reacción y la marea del mal ascienda de nuevo —tal como sin duda sucederá—, le seguirán la opresión y persecución religiosas.

En Europa la secuencia descrita podría ocurrir dos veces. Leeré un pasaje al propósito, que nunca se ha publicado. Fue dado en una visión en 1850, y de nuevo en 1852. El hermano Cornell disponía de él y nos permitió que lo copiáramos. Afirma que el hermano O. Hewitt estaba presente cuando tuvo lugar la visión, y que dio fe de la autenticidad de las copias. Leo:

> Vi que en Europa las cosas se estaban agitando para que se cumplieran sus deseos. Parecía languidecer por *una* o *dos* veces, de forma que los corazones de los impíos se aliviaran y endureciesen, pero el proceso no se detendría (sólo aparentaría hacerlo), ya que las mentes de los reyes y gobernadores se dispondrían a lograr la supremacía, intentando predominar sobre los demás, y las mentes del pueblo procurarían ganar la ascendencia {*GCDB* 26 marzo, 1893; *SpM*, 2}.

Veis, pues, que aunque pase a la inactividad en una o dos ocasiones, no lo será más que de forma aparente. Hemos leído cómo eso traería alivio a los corazones de los impíos. Alivio, ¿de qué?, ¿qué los estaba inquietando? El mensaje que les señala el significado de esa angustia, tal como el Señor ha declarado: "Angustia de las gentes, confundidas a causa del bramido del mar y de las olas. Los hombres quedarán sin aliento por el temor y la expectación de las cosas que sobrevendrán en la tierra" (Luc 21:25-26).

El Espíritu de Dios les traerá convicción de que eso es así, y temerán: no se alegrarán por esa convicción, sino que la temerán. En esa situación, cuando comprueben que el asunto languidece, se sentirán aliviados. Concluirán: 'Ya lo decíamos: no se trataba más que de una falsa alarma'. Pero entonces, cuando el asunto vuelva a arreciar, y {nuestro} mensaje avance {y digamos}: 'Ya os anunciamos que eso acabaría sucediendo: aseguraos de estar preparados', replicarán: 'Eso lo dijisteis hace ya mucho tiempo, y se produjo un estancamiento, reavivándose después'. Es entonces cuando tiene lugar el endurecimiento del corazón, tal como sucedió al Faraón. Así es como se producirá ese alivio y endurecimiento de los corazones de los impíos. Al arreciar de nuevo, vendrá el fin y los atrapará por sorpresa.

Volviendo ahora a nuestro propio país: en 1888, cuando fui al Senado, se me concedió una audiencia ante el Comité del Senado. Cuando regresé, la hermana White me preguntó cuál era allí la situación y cuáles eran las perspectivas. Le comuniqué lo que me dijeron los senadores: que tratándose de una sesión breve, el Congreso se cerraría el 4 de marzo; que la sesión estaba ya tan avanzada como para hacer imposible que se considerase la legislación, incluso en el caso de ser presentada. Debido a imperativos de calendario, no veían posibilidad de que se tratara en el Senado, pero aun si eso se lograra, no habría tampoco posibilidad alguna de que pasara por ambas cámaras, como es preceptivo. Le expuse cuál era la situación. La respuesta de la hermana White fue esta: "Entonces está más cerca de lo que pensábamos". Humanamente hablando, lo lógico, en caso de no tratarse entonces el asunto, sería que todo eso que estamos esperando—los disturbios, persecuciones, etc—quedaran alejados en el tiempo; mientras que en el caso de que se trataran, sucederían muy pronto. Ese sería el pensamiento humanamente lógico, pero por supuesto, la forma de pensar de Dios es la correcta y la nuestra la equivocada. A él no le queda más remedio que ser lo opuesto a nosotros, de forma que lo que nosotros interpretaríamos como la señal de la lejanía de un suceso, es en realidad indicativa de su inminencia.

{La hermana White} manifestó que al suceder eso, al tener al gobierno en sus manos y comenzar a oprimir y a manifestar el espíritu que les caracteriza, las opresiones y persecuciones que seguirán harán reaccionar a los hombres de mente sana, que aborrecen la persecución, y tendrá lugar una tregua, un breve período de alivio y paz aparentes. Y *entonces*, cuando a esa reacción le siga un recrudecimiento, todas las cosas ocurrirán de forma rápida. Podéis ver que aquí se da un patrón similar al que vimos en Europa, según expresa su testimonio de 1852.

Esa es la razón por la que anoche dije que ninguno de nosotros debiera resultar atrapado o engañado por acontecimiento alguno que el futuro nos depare, en la falsa expectativa de que se desanden los pasos que ya se han dado. Lo que pueda llegar, recordad, no será más que un breve respiro que Dios nos da, en el que podamos hacer mucho más de lo que jamás hicimos con anterioridad, despejándonos así el camino para que hagamos *con mayor facilidad* aquello que hemos de hacer. Quien así lo acepte y obre en consecuencia, cuando culmine la obra de Dios se encontrará unido a la asamblea triunfante del monte de Sión.

Por el contrario, todo aquel que exclame: '¡Oh no! Os precipitáis. Le dais una importancia excesiva'—tal como dirán muchos—, debiera saber que disponemos de advertencias también al respecto. Esto es lo que algunos dirán ("Testimonio 33", 243):

Si los dirigentes de nuestras asociaciones no aceptan ahora el mensaje que Dios les envía ni entran en acción, las iglesias sufrirán una gran pérdida. Si, al ver venir la espada, el atalaya toca la trompeta con sonido certero, las filas del pueblo harán repercutir la advertencia, y todos tendrán oportunidad de prepararse para el conflicto. Pero, con demasiada frecuencia, el dirigente ha estado vacilando y pareciendo decir: "No nos apresuremos demasiado. Puede haber un error. Debemos tener cuidado de no provocar una falsa alarma". La misma vacilación e incertidumbre de su parte clama: "Paz y seguridad" (*Joyas de los Testimonios*, vol. 2, 322. Traducción revisada).

Comprended que todo aquel que duda y cuestiona, está clamando con su conducta: "Paz y seguridad". Quizá no pronuncie esas palabras, pero ese es realmente su clamor. Por esa razón

leímos en una reunión precedente: "Se necesitan Calebs que digan: 'Es tiempo de actuar'"

Sigo leyendo:

La misma vacilación e incertidumbre de su parte clama: "Paz y seguridad" (1 Tes 5:3). 'No os excitéis. No os alarméis. Se le da a esta cuestión de la Enmienda Religiosa más importancia de la que tiene. Esta agitación se apagará' (*Id.*).

Como podéis comprobar, algunos dirán eso. Quienes adoptan la postura de dudar, de rezagarse, de cuestionar, cuando vean alguna cosa que interpreten como un retroceso en lo conseguido {por los defensores de la imposición religiosa dominical}, dirán: 'Ya lo anunciamos. Lo veíamos venir desde hace tiempo, pero vosotros os habéis precipitado, causando excitación y alarma innecesarias puesto que ahora todo ha quedado deshecho. ¿De qué ha servido vuestra obra? Habéis dado una falsa alarma. Habéis engañado al pueblo'.

No hay tal. Al producirse una bonanza como esa, los que viven en el temor de Dios y están en su consejo comprenderán que es su gran oportunidad [voz: "¿No habrá venido en respuesta a nuestras oraciones pidiendo que se retengan los cuatro vientos?"]. Efectivamente, y cuando se produzca esa mejoría de la situación, en lugar de clamar: "Paz y seguridad", todo aquel que ande en el consejo de Dios, exclamará: '¡Preparémonos! ¡Apresurémonos!, pues muy pronto va a recrudecerse la situación, y por entonces el que esté atrapado lo estará ya para siempre'. Comprended dónde está el peligro.

Leamos más en la página 496 de *El conflicto de los siglos*:

Cuando la iglesia primitiva se corrompió al apartarse de la sencillez del evangelio y al aceptar costumbres y ritos paganos, perdió el espíritu y el poder de Dios; y para dominar las conciencias buscó el apoyo del poder civil.

No olvidéis que se trata del papado.

El resultado fue el papado, es decir, una iglesia que dominaba el poder del estado y se servía de él para promover sus propios fines y especialmente para extirpar 'la herejía'. Para que los Estados Unidos formen una imagen de la bestia, el poder religioso debe dominar de tal manera al gobierno civil que la autoridad del estado sea empleada también por la iglesia para cumplir sus fines (*Id.*).

¿Ha visto alguien de los presentes un acontecimiento semejante en los Estados Unidos? [congregación: "Sí"]. ¿Hay alguien que no lo haya visto? [congregación: "No"]. La cuestión no es qué cree uno al respecto; la cuestión es: ¿Hay alguien que pueda negar que eso ha sucedido? [congregación: "No"]. Sea que interprete que constituye la imagen de la bestia o que no lo haga, lo que nadie puede negar es que el hecho ha ocurrido. Si alguien objeta que no es la imagen de la bestia, podemos responder que en todo caso va en esa línea. Quizá podamos estar de acuerdo hasta ese punto.

Otra cosa más al respecto: algunos desearían que el Tribunal Supremo de los Estados Unidos se hubiera pronunciado en cuanto al significado que el Tribunal daba a esa decisión, explicitando cuál era su intención al respecto. Pero, hermanos, eso en nada mejoraría las cosas. Si el Tribunal Supremo de los Estados Unidos hubiera escrito una declaración expresa al propósito de que no era su intención el hacer de esta una nación cristiana, que no estaba en su ánimo el establecer una religión nacional, eso no cambiaría en nada la situación. El asunto no es qué *pretendía* el Tribunal, sino qué ha *hecho*. Eso es lo que cuenta. Lo que el Tribunal ha hecho saldrá a la luz, producirá sus frutos y se verán los resultados. Se harán sentir sus efectos al margen de cuál haya podido ser la intención del Tribunal. No es la intención lo que importa. Doy por sentado que nadie en el Tribunal tenía la intención que realmente encierra ese pronunciamiento, puesto que el Tribunal ignora las implicaciones de lo que ha decidido, por consiguiente, mal podía prever lo que encierra su decisión. Ni siquiera pudo soñar con ello.

¿Sabía el Congreso lo que implicaba el acta dominical que decretaba el cierre de la Feria Mundial los domingos? [congregación: "No"]. Suponed que el Congreso hiciera una declaración institucional que dijera: "Mediante esta acta declaramos que no fue nuestra intención en ningún momento el poner el gobierno de los Estados Unidos y su poder en las manos de las iglesias". Y podría decirlo en total sinceridad, ¿no creéis que podría?

Pregunta: ¿Eran conscientes los obispos del tiempo de Constantino del alcance de su edicto? {Se refiere a la promulgación de la primera ley dominical conocida}.

Respuesta:—No; no lo eran. No sabían lo que aquello encerraba. Esa es la cuestión.

Por lo tanto, si el Congreso manifestara que no estaba en su ánimo dejar el gobierno en manos de las iglesias, y que por lo tanto el gobierno *no está* en esas manos, ¿sería por ello cierto?—No. *Está* en manos de las iglesias, intenciones aparte.

Ciertamente no sabían lo que encerraba, pero *ahora* saben que implicaba aquello que por entonces ignoraban. Un senador por el Estado de Washington dijo al hermano Decker que de haber sabido entonces lo que supo después, no habría votado como lo hizo. Y miembros de la Casa han reconocido lo mismo. Pero ahí está lo engañoso del asunto. A Satanás y al papado poco les importa si saben o no lo que realmente encierra, si lo hacían con una intención o con otra; lo hicieron, y los frutos seguirán; se manifestará la maldad que contiene, a pesar de las intenciones del Congreso, a pesar de lo que supo o ignoró el Tribunal y el Congreso.

En todo caso, no es ahí donde debemos ir para interpretar las acciones emprendidas. Es a la Palabra de Dios a la que hemos de ir. La historia del papado es la que nos proporcionará la clave para interpretar el presente. Sólo los que la estudien serán capaces de ver lo que encierran los hechos presentes. Los que no están familiarizados con la historia del papado, los que no la han estudiado ni han analizado su origen, sus intromisiones y desarrollo, con la lógica de cada uno de los pasos desde el inicio hasta su resultado actual; los que no han estado al tanto de ese proceso, no estarán en disposición de comprender lo que esas cosas encierran y cuáles son las consecuencias que han de traer.

Esa es la razón por la que el Señor nos ha señalado los hechos {del pasado} como fuente de nuestro conocimiento. Permitidme que lea esto una vez más: "Para saber a qué se asemeja la imagen y cómo será formada" … Tal como ya dije anoche, Dios nos ha proporcionado medios por los que podemos conocer con antelación lo que ha de suceder, de forma que al ponerse de manifiesto seamos capaces de reconocer al instante que significan el papado.

Así pues, lo que importa no es cuál fuera la intención del Tribunal en su decisión. Y si el Tribunal Supremo de los Estados Unidos redactara un documento firmado por cada uno de sus jueces, manifestando que no pretendían ninguna de esas cosas, yo afirmaría simplemente: eso nada tiene que ver con la cuestión. Permanece estrictamente lo que dijeron, que fue: "Esta es una nación cristiana". Y lo demostraron. Los resultados seguirán, al margen de cuál fuera su intención o su conocimiento al respecto.

Y tenemos los testimonios que leemos aquí; están al alcance de todos en la obra "Special Testimonies". En ellos se nos dice que no es del mundo de donde hemos de obtener la información; no debemos tomar consejo del mundo. Nuestras órdenes proceden de arriba; de ahí ha de venir nuestro consejo. En la primera página del nº 21 de *Review and Herald* encontramos una declaración al respecto de que quienes se mantienen en el consejo de Dios tendrán sabiduría para detectar y evitar los movimientos de Satanás. Hermanos, el Señor nos ha provisto de todo lo necesario en cada respecto, a fin de que podamos resistir contra todo lo que Satanás pretenda. Ved que el Señor ha puesto a nuestra disposición tres recursos diferentes para que podamos adquirir el debido conocimiento: la Biblia, los Testimonios y la historia del papado. Tres son las fuentes de información: la historia, la Escritura, y el Espíritu de Profecía para explicar ambas. ¿No nos ha provisto acaso de todo lo necesario?

Hagamos, pues, uso de la documentación y medios a nuestra disposición a fin de estar bien pertrechados contra esos engaños. Es todo cuanto necesitamos. Requerirá estudio, pero ¿de qué sirve un predicador que no estudia? Estudiar es precisamente lo que un predicador tiene que hacer. Estudiar y obrar, obrar y estudiar *todo el tiempo*. Por supuesto, el estudiar todas esas cosas será un trabajo más duro del que muchos han tenido que hacer en el pasado. Estudiadlas, y poned en ellas toda vuestra mente y todas vuestras fuerzas. Ojalá —y no me refiero sólo a los pastores, pues todos han de ser pastores en algún momento—. Ojalá que todo adventista del séptimo día se dedicara a ello hasta quedar exhausto. Le sería de gran provecho. Que esforzara su mente en el estudio hasta el límite. No habéis de tener temor alguno de agotar así las energías de vuestra mente. ¿Qué dice el Señor? "Amarás al Señor tu Dios con todo tu corazón, con toda tu alma y" … ¿con cuánto de la mente? [congregación: "Con toda tu mente"]. Poneos, pues, a la obra. Dispongámonos a ello; con toda vuestra mente, tal como el Señor requiere. Que toda vuestra mente sea del Señor.

Leeré algo más de esa declaración dedicada a quienes piensan que todo volverá a la calma. Testimonio 33, 243-244:

Con demasiada frecuencia el dirigente ha estado vacilando y pareciendo decir: "No nos apresuremos demasiado. Puede haber un error. Debemos tener cuidado de no provocar una falsa alarma". La misma vacilación e incertidumbre de su parte clama: "Paz y seguridad" (1 Tes 5:3). "No os excitéis. No os alarméis. *Se le da a esta cuestión de la Enmienda Religiosa más importancia de la que tiene. Esta agitación cesará*". En esta forma se niega virtualmente el mensaje enviado por Dios; y la amonestación que estaba destinada a despertar la iglesia no realiza su obra. La trompeta del atalaya no emite un toque certero, y el pueblo no se prepara para la batalla. Tenga el centinela cuidado, no sea que por su vacilación y demora deje que las almas perezcan, y se le haga responsable de la sangre de ellas (*Joyas de los Testimonios*, vol. 2, 322-323. Traducción revisada).

Otra cosa: algunos de los hermanos responsables y no pocos del pueblo han dicho: 'No creo que eso de la libertad religiosa, ese asunto de la iglesia y el estado sea lo importante. Está demasiado cerca de la política. No creo que sea ese precisamente el camino, ocuparse de la iglesia, del sábado, etc'.

Depende enteramente de cuál sea la condición de vuestro corazón; depende de lo que signifique para vosotros. Si lo veis como un mero asunto de política, eso es exactamente lo que es para vosotros.

Pero si lo veis como un asunto de libertad religiosa, entonces se trata del evangelio. Si lo consideráis simplemente un formalismo externo, una teoría, entonces para vosotros es pura política. Eso es todo cuanto sabéis al respecto. Pero si comprendéis que tiene que ver con la auténtica libertad del alma, con la genuina libertad que Cristo trae al alma convertida, entonces se trata ciertamente de libertad religiosa, del evangelio de Cristo, y no de política. Grande es la diferencia que hay entre la política y el evangelio de Cristo.

Os pido que me digáis quién es el mayor, el más agudo y astuto de todos los políticos que hay en la tierra [congregación: "El papa de Roma"]. —Efectivamente. Siempre ha sido el mayor de los políticos. Cada uno de los papas ha sido un político; eso lo sabéis. Pero profesan el evangelio. ¿Quién profesa la religión más que el papa? Ahora bien, los principios del evangelio tal como los profesa el papado, se reducen a una manifestación exterior. No puede tratarse más que de política. Ahora permítase que los principios del evangelio que mantienen sólo en lo externo, y a los que se aferran como una teoría, como un credo. … Permítase que esos principios del evangelio alcancen el corazón y traigan a él a Jesucristo: entonces florecerá la auténtica libertad religiosa. Pero en ese caso no habría papas.

Así, los hermanos que han supuesto que la obra de la libertad religiosa se asemejaba demasiado a la política están realmente en necesidad de descubrir lo que significa la libertad religiosa, así como de obtener para sí mismos dicha libertad: sabrían entonces que no se trata de política sino de religión. Quienes así piensan, no comprendieron lo que es auténtica religión. Aquel que encontró la libertad religiosa que hay en Jesucristo y que el evangelio le trae, y que separa todo lo religioso del estado, que separa la iglesia del estado, quien así hace, sabe que no se trata de política; conoce el camino de la rectitud y lo recorre, y lo hace a pesar de cualquier consideración que pueda argüir o presentar el mundo. No hay en ello política alguna, sino principio.

En ese punto es donde estamos. Esas son algunas de las cosas que hemos de considerar. Y

el secreto de todo, el principio y el final de todo, el *todo en todos* es sencillamente Cristo en el ser humano: Cristo en vosotros, la esperanza de gloria (Col 1:27). Eso lo explica todo; hace que todo se comprenda; lo provee todo. Cristo, y Cristo crucificado: eso es todo cuanto desea y necesita el humano, y es todo cuanto podemos tener, "porque en él habita corporalmente toda la plenitud de la divinidad, y vosotros estáis completos en él" (Col 2:9-10).

Pronto nos separaremos para llevar el mensaje que Dios nos ha dado, en el poder con el que lo ha dotado, llevando el evangelio eterno a toda nación, tribu, lengua y pueblo, y no lo olvidéis, diciendo *en alta voz*:

¡Temed a Dios y dadle gloria, porque la hora de su juicio ha llegado! Adorad a aquel que hizo el cielo y la tierra, el mar y las fuentes de las aguas.

Le sigue otro ángel que proclama: "Ha caído, ha caído Babilonia, la gran ciudad, porque ha hecho beber a todas *las naciones* del vino del furor de su fornicación."

¿Es así? ¿Se trata ahora de todas las naciones? [congregación: "Sí"]. Entonces resuene *aun más fuerte* la voz:

Si alguno adora a la bestia y a su imagen y recibe la marca en su frente o en su mano, él también beberá del vino de la ira de Dios, que ha sido vaciado puro en el cáliz de su ira. … Aquí está la perseverancia de los santos, los que guardan los mandamientos de Dios y la fe de Jesús. … Bienaventurados de aquí en adelante los muertos que mueren en el Señor (Apoc 14:7-13).

¿Por qué hacéis duelo cuando muere alguno de vuestros amigos? Dios ha pronunciado su bendición sobre ellos. Que vuestra incredulidad no os prive de la bendición.

Bienaventurados de aquí en adelante los muertos que mueren en el Señor.

Y viene a continuación la confirmación:

Sí, dice el Espíritu, descansarán de sus trabajos, porque sus obras con ellos siguen. Miré, y vi una nube blanca. Sentado sobre la nube, uno semejante al Hijo del hombre, que llevaba en la cabeza una corona de oro y en la mano una hoz aguda. Y otro ángel salió del templo gritando a gran voz al que estaba sentado sobre la nube: "¡Mete tu hoz y siega, porque la hora de segar ha llegado, pues la mies de la tierra está madura!" El que estaba sentado sobre la nube metió su hoz en la tierra y la tierra fue segada (vers. 13-16).

También vi como un mar de vidrio mezclado con fuego, y a los que habían alcanzado la victoria sobre la bestia y su imagen, sobre su marca y el número de su nombre, de pie sobre el mar de vidrio, con las arpas de Dios (15:2).

Ahí nos dirigimos. Todo un viaje. No es menos que eso.

¿No veis que todo cuanto hacemos, todo objeto de estudio, cada palabra que pronunciamos, lo es en relación con la venida del Señor? El Señor viene. Está a las puertas. ¿No os alegráis por ello? Sí, el Señor mismo viene. Y lo veremos tal cual es. No tal cual *fue*, sino tal cual *es*, con su rostro brillando como el sol, con sus vestiduras blancas como la luz, con su voz como la de una multitud, declarando paz y gozo eternos a quienes le esperan. Sí, hermanos, Cristo viene, todo él glorioso. Le veremos. Tal como dice el himno:—

> Viene, no como el recién nacido en Belén;
>> No viene para temblar en un pesebre.
> Viene, no para volver a recibir desprecio;
>> No vuelve como peregrino sin techo.
> Viene, pero no a penar en Getsemaní;
>> No viene a suspirar y sudar sangre en el huerto;
> No viene esta vez para morir en un madero,
>> y comprar el perdón para los rebeldes;
> Oh no; esta vez viene en toda su GLORIA

Exactamente: en una nube de gloria indescriptible. ¿Cuántos, de entre los santos ángeles, vienen con él? [congregación: "Todos ellos"]. ¿Todos ellos? [congregación: "Sí"]. ¿Podremos reconocerlo, entre una compañía como esa en la que cada ángel brillará como el sol? Hermanos, Aquel que ha caminado continuamente junto a nosotros, el que ha estado junto a nosotros en el sufrimiento, el que nos acompañó en el pesar, el que nos libró de la calamidad, el que ha caminado todo el tiempo a nuestro lado, el que nos salvó de nuestros pecados, el que ha hecho que lo conozcamos, ¿podrá alguien eclipsarlo en ese día glorioso, y esconderlo de nosotros? [congregación:

"No"]. Esa bendita presencia que nos atrajo y nos ligó a él a pesar de la distancia, ¿podrá algo privarnos de ella cuando venga?—No podrá. Aquel día las miríadas y miríadas de ángeles no están allí *para separarnos de él*; no están allí para servirle de pantalla a modo de guardaespaldas, para mantener a la gente a la distancia. ¡Oh, no! Vienen *para llevarnos a él* [congregación: "Amén"]. Ese es el motivo por el que vienen los ángeles: para llevarnos a él. Y él nos tomará a sí mismo tal como ha prometido. Y lo veremos por nosotros mismos; nuestros ojos lo verán, y no otro. Las últimas palabras de Pablo fueron:

Oh Señor, ¿cuándo podré abrazarte?, ¿cuándo podré verte sin que un velo se interponga? (*Sketches of the Life of Paul*, 331). ¿No es también ese nuestro sentir? [congregación: "Amén"].

No va a tardar mucho tiempo. Más aun: veremos todo lo que resta. ¿Habéis prestado atención al giro que toman las palabras de Pablo al animarnos con respecto a la pérdida de amigos por la muerte, en la seguridad de que resucitarán? Está en 1 Tesalonicenses 4:13-17:

Tampoco queremos, hermanos, que ignoréis acerca de los que duermen, para que no os entristezcáis como los otros que no tienen esperanza. … El Señor mismo, con voz de mando, con voz de arcángel y con trompeta de Dios descenderá del cielo. Entonces los muertos en Cristo resucitarán primero. Luego nosotros, los que vivimos, seremos arrebatados juntamente con ellos en las nubes para recibir al Señor en el aire, y así estaremos siempre. …

¿Junto a *nuestros amigos*? [congregación: "Con el Señor"]. ¡Cómo! Empieza con el pensamiento de reunirse pronto con los seres queridos, pero al llegar al clímax los olvida totalmente. ¿Cuál es la razón? La razón es que ese día glorioso *el Señor lo es todo en todos*. Por supuesto que estaremos gozosos al encontrar allí a nuestros amigos; pero hermanos, lo estaremos mucho más porque el gran Amigo estará allí personalmente. Tal será nuestro gozo al ver allí a nuestro Amigo, que "desaparecen" los demás, y así leemos: "Estaremos siempre CON EL SEÑOR."

Ningún velo se interpondrá entonces. Seremos como él, puesto que lo veremos como él es. Por lo tanto, alegrémonos. Decid a la gente que el Señor regresa. Decidles: 'Preparaos para encontraros con él en su venida. Preparaos para ser como él, ya que esa gloria de la que nos ha dado una parte, nos hará como él en ese día'.

¿Tenéis himnarios? Cantemos "En la mañana de la resurrección":—

"En la mañana de la resurrección, veremos venir al Salvador, y a los hijos de Dios gozosos en el reino del Señor."

Resucitaremos; resucitaremos
  cuando el son de trompeta atraviese el
  cielo azul;
Sí, resucitarán los muertos en Cristo.
  Viviremos en la mañana de la resurrección

Presentimos la gloria de su venida
  mientras se tarda la visión.
Que nos animen las palabras de la Escritura.

Sabemos por fe que nuestra lucha
  se acerca a su fin.
Nos daremos mutua bienvenida
  en las riberas de Canaán.

Contaremos la dulce historia al encontrarnos
  entre amigos en la gloria,
y nuestro mayor gozo será el Rey celestial.